智慧检务概论
检察机关法律监督的科技智慧

赵志刚　金鸿浩 ／ 著

中国检察出版社

图书在版编目（CIP）数据

智慧检务概论：检察机关法律监督的科技智慧 / 赵志刚，金鸿浩著. —北京：中国检察出版社，2018.11

ISBN 978-7-5102-2230-6

Ⅰ.①智… Ⅱ.①赵… ②金… Ⅲ.①信息技术—应用—法律监督—研究—中国 Ⅳ.①D926.34-39

中国版本图书馆CIP数据核字（2018）第284579号

智慧检务概论：检察机关法律监督的科技智慧

赵志刚　金鸿浩　著

出版发行：	中国检察出版社
社　　址：	北京市石景山区香山南路109号（100144）
网　　址：	中国检察出版社（www.zgjccbs.com）
编辑电话：	（010）86423751
发行电话：	（010）86423726　86423727　86423728
	（010）86423730　68650016
经　　销：	新华书店
印　　刷：	北京玺诚印务有限公司
开　　本：	787 mm×1092 mm　16开
印　　张：	28
字　　数：	527千字
版　　次：	2018年11月第一版　2018年11月第一次印刷
书　　号：	ISBN 978-7-5102-2230-6
定　　价：	128.00元

检察版图书，版权所有，侵权必究
如遇图书印装质量问题本社负责调换

PREFACE 序一

创新强则国运昌，创新弱则国运殆。

习近平总书记指出"实践反复告诉我们，关键核心技术是要不来、买不来、讨不来的"，"中国要强盛、要复兴，就一定要大力发展科学技术"，"要把握数字化、网络化、智能化融合发展的契机，以信息化、智能化为杠杆培育新动能"，"以'鼎新'带动'革故'，以增量带动存量"。①

近年来，中共中央、国务院先后发布了《国家创新驱动发展战略纲要》《促进大数据发展行动纲要》《新一代人工智能发展规划》《关于积极推进"互联网+"行动的指导意见》《国家信息化发展战略纲要》等系列文件，从顶层设计入手，从工程项目着眼，推动产业、社会、政府等各领域的创新发展。

检察机关作为我国国家机构的重要组成部分，承担着法律监督、惩治犯罪的重要职能，一方面，应当健全保护创新的法治环境，为科技创新提供更加完备的司法保障；另一方面也需要深化智慧检务建设，与时俱进，抢占先机，直面问题，迎难而上，肩负起历史赋予的重任。

从我个人的科研经历和研发实践来看，深化智慧检务建设和检察科技创新需要高度重视"自主，安全，创新，补缺"等事项。

"自主"是智慧检务的核心，首先需要解决检察信息化建设和科技研究"为了谁，以谁为中心"的问题。其中最关键的环节是需求管理。智慧检务建设本质上是一个从准确识别检察长、检察官、司法辅助人员和行政人员、人民群众的诉求，到完善、验证、不断满足需求的过程。需求管理必须也只能由检察机关牵头，检察业务部门、技术部门、施工企业共同合力完成。驱动力的不同会导致产品类型、性质乃至最终满意度的差异。在日常管理中，不论采用自主运维、外包运维哪种方式，内设机构如何改革，在信息化关键部位、关键环节仍需要由检察机关专人专岗负责全面管理，并承担相应的领导责任和管理义务。

"安全"是智慧检务的基础。最近一系列事件，大家都充分认识到如果没有自主创新的支撑，就无法立足。要按照中央要求，努力实现关键核心技术自主可控，把创

---

① 习近平在中国科学院第十九次院士大会、中国工程院第十四次院士大会上的讲话。

新主动权、发展主动权牢牢掌握在自己手中。一是要在科研管理、项目建设中高度重视软件等知识产权保护，为检察机关信息化的后续开发、推广应用、安全管理打好基础。二是要注重标准和测试工作。如果没有参照标准就无法进行测试，如果没有测试技术的支持，自主可控也很难得到贯彻。三是要注重灾备工作，特别是数据备份，哪怕慢一点、贵一点，也好过数据资产损毁带来的无法挽回的直接、间接损失。

"创新"是智慧检务的关键。创新包括方方面面，不仅仅局限在基础技术。过去大家对创新理解得比较狭义，认为一谈创新就是基础技术，这个是高校、科研院所、大型企业的专长，而检察信息化创新可能更多涉及应用技术创新、管理机制创新、工作模式创新，两者是相辅相成，共同促进的。检察科研工作要"有所为，有所不为"，更要防止"为了科研而科研，为了创新而创新"，要聚焦自己的专门领域和实务工作，以人民群众感受到更好的办案效果为标准来推进工作。

"补缺"是智慧检务的补充。近30年的检察信息化建设取得了很多成绩，但要"知不足，然后能自反"，应该看到我国电子政务和国外发达国家在个别领域还存在一定差距，智慧警务、智慧检务、智慧法院也各有专精和优缺。在坚持好检察信息化"三化""四统一"优势的同时，比如在大数据分析上可以与智慧警务对标，在司法数据公开上可以与智慧法院对标，在检察服务信息化上可以与"智慧城市"等对标，取长补短，发挥后发优势，从而推动智慧检务的快速全面发展。

《智慧检务概论——检察机关法律监督的科技智慧》这部专著是智慧检务创新研究院成立后的一项重要成果，是最高人民检察院检察技术信息研究中心主任赵志刚同志和高级工程师金鸿浩同志继《智慧检务初论——从理论建构到实践方法的科学思维》后的又一力作，深入解读了习近平总书记"深化政法智能化建设"的重要指示精神，全面剖析了最高人民检察院"全业务智慧办案、全要素智慧管理、全方位智慧服务、全领域智慧支撑"的智慧检务总体架构，对完善智慧检务理论体系、加快检察信息化建设，都有重大参考价值。

建议全国检察技术信息化条线分管领导、工作人员以规划为纲，以实践为要，以本书为参考，持续推进智慧检务建设取得新的成效。

中国工程院院士

中国中文信息学会理事长

智慧检务创新研究院专家委员会名誉主任

倪光南

2018年10月

PREFACE 序二

实践之树常青，离开实践的理论永远是灰色的。这句话同样适用于司法信息化领域。

就司法信息化而言，不少国家是由IT公司、律师事务所、高校牵头，而我国则主要是由中央政法委、最高人民法院、最高人民检察院、司法部等党和国家机关牵头，集中在业务办案信息化、政务管理信息化、司法服务信息化等领域。

从2016年开始，我国政法智能化建设明显加速。例如，最高人民检察院陆续印发了《最高人民检察院关于深化智慧检务建设的意见》《全国检察机关智慧检务行动指南（2018—2020年）》《检察大数据行动指南（2017—2020年）》《"十三五"时期科技强检规划纲要》，还联合航天科工、中国人民大学等成立了智慧检务创新研究院。最高人民法院也印发了《最高人民法院关于加快建设智慧法院的意见》《人民法院信息化建设五年发展规划（2017—2021）》，并主导成立了中国司法大数据研究院。"两高"的"电子检务工程""天平工程"也快速推进并初见成效。

在过去的几年中，以互联网大数据、人工智能、区块链为标志的新一轮科技革命既给法治带来了巨大挑战，也带来了难得机遇。法学界高度关注，积极应对。中国法学会组建了网络与信息法学研究会，相应的教学和研究机构在各法学院校先后设立，如中国人民大学未来法治研究院、北京大学法律人工智能研究中心、武汉大学网络空间治理研究院、吉林大学司法应用研究中心、清华大学智能法治研究院、中国政法大学法治信息管理学院、西南政法大学人工智能法学院、华东政法大学"互联网+法律"大数据平台等，都致力于探索培养创新型、复合型的法治人才。

最高人民检察院检察技术信息研究中心、智慧检务创新研究院的赵志刚主任、金鸿浩博士共同撰写的《智慧检务初论——从理论建构到实践方法的科学思维》《智慧检务概论——检察机关法律监督的科技智慧》等系列专著在一定程度弥补了新型法治人才培养中行业实务资料不足、智慧司法教材缺乏的不足。

读者不仅可以从书中了解到智慧检务"数字检务""网络检务""应用检务""智慧检务"的发展演化历程以及智慧检务的理论体系、规划体系、应用体系建

设概况，而且能系统全面地了解"全业务智慧办案、全要素智慧管理、全方位智慧服务、全领域智慧支撑"的顶层设计、地方创新和试点效果。

基于此，我郑重推荐这一"互联网+法律"领域的入门读物。

中国人民大学法学院院长、教授
教育部"长江学者"特聘教授
第六届"全国十大杰出青年法学家"
2018年10月29日

PREFACE 序三

每一个人都生活在时代之中。1998年清华东门外，两个门户网站——搜狐和网易先后创立，开始了中国互联网的商业化、普及化的进程。如今，智能手机、大数据、云计算、物联网、人工智能等，层出不穷的技术进步把我们带到全新的历史转折点。

我们的生活、生产，更重要的是我们的思维方式，都随着技术的进步和迭代面临着重新调整。网络和人工智能正在给人类带来一场认知革命，也带来一场人类组织方式的重大变革。人类发现铁矿石，所以出现了工具，从游牧民族走向农业社会。蒸汽机的发明让人类从农业社会进入工业社会。到了数字经济时代，人工智能的出现可能要远远超出蒸汽机对人类社会的影响。

美国科幻作家阿西莫夫在著名小说《基地》中设想的人类如何约束机器人的方法，在今天已经逐渐变得现实且必要起来。人工智能时代让我们插上了想象的翅膀，从共享单车到共享汽车，从无人机到无人驾驶汽车，一切都那么令人向往。

就法学而言，以人工智能为巅峰的新一代技术的发展，提出了正向、反向两个挑战。一方面，现在信息技术的发展，导致法律构成了障碍，这些障碍需要相应的改革，优化人工智能在内的外部法律环境。另一方面，技术进步可能大幅度改变法律，这些改变不是个别的改变，是整个范式的变化。

今天的大学生都出生在1998年之后，他们是中国真正的"生而数字"（Born Digital）的一代，互联网、现代科技对他们思维、态度、行为的影响是不可估量的。必须承认，我们过去的法学学习和研究主要是逻辑推理和文本分析，没有数据和技术支撑。今天和未来的法学学习和研究则需要加强技术和法律的对话，培养复合型交叉学科的人才。否则，等到机器人可以写判决书的时候，只会爬梳法条和记笔记的法律毕业生，或许就要面临毕业即失业的局面。

2018年，清华大学法学院基于清华大学的工科优势，在最高人民法院、最高人民检察院等中央国家机关支持下，全方位推动计算法学（Computational Law）学科建设，使之成为清华大学法学学科"双一流"建设的重要突破口。我们倡导的计算法学研究

内容包括三个方面：其一，作为研究对象，研究信息技术相关行业中的法律问题；其二，作为研究方法，使用信息技术相关方法和工具研究法律问题；其三，作为研究技术，利用信息技术研发法律行业的智能化产品。

智慧法院、智慧检务、智慧警务、智慧法务正属于我们"计算法学"的第三类研究内容。近年来司法信息化、智能化建设的蓬勃发展，使之也成为一个全新的学术"处女地"。最高人民检察院的赵志刚主任、金鸿浩博士在智慧检务理论研究、政策研究方面作出了大量探索，曾多次受邀来清华大学法学院授课，2017年出版的《智慧检务初论——从理论建构到实践方法的科学思维》也已被列入清华大学法学院"计算法学导论"的阅读文献之一。

当前，智慧检务已成为检察工作的"年度热词"，是影响深远的检察工作方式和管理方式的重大革命。"什么是智慧检务""如何建设智慧检务""深化智慧检务工作有何注意事项"，相信读者都可以从两位作者的新著《智慧检务概论——检察机关法律监督的科技智慧》中找到答案。

《智慧检务概论——检察机关法律监督的科技智慧》以最高人民检察院智慧检务规划体系为纲，梳理了32个省、直辖市、自治区检察机关智慧检务项目数百个，对全国检察机关信息化、智能化实践和大量材料进行"去粗取精、去伪存真、由此及彼、由表及里的改造"，全面勾勒出我国当代智慧检务建设的"全貌"和蓝图，具有较高的学术价值和文献价值。因此，我将此书推荐给各位计算法学的研究者、爱好者和相关领域的工作人员，作为一部重要的工具书、导读书，从中了解实务、启迪智慧、指导实践。

清华大学法学院院长、教授

中国法学会网络与信息法学研究会副会长

第七届"全国十大杰出青年法学家"

2018年10月

前言 PREFACE

智启今朝，慧赢未来。在深化政法智能化建设中，智慧警务、智慧检务、智慧法院、智慧法务"百舸争流，千帆竞发"，成为新时代中国特色社会主义政法工作的一张亮丽"名片"，推动政法事业不断取得质量变革、效率变革、动力变革。

近年来，智慧检务取得跨越式发展。2015年7月3日，最高人民检察院"互联网+检察工作"座谈会首次提出"智慧检务"一词。2017年9月26日，全国检察机关智慧检务工作会议明确阐释了智慧检务的概念、内涵与意义。2017年12月22日，《最高人民检察院关于深化智慧检务建设的意见》经党组会和检察委员会审议通过并印发，正式提出智慧检务战略和路线图。2018年7月，《全国检察机关智慧检务行动指南（2018—2020年）》和《智慧检务工程建设指导方案》印发，紧密围绕"讲政治、顾大局、谋发展、重自强"的新时代检察工作要求，对3年建设任务细化部署，指导各地开展智慧检务工程立项实施。短短3年间，智慧检务由概念演变为战略，又逐步落地为工程项目。

最高人民检察院张军检察长多次强调：智能化是智慧检务的核心，智能化离不开对科学规律的运用和延伸，离不开对智慧检务内在规律的总结和深度挖掘。要把自然科学的形式逻辑和社会科学的辩证逻辑结合起来。要把办案人员的需求、经验与软件程序设计深度融合起来。要把各地已经开发出的工具模式整合起来，发挥出加倍、多倍的效果。

天下同归而殊途，一致而百虑。全国各级检察机关深化智慧检务建设的基本目标是一致的，在功能特点和技术路线上呈现出多元化特征。如何全面深度地梳理全国检察机关智慧检务建设成果、经验乃至教训，提炼出智慧检务内在规律和基本遵循，成为摆在政策设计者、理论研究者、工程实施者面前的一道难题。

本书以最高人民检察院智慧检务规划体系为纲，梳理了北京、天津、河北、山西、内蒙古、辽宁、吉林、黑龙江、上海、江苏、浙江、安徽、福建、江西、山东、河南、湖北、湖南、广东、广西、海南、重庆、四川、贵州、云南、西藏、陕西、甘肃、青海、宁夏、新疆、兵团等32个省、直辖市、自治区检察机关智慧检务项目两百余个，分门别类地进行了介绍、归纳、比较和研究。

全书采取总分总结构，按照最高人民检察院明确的智慧检务总体架构，分为六章。

第一章概论，主要从中央精神、历史沿革、顶层设计三个方面对智慧检务进行总体分析。中央精神部分简要梳理了政法智能化战略的思想实质和战略要求，提出了深化政法智能化应当把握的"加减乘除"四类方法。历史沿革部分简要分析了检察信息化建设近30年，从"数字检务""网络检务""应用检务"到"智慧检务"的前后联系和建设重心变化。顶层设计部分简要概括了智慧检务理论体系的四种思想、规划体系的三类文件和应用体系的"三层生态"。

第二章全业务智慧办案，主要从通用基础平台，刑事检察、民事检察、行政检察、检察公益诉讼等四大检察业务信息化、综合业务管理和辅助等方面进行分析。通用基础平台部分主要介绍了全国检察机关统一业务应用系统的发展历程和升级迭代，智能辅助办案系统的工具辅助、指引辅助、知识辅助、共享辅助、视音辅助五类通用功能。刑事检察部分主要介绍了审查逮捕环节、公诉环节、刑事执行环节、控告申诉检察环节的信息化、智能化应用。民事检察和行政检察部分主要介绍了审判信息共享平台、民事检察智能辅助系统、行政执法检察监督平台的建设成果。检察公益诉讼部分突出问题意识，介绍了利用信息化、智能化手段"如何破解案件线索""如何固定案件证据"的方式方法。综合业务管理和辅助部分，介绍了检察机关司法办案流程管理、质量评查、案件统计以及检察技术办案的信息化工具应用。

第三章全要素智慧管理，主要从检察办公、队伍建设、检务保障三个方面介绍了"人、事、财、物"的智慧管理经验。智慧办公部分介绍了检察办公信息系统、移动办公应用和检察档案信息化系统建设成果。智慧队建部分分析了检察机关干部管理、内部监督、教育培训方面的信息化应用经验。检务保障部分介绍了全国检察机关检务保障系统和地方检察智慧楼宇建设、公车管理信息化等做法。

第四章全方位智慧服务，主要从检务公开宣传和检察服务两方面介绍"阳光检务"建设成效。检务公开宣传部分重点研究了检察互联网门户网站和检察新媒体矩阵建设现状，用多维数据概括各地检察机关官方网站、微博、微信、新闻客户端宣传成果。检察服务部分主要介绍了线下的检察服务大厅智能化改造和线上的"互联网+"检察服务的创新应用。

第五章全领域智慧支撑，主要从检察机关网络建设、数据建设、安全运维、科技创新等四个方面进行研究。智慧网络建设部分介绍了检察专网、工作网、互联网建设及桌面云平台建设、智能音视频云平台建设成果。智慧数据建设部分总结了检察数据中心机房环境建设、检察基础支撑平台、大数据分析平台、数据资源管理的有益经验。智慧安全运维部分梳理了最高人民检察院运维管理平台和地方一体化、可视化、智能化运维管理经验，以及检察信息安全技术防范做法。智慧科技创新部分介绍了智慧检务研究院的创新机制以及其在科研管理、实验管理、培训管理领域取得的成绩。

第六章智慧检察院探索和风险防范，主要从智慧检察院探索、电子政务廉洁建设、电子政务项目风险管理等三个方面进行论述。智慧检察院探索部分介绍了东部地区、中西部地区六个检察院因地制宜应用现代科技创新发展的经验模式。电子政务廉洁建设部分，根据审计和办案中发现的电子政务工作瑕疵、腐败案件进行梳理和预警。电子政务项目风险管理部分结合项目管理学理论，对检察信息化项目风险进行了定性识别、定量分析并提出了对策。

当今，"科技信息化应用能力"已成为新时代政法队伍能力建设的五种重要能力之一，成为领导干部素质提升的必修课。深化智慧检务是一个"一分部署，九分落实"、知易行难、逐步完善的过程。作为新时代国家法律监督机关的领导干部和工作人员，应如《中庸》所述，努力做到"博学之，审问之，慎思之，明辨之，笃行之"，知行合一，学用结合。

希望本书能成为跨学科读者初步了解智慧检务的导读书目，成为检察信息化人员"按图索骥"开展工作的辅助工具，成为关注电子政务、现代司法领域学者行业研究的基础资料。

躬行求真，是以为序，与同人共勉。

作者

2018年10月1日

目录

第 1 章 概论

1.1 政法智能化战略的总要求   1
  1.1.1 政法智能化战略的认识论   1
  1.1.2 政法智能化战略的方法论   3

1.2 智慧检务的发展演化   11
  1.2.1 "数字检务"阶段   12
  1.2.2 "网络检务"阶段   14
  1.2.3 "应用检务"阶段   17
  1.2.4 "智慧检务"阶段   22

1.3 新时代智慧检务的"三大体系"建设   27
  1.3.1 智慧检务理论体系   27
  1.3.2 智慧检务规划体系   31
  1.3.3 智慧检务应用体系   37

第 2 章 全业务智慧办案

2.1 检察智慧办案通用基础平台   44
  2.1.1 全国检察机关统一业务应用系统建设   44

  2.1.2 智能辅助和办案协同系统探索 60

2.2　刑事检察工作的智能应用 79

  2.2.1 审查逮捕环节的智能应用 79
  2.2.2 公诉环节的智能应用 89
  2.2.3 刑事执行监督环节的智能应用 102
  2.2.4 控告申诉检察环节的智能应用 106

2.3　民事行政检察工作的智能应用 110

  2.3.1 民事检察中的智能应用 111
  2.3.2 行政检察中的智能应用 114

2.4　检察公益诉讼工作的智能应用 117

  2.4.1 利用信息化手段挖掘公益诉讼案件线索 118
  2.4.2 利用智能化工具固定公益诉讼案件证据 124

2.5　综合业务管理和司法辅助中的智能应用 127

  2.5.1 案件管理中的智能应用 127
  2.5.2 检察技术中的智能应用 136

第 3 章

全要素智慧管理

3.1　智慧办公的探索应用 142

  3.1.1 检察办公信息系统 143
  3.1.2 检察移动办公系统 150
  3.1.3 检察档案信息化系统 156

3.2　智慧队建的探索应用 158

  3.2.1 干部管理的信息化应用 158

3.2.2　内部监督的信息化应用　　　　　　　　　　　170
　　　3.2.3　教育培训的信息化应用　　　　　　　　　　　174
3.3　检务保障的智慧应用　　　　　　　　　　　　　　　　180
　　　3.3.1　全国检察机关检务保障系统研发应用　　　　　181
　　　3.3.2　地方智慧检务保障探索经验　　　　　　　　　187

第 4 章

全方位智慧服务

4.1　检务公开和检察宣传的智能应用　　　　　　　　　　　192
　　　4.1.1　检察互联网门户网站建设　　　　　　　　　　193
　　　4.1.2　完善检察新媒体矩阵　　　　　　　　　　　　202
4.2　检察服务的智能应用　　　　　　　　　　　　　　　　221
　　　4.2.1　检察服务大厅的智能化改造　　　　　　　　　222
　　　4.2.2　"互联网+"检察服务的创新与应用　　　　　227

第 5 章

全领域智慧支撑

5.1　智慧网络建设　　　　　　　　　　　　　　　　　　　235
　　　5.1.1　网络建设与升级改造　　　　　　　　　　　　235
　　　5.1.2　智能桌面云平台建设　　　　　　　　　　　　244
　　　5.1.3　 智能音视频云平台建设　　　　　　　　　　　247
5.2　智慧数据建设　　　　　　　　　　　　　　　　　　　252
　　　5.2.1　数据中心机房环境建设　　　　　　　　　　　253

5.2.2	检察基础支撑平台建设	255
5.2.3	大数据分析平台建设	260
5.2.4	数据资源管理	267

5.3 智慧安全运维 278

5.3.1	智慧运维管理	278
5.3.2	智慧安全防护	289

5.4 智慧科技创新 297

5.4.1	创新机制	298
5.4.2	科研管理	301
5.4.3	实验管理	308
5.4.4	培训管理	313

第 6 章 智慧检察院探索和风险防范

6.1 智慧检察院的基层探索 323

6.1.1	东部地区检察院探索案例	324
6.1.2	中西部地区检察院探索案例	339

6.2 电子政务廉洁建设 349

6.2.1	审计中发现的电子政务工作瑕疵与预防	350
6.2.2	办案中发现的电子政务腐败案件与预防	356

6.3 电子政务项目风险管理 363

6.3.1	检察信息化工程项目风险的识别与定性分析	365
6.3.2	检察信息化工程项目风险的定量分析与应对	369

附 录

智慧检务常用参考文件

1. 《国务院办公厅关于促进电子政务协调发展的指导意见》 374
2. 《"十三五"国家政务信息化工程建设规划》 379
3. 《政务信息系统整合共享实施方案》 389
4. 《全国检察机关智慧检务行动指南（2018—2020年）》 395
5. 《智慧检务工程建设指导方案（2018—2020年）》 401
6. 《最高人民检察院业务数据分析研判会商工作办法》 408
7. 《最高人民检察院关于12309检察服务中心建设的指导意见》 410
8. 《人民检察院制作使用电子卷宗工作规定（试行）》 414
9. 《智慧检务创新研究院章程（试行）》 420
10. 《智慧检务创新研究院管理规定（试行）》 423

后 记 428

第1章
概 论

要遵循司法规律，把深化司法体制改革和现代科技应用结合起来，不断完善和发展中国特色社会主义司法制度。推进平安中国、法治中国建设，加强过硬队伍建设，深化智能化建设，严格执法、公正司法。

——2017年7月、2018年1月习近平总书记
对政法工作的重要指示

1.1 政法智能化战略的总要求

当前，政法智能化已经上升为全国政法机关的重大战略，凝聚着全国数百万政法干警的政治智慧、法律智慧和科技智慧。

2018年9月4日，中央政法委在京召开重大课题调研工作部署会，将"如何深刻把握新时代改革开放的新趋势新特点，坚持全面深化政法领域改革与全面深化智能化建设双轮驱动，全面推进新时代政法工作体系和工作能力现代化"列为新时代政法工作具有全局性、战略性、前瞻性的"十大课题"之一。要求政法各单位对该课题加强组织领导、周密制订调研方案，系统集成政法工作的实践创新、理论创新、制度创新，厘清新时代政法工作的思路举措。

1.1.1 政法智能化战略的认识论

近年来，党中央、国务院高度重视信息化、智能化建设。

2016年《中华人民共和国国民经济和社会发展第十三个五年规划纲要》正文中，出现网络106次、科技52次、数据42次、互联网33次、智能24次、信息化15次。

全文二十篇八十章中，第六篇全面部署"拓展网络经济空间"工作，其中第二十五章明确"构建泛在高效的信息网络"任务，第二十六章明确"发展现代互联网产业体系"任务，第二十七章明确"实施国家大数据战略"任务，第二十八章明确"强化信息安全保障"任务。

2017年党的十九大报告中59次提到"创新"，17次提到"科技"，4次提到"信息化"。明确提出"加快建设创新型国家。创新是引领发展的第一动力，是建设现代化经济体系的战略支撑"。明确要求"突出关键共性技术、前沿引领技术、现代工程技术、颠覆性技术创新，为建设科技强国、质量强国、航天强国、网络强国、交通强国、数字中国、智慧社会提供有力支撑"。科技强国战略、网络强国战略、数字中国战略、智慧社会战略出现在党的最高文件之中。

2018年4月21日，习近平总书记在全国网络安全和信息化工作会议上再次强调，"信息化为中华民族带来了千载难逢的机遇。我们必须敏锐抓住信息化发展的历史机遇"，"要加强党中央对网信工作的集中统一领导，确保网信事业始终沿着正确方向前进。各地区各部门要高度重视网信工作，将其纳入重点工作计划和重要议事日程，及时解决新情况新问题"。[①]

2018年10月31日，习近平总书记在主持中共中央政治局第九次集体学习时再次指出："人工智能是引领这一轮科技革命和产业变革的战略性技术，具有溢出带动性很强的'头雁'效应。""各级领导干部要努力学习科技前沿知识，把握人工智能发展规律和特点，加强统筹协调，加大政策支持，形成工作合力。"[②]政法机关也不例外。政法智能化建设是国家网络强国战略、数字中国战略的工作重点之一，是国家电子政务建设的重要组成部分，更是全面推进国家信息化战略，服务民主法治建设的必然之举。

2017年7月，习近平总书记作出"要遵循司法规律，把深化司法体制改革和现代科技应用结合起来，不断完善和发展中国特色社会主义司法制度"的重要指示后，2018年1月，总书记又作出政法机关要"深化智能化建设"的重要指示。智能化建设成为全国政法机关继平安中国建设、法治中国建设、过硬队伍建设后的第四大建设任务。

《"十三五"国家政务信息化工程建设规划》进一步明确了民主法治信息化工程

[①] 张晓松、朱基钗：《习近平在全国网络安全和信息化工作会议上强调敏锐抓住信息化发展历史机遇》，载《人民日报》2018年4月22日A1版。
[②] 《习近平在中共中央政治局第九次集体学习时强调推动我国新一代人工智能健康发展》，载《人民日报》2018年11月1日A1版。

的建设目标和建设内容，要求围绕"法治中国"建设，深化电子检务、天平工程、金盾工程等现有业务系统应用，构建以案件为主线的公安机关、检察机关、审判机关、司法行政机关各司其职的行为留痕机制，依法实现过程透明，强化侦查权、检察权、审判权、执行权相互配合和制约的信息能力，全面提高司法公信和司法公正水平。

2018年1月22日，党的十九大后的首次中央政法工作会议在北京召开，本次会议明确指出，"要依托科技强国、网络强国、数字中国、智慧社会建设，总结智慧法院、智慧检务、智慧公安、智慧法律服务等做法，把顶层设计与基层探索结合起来、科技创新与体制变革融合起来，深入实施大数据战略，大力加强智能化建设"，"推动新时代政法工作质量变革、效率变革、动力变革，为政法工作跨越式发展打造新动能、开辟新境界。"具体包括一个目标和三项要求（详见表1-1）。[1]

表1-1 政法智能化战略的建设要求[2]

要点	内容
一个目标	形成信息动态感知、知识深度学习、数据精准分析、业务智能辅助、网络安全可控的科技应用新格局
三项要求	积极推进信息基础设施一体化，坚持高起点规划、高水平建设、高共享发展，进一步提高智能化建设的层次和水平
	积极推进实战应用智能化，运用新技术提高风险防控的精准性，运用新模式提高打击犯罪的实效性，运用新系统提高执法办案的公正性，运用新手段提高决策的科学性，进一步提升政法机关核心战斗力
	积极推进服务管理网络化，实行更便捷的一站式服务、更贴心的人性化服务，努力让人民群众有更深切更实在的获得感

1.1.2 政法智能化战略的方法论

政法智能化建设具有基础性、战略性、全局性特征，是当前政法机关贯彻落实习近平新时代中国特色社会主义思想，落实国家网络强国战略、数字中国战略要求的重要工作；是政法机关服务全面建成小康社会、全面深化改革、全面依法治国、全面从严治党"四个全面"战略布局的新时代方法论；是打好今后一个时期政法工作"攻坚战、歼灭战、持久战"的新动能、新引擎。

---

[1] 赵志刚、王栋、金鸿浩：《政法工作智能化：一切尽在掌握》，载法律读库，2018年1月24日。
[2] 张耀宇、石杨：《推动新时代政法工作有新气象新作为》，载《人民公安报》2018年1月24日A4版。

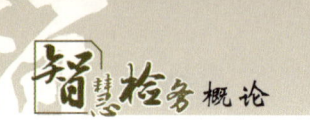

结合工作实践，笔者认为深化政法智能化应当把握"加减乘除"四类方法，科学找准现代科技和政法工作的结合点。

1.1.2.1　善用加法：突破行业部门壁垒　助推全面依法治国

2017年12月8日，习近平总书记在中共中央政治局第二次集体学习时强调，"以数据集中和共享为途径，推动技术融合、业务融合、数据融合，打通信息壁垒，形成覆盖全国、统筹利用、统一接入的数据共享大平台，构建全国信息资源共享体系，实现跨层级、跨地域、跨系统、跨部门、跨业务的协同管理和服务"。

善用智能化"加法"，新时代政法机关要努力做到：

一、联通政法各部门网络和基础设施

近年来，政法各部门之间在互联互通上有所尝试。如2016年最高人民法院和公安部联合下发《关于建立快速查询信息共享及网络执行查控协作工作机制的意见》，明确提出两部门通过政法专线建立信息共享平台，安全快捷地传输失信被执行人等案件信息。再如，部分检察机关与监狱、看守所推进"两网一线"建设，实现驻监所检察室与监狱、看守所监管信息联网、监控联网。但是政法互联互通在全国范围内仍是点线突破，而非全面对接。2018年中央政法委工作会议明确要求，要加快推进政法网建设，力争今年底前实现设施联通、网络畅通、平台贯通和数据贯通。政法网建设是联通政法各部门基础设施，构建物理分散、逻辑统一、管控可信、标准一致的新型政法科技信息化资源体系的基础工程。

二、联通刑事诉讼办案的应用系统和数据标准

一起普通刑事案件往往需经历公安机关、检察机关、审判机关、司法行政机关等部门的侦查、审查批准逮捕、审查提起公诉、审判、执行等多个环节。但是长久以来，由于网络不同、系统不同、数据结构不同等原因，虽然在政法各系统内部已经实现了网络化、信息化，但是系统之间仍然依赖纸质公文案卷的流转，一方面严重影响了工作效率，另一方面也影响了相互配合、相互制约。中央政法委"206试点工程"——上海刑事案件智能辅助办案系统（详见本书2.1.2.4），在这方面已经作了部分探索，从统一证据标准、制定证据规则、构建证据模型三方面入手，公安机关、检察机关、审判机关共同使用同一办案系统，从而解决了案件流转与数据标准问题，2017年试点期间已有6家法院、6家检察院、13家公安机关试点单位上线。未来以审判为中心的刑事诉讼全流程将可能实现在同一系统办案。

三、联通司法、监察、执法相关部门

新一轮机构改革中，新成立了中央全面依法治国委员会，作为党中央决策议事协调机构。中央全面依法治国委员会办公室设在司法部，并将原司法部和原国务院法制办公室的职责整合，统筹行政立法、行政执法、法律事务管理和普法宣传；部分地方已经由司法行政机关（法制办）建立了统一的行政执法信息平台和行政执法监督网络平台，"执法信息网上录入、执法流程网上运行、执法活动网上监督"将成为常态，有利于推进依法行政。公安机关、检察机关牵头的"两法衔接"（行政执法与刑事司法衔接）平台也赢来了新的契机，通过与行政执法信息平台对接，有利于进一步解决"有案不移""以罚代刑""有案难移"等问题。国家监察体制改革后，监察委与检察机关畅顺监检工作衔接机制，探索网络和系统对接，也有利于进一步整合力量加强惩治和预防职务犯罪力度。未来从政法系统内部、外部联通着手，以科技信息化应用为抓手，积极推出有特色的示范平台项目，将为全面依法治国插上"科技的翅膀"。

1.1.2.2 善用减法：突破体制机制局限 全面深化司法改革

2017年7月，习近平总书记对司法体制改革作出重要指示，要求"要遵循司法规律，把深化司法体制改革和现代科技应用结合起来，不断完善和发展中国特色社会主义司法制度"。2017年11月，党的十九大报告中指出，要"增强改革创新本领，保持锐意进取的精神风貌，善于结合实际创造性推动工作，善于运用互联网技术和信息化手段开展工作"。

善用智能化"减法"，新时代政法机关要努力做到：

一、减少行政审批环节，突出司法责任制

员额制改革大幅减少了案件审批流程，以往检察机关普通刑事案件的审批往往需要经过承办人、部门副职、部门正职、副检察长、检察长的五级审批。司法改革后，贵州省检察机关建立权力清单，全面梳理了检察机关统一业务应用系统中的1606项权限配置，将其中1000余项审批权采取一般性授权的方式授权给检察官，并在统一业务应用系统完成审批权限变更，实现了"检察长—检察官"的扁平化管理，真正发挥员额制检察官依法定权限独立办案、独立承担司法责任的作用。内设机构改革也大幅减少了行政环节，以北方某基层法院为例，该院二级部门多达38个，2018年5月25日中央编办、最高人民法院联合下发《关于积极推进省以下法院内设机构改革工作的通知》，明确要求"政法专项编制50名以下的基层人民法院内设机构总数一般

不超过 5 个；51—100 名的一般不超过 8 个；101—200 名的一般不超过 10 个；工作任务较重或 201 名以上的，可以根据工作需要适当增加审判业务机构并从严审批"。内设机构改革减少了行政部门数量和中层领导干部数量，进一步充实了一线办案人员。

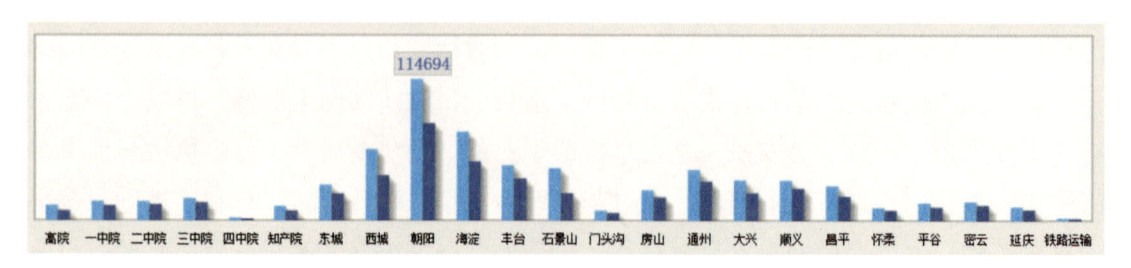

图1-1　北京市三级法院立案/结案数（2018.1.1—2018.8.29）①

二、减少简单重复工作，提高司法效率

中央领导多次指出，要通过现代科技应用、司法辅助事务外包等办法，大幅减少司法辅助人员需求量，提高效率。2017 年全国法院、检察院系统已完成首批法官检察官遴选工作，入额法官 12 万多名，入额检察官 8.6 万名。同年公布的 2013—2017 年全国各级人民法院受理案件 8904.9 万件。简单计算就可发现入额法官平均年受理案件数达 148.415 件。在新形势下，政法机关"三定方案"基本明确，人员编制不存在较大增加的可能。因此，迫切需要在原有的"人、财、物要素投入"的常规动能基础上，强化"向科技要警力，向信息化要战斗力"意识，逐步提升科技要素投入比例，通过现代科技，特别是大数据、人工智能技术，帮助法官、检察官、警官完成大量的重复性、简单性、机械性工作。实现科技信息"新动能"和人财物"传统动能"相结合的"双引擎驱动"，推动政法工作跨越式发展。②例如，2016 年最高人民法院委托河北省高级人民法院研发智审系统，将案件卷宗内容文档化、数据化、结构化，辅助法官一键生成各类通知书、传票、公告、送达回证等制式文书，智能辅助法官快速生成裁判文书部分内容。截至 2018 年 3 月，智审系统在河北、吉林、广东、浙江

---

① 北京法院审判信息网显示，2018 年 1 月 1 日至 2018 年 8 月 29 日，北京市法院共新收各类案件 659870 件，结案 471299 件。其中北京市朝阳区人民法院收案 114694 件、结案 79084 件，居全市各法院收案量之首。其中刑事案件收案 14868 件、民事案件收案 291601 件、商事案件收案 127279 件、知产案件收案 26060 件、行政案件收案 28836 件、执行案件收案 162774 件。刑事、民事、商事、知识产权、行政案件平均审理用时分别为 73 天、71 天、68 天、82 天、65 天。
② 赵志刚、金鸿浩：《传统检察信息化迈向智慧检务的必由之路——兼论智慧检务的认知导向、问题导向、实践导向》，载《人民检察》2017 年第 12 期。

等地法院广泛应用,河北法院已累计帮助法官生成各类文书 400 万余份,辅助制作裁判文书 40 万余份,减轻法官案头事务性工作 30% 以上。[①]再如,法院文书送达难已成为中国法院的痛点,法院工作人员要花费大量时间用于查找当事人地址、直接送达或公告送达,杭州互联网法院上线电子送达平台,目前网络纠纷案件 90% 通过电子送达完成,试用期间共送达 4778 次,送达成功率 88%,大幅节约了司法资源。

三、减少案件瑕疵错误,提高司法办案质量

政法智能化可以有效减少案件瑕疵,孟建柱同志曾撰文指出:"智能辅助办案系统是现代科技在司法领域应用的智慧结晶,是推动刑事司法变革的重要力量。……成为推动审判为中心的刑事诉讼改革落地、提升刑事司法工作水平的重要抓手。""一是对符合证据标准指引的案件自动放行,对不符合证据标准指引的案件自动阻止并提示补证,为公检法互相配合、互相制约提供新载体。二是引导司法机关和工作人员依法、全面、规范收集和审查证据,及时发现需要纠正的问题,防止因证据收集、审查不全面不规范而导致冤假错案发生。三是对证据完整性及矛盾点进行基础性审查、判断,帮助司法人员克服认识局限性和主观随意性,最大限度减少误差和人情关系的干扰,统一司法尺度,保障司法公正。"[②]例如,针对影响司法公信力的瑕疵裁判文书,上海法院研发裁判文书大数据智能分析系统,实现对裁判文书中 61 项要素的智能分析,推进文书智能化纠错,提升司法公信力,2017 年,上海法院分析裁判文书 10 万余篇,瑕疵占比同比降低 12%。

1.1.2.3 善用乘法:突破传统方式瓶颈 全面建设小康社会

2018 年 4 月 22 日,习近平总书记在给首届数字中国建设峰会的贺信中指出,要"全面贯彻新发展理念,以信息化培育新动能,用新动能推动新发展,以新发展创造新辉煌"。

善用智能化"乘法",新时代政法机关要努力做到:

一、增强惩治新型犯罪能力,提升人民群众安全感

据报道,我国网络犯罪已占犯罪总数的 1/3,并以每年 30% 以上的速度增长。

---

① 许建峰:《最高法工作报告解读系列访谈:加快建设智慧法院》,载最高人民法院网,http://www.court.gov.cn/fabu-xiangqing-85042.html,2018 年 3 月 13 日。
② 孟建柱:《全面深化司法体制改革 努力创造更高水平的社会主义司法文明》,载《求是》2017 年第 20 期。

特别是电信诈骗、P2P非法集资、网络传销、网络攻击等新型犯罪已严重侵害了社会秩序和人民群众财产安全，仅"E租宝非法集资案"就遍布31个省市，受害投资人数量超过90万人，涉案金额高达762亿元。"魔高一尺，道高一丈"。2018年1月22—23日召开的中央政法工作会议明确要求，要加快推进网络身份认证、人像比对、可疑资金分析等新技术研发和应用，创新网上网下一体化打防管控模式，第一时间切断网上发动、网下实施链条，实现对新型犯罪的精准打击；推动大数据合成研判作战中心建设，加快对传统侦查轴端的智能化改造。实践证明，运用新技术惩治新型犯罪大有可为，以惩治电信诈骗犯罪为例，公安部刑事侦查局与阿里巴巴集团联合开发了"互联网+反电信诈骗"系统（钱盾平台），具备实时拦截提醒诈骗电话和短信等功能、实时监控各地"伪基站"分布等功能。钱盾平台于2016年6月至10月在福建省厦门市公安机关试运行期间，累计为厦门用户触发诈骗电话提醒15.31万次，通报诈骗号码10311个，紧急止付涉案资金212万元，厦门市电信诈骗警情同比下降17.34%，伪基站刑事警情实现零发案。[①]

二、增强化解社会风险能力，提升人民群众幸福感

"工欲善其事，必先利其器"，"雪亮工程"成为中国社会综合治理"防患未然、快处既然、妥处已然"的一大创举。山东省临沂市平邑县是"雪亮工程"的发端地，2013年平邑县以视频监控全覆盖为工作重点开始建设"雪亮工程"。截至目前，临沂全市累计安装视频摄像头36万个，横向与22个重点行业部门分平台，纵向与16个县区、156个乡镇街道、3990个村社区分平台实现了互联互通。仅2017年上半年就利用视频侦查系统直接破获刑事案件30余起。山东省目前共安装公共安全摄像机293万台，建立监控中心2491个，接入视频专网的摄像机数量达到43万个，有效解决了基层防范和治理力量薄弱、资源分散、手段单一等问题。[②]根据规划方案，到2020年，"雪亮工程"将全面建成，在中央与省级层面使用国家电子政务外网连接，基本实现"全域覆盖、全网共享、全时可用、全程可控"的公共安全视频监控建设联网应用的目标。

三、增强政法公共服务能力，提升人民群众满意度

党的十九大报告指出，必须坚持以人民为中心的发展思想。2018年6月，国

---

① 付静：《发布"互联网+反电信诈骗"钱盾平台》，载《人民公安报》2016年10月25日第1版。
② 梁犇：《全国"雪亮工程"建设推进会在临沂召开 探索综治新模式》，载中国新闻网，http://shandong.dzwww.com/sdnews/201706/t20170630_16104696.htm，2017年6月30日。

务院办公厅印发《进一步深化"互联网+政务服务"推进政务服务"一网、一门、一次"改革实施方案》，就加快推进政务服务"一网通办"和企业群众办事"只进一扇门""最多跑一次"等作出部署。中央政法委也要求，实行更便捷的一站式服务，把所有可拓展上线的窗口服务延伸到网上。依托微博、微信等新媒体平台，加强"微法律顾问""微警务""微检务""微法院"集群建设，构建快捷便利的移动服务体系。实行更贴心的人性化服务。推动家庭智能安防系统与社区服务系统、综治信息平台、报警平台互联互通，实现报警、求助自动化。积极研发司法智能服务系统，为当事人提供诉讼服务，更好维护当事人合法权益。例如，2017年11月，最高人民法院、公安部、司法部等决定在北京、河北、吉林、上海、江苏等14个省市联合开展道路交通事故损害赔偿纠纷"网上数据一体化处理"改革试点工作，实现交通事故网上责任认定、理赔计算、在线调解、在线鉴定、在线诉讼、一键理赔等流程。浙江省试点改革期间，在线调解纠纷13750件，调解成功12338件，调解总金额达到9.18亿元；在线鉴定期限从平均3个月以上缩短至25天以内；"一键理赔"功能已与人保、平安等6家保险公司理赔系统完成对接，目前"一键理赔"1829件，总金额4365万元。试点后，90%以上的案件当事人"只需跑一次"就可以完成，人民群众满意度大幅提升。

1.1.2.4 善用除法：增强技术刚性监督 全面推进从严治党

2014年1月8日，习近平总书记在中央政法工作会议上指出，要在执法办案各个环节都设置隔离墙、通上高压线，谁违反制度就要给予最严厉的处罚，构成犯罪的要依法追究刑事责任；要坚持以公开促公正、以透明保廉洁，增强主动公开、主动接受监督的意识，让暗箱操作没有空间，让司法腐败无法藏身。2017年10月，党的十九大报告指出，要"推进反腐败国家立法，建设覆盖纪检监察系统的检举举报平台。强化不敢腐的震慑，扎牢不能腐的笼子，增强不想腐的自觉，通过不懈努力换来海晏河清、朗朗乾坤"。

善用智能化"除法"，新时代政法机关要努力做到：

一、破除"专业壁垒"，防止"同案不同判"

自由裁量权是一种权力也是一种责任，既往由于法律行业专业性、案件海量性、信息不对称性，对于法官、检察官、警官自由裁量权的监督相对缺乏，"同案不同判"等突出问题，严重损害了我国司法公正和公信力，并且一定程度产生了新的社会矛盾和信访事件。① 中央有关部门明确指出，要优化智能辅助办案系统的功能，增强对海量案件的深度学习能力，提高对案件事实、争议焦点、法律适用的类脑智能推理水平，促进类案同判。同时为当事人提供诉讼风险分析、诉前调解建议、类案检索推送、诉讼结果预判等服务，引导当事人对裁判结果形成理性预期。按照这一指导思想，2017年7月31日，《最高人民法院司法责任制实施意见（试行）》（法发〔2017〕20号）第39条明确要求"承办法官在审理案件时，均应依托办案平台、档案系统、中国裁判文书网、法信、智审等，对本院已审结或正在审理的类案和关联案件进行全面检索，制作类案与关联案件检索报告"。第40条明确规定，"拟作出的裁判结果与本院同类生效案件裁判尺度一致的，在合议庭评议中作出说明后即可制作、签署裁判文书"，"发现本院同类生效案件裁判尺度存在重大差异的，报请庭长研究后通报审判管理办公室，由审判管理办公室配合相关审判业务庭室对法律适用问题进行梳理后，呈报院长提交审判委员会讨论"。

二、破除"监督死角"，防止司法廉政风险

政法腐败是影响政法公信力的因素之一，习近平总书记在《关于〈中共中央关于全面推进依法治国若干重大问题的决定〉的说明》中指出，"当前，司法领域存在的主要问题是，司法不公、司法公信力不高问题十分突出，一些司法人员作风不正、办案不廉，办金钱案、关系案、人情案，'吃了原告吃被告'等等"。② 为了增加监督刚性，创新监督手段，2018年中央政法工作会议明确指出，要推广关键证据取证过程录音录像制度，建立执法取证数据化的刚性程序标准，让执法司法腐败无处遁形。公检法机关在应用现代科技加强内部监督方面都进行了探索尝试。如公安部2016年6月14日印发《公安机关现场执法视音频记录工作规定》（公通字〔2016〕14号），要求"开展现场执法视音频记录时，应当对执法过程进行全程不间断记录，自到达现场开展执法活动时开始，至执法活动结束时停止"，"民警应当在当天执法活动结束后，将现场执法视音频资料导出保存"，"现场执法视音频资料的保存期限原则上应当不少于

---

① 中国社科院胡昌明博士以1060个刑事判决为样本，研究发现法官和被告人之间与案情无关的相关关系在影响法官的判决。例如，女性法官对于构成轻罪的女性被告人的平均刑法强度为5.18，男性被告人则是8.31，高60%；法官对构成轻罪的"老乡"被告人的平均刑法强度为6.23，异籍的被告人则是8.23，约高32%；对于构成轻罪的老年被告人，中年法官的平均刑法强度为6.31，而青年法官则是9.36，高了将近一半（48%）。参见胡昌明：《被告人身份差异对量刑的影响：基于1060份刑事判决的实证分析》，载《清华法学》2018年第4期。
② 习近平：《关于〈中共中央关于全面推进依法治国若干重大问题的决定〉的说明》，载《共产党员月刊》2014年第11期。

六个月"。如最高人民检察院 2013 年研发部署全国检察机关统一业务应用系统，经过多次升级，已实现案件随机分配，减少人为因素影响，保障案件分配的客观、公正；实现操作检察官、检察官助理操作行为全程留痕，办案流程全程监控，为内部管理监督提供了信息化平台（详情参见 2.1.1）。再如，江西南昌等部分地方法院探索研发司法风险动态防控系统，创新应用阈值理论，对接网上审判、庭审巡查等系统，对该市 12 个法院、32 个人民法庭、1145 名干警实行智能化动态监督，将立案、审判、执行等 41 个廉政风险点纳入其中，通过黄、红灯警示、短信提醒等方式实现事前预警、事中监控、事后处置。

三、破除"信息不足"，防止领导决策风险

决策风险，是指在决策活动中，由于主、客体等多种不确定因素的存在，而导致决策活动不能达到预期目的的可能性及其后果。既往由于自下而上信息汇集的"报喜不报忧"的利好偏好和数据水分，导致部分单位决策信息不足或"失真"问题较为突出，极个别存在"拍脑袋"决策问题。大数据技术为政法机关科学决策带来了重大机遇。2017 年 12 月 8 日习近平总书记在中共中央政治局第二次集体学习时指出，善于获取数据、分析数据、运用数据，是领导干部做好工作的基本功。各级领导干部要加强学习，懂得大数据，用好大数据，增强利用数据推进各项工作的本领，不断提高对大数据发展规律的把握能力。2017 年 5 月，最高人民检察院印发《检察大数据行动指南（2017—2020 年）》（高检发技字〔2017〕2 号），明确提出建设国家检察大数据中心，扩展检察大数据应用体系，支撑高效管理决策。2018 年 3 月电子检务工程检察大数据决策支持平台正式上线运行，通过整合检察机关内外部数据资源，利用大数据分析，为检察工作提供决策支持（详见 5.2.3），大幅提高了管理决策科学化水平。

1.2 智慧检务的发展演化

唐太宗说："以铜为鉴，可正衣冠；以史为鉴，可知兴替；以人为鉴，可明得失。"检察信息化建设已有近 30 年历史，大致经历了 4 个版本，从"数字检务""网络检

务""应用检务",到现在正在推进的"智慧检务"。[①]

1.2.1 "数字检务"阶段

"数字检务"是检察信息化 1.0 版的简称,时间跨度从 20 世纪 80 年代末到 1999 年,基本对应"八五""九五"时期。主要任务是实现检察数字化,购置计算机设备和办公自动化应用,初步完成信息由纸质手写向数字化录入的重要转变。

1.2.1.1 建立早期检察信息化管理机构

最高人民检察院在 20 世纪 90 年代初设立了早期的信息化机构。1991 年 4 月 11 日,最高人民检察院办公厅成立自动化办公室,由原统计处计算机专业技术人员和总值班室通信人员组成,负责最高人民检察院信息化工作。1994 年 3 月,最高人民检察院办公厅原自动化办公室划归检察技术局(所)管理,更名为信息技术室。1995 年,最高人民检察院成立编码委员会,时任最高人民检察院副检察长赵登举兼任主任。1997 年 3 月,最高人民检察院技术局与技术所分设,信息技术室划归技术所管理,同年该室被中央国家机关团工委授予"青年文明号"称号。1999 年,最高人民检察院成立信息化领导小组,时任最高人民检察院副检察长梁国庆任组长。2000 年 1 月,最高人民检察院发文指出,"高检院已经成立信息化领导小组,各省级检察院也要成立相应的领导机构,以加强对本地区检察科技工作的宏观管理和综合协调"。

地方检察机关也开始探索建立检察技术信息化管理机构。1996 年 7 月 4 日,最高人民检察院印发《关于地方各级人民检察院机构改革意见的实施意见》(高检发〔1996〕16 号),要求省级人民检察院必设机构为办公室、政治部、审查批捕处、审查起诉处、反贪贿赂局、法纪检察处、监所检察处、民事行政检察处、控告申诉检察处、检察技术处、法律政策研究室、行政装备处、监察处。技术部门成为 11 个省级检察院必设机构之一,负责管理本地区检察技术和信息化工作。例如,20 世纪 90 年代末期,上海市检察院设立技术处,下设罪证检验、视听技术、计算机管理三个中心。

1.2.1.2 加强检察信息化基础设施建设

1987 年 4 月 6 日,时任最高人民检察院检察长杨易辰同志在第六届全国人民代

[①] 本节内容在《智慧检务初论》基础上进行重新修正和大幅补充,如将原"信息检务 3.0"调整为检察信息化 3.0 版"应用检务",将"智慧检务"的起始时间由 2015 年概念提出时间修订为 2017 年苏州会议"智慧检务战略"提出时间,增加了智慧检务部分建设内容。

表大会第五次会议上作报告时提出"要逐步实现检察技术装备的现代化"。1989年3月、1993年3月,时任最高人民检察院检察长刘复之在作《最高人民检察院工作报告》时两次提到"通讯等技术装备落后,也影响了及时取证和结案",要"重视现代科学技术手段在办案中的应用"。

　　计算机设备是检察数据化的基础,当时计算机设备较为昂贵,地方检察机关采取多种途径克服困难,购置计算机设备。例如,1989年,河南郑州市检察院以分期付款方式在全省地市级检察机关中首家购买了一台计算机,服务检察统计工作。1993年,北京市顺义区检察院荣获北京市档案管理奖项,奖品是计算机一台。1997年,辽宁沈阳市检察院购置一批计算机用于举报线索管理。同期上海市浦东新区检察院成立计算机领导小组,会同新成立的浦东软件园共同投资上百万元,购置了一台小型机和15台微机。20世纪90年代末,广西壮族自治区检察院曾专门下文要求广西三级检察机关各院配备5台以上电脑;到2000年广西壮族自治区检察机关共有电脑883台,平均每个单位6.7台。

　　在加大力度购置计算机设备的同时,检察局域网络建设和应用研发也有所探索。最高人民检察院于1994年5月召开"全国检察信息系统建设试点单位座谈会",并分别于1993年、1996年、1997年组织研发了"基层检察机关检察信息系统""分州市级检察信息系统""高检院机关管理信息系统"等应用软件。1997年,最高人民检察院启动机关局域网一期工程建设,投资500万余元,采用ATM网络结构、Oracle数据库和TRS搜索引擎,每年需处理的数据量约2.6GB,并以20%左右速度速度增长。1999年5月28日,最高人民检察院作为"政府上网工程"发起单位之一,开通最高人民检察院互联网门户网站。

1.2.1.3　出台早期检察信息化标准规范

　　为了便于规范管理全国检察信息化建设,1994年10月,最高人民检察院检察技术局(所)整理出台了早期管理规范性文件,印发了《最高人民检察院检察信息系统标准体系》《国家检察信息系统总体规划》《检察系统计算机应用软件开发管理规定》和《检察系统计算机应用软件评审办法》。1996年5月,最高人民检察院编码委员会成立编码工程组,牵头制定有关分类代码,于1997年5月通过专家评审。1997年5月,最高人民检察院成立国家检察信息系统数据格式编码工程组,组织研究数据格式规范,于1998年8月通过专家评审。

　　经过10余年的发展,到1999年底,检察信息化的雏形已经初步形成,信息化基础设施、通信网路、应用软件等均开始了早期探索并形成了应用性成果。检察人员的

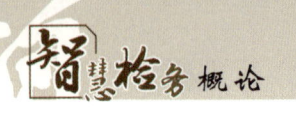

办公办案方式也在潜移默化中开始发生转变。这一阶段，是检察信息化从无到有的质变，早期检察信息化的探索所积累的经验、制度、设备为后期检察机关信息化良好发展奠定了坚实基础。

1.2.2 "网络检务"阶段

"网络检务"是检察信息化2.0版的简称，时间跨度从2000年到2008年，基本对应"十五"时期和"十一五"前期，主要任务是实现检察网络化，建设全国检察机关专线网、局域网，基本实现全国四级检察机关互联互通。

1.2.2.1 明确提出"科技强检"战略

2000年1月10日，最高人民检察院印发《关于在大中城市加快科技强检步伐的决定》，正式提出"科技强检"战略，指出"科学技术是第一生产力。向科技要战斗力，依靠检察科技进步和提高检察干警素质，是今后检察工作的重要发展方向"，要求"各省级检察院、省（自治区）辖市检察院和有条件的市辖区检察院都要大力加快科技强检步伐"。

2000年2月15日，最高人民检察院印发《检察改革三年实施意见》，明确要求2002年底前，开通最高人民检察院、省级检察院、大中城市检察院之间的检察系统专线通信网，实现语音通信、传真、数据通信、专用电话、电视会议系统功能。2000年5月，最高人民检察院成立直属事业单位检察技术信息研究中心，由原技术局、技术所、办公厅信息技术室合并组成，负责指导全国检察技术和信息化工作。[①]之后，该单位改为参照公务员法管理的事业单位，与最高人民检察院信息化领导小组办公室合署办公。

1.2.2.2 建设检察专线网络、局域网络

在具体工作推进中，检察机关相继启动了2001年的一级专线网数字化改造工程，2002年的"213工程"、2003年的"151工程"、2004年的"1521工程"。

一、2001年一级专线网数字化改造工程

2001年底，检察机关一级专线网数字化改造工程完成，最高人民检察院和32个

---

① 赵志刚、金鸿浩：《智慧检务的演化与变迁：顶层设计与实践探索》，载《中国应用法学》2017年第2期。

省级检察机关（包括各省、自治区、直辖市人民检察院，新疆生产建设兵团人民检察院）建成了基于512K帧中继线路资源的检察一级专线网，实现了专线电话、视频会议和数据传输功能。

二、2002年"213工程"

根据全国检察长工作会议部署，最高人民检察院下发的《2002年全国检察机关信息化建设与应用实施意见》（简称"213工程"），要求当年在全国200个大中城市完成检察专线网、计算机局域网的建设；全国1000个以上检察机关建成三级专线网络或局域网；超过3万名检察人员通过国家计算机等级一级考试。截至2002年末，在专线网建设方面，检察一级专线网全部联通，北京、吉林等16个省级检察院已建成或正在组织实施二级专线网建设，全国大中城市已经和正在联入专线网的检察院达到239个。在局域网建设方面，北京等24个省级检察机关建成了局域网，山西、江西6个省级检察机关正在建设局域网，全国检察机关已建成局域网的单位共有1168个。在教育培训方面，全国各级检察机关通过国家计算机一级考试的检察干警有19780人，通过省人事部门组织的类似国家计算机一级考试的检察干警有33271人。

三、2003年"151工程"

最高人民检察院制定下发了《2003年全国检察机关信息化建设与培训任务》（简称"151工程"）。（1）151工程的第一个"1"是指积极推动专线网建设，年内全国联入检察机关专线网的检察院，要在上一年完成"213工程"建设任务的基础上增加100个；（2）151工程的"5"是指努力完成局域网建设，年内全国各级检察机关的局域网建设总数，要在去年完成"213工程"建设任务的基础上增加500个。（3）151工程的最后一个"1"是指继续加强检察干警的计算机技术培训，年内全国各级检察机关通过国家计算机等级考试的人员数量要在上一年基础上增加1万名。三项任务要求在213工程基础上约分别提升50%、50%、33.3%。到2003年底，全国已有23个省级检察机关建设了二级专线网，254个地市级检察机关联入专线网，建成三级专线网并联入全国检察专线网的县级检察院491个；所有省级检察机关、287个地市级检察机关和1648个县级检察院建成了计算机局域网；通过国家计算机等级考试和各省人事部门计算机考试的检察人员65418人。两网建设与信息化培训取得初步成功。

四、2004年"1521工程"

2004年10月19日，全国检察机关信息化工作会议决定，此后3年，全国检察

机关信息化建设将重点抓好"一网五库两类应用和一个门户",简称为"1521工程"。"一网"是指加强基础网路建设;"五库"是指要建成检察机关的职务犯罪信息库、诉讼监督信息库、队伍管理信息库、电子学习数据库、综合信息数据库;"两类应用"是指检察专线网的应用和计算机数据的应用;"一个门户"是指建设检察机关的互联网门户网站。

1.2.2.3　制定检察信息化第一个五年规划

2004年下半年,《2003—2007年检察信息化建设与发展规划》经过多次征求意见正式下发,明确了检察信息化建设的基本原则与指导思想,明确了2003年至2007年检察信息化建设的主要任务是建设检察信息基础设施,加强标准规范、安全保障体制建设和人员培训,围绕重点业务开展网络应用。

按照《2003—2007年检察信息化建设与发展规划》,在第一阶段建设基础上,最高人民检察院信息化领导小组对检察机关专线网、计算机局域网与信息化培训制定了新的任务与要求。要求2004年完成检察一级专线网扩容提速工程;2005年全面完成二级专线网建设,95%的地市级检察机关和70%的县级院建成计算机局域网;2006年基本完成检察机关三级专线网建设,未建设的基层检察院通过加密远程拨号方式联入专线网,所有地市级检察机关和85%的县级检察机关建成计算机局域网;2007年要求90%的基层检察机关建成计算机局域网,最高人民检察院和省级检察院在岗检察人员通过国家计算机等级考试(一级)的比例达到90%,地市级和县级检察院通过国家计算机等级考试(一级)人员的比例应分别达到80%和70%。

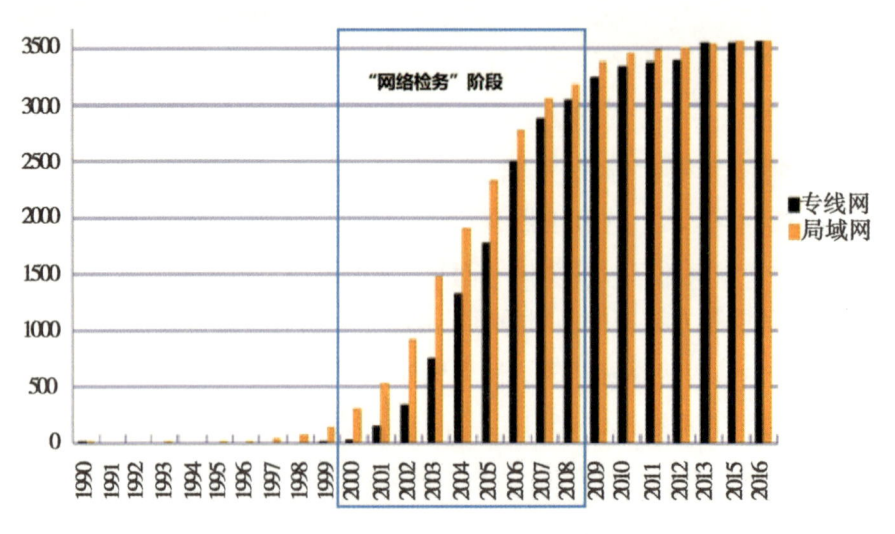

图1-2　全国检察机关专线网和局域网建设情况(1990—2016)

实际情况是到 2007 年末，全国 83.69% 的检察机关联入专线网，86.89% 的检察机关建成计算机局域网，基本实现了预期目标。据一份统计报告显示，到 2007 年，共有 1991 个检察院利用信息发布系统建立了专网网站，2029 个检察院建立了电子邮件服务系统，专网电子邮件用户总数达 9.3 万余个，每年全国各级检察院利用视频会议系统召开各类会议达 1000 余次，检察网络建设效果显著。到 2009 年初，全国检察机关检察专线网、局域网和电视电话会议网络"三网"联通比例分别为 91.1%、93.2%、96.6%，基本实现全国检察机关网络层面的互联互通。

1.2.3 "应用检务"阶段

"应用检务"是检察信息化 3.0 版的简称，时间跨度从 2009 年到 2017 年初，主要任务是实现检察应用化，实现司法办案、检察办公、队伍管理、检务保障等领域的信息化应用全覆盖，形成检察机关网上办公办案新模式。

"应用检务"阶段以 2009 年 8 月《2009—2013 年全国检察信息化发展规划纲要》要求"全力推进检察信息化应用"和 2009 年 11 月，全国检察机关信息化工作提出"坚持建用并举、更加突出应用"为起点，以 2017 年电子检务工程"六大平台"研发工作基本完成为结点。[①]

1.2.3.1 研发全国检察机关统一业务应用系统

2010 年 7 月 13 日，最高人民检察院印发《全国检察机关信息化应用软件统一实施方案》，计划将十个业务条线的信息化应用软件分两批进入统一进程。

2012 年 8 月，最高人民检察院信息化领导小组决定成立统一业务软件开发小组，采用全脱产、全封闭的方式集中攻关，对统一业务软件在四级检察机关的需求进行论证，形成 160 余万字的系统需求分析报告，并启动软件研发。其间，最高人民检察院先后印发《全国检察机关统一业务应用软件总体方案》《全国检察机关统一业务应用软件首批试点工作方案》《全国检察机关统一业务应用软件平台建设指导方案》《全国检察机关统一业务应用系统使用管理办法》加强宏观管理。

2013 年 10 月 31 日，全国检察机关统一业务应用系统部署工作会议在山东省济南市召开，正式启动全国检察机关统一业务应用系统部署工作，并于 2014 年 5 月完成全国部署。2014 年底，已有各类案件 300 余万件在系统内运行，检察机关基本实

[①] 赵志刚、金鸿浩：《电子检务的演化与政策变迁——检察机关信息化发展史研究概要》，载《人民检察》2017 年第 5 期。

现了从"纸上办案"到"网上办案"的信息化变革,四级检察机关的办案信息第一次实现互联互通,并对全部办案活动和各类案件实现全程、统一、实时、动态的管理和监督。截至 2017 年 9 月,系统已经积累 1740 余万件案件数据。[①]

图1-3 全国检察机关统一业务应用系统示意图

2014 年以来,统一业务应用系统与时俱进,紧密结合中央和最高人民检察院重大决策部署升级完善。陆续建成了统一业务应用系统统计子系统、电子卷宗子系统,实现信息互通关联,人、案、数一体。全国每个周期生成的数据量达到 165 亿项,是原检察统计数据量的 35 倍。[②] 2017 年 5 月,根据司法体制改革最新要求,"统一业务应用系统(司改版)"作出重大结构性和功能性修改,突出检察官办案主体地位与加强监督制约相结合,将系统现有的"承办人一人一案"操作模式调整为"办案组多人一案"操作模式,并将"随机分案为主,指定分案为辅"要求固化于系统中。

1.2.3.2 推动电子检务工程"六大平台"建设

2005 年起,最高人民检察院就开始着手电子检务工程申报工作。2010 年 5 月,最高人民检察院编制完成《电子检务工程需求分析报告》,并通过了国家发展改革委组织的专家评审。随后,最高人民检察院依据需求分析报告,对《电子检务工程项目建议书》进行了修改和完善。2012 年 5 月,检察信息化建设正式纳入国家信息化规划,《"十二五"国家政务信息化工程建设规划》(发改高技〔2013〕1688 号)明确指出,"加快推进检察系统信息化,建设以控告举报与刑事申诉、职务犯罪侦查与预防、侦查监督、刑事审判监督、民事审判与行政诉讼监督、刑罚执行监督为主要内容的检察院法律监督信息系统"。

[①] 丁国锋:《我国智慧检务有望领先全球》,载《法制日报》2017 年 9 月 28 日第 3 版。统一业务应用系统具体内容可参见本书 2.1.1。
[②] 许山松:《统一业务应用系统实现办案数据每天更新》,载正义网,http://news.jcrb.com/jxsw/201702/t20170222_1719761.html,2017 年 2 月 22 日。

表1-2 《国家发展改革委关于电子检务工程项目建议书的批复》的六大任务

类别	内容
1. 标准规范建设	制定电子检务工程的业务应用、信息安全,以及运行维护管理等相关标准和规范
2. 检务网络建设	建设和完善全国检察业务网,全部覆盖四级检察院与派驻检察室
	实现与公安系统、法院系统、司法系统等相关部门的互联互通和信息共享
3. 应用系统建设	完成刑事诉讼监督信息系统、民事审判与行政诉讼监督信息系统、职务犯罪侦查与预防管理系统、检务支持信息系统、检察办公管理信息系统、检务保障信息系统、检察队伍管理信息系统建设
4. 新数据库建设	建设和完善各级检察院的检务资源、职务犯罪信息、侦查监督、审判监督、举报申诉等数据库
	最高人民检察院、省级检察院分别建立门户网站
5. 数据中心建设	建设和完善全国检务数据中心和省级检察院数据中心
	根据实际需要,建设和完善各级远程办案指挥室和远程提讯监控室及相关配套环境
6. 保障配套建设	建设相关安全保障系统以及相应支撑保障配套环境,满足对电子检务信息系统的统一安全管控和安全认证

2013年8月27日,国家发展改革委正式批复最高人民检察院申报的《电子检务工程项目建议书》,2015年4月、10月,《电子检务工程(中央本级建设部分)可行性研究报告》和《初步设计方案和投资概算报告》也分别获得国家发展改革委批复。2015年11月19日,最高人民检察院在北京召开了全国检察机关电子检务工程工作会议,会议指出"电子检务是全国检察机关积极适应以大数据推动经济社会发展、完善社会治理的大趋势,是影响深远的检察工作方式和管理方式的革命","各级检察机关要把电子检务工程作为检察信息化建设乃至推动检察工作长远发展的'龙头'来抓,以信息化助推检察工作现代化"。[①]

2015年11月,电子检务工程正式进入实施阶段,包括司法办案、检察办公、队伍管理、检务保障、检察决策支持、检务公开和服务"六大平台"在内的二十余个项目陆续启动招标、研发、部署工作。目前,主要项目已完成初验工作并投入使用,包括统一业务应用系统二期(参见本书2.1.1)、检察办公管理系统(参见本书3.1.1)、检察队伍管理信息系统(参见本书3.2.1)、12309检察服务中心(参见本书4.2.2)、检察大数据决策支持应用(参见本书5.2.3)。

---

① 王地:《全国检察机关电子检务工程工作会议召开》,载《检察日报》2015年11月20日。

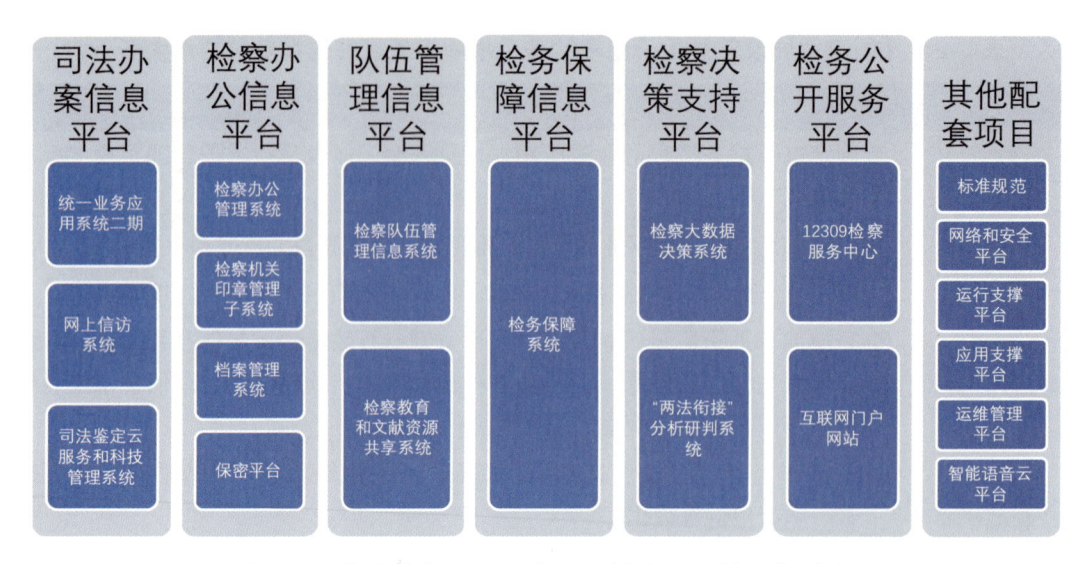

图1-4 电子检务工程六大平台的主要系统（部分）

1.2.3.3 持续深化"互联网+检察工作"模式

一、案件信息公开网

2014年4月，最高人民检察院决定启动案件信息公开系统开发工作，2014年6月底完成系统研发工作，并审议通过《人民检察院案件信息公开工作规定（试行）》。2014年7月开始在山东、四川等地检察机关投入试运行，2014年10月1日在全国正式上线运行。2017年，"人民检察院案件信息公开网"微信服务平台上线运行。

图1-5 人民检察院案件信息公开网

人民检察院案件信息公开网（www.ajxxgk.jcy.cn）具有四个功能：（1）案件流程信息互联网查询功能。当事人及其法定代理人、近亲属、辩护人、诉讼代理人可以向办理该案件的人民检察院查询案由、受理时间、办案期限、办案部门、办案进程、处理结果、强制措施等程序性信息。（2）终结性法律文书网上公开。主要公开人民法院所作判决、裁定已生效的刑事案件起诉书、抗诉书、不起诉决定书、刑事申诉复查决定书等法律文书。（3）重大案件信息网上发布功能。主要公开有较大社会影响的职务犯罪案件的决定逮捕、提起公诉等情况，社会广泛关注的刑事案件的批准逮捕、提起公诉等情况，已经办结的典型案例，以及重大、专项业务工作的进展和结果信息。（4）辩护与代理网上预约申请功能。辩护人、诉讼代理人可以网上进行申请阅卷/会见、申请变更（解除）强制措施、申请收集（调取）证据材料、申请自行收集证据材料、提供证据材料、要求听取意见等事务的预约申请。

截至2017年11月，全国检察机关通过案件信息公开系统共发布1901701件案件程序性信息、128759条重要案件信息、817841份法律文书，接受65646件辩护与代理预约申请，有效发挥了深化检务公开的龙头作用。[①]

二、"检察网阵"初步形成

2014年，最高人民检察院成立新闻办公室，下设新闻宣传处、网络宣传监管处、综合协调处，先后出台《加强新形势下检察新闻宣传工作的意见》《新闻发布会实施办法》《检察微信公众号管理暂行办法》等文件。

2014年3月3日，最高人民检察院官方微博在新浪网、腾讯网和正义网的三个微博平台同时开通上线，截至2018年8月，官方微博已发布博文18370条，粉丝数1103万人。2014年4月15日，最高人民检察院官方微信开通，主要发布检察机关重大工作部署、重大案件信息、重要司法解释、重要工作成效等信息，截至2017年10月，官方微信已发布各类检察信息9760条，其中包括43次现场直播最高人民检察院新闻发布会、277个普法类新媒体作品。2014年11月27日，最高人民检察院入驻"今日头条"客户端，开通"头条"账号，截至2015年11月30日，全国已有1400个检察院入驻。2016年1月起，最高人民检察院持续开展"走近一线检察官"微直播活动，网络阅读量已达1.7亿人次。

近年来，最高人民检察院"两微一端，先后获得"移动政务影响力十佳中央机构""全国政法新媒体建设优秀奖""最具影响力中央政务新媒体""2016年度中

[①] 郭洪平：《强化诉讼监督　促进公平正义》，载《检察日报》2018年3月9日第2版。

国最具影响力党务政务网站""2016年度中国最具创新力政务网站""最具传播力政务头条号""最具影响力政务头条号矩阵"等奖项。

2016年6月13日,全国四级检察机关实现"两微一端"全覆盖,在全国政法系统中率先建成四级新媒体矩阵。据统计,2016年8月,全国检察新媒体已开通官方账号11710个,共发布信息500余万条,总粉丝数达9000多万个。

1.2.4 "智慧检务"阶段

"智慧检务"是检察信息化4.0版的简称,时间跨度从2017年下半年至今,主要任务是深化检察智能化,打造新时代智慧检务生态。正式起点是2017年9月26日在苏州召开的全国检察机关智慧检务工作会议。

1.2.4.1 创新"智慧检务"理念

2015年,最高人民检察院分别于7月3日、11月19日召开"互联网+检察工作"座谈会和全国检察机关电子检务工程工作会议,会议提出要"把全国检察机关的电子检务工程打造成'智慧检务工程'"。

2017年5月22日,最高人民检察院党组会审议通过了《关于智能语音与人工智能应用的报告》,正式提出"智慧检务4.0"概念,明确"智慧检务4.0"是人民检察院落实国家创新驱动发展战略,深化"科技强检",推动检察机关由传统信息化向智慧检务迈进的战略选择,包括"智慧、融合、创新"三个特征:(1)"智慧"是"智慧检务4.0"的根本特征,核心任务是在检察机关数字化、网络化、信息化基础上,实现检察工作的全面智慧化。(2)"融合"是"智慧检务4.0"的重要途径,核心任务是适应当今社会从IT时代走向DT时代,最终迈向AI时代的大变革。(3)"创新"是"智

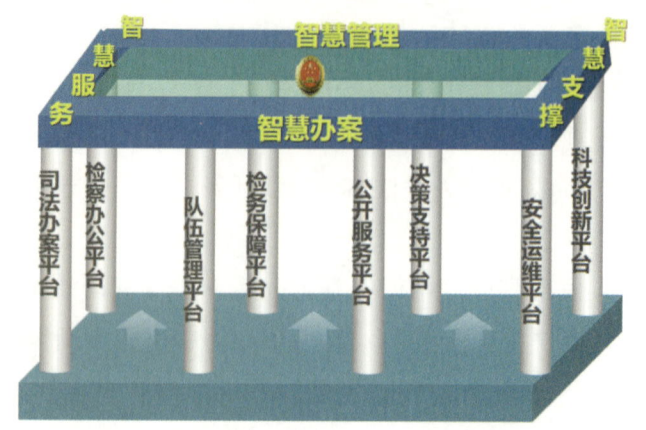

图1-6 "智慧检务4.0"的四梁八柱架构

慧检务 4.0"基本方法，核心任务是通过科技创新和司法体制改革"双轮驱动"，带动检察工作创新，从根本上解决传统司法粗放、司法低效、司法僵化等问题，突破检察事业的发展瓶颈。

2017年9月26日，全国检察机关智慧检务工作会议在江苏苏州召开，正式提出"智慧检务，是依托大数据、人工智能等技术手段，进一步发展检察信息化建设的更高形态；是遵循司法工作规律和检察权运行规律，从科技保障到科技支撑到进一步上升为科技引领，实现检察工作全局性变革的战略转型；也是影响深远的检察工作方式和管理方式的重大革命"，[①]并对今后一个时期智慧检务建设任务进行部署。

2017年以来，最高人民检察院侦查监督厅、公诉厅、技术信息中心先后印发《关于确定首批开展智慧公诉应用单位的通知》（高检诉〔2017〕17号）、《关于推进智慧侦监试点单位的通知》（高检侦监〔2017〕31号）、《关于确定第二批智慧侦监试点单位的通知》（高检侦监〔2018〕1号），选择试点单位，加速推进检察业务智能化探索和应用进程。

2018年6月4日，最高人民检察院召开检察机关智能辅助办案系统建设工作座谈会，最高人民检察院党组书记、检察长张军参加座谈会并讲话，指出智慧检务建设要聚焦科学化、智能化、人性化。"智能化是智慧检务的核心，智能化离不开对科学规律的运用和延伸，离不开对智慧检务内在规律的总结和深度挖掘。要把自然科学的形式逻辑和社会科学辩证逻辑结合起来。要把办案人员的需求、经验与软件程序设计深度融合起来，防止检察技术拖着检察业务走。"

1.2.4.2　完善智慧检务顶层设计

2017年9月21日，最高人民检察院发起成立智慧检务创新研究院，航天科工集团、中国人民大学等共同参与。这是近年来最高人民检察院首次与产、学、研单位合作成立创新性组织。最高人民检察院党组对智慧检务创新研究院的建立非常重视，将其定位为国家级"检察科技智库"、开放性"产学研用联合创新平台"和行业性"应用实验孵化中心"。

2017年12月22日，《最高人民检察院关于深化智慧检务建设的意见》（高检发〔2017〕15号）正式印发，该文件是近十余年来首个以高检院发文形式印发的检察信息化文件。明确提出：深化智慧检务的建设目标是加强智慧检务理论体系、规划体系、应用体系"三大体系"建设，形成"全业务智慧办案、全要素智慧管理、全方

---

① 姚雪青：《加强智慧检务"三大体系"建设》，载《人民日报》2017年9月27日第6版。

位智慧服务、全领域智慧支撑"的智慧检务总体架构。要求全国检察机关到2020年底，充分运用新一代信息技术，推进检察工作由信息化向智能化跃升，研发智慧检务的重点应用；到2025年底，全面实现智慧检务的发展目标，以机器换人力，以智能增效能，打造新型检察工作方式和管理方式。

2018年7月9日，最高人民检察院制定印发《全国检察机关智慧检务行动指南（2018—2020年）》（高检发技字〔2018〕16号），细化《关于深化智慧检务建设的意见》2018—2020年的建设任务，要求检察机关要遵循科学化、智能化、人性化三大原则推进智慧检务建设。到2020年底，检察机关将全面构建应用层、支撑层、数据层有机结合的新时代智慧检务生态，推进大数据、人工智能等前沿科技在刑事、民事、行政、公益诉讼等检察工作中的应用，助力提升检察机关司法办案的法律效果、政治效果和社会效果。

就当前现状而言，检察机关信息化应用呈现"一主多辅"格局，以统一业务应用系统为主干，以具有一定智能化的智慧检务辅助应用（Smart Procuratorate Auxiliary Applications，SPAAs）和其他检察信息化软件为辅助。

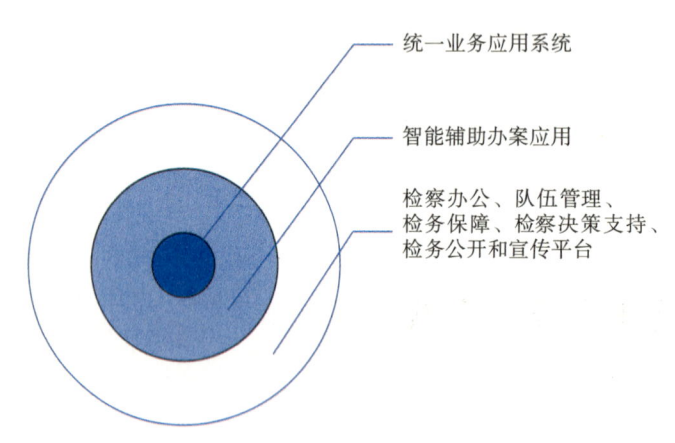

图1-7 当前检察应用"一主多辅"格局示意图

检察机关数据智能应用迅速推进。2017年5月，最高人民检察院印发《检察大数据行动指南（2017—2020年）》，提出"一中心四体系"建设任务，要求建设国家检察大数据中心和省级分中心，完善检察大数据的标准体系、应用体系、管理体系、科技支撑体系。各地检察机关以检察大数据中心建设和大数据决策支持系统研发为契机，以大数据可视化为亮点，数据智能应用有了较大突破。例如"浙检云图"大数据可视化应用平台，总屏展示6大业务条线共27个核心指标项，各业务分屏展示19项侦监指标，22项公诉指标，19项未检指标执检指标和14项控申指标，可以实现数据分析结果的随需查询、随需分析、随需展现和随需发布。再如山东省检察机关的"检度"智能搜索平台,整合了人民检察院案件信息公开网、中国裁判文书网等相关外部信息和内网及各应用系统等内部信息,信息总量超过 2 亿条,可以提供统一的智能检索、多维分类统计、图表化分析结果展示等服务。

检察机关感知智能应用亮点纷呈。图像识别、文字识别、语音识别、视频识别、生物识别等技术均在检察场景中得到不同程度的应用。其中智能语音一枝独秀,2017 年 7 月,最高人民检察院印发《全国检察机关智能语音云平台建设指导方案》,明确建设检务智能语音输入法、会议应用、讯(询)问应用、双语应用等方面的综合系统;在"智慧公诉"所提倡的"三远一网"办案新模式中智能语音技术更是贯穿始终。视频识别技术主要应用在刑事执行检察、控告申诉检察工作中,前者主要对服刑人员、监管人员等之间的不正常的触碰行为自动识别、智能分析、智能预警,从而有效消除牢头狱霸、体罚虐待等安全隐患;后者主要识别来院办理相关业务的律师、当事人和相关人员,为其提供更加优质的检察服务,同时预防缠访闹访现象发生。文字识别技术主要用于 OCR 文字识别,将侦查机关移送的纸质卷宗转化为可编辑的数字文档,提高检察官办案效率。

检察机关认知智能应用有所深入。认知智能被认为是弱人工智能阶段的技术难点,如美国麻省理工学院 Winston 所言,主要"研究如何使计算机去做过去只有人才能做的智能工作"。法学家和科学家希望共同研发法律人工智能应用,让"机器"通过算法、自然语言识别和深度学习技术能够一定程度"看懂"法律文书,并能胜任简单的法律助理和案件管理工作。贵州检察机关研发了案件智能研判系统,运用犯罪构成知识图谱和证据标准指引,通过对法律文书的量刑要素自动提取,可以进行模型化量刑计算,并将计算出的量刑结果和类似案件的量刑结果进行对比,由承办人进行判断并确定最终量刑建议,从而提高量刑建议的精准度。江苏检察机关研发了"案管机器人",通过对案卡填录情况和法律文书的比对分析等多种方式,已发出流程监控提醒预警 35410 件 52936 次、权利保障提醒预警 17383 件 34662 次,评查案件 37603 件,及时纠正评查中发现的司法办案不规范等瑕疵性问题。[①]

2018 年 7 月 13 日,《智慧检务工程建设指导方案(2018—2020 年)》(高检技〔2018〕59 号)经最高人民检察院网信领导小组审议通过正式印发,用以指导各省级院统筹开展智慧检务工程立项实施工作。文件明确智慧检务工程主要任务是建设完善"一个大系统、一个大数据、一个大平台和两个体系",即:整合一个智慧检务综合应用系统,实现智慧检务应用全面融合;建成一个国家检察大数据中心,实现内

[①] 赵志刚、金鸿浩:《检察智能化建设的战略转型和发展趋势》,载《中国法律评论》2018 年第 2 期。

外数据的汇聚、共享、分析和利用；打造一个智慧支撑平台，实现集约统一的基础保障支撑；完善网络安全保障体系和标准规范体系，实现"大系统、大数据、大平台"安全、规范、有序运行。

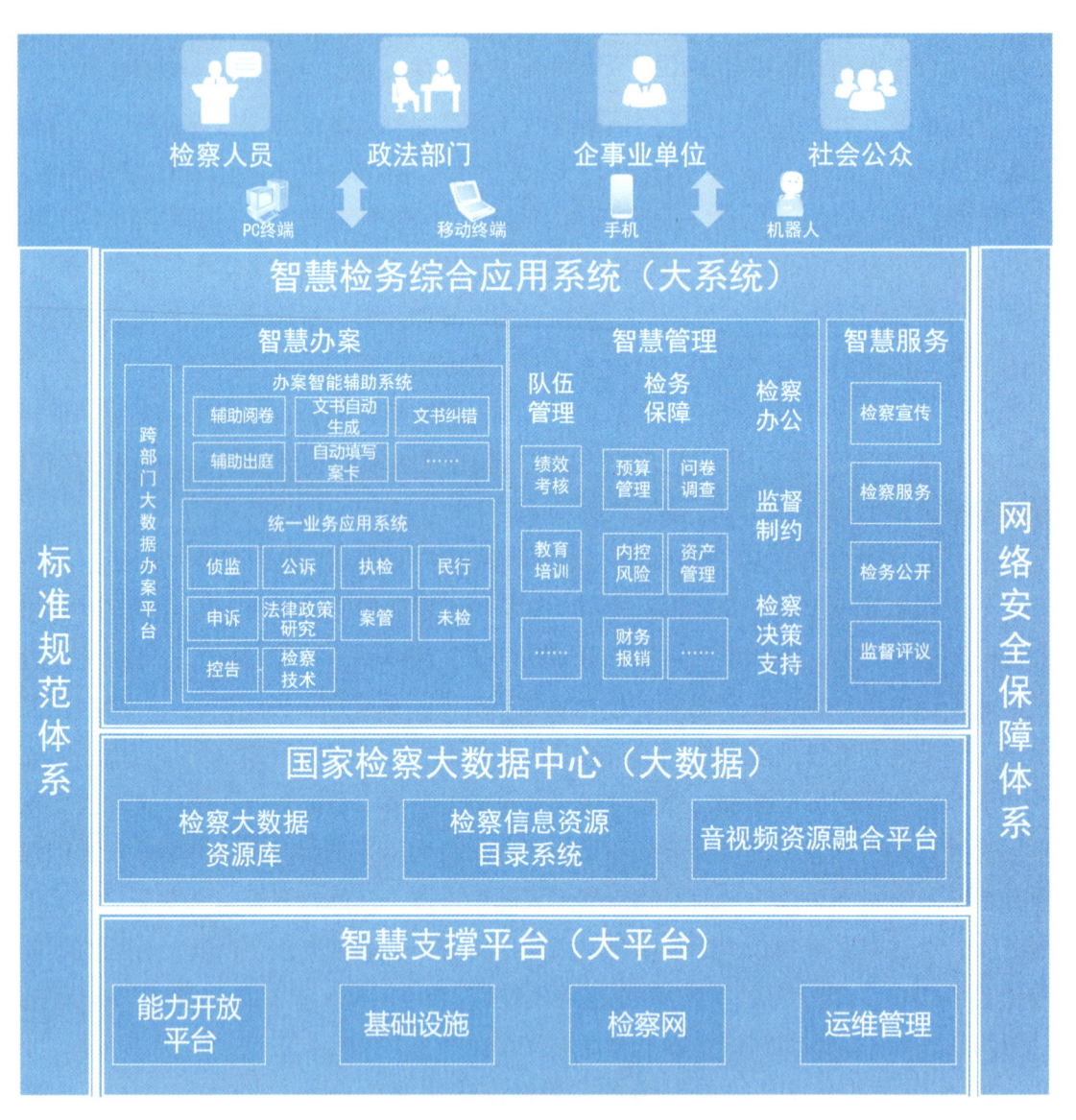

图1-8 智慧检务工程总体架构示意图

为防止重复，智慧检务建设成果将在本书第1章1.3、第2章至第6章展开论述。其中"智慧检务三大体系"建设参见本书1.3，"全业务智慧办案"架构参见本书第2章、"全要素智慧管理"架构参见本书第3章、"全方位智慧服务"参见本书第4章、"全领域智慧支撑"参见本书第5章。

1.3 新时代智慧检务的"三大体系"建设

1.3.1 智慧检务理论体系

1.3.1.1 韩杼滨检察长的"科技强检"思想

"科技强检"思想的基础是"科教兴国"战略。邓小平在 1978 年全国科学大会上首次提出"科学技术是生产力"。1988 年 9 月邓小平会见捷克斯洛伐克总统胡萨克时，提出了"科学技术是第一生产力"的著名论断。1992 年邓小平南方谈话中提出"经济发展得快一点，必须依靠科技与教育"。1995 年 5 月，江泽民同志在全国科技大会上的讲话中正式提出实施科教兴国战略，1995 年 5 月 6 日颁布《中共中央国务院关于加速科学技术进步的决定》，1996 年科教兴国战略写入《国民经济和社会发展"九五"计划》。1996 年 2 月，第十九次全国公安会议正式提出了"科技强警"战略。

1995 年 11 月，时任铁道部部长韩杼滨在《实施科教兴路战略 把我国铁路现代化建设推向新阶段》一文中提出"在整个铁路现代化建设中，要优先实现运输安全技术装备现代化"，"加速推广微机售票，建成全路计算机客票预订预售系统"，"开发建成铁路运输管理信息系统；实现计算机编制全路列车运行图；建成现代化程度较高的铁道部调度中心"。在铁路现代化过程中，要"坚持科技进步与铁路发展结合，坚持引进与自主开发结合，坚持科技攻关与面向主战场结合，坚持整体提高与区别层次结合，坚持建设高水平科技队伍与提高全路职工科技文化素质相结合"。[1]

1998 年 3 月，任职最高人民检察院后，韩杼滨检察长高度重视科技与信息化工作，于 1999 年建立了最高人民检察院信息化领导小组。在 1999 年 12 月 22 日全国检察长工作会议上，韩杼滨检察长指出经费保障不足、装备落后、检察工作科技含量低的问题突出，要加强检察科技工作，增加检察工作的科技含量。

2000 年 3 月 10 日，韩杼滨检察长在《最高人民检察院工作报告》中指出，要"加快科技强检步伐"。此后，韩杼滨检察长每年在《最高人民检察院工作报告》中均会

---

[1] 韩杼滨：《实施科教兴路战略 把我国铁路现代化建设推向新阶段》，载《中国铁路》1995 年第 5 期。

提及"科技强检": 2001年指出,要加快大中城市检察院科技强检步伐,研究开发先进实用的检察技术,逐步推广举报电话自动受理系统、网上举报和多媒体法庭示证系统,提高运用科学技术揭露犯罪、证实犯罪的能力。2002年指出,要大力推进科技强检,加强信息技术在检察工作中的应用,提高办公、办案信息化水平。2003年指出,边远贫困地区检察院困难尤为突出,检察工作科技含量仍然较低。对这些问题,我们要认真研究,努力解决。

1.3.1.2 贾春旺检察长的"三位一体"思想

贾春旺检察长毕业于清华大学核物理专业,对科技信息化工作高度重视。1998年在任公安部长之后,他多次指出"没有强大的科技实力,就没有公安工作的现代化;如果没有公安工作的现代化,没有用现代化科技武装起来的公安民警,就不可能很好地完成党和国家赋予的使命","加大对科技的投入是推动'科教强警'战略、实现公安现代化的关键。哪怕在其他方面节约一些开支,也要拿出搞科技,用在提高公安战斗力上,花在公安现代化上"。[①] 在他的推动下,1998年9月公安部启动"金盾工程"筹备工作。贾春旺多次指出要以金盾工程为龙头,大力提高公安工作的科技含量,加快金盾工程建设步伐。

2003年到最高人民检察院工作后,贾春旺检察长提出了检察业务、队伍建设和信息化管理"三位一体"的科学管理机制。2005年9月8日,贾春旺检察长在吉林调研时指出:"我们之所以要强调加强检察机关的'三位一体'建设是因为:第一,检察机关是法律监督机关,要监督整个诉讼活动,不能仅靠嘴说、手记,应该有网络化、多媒体的现代信息技术来支撑,以不断加强规范化建设。第二,检察机关通过审查批捕和起诉,将刑事案件交付法院判决,必须严格依法办案,达到法律的要求,这对刑事检察工作提出了更高的要求。第三,职务犯罪的侦查对象是国家工作人员,无论从实体到程序,无论是办案的力度还是办案的质量和水平,都比一般刑事案件要求更高。因此,检察机关加强'三位一体'建设势在必行。'三位一体'建设特别是信息化建设,不仅会提高效率,而且可以解决许多用传统工作方式方法解决不了的问题。"[②]

2007年,贾春旺检察长在《最高人民检察院工作报告》中指出,不少地方检察机关把规范执法与信息化管理紧密结合起来,积极推进业务、队伍和信息化"三位一体"机制建设,利用计算机网络对执法办案活动进行流程管理、过程控制和动态监督,

---

[①] 李红:《科技是公安现代化保证——公安部部长贾春旺谈科教兴国》,载《中国人民公安大学学报(自然科学版)》1998年第2期。

[②] 刘世天:《加强"三位一体"建设势在必行》,载《检察日报》2005年9月11日第1版。

促进了严格公正文明执法。

1.3.1.3 曹建明检察长的"四统一"思想

曹建明检察长在2009年11月全国检察机关技术信息工作会议上明确提出了检察信息化工作的"四统一"指导原则，即"统一规划、统一标准、统一设计、统一实施"。《2009—2013年全国检察信息化发展规划纲要》对"四统一"指导原则进行了全面阐述：（1）统一规划，即按照信息化建设的总体要求，根据东中西部地区经济水平、信息化发展类型和发展程度的不同，分类明确省、市、县三级检察院的信息化工作任务、阶段性目标与工作重点，充分调动各地积极性，促进区域协调发展。（2）统一规范，即加强信息化规范和标准化建设，做到技术规范、管理制度、业务流程制定并重，建立健全统一的检察业务流程体系、检察信息化标准规范体系和管理体系，加快已有系统整合力度，提高资源共享程度。（3）统一设计，信息系统和应用软件开发要以检察业务、队伍管理和检务保障的需求为导向，从执法办案和领导决策的实际需要出发进行设计。（4）统一实施，制定统一的工程方案和项目管理方案，明确工程任务、工程进度、责任分工、绩效考核等要求，并严格按照实施方案执行。各部门和全体检察人员都要积极参与，保证按时完成工程各阶段目标，充分发挥规模效应。

2015年7月初，国务院印发《关于积极推进"互联网+"行动的指导意见》（国发〔2015〕40号）后，2015年7月3日，最高人民检察院召开"互联网+检察工作"座谈会，曹建明检察长提出"探索构建'互联网+检察工作'的工作模式，与互联网主动融入、主动互动、相向而行，做好互联网时代检察工作的'+'法"。指出"互联网+"对检察工作的影响同样是全方位的。一方面，日新月异的互联网信息技术是检察机关加强司法管理、提升司法效能的重要支撑，也是深化司法公开、提升司法公信力的重要手段；另一方面，飞速发展的互联网信息技术也给我们带来了纷繁复杂的社会管理问题和法律问题。[①]

2017年，曹建明检察长继2015年提出"智慧检务"后，丰富完善了"智慧检务"概念。曹建明检察长指出：智慧检务，是依托大数据、人工智能等技术手段，进一步发展检察信息化建设的更高形态；是遵循司法工作规律和检察权运行规律，从科技保障到科技支撑到进一步上升为科技引领，实现检察工作全局性变革的战略转型；也是影响深远的检察工作方式和管理方式的重大革命。

---

① 曹建明：《做好互联网时代的检察工作"+"法》，载《中国法律评论》2015年第3期。

1.3.1.4 张军检察长的"三化"指导思想

在任最高人民法院副院长期间,张军对信息化工作作出多次重要论述,提出信息化学习"三高"要求。2010年12月29日,在最高人民法院举行人民法院案件信息管理系统演示会上,张军强调"在信息化建设方面,要重视学习,并且在学习中做到'三高':高起点、高速度、高水平。高起点就是要通过学习,把地方法院所开发使用的、适合法院审判管理系统的优点吸收,在此基础上更高、更好,做到扬长避短。高速度要求在高起点的基础上,加快研发和使用,确保明年有一个管理软件系统能投入测试和初试。高水平要求管理系统要能优质、高效地服务审判、管理、决策,并不断升级和完善"。同时张军指出,"要选择好合作伙伴。从全国最好的软件开发商中选择适合全国法院审判、管理方面的软件","要形成合力。最高法院作为开发和使用单位,要高度重视,加强协调,确保信息化的支持、保障落到实处;司法业务、政务、人事管理部门,都是信息化管理的用户单位,对软件的开发和使用,要全程、全面介入,及时提出合理化的要求和建议"。[1]

2017年9月30日,时任司法部部长张军在主持司法部科技与信息化领导小组会议时强调:"要加快信息化建设,制定时间表、路线图,实现技术上互联互通,信息共享,形成合力,构建方便统一的信息化系统。要通过信息化建设增强我们的工作能力、认知能力,提升整个机关协调、指挥、应对能力,从而带动司法行政相关工作。要加强数据共享和知识产权保护,注重提升'大安全观'下的网络安全意识,处理好开放和安全的关系。""要注重信息化项目的廉政风险防控。在建设过程中,遭遇公关、围猎等不可避免,要严守党的纪律、工作纪律,切实增强政治定力、纪律定力、道德定力、抵腐定力,践行严管就是厚爱,创新介入方式,经常红红脸、出出汗,使工程做得好、廉政工作做得更好。"[2]

2018年3月,履新最高人民检察院检察长以来,张军检察长多次对检察信息化作出重要讲话、指示和批示。2018年6月4日,张军检察长在检察机关智能辅助办案系统建设工作座谈会上首次提出智慧检务"三化"思想,要求智慧检务建设要聚焦科学化、智能化、人性化。(1)科学化。科学化是智慧检务的基础。最终要体现在办案质量效率提高、办案能力提升上。智慧检务是要用好智能手段,而不是依赖智能手段。如果过度依赖智能手段机械办案,检察官就会变成"办案机器",办案能力可

---
[1] 何能高:《人民法院案件信息管理系统开发要高起点高速度高水平》,载《人民法院报》2010年12月30日第1版。
[2] 刘子阳:《司法部大力促进科技信息化建设 努力实现司法行政工作提速增效》,载《法制日报》2017年10月1日第1版。

能不升反降。（2）智能化。智能化是智慧检务的核心。智能化离不开对科学规律的运用和延伸，离不开对智慧检务内在规律的总结和深度挖掘。要把自然科学的形式逻辑和社会科学辩证逻辑结合起来，把办案人员的需求、经验与软件程序设计深度融合起来，把各地已经开发出的工具模式整合起来，发挥出加倍、多倍的效果。办案人员在应用智慧检务工具办案的时候也要融入自己的政治智慧、法律智慧。（3）人性化。智慧检务平台界面要友好，要让全体检察官会用、喜欢用；要寓监督于服务，贯彻"我为你提供帮助、我为你服务"的理念，监督也要友好；要与公安、法院、司法行政机关实现互联互通，同时向社会公开；要成为开放、可持续、发展着的系统。既要统一标准，也要鼓励各地创新。全国检察机关要在统一平台上进行智慧检务的开发运用，各地创新成果可以为今后升级提供参考。（4）组织保障。智慧检务建设离不开队伍、人才、机制的保障。要研究设立智慧检务研究机构，依托最高检相关职能部门，由专人开展研究工作，同时吸收检察业务、检察技术都精通的、能提出科学需求的检察业务人才参与。同时，智慧检务建设要与检察机关内设机构改革统一协调起来。[①]

1.3.2 智慧检务规划体系

目前，智慧检务规划体系已基本形成，以《最高人民检察院关于深化智慧检务建设的意见》为顶层设计，以《"十三五"时期科技强检规划》为中期规划，以《检察大数据行动指南（2017—2020年）》《全国检察机关智慧检务行动指南（2018—2020年）》为行动指引，基本形成"一意见一规划两指南"规划体系。

1.3.2.1 智慧检务顶层设计

2017年12月22日，《最高人民检察院关于深化智慧检务建设的意见》（高检发〔2017〕15号）经最高人民检察院党组会和检察委员会审议通过正式印发，全文共6章32条，明确提出智慧检务的"一个战略、两个步骤、三个体系、四个架构、五个原则、六个机制"（详见表1-3），规划了当前和今后一个时期智慧检务建设的任务表和路线图。

---

① 姜洪：《智慧检务建设要聚焦科学化智能化人性化》，载《检察日报》2018年6月5日第1版。

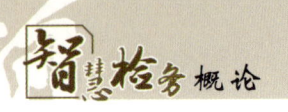

表1-3 《最高人民检察院关于深化智慧检务建设的意见》解读[1]

内容	解释说明
一个战略	即智慧检务战略，指出智慧检务是一项全局性、战略性、基础性工程，是从科技保障、科技支撑再到科技引领，为检察工作跨越式发展打造新动能、开辟新通道、拓展新边界的重大革命
两个步骤	到2020年底，充分运用新一代信息技术，推进检察工作由信息化向智能化跃升，研发智慧检务的重点应用；到2025年底，全面实现智慧检务的发展目标，打造新型检察工作方式和管理方式
三个体系	加强智慧检务理论体系、规划体系、应用体系"三大体系"建设，积极构建人民检察院信息化4.0版的智慧检务"四梁八柱"应用生态
四个架构	形成"全业务智慧办案、全要素智慧管理、全方位智慧服务、全领域智慧支撑"的智慧检务总体架构，全面实现检察工作数字化、网络化、应用化、智能化
五个原则	遵循统筹发展、需求导向、以人为本、融合创新、信息共享原则
六个机制	完善规范化责任落实、高效化内部协作、科学化管理审核、专业化人才支撑、常态化支持保障、一体化安全管理机制

智慧检务"三大体系"建设要求：（1）积极推进智慧检务理论体系建设。完善智慧检务的基础理论、共性技术、标准规范等多领域理论体系，突出加强智慧检务科学内涵、发展规律等基础理论研究；加强检察人工智能、大数据、云计算等融合应用研究；加强检察网络建设、数据管理、应用研发、工作机制的标准规范研究。（2）积极推进智慧检务规划体系建设。完善全国检察机关自上而下的宏观战略、顶层设计、中期规划、技术指南、实施方案等多层次规划体系。各级检察机关要在智慧检务宏观战略的指导下，制定符合本地实际的各类项目实施方案，健全科学化、规范化的配套管理机制。（3）积极推进智慧检务应用体系建设。坚持最高人民检察院和省级人民检察院主"建"、分州市和区县人民检察院主"用"，逐步完善检察机关智慧办案、智慧管理、智慧服务、智慧支撑等应用体系，推进检察科技信息化资源逻辑统一、管控可信、标准一致，全面实现检察工作数字化、网络化、应用化、智能化，构建人民检察院信息化4.0版的智慧检务"四梁八柱"应用生态。

智慧检务"四个架构"建设要求：（1）深化"全业务智慧办案"。"全业务智慧办案"是智慧检务的核心。通过建立人机结合的检察办案模式，升级完善以统一业务应用系统为基础的司法办案平台，强化办案全过程的智能辅助应用，着力探索将证据标准、法律文书、量刑建议、庭审应对及法律文书说理等转化为数据模型或

---

[1] 李豪：《最高检印发意见深化智慧检务建设》，载《法制日报》2018年1月4日第1版。

者智能平台,探索"智慧侦监""智慧公诉""智慧执检""智慧民行""智慧控告""智慧申诉""智慧法律政策研究""智慧案管""智慧未检""智慧检察技术"等各业务条线的创新应用,生成新的战斗力核心要素,全面提升检察机关办案质效。(2)深化"全要素智慧管理"。"全要素智慧管理"是智慧检务的重点。通过建立智能检察管理模式,统筹优化检察机关"人、事、财、物、策"各项管理要素,探索"智慧检察办公""智慧队伍管理""智慧监督制约""智慧检务保障""智慧决策支持"等智能辅助应用,全面提升检察机关现代化管理水平。(3)深化"全方位智慧服务"。"全方位智慧服务"是智慧检务的关键。通过建立智能检察服务模式,拓宽公开渠道,以人民为中心,探索"智慧检务公开""智慧检察宣传""智慧检察服务"等智能辅助应用,构建"实体检察院、网上检察院、掌上检察院"三位一体的"互联网+检察工作"新模式;优化检察公共关系,全面提升检察为民服务质效。(4)深化"全领域智慧支撑"。"全领域智慧支撑"是智慧检务的基础。通过探索建立智能检察支撑模式,以智慧检务工程为载体,以检察机关大数据中心建设和人工智能试点创新为抓手,推进信息化基础设施建设,探索智慧运维和网络安全保密,加强检察科技创新,为检察工作的长远发展提供有力的科技支撑。[1]

1.3.2.2　智慧检务中期规划

2016年9月29日,《"十三五"时期科技强检规划纲要》(高检发技字〔2016〕5号)经最高人民检察院党组审议通过印发。文件积极贯彻"创新、协调、绿色、开放、共享"的发展新理念,按照"统一规划、统一标准、统一设计、统一实施"的基本原则,基于智慧城市"感、传、知、用"四层架构,提出了"感、传、知、用、管"五维一体的"十三五"智慧检务建设目标和具体任务。

表1-4　《"十三五"时期科技强检规划纲要》建设任务[2]

内容	具体任务
构建广泛透彻的检察信息感知体系	1. 建设检察业务数据标准体系和采集平台 2. 整合检察机关音视频资源 3. 推进外部信息资源共享和业务协同 4. 推动人财物管控智能化

---

[1] 赵志刚、金鸿浩:《传统检察信息化迈向智慧检务的必由之路——兼论智慧检务的认知导向、问题导向、实践导向》,载《人民检察》2017年第12期。
[2] 李豪:《最高检印发意见深化智慧检务建设》,载《法制日报》2018年1月4日第1版。

续表

内容	具体任务
构建安全高效的检察网络传输体系	1. 优化提升检察内网 2. 加快检察工作网建设 3. 加强网络安全防护和管理
构建数据驱动的智能知识服务体系	1. 大力推进检务云建设 2. 全面建设国家检察大数据中心 3. 推进智能化新技术应用
构建全面覆盖的智慧检务应用体系	1. 建设大数据检务辅助决策支持平台 2. 强化司法办案智能信息服务 3. 加强检务综合管理和监督信息应用 4. 加强检务科技信息管理应用 5. 构建"一站式"检务公开和为民服务平台
构建先进适用的科技强检管理体系	1. 完善科技强检工作机制 2. 创新信息化运维管理模式 3. 强化标准体系建设

1.3.2.3 智慧检务行动指南

一、《检察大数据行动指南（2017—2020年）》

2017年5月12日，《检察大数据行动指南（2017—2020年）》（高检发技字〔2017〕2号）经最高人民检察院检察长办公会审议通过印发。该文件是检察机关贯彻党的十八届五中全会明确提出的"国家大数据战略"和国务院《促进大数据发展行动纲要》（国发〔2015〕50号）的专门部署。

《检察大数据行动指南（2017—2020年）》提出按照"需求主导、技术牵引、创新协调、开放共享、安全可靠"的总体思路，以类案推送、量刑建议、决策支持等各项应用需求为"点"，以司法办案、管理决策、服务为民等业务需求为"线"，以服务深化司法体制改革和检察改革为"面"，以实现大数据与检察工作深度融合为"体"的应用体系框架，全面推进检察大数据应用跨越式发展。建设目标是在2020年底前，建立涵盖"一中心四体系"的检察大数据总体架构。

表1-5 《检察大数据行动指南（2017—2020年）》建设任务[①]

内容	具体任务
国家检察大数据中心建设	1. 科学规划国家检察大数据中心建设布局 2. 推进检察大数据共享交换平台建设 3. 推进检务大数据资源库建设 4. 推进大数据基础软硬件资源建设 5. 推进智能语音大数据平台资源建设
检察大数据标准体系	加快建立检察大数据基础数据采集、应用、安全等技术标准体系，推进物理环境、网络基础设施、数据采集、数据质量、分类目录、交换接口、访问接口、数据开放、安全保密等关键共性标准的制定和实施，推进大数据业务系统操作规范等业务流程标准制定，制定检察大数据管理规范
检察大数据应用体系	1. 支撑深化司法体制改革和检察改革 2. 支撑检察职能作用发挥 3. 支撑高效管理决策 4. 支撑智慧检务基础类应用 5. 拓展智能语音技术等智能化应用
检察大数据管理体系	1. 建立健全检察大数据管理机制 2. 创新检察大数据运维管理模式 3. 加强检察大数据安全保障体系建设
检察大数据科技支撑体系	1. 推进智慧检务智库建设 2. 构建良好的检察大数据生态 3. 加强国内外交流与合作

二、《全国检察机关智慧检务行动指南（2018—2020年）》

2018年7月9日，《全国检察机关智慧检务行动指南（2018—2020年）》经最高人民检察院党组会审议通过正式印发，文件紧密结合新一届最高人民检察院党组"讲政治、顾大局、谋发展、重自强"的新时代检察工作要求和张军检察长"加快全国检察信息化建设顶层设计，推动智慧检务再上新层次，提升检察机关法律监督能力"的重要指示，对《最高人民检察院关于深化智慧检务建设的意见》中2018年至2020年任务进行细化部署。

文件以问题为导向，总结了各地在智慧检务建设推进过程中遇到的问题，包括：
（1）统筹管理不足。顶层设计和宏观规划不完善，尚不能完全适应新时代检察工作

---

① 李豪：《最高检印发意见深化智慧检务建设》，载《法制日报》2018年1月4日第1版。

发展需要，不能有效应对全国智慧检务迅猛发展遇到的新形势、新问题、新挑战。检察信息化标准规范体系尚未健全，标准推广应用的刚性不足。一定程度上存在发展不平衡、兼容性不够等问题，对下指导、管理策略都需加强和深化。（2）供需结合不紧。调查研究和分析论证不深入，信息化建设需求挖掘不充分，存在"技术拖着业务应用走"现象和"两张皮"问题。智慧检务应用与司法办案规律结合不够，系统研发不能充分体现服务理念和用户思维，人机协同性不强，使用积极性不高，办案质效提升不明显。（3）共享开放不够。检察机关数据资源体系不健全，数据接口开放不够，没有做到有效及时的数据资源返还，不利于各地检察大数据深度应用和协同创新。检察机关与其他政法机关、行政执法机关互联互通程度有待进一步提升。（4）人才队伍不强。信息化人才引进、培养使用机制不完善，发展渠道不畅通。高端人才不足，缺乏一批既懂业务又懂科技的复合型专家。基层检察机关特别是边远地区信息化人才队伍薄弱，存在"留不住"问题，信息化运维保障难度大。

《全国检察机关智慧检务行动指南（2018—2020年）》明确了建设目标：到2020年底，全面构建应用层、支撑层、数据层有机结合的新时代智慧检务生态，助力提升检察机关司法办案的法律效果、政治效果和社会效果。（具体建设任务参见1.3.3。）

同时根据张军检察长对于智慧检务讲话要求和指示批示精神，文件明确了新时代智慧检务建设的"科学化、智能化、人性化"原则，突出强调了完善智慧检务统筹管理、综合保障、创新发展机制。具体而言：

一是完善智慧检务统筹管理机制。强化网络安全和信息化工作领导小组"牵头抓总、统筹协调"的职能作用，努力推动各级检察院成立网络安全和信息化领导小组办公室实体化机构。探索建立全国检察机关信息化项目建设管理平台，畅通检察机关上、下级之间信息化工作沟通交流渠道，规范信息化项目报备审核程序。坚持"谁使用、谁负责"原则，以业务需求为主线，将信息化工作情况纳入领导干部考核评价体系，压实检察机关各业务条线信息化建设主体责任。

二是完善智慧检务综合保障机制。在人才队伍建设方面，结合检察人员分类管理改革和国家专业技术类公务员管理办法，构建与专业技术人员发展相适应的管理机制；加强与高校、科研机构、科技企业合作，创新检察机关信息化人才引入机制；加强业务部门和信息化部门人员横向交流，探索建立跟班学习制度，培养既懂信息化又懂业务的复合型人才；探索建立智慧检务参与度评价体系，提高参与积极性。在资金保障方面，加大沟通协调力度，争取地方党委、政府支持，推动智慧检务工程立项和实施；探索运用政府购买服务方式进行数据分析等创新工作；加强资金使用监督管理，建立资金台账，引入审计单位，强化信息化建设各个环节资金使用情况监督。

三是完善智慧检务创新发展机制。建立实体化的国家智慧检务研究院。加强智慧检务理论、规划、应用研究，积极申报国家、省级科技研究专项，探索设立高检院科技研究课题。加强智慧检务联合实验室建设，在知名高校、科研院所探索设立国家智慧检务研究院分中心。加强智慧检务培训，编制系列教材，定期开展智慧检务沙龙，鼓励和引导各地检察机关展示创新成果，交流建设经验，凝聚发展共识。

1.3.3 智慧检务应用体系

根据《全国检察机关智慧检务行动指南（2018—2020年）》，智慧检务应用体系（即新时代智慧检务应用生态）细分为应用层、支撑层、数据层三层架构。

表1-6 《全国检察机关智慧检务行动指南（2018—2020年）》应用生态建设要求[1]

内容	具体任务
智慧检务应用层生态	1. 推进智能辅助办案系统建设 2. 推进跨部门数据共享和业务协同 3. 升级优化统一业务应用系统 4. 构建便民智慧服务平台 5. 优化高效智慧管理平台
智慧检务支撑层生态	1. 大力推进检察工作网建设 2. 全面加强音视频技术应用 3. 加强信息网络安全体系建设 4. 大力开展标准体系建设 5. 完善国家检察大数据中心基础设施
智慧检务数据层生态	1. 加快建立数据资源体系 2. 切实加强数据资源管理 3. 科学开展大数据分析应用

1.3.3.1 智慧检务应用层生态

全面构建以办案为中心的智慧检务应用层生态。张军检察长多次强调，"给人民群众提供更优质的法治产品、检察产品，核心就是办案，就是以办案为中心。通过办案满足人民群众美好生活需要，根本在于办案的质量和效率"。[2]

---

[1] 李豪：《最高检印发意见深化智慧检务建设》，载《法制日报》2018年1月4日第1版。
[2] 姜洪：《深入学习贯彻习近平新时代中国特色社会主义政法思想》，载《检察日报》2018年5月10日第1版。

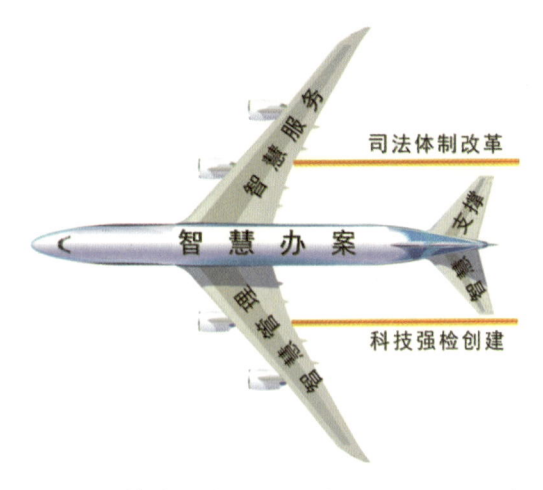

图1-9　智慧检务应用"一体两翼"作用示意图

图1-10　智慧检务应用生态架构示意图

一、推进"智慧办案"提高检察业务工作质量效率

《全国检察机关智慧检务行动指南（2018—2020年）》明确了推进"智慧办案"的三个任务：

一是推进智能辅助办案系统建设。最高人民检察院在深度调研各地智能辅助办案系统建设应用情况基础上，确定一批试点单位开展深入应用和优化完善，并组织专家进行评估论证、统一评审。最高人民检察院根据评估情况优中选优，统筹建设推广智能辅助办案系统，实现功能整合和集成优化，最大程度节约建设资金。切实加强工具辅助、指引辅助、知识辅助、共享辅助等方面应用，初步实现为检察办案提供辅助阅卷、辅助文书生成、辅助出庭、辅助填写案卡信息、文书纠错等功能。统一研发检察业务咨询平台，提供知识查询、在线问答等服务，为检察官办理案件提供智库支撑。统一建设检察技术智能辅助平台，加强司法鉴定与技术性证据审查等工作协同配合、资源共享。

各地可根据自身实际对最高检统筹研发的智能辅助办案系统进行拓展和迭代开发，合力推进系统优化，不断提高系统可用性、便捷性；具备条件的地区经最高检批准可试点探索研发尚未统筹建设的智能辅助办案功能，为将来在全国检察机关推广应用积累经验。

二是推进跨部门数据共享和业务协同。按照中央政法委部署要求，最高人民检察院认真指导相关省份检察机关抓好试点应用工作，及时总结经验，适时全面推广，共同推进跨部门大数据办案平台建设，实现与审判机关、公安机关、司法行政机关等政法部门案件信息网上流转和业务协同办理。加强与政法机关和行政执法部门资源共享，逐步建立行政执法和刑事司法衔接、行政执法与行政检察衔接、侦查和侦查监督信息共享、刑事审判和刑事审判监督信息共享等平台，共享普通刑事案件信息、民事案件信息、行政执法和行政案件信息、减刑假释信息等数据。探索与监察机关的协同办案和数据交换。

三是升级优化统一业务应用系统。2018年底前，最高人民检察院完成统一业务应用系统检察工作网版本研发工作。2018年底同步启动工作网统一业务应用系统（二期）建设，2019年底前研发完成。最高人民检察院统一研发统一业务应用系统的数据和功能接口，提供各地使用，推动系统对外数据共享。推进跨部门数据共享和业务协同。

二、推进"智慧管理"提高检察管理科学化水平

一是优化高效智慧管理平台。各级检察院进一步完善检察办公管理系统，加强移动办公应用，建设涉密文件和设备管理、档案信息化、智能会议等平台。

二是优化队伍管理平台。结合检察人员分类管理，利用科技手段设置合理的绩效考核指标，构建科学考核体系，完善检察网络教育基础培训平台，推进"智慧队伍管理"建设，与相关外部平台实现接口对接。

三是优化检务保障平台。对接财政部门、社会化服务等外部平台系统，组织开展检务保障智能辅助试点应用。统一建设监督综合管理系统和廉政风险防控信息系统，将"智慧监督"贯穿始终。

三、推进"智慧服务"提升人民群众安全感满意度

一是构建便民智慧服务平台。整合各级检察院现有对外服务窗口和外网平台,做优、做精检察网站,推进功能转型升级,形成融检察服务、检务公开、检察宣传、监督评议等于一体的 12309 检察服务中心网络平台。

二是推进检察宣传类的互联网门户建设,由各省级检察院统筹建设门户网站集群。加强集门户网站、微博、微信、微视频、客户端等于一体的运行管理工作。

1.3.3.2 智慧检务支撑层生态

全面构建以安全可靠为基础的智慧检务支撑层生态是智慧检务建设的基础。习近平总书记多次指出,"没有网络安全就没有国家安全","核心技术受制于人是我们最大的隐患",要"加快推进国产自主可控替代计划,构建安全可控的信息技术体系"。

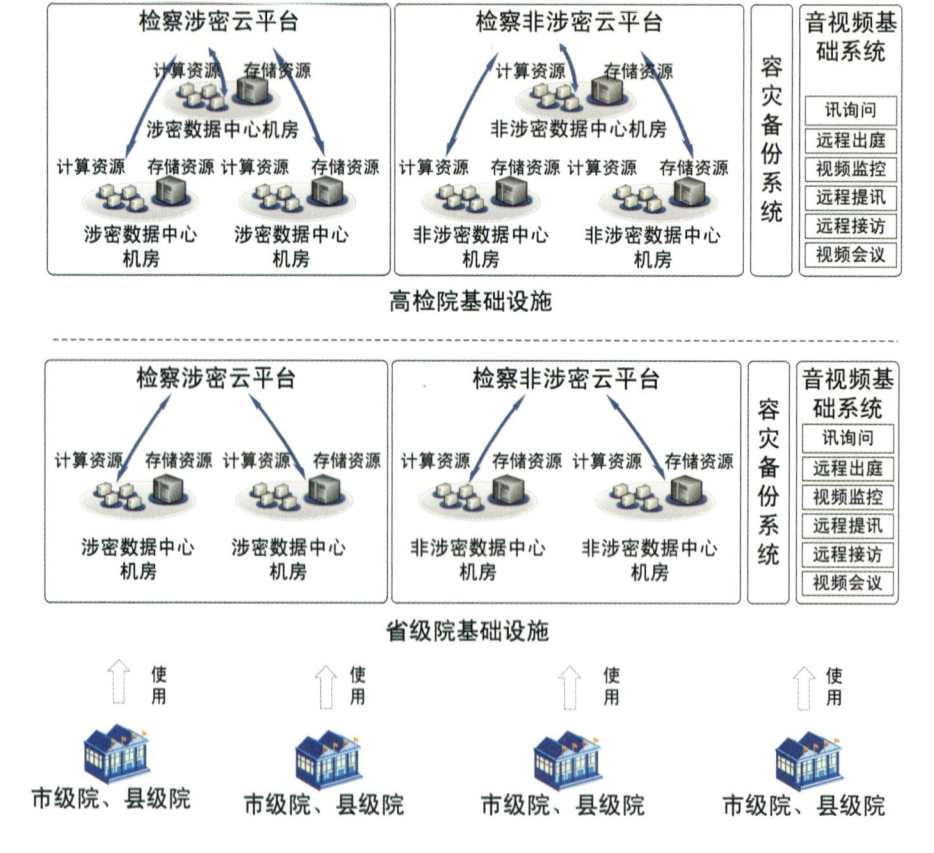

图1-11 智慧检务支撑生态基础设施建设示意图

根据《全国检察机关智慧检务行动指南(2018—2020年)》,支撑层主要有五

个任务：

一、大力推进检察工作网建设

建成覆盖全国四级检察机关的检察工作网，建设完善本地局域网，各省级检察院逐步开通分支网。同步建设检察工作网身份认证、电子印章等配套系统。各省级检察院完成检察工作网 IP 地址规范设置和迁移、域名解析系统建设等工作，并按照政法委部署安排，完成省级层面与政法网的互联互通。

二、全面加强音视频技术应用

2018 年底前各省级检察院建成高仿真远程视频会议系统，实现与最高人民检察院互联互通。建设各级检察机关音视频资源整合调度中心，实现四级检察机关视频联网调度，逐步接入外部单位视频资源，整合各类音视频资源，开展视频数据分析利用。加强讯（询）问、远程接访、远程提讯、远程出庭、远程送达、远程指挥、远程汇报、警务安防等音视频基础设施建设，拓展覆盖范围。建设最高人民检察院和省级检察院实时互联的智能语音云平台。

三、加强信息网络安全体系建设

将信息安全贯穿智慧检务建设始终，升级检察涉密网安全防护设备，完善检察工作网物理安全、通信保障、入侵防御、边界防护等基础安全防护措施，提升检察网络信息基础设施安全防护能力。加强检察机关互联网门户网站和"三微一端"的安全防护和监测。升级完善检察网络安全管理平台，加快建设网络安全接入和交换平台，建设完善检察网络信任服务体系。探索建设移动接入平台，实现移动办公终端的安全接入。

四、大力开展标准体系建设

在电子检务工程系列标准规范的基础上，最高人民检察院结合智慧检务建设要求，不断完善标准规范体系，加快制定检察机关数据治理、音视频处理、数据和服务运营、智慧检务业务应用等标准规范。省级检察院做好标准规范的贯彻落实，及时反馈标准应用过程中发现的问题。

五、完善国家检察大数据中心基础设施

建立国家检察大数据中心（分中心），统筹规划检务云平台建设，推广云服务模式，实现计算和存储资源集约共享，完善基于云环境的涉密数据中心和非涉密数据中

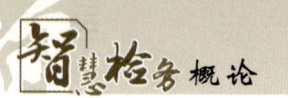

心机房建设，推动标准化机房升级扩容改造。有序建设容灾备份系统，有条件的省级检察院可建设同城双活和异地应用级灾备系统。

1.3.3.3 智慧检务数据层生态

全面构建以开放共享为导向的智慧检务数据层生态。习近平总书记在中共中央政治局第二次集体学习时指出，推动实施国家大数据战略，加快完善数字基础设施，推进数据资源整合和开放共享，保障数据安全，加快建设数字中国，更好服务我国经济社会发展和人民生活改善。

根据《全国检察机关智慧检务行动指南（2018—2020年）》和《检察大数据行动指南（2017—2020年）》，数据层主要有三个任务：

图1-12 国家检察大数据中心架构示意图

一、加快建立数据资源体系

建设检务大数据资源库，包括检察人员库、组织机构库、法律文书库、数字图书馆、案例库、检务知识库、检务语音资源库、视频图像资源库、涉检全国信访数据库等基础资源库，涵盖各检察业务、各诉讼阶段。加强与法院、律师协会等的合作，收集相关资料，汇总庭审辩论记录，不断提高检察人员司法办案能力。

二、切实加强数据资源管理

加快建设检察大数据资源管理平台，具备数据采集、存储、加工、挖掘与分析等功能。坚持开放共享可持续的发展模式，建设数据资源共享交换体系，推动全国检察机关数据资源的综合利用。编制检察信息资源目录，明确数据资源的共享范围、责任部门和使用方式。

三、科学开展大数据分析应用

升级完善智慧检务决策支持平台，信息化部门牵头开展大数据深度分析，建立检察信息全景视图，多维度展示检察机关工作成效和发展趋势，为司法办案、管理决策、为民服务提供数据支持，充分释放数据红利。

第 2 章
全业务智慧办案

　　智慧检务要用好智能手段，把自然科学的形式逻辑和社会科学辩证逻辑结合起来，把办案人员的需求、经验与软件程序设计深度融合起来。智慧检务科学化最终要体现在办案质量效率提高、办案能力提升上。

——2018 年 6 月 4 日最高人民检察院张军检察长
在智能辅助办案系统座谈会上的讲话

　　目前，全国检察机关正积极推进"全业务智慧办案"建设，升级统一业务应用系统，研发智能辅助办案系统，推动司法办案智能化、精准化、高效化。全业务智慧办案的基础理论、共性技术、标准规范等初步形成并持续完善。

2.1 检察智慧办案通用基础平台

2.1.1 全国检察机关统一业务应用系统建设

2.1.1.1 统一业务应用系统发展历程

一、系统研发阶段的顶层设计

　　2011 年 9 月，最高人民检察院印发《检察机关"十二五"科技强检规划纲要》（高检发〔2011〕18 号），明确启动检察机关信息化应用软件研发与推广系统工程，以需求为主导，以业务为主线，研发能够满足全国检察机关执法信息网上录入、执法流程网上管理、执法活动网上监督、执法质量网上考核需求的统一业务应用软件，并逐步在全国检察机关推广应用。

2012年8月，最高人民检察院党组结合《刑事诉讼法》《人民检察院刑事诉讼规则（试行）》修改和案件管理机制改革的需要，在充分研究、多方论证的基础上，研究出台《全国检察机关统一业务应用软件开发方案》（以下简称《开发文案》），决定统一业务应用系统以广东省深圳市检察办案系统为原型进行扩展，采取最高人民检察院业务部门、案管部门、技术部门和专业团队合作的"3+1"建设模式。其中，业务部门负责各自业务需求的提出和确认工作，案管部门负责业务和管理需求的统筹，技术部门负责组织协调、顶层设计、技术控制和监督管理，专业开发单位负责软件和数据交换平台开发。

（一）软件需求的顶层设计

最高人民检察院牵头负责《全国检察机关统一业务应用软件需求报告》，历经初稿、征求意见稿、专家论证稿与最终正式稿多个版本。

1. 初稿

2012年9月，最高人民检察院开发小组会同各业务部门、案件管理部门和专业开发单位，完善原有业务需求，对统一业务应用系统在最高人民检察院、省级检察院、地市级检察院、县区级检察院四级院的需求进行论证，在广泛征求意见的基础上，根据修改后的刑事诉讼法和人民检察院刑事诉讼规则，以及即将修改的民事诉讼法，形成最终软件开发需求报告。

2. 征求意见稿

2012年10月22日，最高人民检察院下发《关于再次征求对〈全国检察机关统一业务应用软件需求报告〉意见的通知》，最终形成160余万字的系统需求分析报告。

3. 专家论证稿

2013年1月，最高人民检察院邀请公安部、工业和信息化部、国家信息中心等部门的专家对需求分析报告进行充分的论证。与会专家对系统整体设计和需求分析报告给予高度评价，需求分析报告顺利通过专家论证。

据统计，先后有最高人民检察院相关部门和广东、山东、江苏、山西、上海、四川、宁夏、云南、重庆、吉林、江西等地检察机关200余人参与需求报告、工作文书的编制工作。

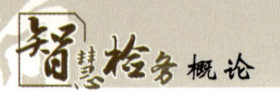

（二）软件设计和实施的顶层设计

2013年4月，最高人民检察院信息化领导小组办公室下发《关于印发〈全国检察机关统一业务应用软件总体方案〉的通知》（高检信〔2013〕1号）（以下简称《总体文案》）。《总体方案》包含业务需求分析、主要功能性能要求、系统总体设计、系统组成及工作原理、硬件设计及选型等17个部分，是对《开发方案》的完善与细化，基本涵盖了软件开发的全部工作。

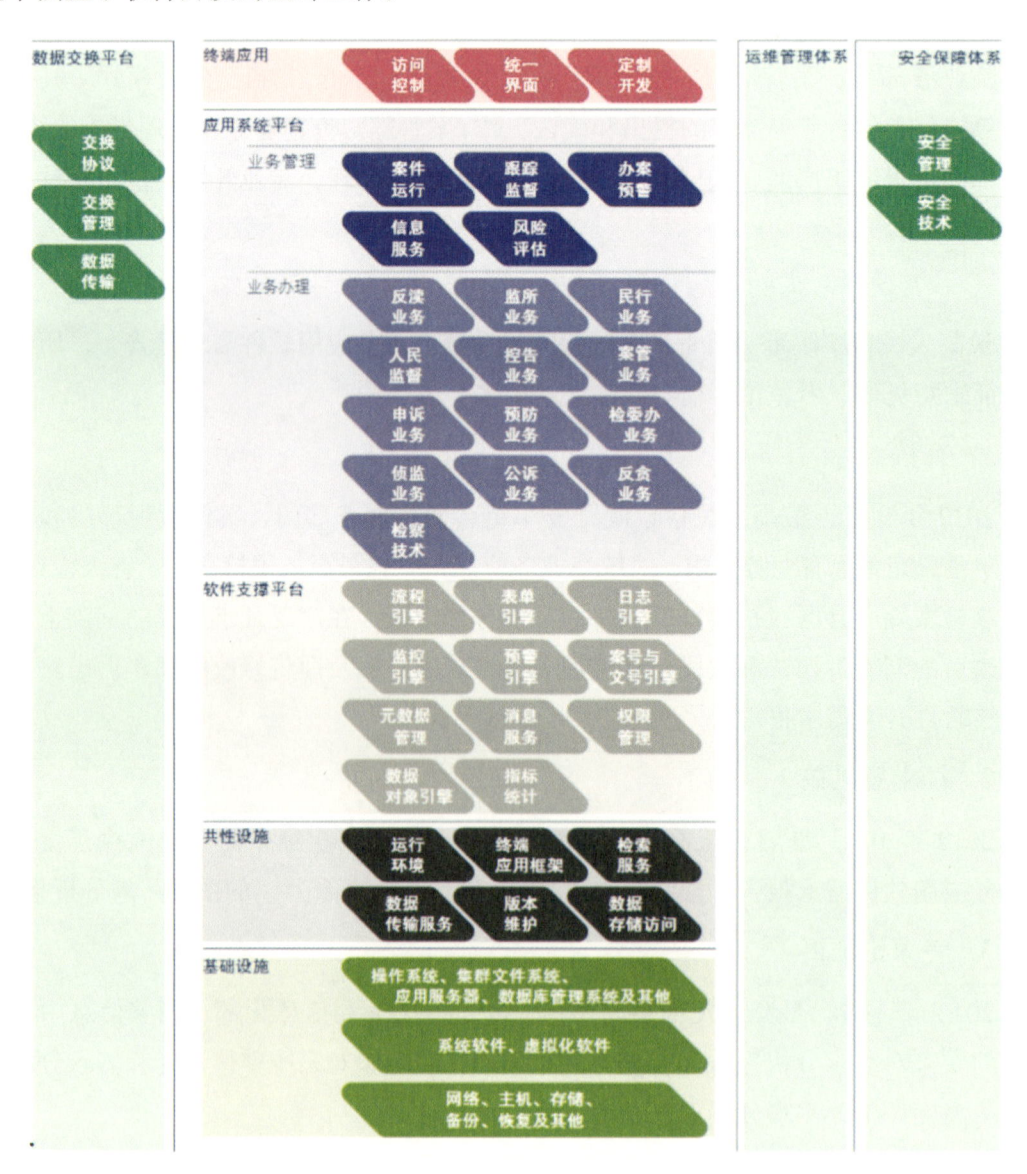

图2-1　全国统一业务应用系统总体架构示意图[①]

---

① 《全国检察机关统一业务应用系统使用指引手册》编写委员会：《系统概论》，中国检察出版社2013年版，第26页。

其中，完整版研发计划为：（1）2012年10月6日启动系统设计，由软件公司负责，最高人民检察院案件管理办公室、技术信息中心参与，2012年12月15日完成设计；（2）2012年10月26日启动软件开发，由软件公司负责，2013年3月31日结束开发工作；（3）2013年4月1日启动软件测试及试运行，由软件公司负责，最高人民检察院案件管理办公室、技术信息中心参与，2013年9月31日结束。

二、系统部署阶段的顶层设计

（一）试点部署

1. 首批试点

2013年1月，《全国检察机关统一业务应用软件首批试点工作方案》和《山东省检察机关参与全国统一业务应用软件试点工作实施方案》明确将山东省检察院、济南市检察院及所属历下区检察院、滨州市检察院及所属博兴县检察院等五个单位列为首批试点。2013年1月至2月中旬，试点单位完成软硬件安装调试和软件测试，同步展开培训工作。2013年2月下旬试点工作动员会后正式展开试点工作。

试点期间，技术公司按照省检察院3名、市检察院2名、基层检察院1名的标准，派驻驻场技术人员负责软件技术保障工作。省检察院数据中心服务器端软件提供7×24小时不间断技术支持，对于客户端提供5×8小时技术支持。试点期间发现的技术问题由山东省检察院信息中心及时收集汇总，发现的业务流程规范问题由山东省检察院案管办负责搜集汇总，统一上报全国检察机关统一业务应用软件开发小组，由软件开发小组征求各方面意见后，定期交给软件开发单位。

2. 第二批试点

2013年6月，试点单位扩大到最高人民检察院、山东全省、宁夏全自治区检察机关试运行。2013年6月13日，最高人民检察院办公厅下发《关于印发〈最高人民检察院试点使用检察机关统一业务应用软件工作实施方案〉的通知》（高检办字〔2013〕103号）。最高人民检察院统一业务应用系统在院信息化工作领导小组的领导下进行，日常工作由案件管理办公室和技术信息中心负责。要求7月完成安装调试、客户端分发和最高人民检察院全员培训工作。同年8月，统一软件在最高人民检察院机关上线试运行。最高人民检察院机关办理的案件，从受案、分案、流转到办理、审批、监督、评查、统计等业务，均全部实现在软件系统内运行。

（二）全国部署

2013年8月6日，最高人民检察院技术信息中心下发《关于印发〈全国检察机关统一业务应用软件平台建设指导方案〉的通知》(高检技〔2013〕31号)(以下简称《指导方案》)。《指导方案》明确,全国检察机关统一业务应用软件采取最高人民检察院和省级检察院依托检察专线网建立数据中心的两级部署模式,业务量较大确有需要且具备条件的市也可在省级检察院的统筹下扩展为三级部署模式(即在市级检察院建立数据中心)。《指导方案》还对专线网带宽和线路冗余、数据交换提出要求,各省级检察院按照年承办案件数制定最低带宽,全省承办案件数在30万左右的,建议独占带宽为13.98Mbps;全省承办案件数在20万左右的,建议独占带宽为9.3Mbps;全省承办案件数低于10万的,统一取最低独占带宽8Mbps。

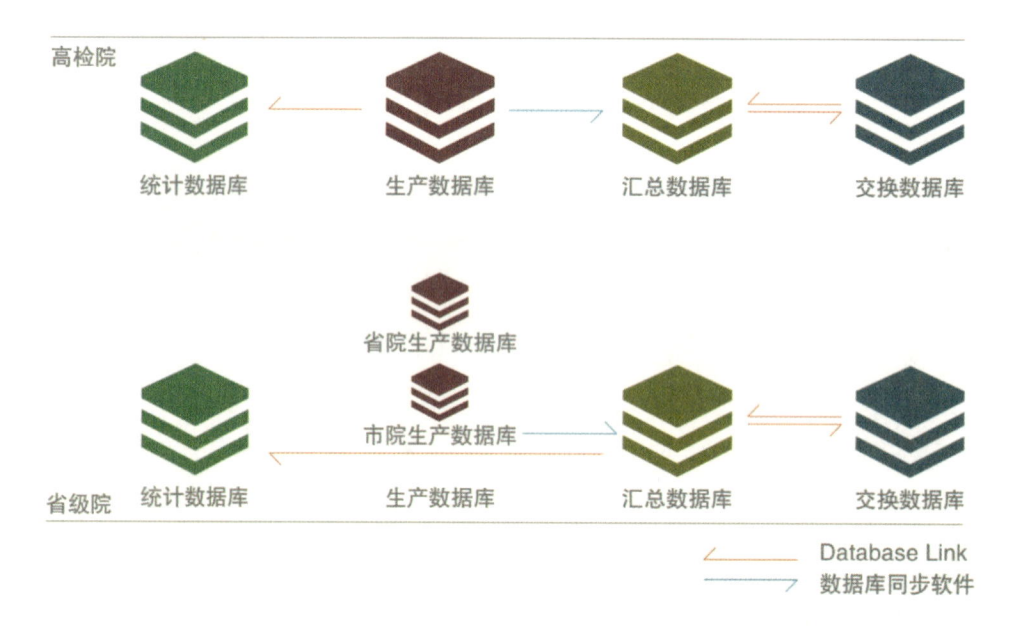

图2-2 全国统一业务应用系统数据内部交换示意图[①]

2013年8月28日,最高人民检察院信息化领导小组办公室下发《关于做好全国检察机关统一业务应用软件部署实施工作的通知》(高检信〔2013〕3号),对已经制作省级统一业务应用软件部署实施方案的8个省检察院进行表扬,并要求各省级检察院都要在9月15日前将本地区统一业务应用软件部署实施方案,连同基础平台建设进展情况报最高人民检察院。

2013年10月31日,全国检察机关统一业务应用系统部署工作会议在山东省济南市召开,大会以电视电话会议形式开至全国各级人民检察院,正式启动全国检察机

[①] 《全国检察机关统一业务应用系统使用指引手册》编写委员会:《系统概论》,中国检察出版社2013年版,第48页。

关统一业务应用系统部署工作,要求在部署期间确保"业务不停、网络不断、系统不瘫、数据不丢"。

2013年12月3日起最高人民检察院本级启动统一业务应用系统,同时分七批下发软件。2013年底上线16个省份、2014年1月上线6个省份、2月上线3个省份、3月上线4个省份、4月上线2个省份、5月上线1个单位(兵团)。

三、系统运维阶段的顶层设计

(一)使用规范

为规范统一业务应用系统使用,最高人民检察院案件管理办公室牵头研究起草了《全国检察机关统一业务应用系统使用管理办法(征求意见稿)》,于2013年6月14日下发《关于征求对〈全国检察机关统一业务应用系统使用管理办法(征求意见稿)〉意见的通知》(高检办字〔2013〕109号),要求各级检察机关由案件管理部门牵头,会同技术信息部门、保密部门,组织各业务部门和综合管理部门研究,提出修改意见。

2013年10月22日,最高人民检察院第十二届检察委员会第十二次会议通过《全国检察机关统一业务应用系统使用管理办法(试行)》,规定了统一业务应用系统信息填录、文书制作、网上业务流转、网上业务监管、网上统计管理、对外信息查询管理、电子签章管理、系统使用权限管理、系统保密管理、系统运行维护、检查考核与责任追究的流程与责任。2013年11月6日以高检发案管字〔2013〕5号文印发,2014年1月1日开始实施。

(二)运维管理

最高人民检察院对系统运维也作了明确规范。2011年12月27日,最高人民检察院信息化领导小组印发了《检察机关统一业务应用软件运行维护管理办法(试行)》(高检信办发〔2011〕13号),规定检察机关统一业务应用软件的运维服务模式包括自行运维、全部外包运维和部分外包运维三种。同时还规定了操作问题咨询工作流程、系统问题处理工作流程,运维系统故障及处理方法、软件系统升级及数据管理方法等。

2012年7月,最高人民检察院下发《全国检察机关统一业务应用软件运维服务企业名单》,确定了16个企业。2014年全国检察机关统一业务应用系统使用后,据统计最高人民检察院和全国各省级检察院共投入维护力量299人,其中检察技术信息化工作人员115人,运维公司驻场人员184人,共有13个厂商参与运维。

(三)教育培训

2013年9月,最高人民检察院在国家检察官学院四川分院组织统一业务应用系统技术骨干和业务骨干师资培训班,为全国检察机关培训技术和业务师资1500余人,为系统上线运行奠定坚实基础。

同年,最高人民检察院组建《全国检察机关统一业务应用系统使用指引手册》编写委员会,由最高人民检察院信息化领导小组组长任编委会主任,副组长任副主任,强调要"内容全面、分析透彻、易学易懂,以学员为视角,以系统操作为切入点,指引性较强,易于学员上手操作"。

在"十二五"国家科技支撑计划《科技强检电子信息系统研发》项目支持下,编委会先后在中国检察出版社出版了全国检察机关统一业务应用系统系列丛书,包括《系统概论》《侦查监督业务》《公诉业务》《刑事执行检察业务》《控告检察业务》《刑事申诉检察业务》《检察委员会业务》《案件管理业务》《电子印章签章使用管理》《人民监督员业务》《运维管理》等。各子系统上线的同时,全国检察机关举行相应培训班,分别培训业务人员和技术人员,确保系统正常运转和有效应用。

截至2014年5月,全国各级检察机关除绝密级案件外,四级检察机关业务部门业务受理、办理、文书制作、审批程序等各办案环节都在系统内实现。截至2014年底,已有各类案件300余万件在系统内运行,检察机关基本实现了从"纸上办案"到"网上办案"的信息化变革。

2.1.1.2 统一业务应用系统升级完善

2014年2月24日,最高人民检察院下发《关于进一步做好统一业务应用系统使用过程中有关问题和意见建议收集上报工作的通知》(高检案管〔2014〕7号),要求县级、市级检察院发现的业务问题和意见建议,先层报至省级检察院案件管理部门,省级检察院案件管理部门汇总、分析、整理后,报送至最高人民检察院案件管理办公室业务信息化管理处联系人内网邮箱。技术问题层报至省级检察院信息技术部门,梳理后报送至最高人民检察院检察技术信息研究中心联系人内网邮箱。难以分清情况的,两个部门都上报。2014年全年要坚持每月必报。

如浙江省检察院在2014年3月至2015年6月,共受理全省三级检察机关各类问题和咨询3490件。其中,直接答复或协助解决问题3287件,占94.18%;确认问题并上报最高人民检察院143件,占4.10%。

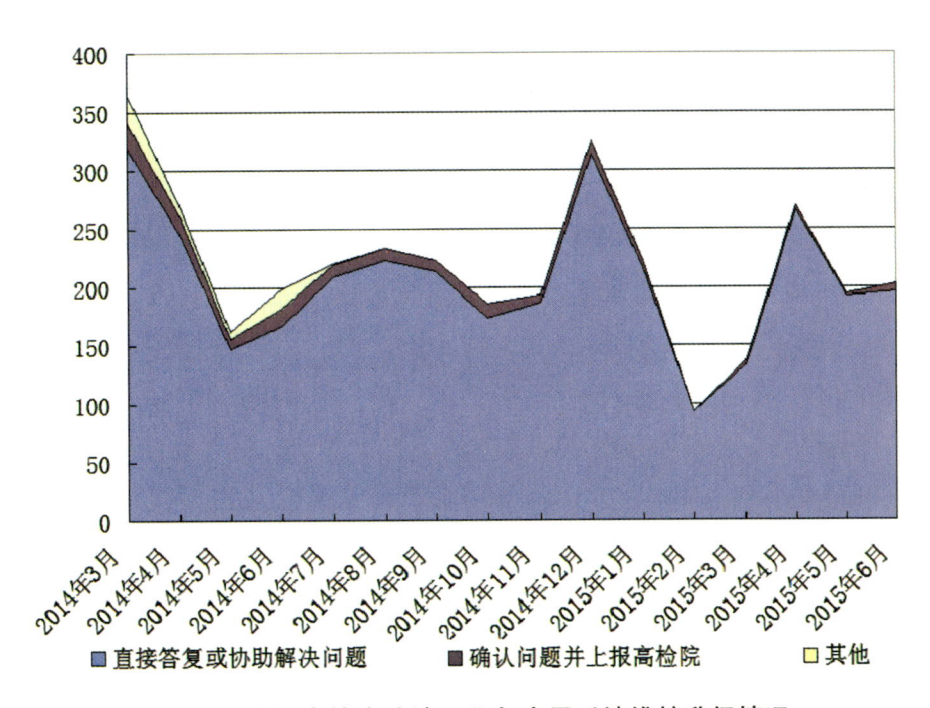

图2-3 浙江省检察院统一业务应用系统维护升级情况

2014年，在最高人民检察院组织下，统一业务应用系统累计进行了10次较大的更新，版本号由1.0.0.190升级至1.0.0.231，共解决修正统一业务系统问题和新增文书、案卡数据项648项，解决统计问题18项，新增流程控制规则1项。

2015年，在最高人民检察院组织下，统一业务应用系统累计进行了3次较大的更新，版本号由1.0.0.231升级至1.0.0.251，共解决修正统一业务系统问题116项。其中，240版新增站车交接案件功能，250版新增电子卷宗服务和特赦应用申请功能。

2016年，在最高人民检察院组织下，统一业务应用系统累计进行了8次较大的更新，版本号由1.0.0.251升级至1.0.0.300，共解决修正或优化统一业务系统问题302项，解决统计问题91项，新增案卡规则47条。其中，280版新增分类、分地区统计功能，290版新增行政赔偿监督、刑事赔偿及民事行政诉讼监督功能，292版新增"业务决策管理信息子系统"和"业务信息监管子系统"以供统计试点地区使用，292版上线统计功能模块，300版新增了"刑事执行检察"业务子系统模块和"电子卷宗查询统计""律师阅卷查询统计"两项功能。

2017年，在最高人民检察院组织下，统一业务应用系统累计进行了18次较大的更新，版本号由1.0.0.300升级至1.0.1.5，共解决修正或优化统一业务系统问题394项，解决统计问题185项。其中，313版新增"认罪认罚案件"适用文书，1.1版新增司改办试点统一系统，1.5版全国上线"检委会子系统"和"网上信访子系统"。

2014年至2018年，统一业务应用系统有三次重大更新，主要是电子卷宗子系统、适应司改版统一业务应用系统和工作网版统一业务应用系统，下文分别予以介绍。

一、电子卷宗子系统部署

电子卷宗是指在案件受理前或者案件受理过程中，将原始纸质案卷材料依托数字影像技术、文字识别技术、数据库技术等媒介技术制作而成的具有特定格式的电子文档和相关电子数据。

2014年5月，在最高人民检察院的统一部署下，四川省、贵州省检察机关会同开发单位启动统一业务应用系统电子卷宗综合管理子系统补充性开发工作，2014年10月完成研发并开始试点应用。

2015年4月，最高人民检察院案件管理办公室组织办公厅、技术信息中心和相关业务部门在四川开展电子卷宗子系统需求论证工作。经过一段时间的研发，电子卷宗子系统可以实现文档生成、目录编辑、关联上传、浏览查询、复制引用等功能，并可导出到律师阅卷系统进行查阅和复制。

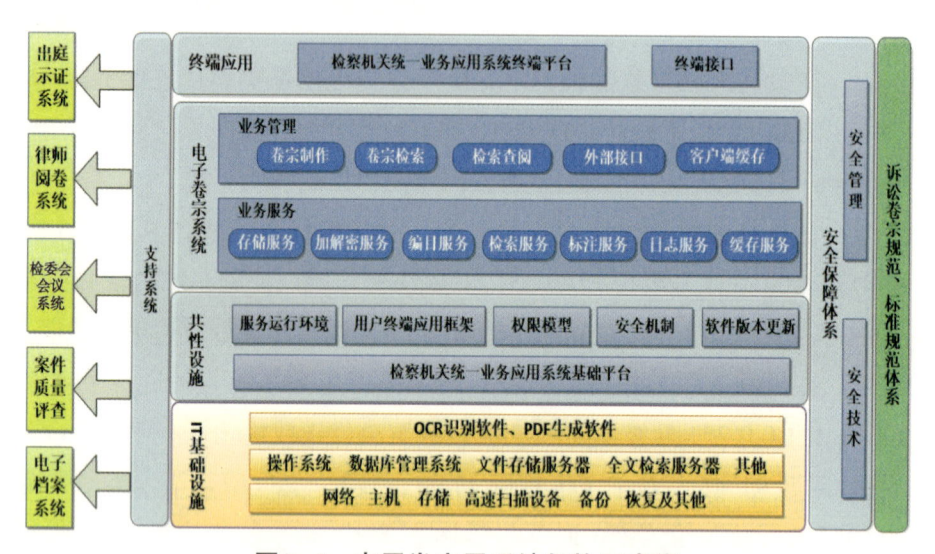

图2-4 电子卷宗子系统架构示意图

2015年7月17日，最高人民检察院下发《关于研发部署电子卷宗系统工作的通知》（高检发案管字〔2015〕6号），指出电子卷宗部署工作分为试点应用和全面部署两个阶段。2015年7月至10月，在北京、山西、内蒙古、江苏、云南五个省（自治区、直辖市）检察机关试点，与先行试点使用系统的四川、贵州两省检察机关一起，共同验证系统的实用性和稳定性，对软件作进一步修改完善。2015年11月至12月，其他各地检察机关全面部署上线。

2015年12月16日，为了规范人民检察院制作、使用电子卷宗工作，有效利用电子卷宗提高办案效率，最高人民检察院印发《人民检察院制作使用电子卷宗工作规定（试行）》。该规定分为总则、电子卷宗的制作、电子卷宗的使用、责任追究、附则等5章19条，明确"制作电子卷宗应当由专门人员承担，并在安装有监控设施的场所进行"，"案件管理部门应当在决定受理后的一个工作日内完成电子卷宗的制作、上传；案件材料特别多的，应当在两个工作日内完成电子卷宗的制作、上传"。

电子卷宗子系统包括电子卷宗制作模块、检察官阅卷模块、律师阅卷模块。在统一业务系统中受理案件后，电子卷宗子系统即可查询到相应案件，提供部门受案号、案件名称、受理日期、办案人员、制作状态等筛选条件，用于快速查询需要制作的案件。

其中，电子卷宗制作模块具备以下功能：（1）扫描识别功能，支持两种PDF添加方式：一种方式是在制作卷宗时，通过系统提供的扫描功能进行实时扫描；另一种方式是通过扫描仪自带软件，先把所有纸制卷宗以OCR识别的方式扫描为PDF文件，然后使用卷宗制作系统的"导入PDF"功能将文件添加进系统（扫描参数DPI一般设置成300以上）。（2）卷宗编制功能，支持卷宗封面、目录、备考表、封底设置，卷宗上传、重传、断电续传。（3）图片处理功能，支持常用的图片放大、缩小、旋转、切片、纠偏等功能，可以调整卷宗内图片的亮度、饱和度、色彩平衡。（4）卷宗管理功能，支持卷宗导入、导出、卷宗制作情况查询，可以根据需要生成制作量、制作率、工作量、存储量统计报表。此外，检察官阅卷模块支持卷宗浏览、内容复制、批注、引用、共享等功能；律师阅卷模块支持律师阅卷、申请打印、申请导出等功能。

图2-5 电子卷宗子系统电子卷宗制作模块示意图

在电子卷宗系统部署应用过程中，检察机关加强与公安、法院等机关的协调配合，建立相关机制，争取各方支持，为电子卷宗系统的部署应用营造良好的外部环境。2015年以来，内蒙古、山东、陕西等地检察机关加大与公安厅局的沟通协调力度，建立了公安机关同步移送电子卷宗制度。

2014年12月，山东省德州市检察院和德州市公安局联合会签了《刑事案件同步移送电子卷宗及电子文本的实施意见（试行）》，形成"刑事案件对口衔接、电子卷宗同步移送"的长效工作机制，明确了电子卷宗的制作、移送、受理、审查、流程监管等标准。公安机关按照"一案一光盘"要求，设置专职部门审查制作电子卷宗。目前，山东省有132个检察院实现公安机关随案移送电子卷宗，占全省检察院总数的74%。四川省3个市级检察院、42个基层检察院实现公安机关随案移送电子卷宗。

2015年，陕西省检察院、公安厅联合出台《关于刑事案件电子卷宗移送接收规定（试行）》，明确"公安机关在刑事案件侦查终结移送审查起诉时，应当将案卷材料刻录成光盘并随案移送。对于可能判处无期徒刑、死刑的案件或者其他重大犯罪案件，应当同时移送讯问过程的同步录音或录像资料"，"检察机关案件管理部门收案审查时，应将电子卷宗列为收案的必备条件。未移送电子卷宗的，不予接收。电子卷宗不符合《电子卷宗制作规程》的，由公安机关补正后再行移送"，"公安机关随案移送的电子卷宗，检察机关案件管理部门在受理案件登记时，通过专门工具导入全国检察机关统一业务应用系统，电子卷宗随纸质卷宗一同流转。检察机关提起公诉时，应将电子卷宗随纸质卷宗一并移送人民法院"。

二、适应司改版统一业务应用系统

2014年10月，党的十八届四中全会召开，审议通过了《中共中央关于全面推进依法治国若干重大问题的决定》，对"保证公正司法，提高司法公信力"作出专门部署。明确提出"完善主审法官、合议庭、主任检察官、主办侦查员办案责任制，落实谁办案谁负责"，"明确各类司法人员工作职责、工作流程、工作标准，实行办案质量终身负责制和错案责任倒查问责制，确保案件处理经得起法律和历史检验"。同年，检察机关在上海、广东、海南等省地试点探索检察改革工作。

2015年9月28日，最高人民检察院公布《关于完善人民检察院司法责任制的若干意见》，全文共7章48条。文件指出，完善人民检察院司法责任制的目标是：健全司法办案组织，科学界定内部司法办案权限，完善司法办案责任体系，构建公正高效的检察权运行机制和公平合理的司法责任认定、追究机制，做到谁办案谁负责、谁决定谁负责。

表2-1 《关于完善人民检察院司法责任制的若干意见》部分条文

类别	部分条文
健全司法办案组织及运行机制	推行检察官办案责任制。实行检察人员分类管理,落实检察官员额制。担任院领导职务的检察官办案要达到一定数量。业务部门负责人须由检察官担任
	健全司法办案组织形式。根据履行职能需要、案件类型及复杂难易程度,实行独任检察官或检察官办案组的办案组织形式
	独任检察官、主任检察官对检察长(分管副检察长)负责,在职权范围内对办案事项作出决定
健全检察委员会运行机制	检察委员会由检察长、副检察长、专职委员和部分资深检察员组成。检察官可以就承办的案件提出提请检察委员会讨论的请求,依程序报检察长决定
	检察委员会对案件进行表决前,应当进行充分讨论。表决实行主持人末位表态制。检察委员会会议由专门人员如实记录,并按照规定存档备查
明确检察人员职责权限	明确检察长、副检察长、检委会委员、检察官、检察官助理、业务部门负责人职责权限
健全检察管理与监督机制	司法办案工作应当在统一业务应用系统上运行。检察长(分管副检察长)和业务部门负责人对办案工作审核、审批,应当在统一业务应用系统上进行
	人民检察院案件管理部门对司法办案工作实行统一集中管理,全面记录办案流程信息,全程、同步、动态监督办案活动,对办结后的案件质量进行评查。评价结果应当在一定范围内公开
	建立随机分案为主、指定分案为辅的案件承办确定机制。重大、疑难、复杂案件可以由检察长指定检察官办案组或独任检察官承办
严格司法责任认定和追究	检察人员应当对其履行检察职责的行为承担司法责任,在职责范围内对办案质量终身负责。司法责任包括故意违反法律法规责任、重大过失责任和监督管理责任
	检察长(副检察长)除承担监督管理的司法责任外,对在职权范围内作出的有关办案事项决定承担完全责任

此次修改完善是系统自2013年部署以来最大的一次结构性和功能性修改,业务应用模式也发生重大改变,涉及大量的信息采集和后台基础配置,对系统管理员、案管操作人员和各业务部门的办案人员提出了更高的要求。主要包含以下修改内容:

一是司法办案组织和办案模式调整。系统实现了独任检察官或检察官办案组的办案组织形式,支持建立固定或临时的检察官办案组办理案件。实现了多人协同办案情况下多主体操作系统的需求,在统一系统内无操作权限的角色经过检察官授权,可以协助检察官操作统一系统办理案件，例如，检察官办案组的普通检察官（协同办案人）、检察官助理可以草拟法律文书、进行案卡填录等，书记员可以完成法律文书用印、填录案卡、打印等。

　　二是完善随机分案功能。系统对原有轮案体系进行了重大调整和完善，落实了案件直接分配到检察官不再进行组内二次分配的原则；可以根据案件类别、案由、移送单位、案件特性等条件设定轮案规则，实现了灵活设置轮案组的需求；分配案件时不再按照轮案组内检察官排列序号进行有序分配，每一轮中案件在选择检察官时是随机的；支持检察长、副检察长按照一定的权重系数参与随机分案。

图2-6　适应司改版统一业务应用系统"随机分案"
功能示意图（测试数据）

　　三是对系统中领导审批方式进行重大调整。将原先的《检察文书审批表》修改为《检察文书流转/签发单》，对"决定""审核""签发"行为的区分更加明显，充分体现"谁办案谁负责、谁决定谁负责"的改革目标。（1）系统的"决定"主体包括三类，分别是检察官决定、检察长（分管副检察长）决定、检察长直接改变检察官决定。系统中的文书最低签发权限为检察官的，检察官可直接决定；检察长直接改变检察官决定的，由检察长对该文书承担法律责任。（2）系统的"审核"流程中，业务部门负责人审核时，可以要求检察官对案件进行复核或补充相关材料，但不得直接改变检察官意见或者要求检察官改变意见；也可以将审核意见、检察官联席会议讨论情况继续层报副检察长审核、决定。(3)"签发"流程中,具有权限的决定人签发后,文书达到入卷条件即可申请用印,统一业务应用系统直接将用印申请发送至电子印章系统,由电子院章管理员加盖印章。

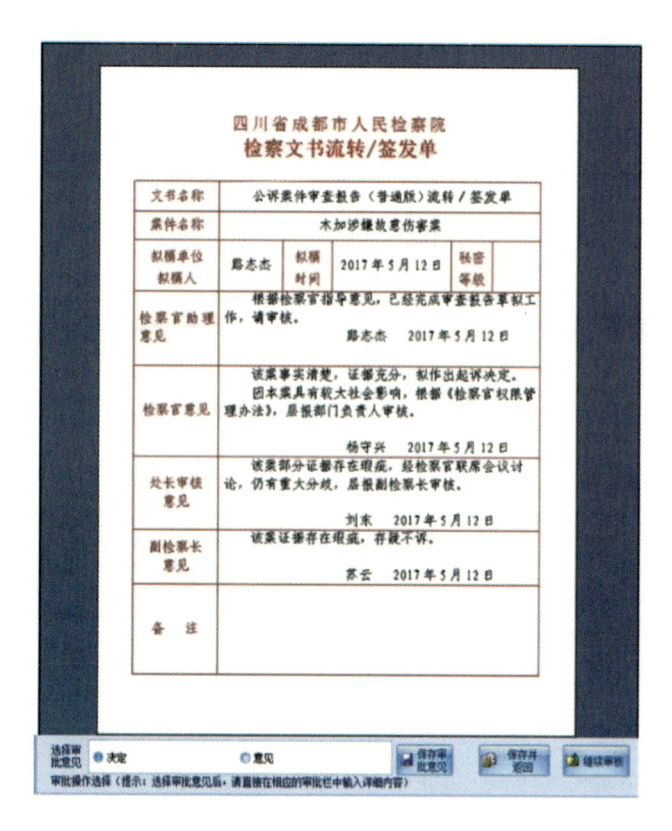

图2-7 适应司改版统一业务应用系统
《检察文书流转/签发单》(测试数据)

四是强化"全程留痕"办案监督模式。司改版系统增加了办案组织信息记录、流转信息记录、登录信息记录、案情查阅记录等,建立案件流转全流程表单,客观记录协同办案意见、审核审批意见、案卡填录日志、前台动作操作记录等;建立了"案件-负责人"的对应关系,客观记录该案的办案组织(办案负责人、协同办案人、书记员)及其变更情况;记录所有打开过个案详情的检察人员姓名、查阅时间等。此外,系统还支持对登录异常提供报警功能。

2017年5月8日,贵州省检察机关在全国率先上线运行司改版统一业务应用系统,按照各项职权不同性质和特点,全面梳理了检察机关统一业务应用系统中的1606项权限配置,以正面清单的方式列举了检察长行使或委托行使的12个业务类别127项权力,其余未明确的1000余项审批权,采取一般性授权的方式授权给检察官,形成了权责明确、关系清晰、授权合理的权力分配体系。通过改革，检察官的主体地位和司法办案的亲历性得到凸显，贵州省9个试点检察院93.4%的批捕案件和95.12%的起诉案件由检察官独立作出处理决定，提交检委会审议案件减少16.8%，批捕案件办案时间缩短20.16%，起诉案件办案时间缩短27.05%，民事行政案件的办案时间缩短32%，执行案件的办案时间缩短18.17%。①

三、工作网版统一业务应用系统

2017年以来，中央政法委提出建设跨部门大数据办案平台任务，要求实现设施联通、网络畅通、平台贯通、数据融通。同年5月28日，中央政法委召开跨部门大数据办案平台（政法网）建设座谈会，对推进政法网建设和跨部门大数据办案平台建设进行研究和部署。

2018年2月1日，经最高人民检察院研究决定，由最高人民检察院统一进行统一业务应用系统工作网版的软件研发设计，实行"一点建设、全面应用"工作模式，以避免各地重复投资、重复建设。最高人民检察院决定在上海、贵州两地开展统一业务应用系统在工作网部署的应用试点工作，并逐步实现与当地公安、法院、司法行政等政法机关的业务协同和数据共享。

2018年3月，最高人民检察院对试点省份的技术方案进行论证，并实地调研试点工作开展情况，形成了《统一业务应用系统工作网版建设方案（征求意见稿）》。5月18日，最高人民检察院组织河北、黑龙江、上海、湖南、广东、四川、贵州等省、市检察技术信息部门专家，进一步对《统一业务应用系统工作网版建设方案（征求意见稿）》进行研究讨论，形成基本共识。

2018年6月26日，最高人民检察院在上海市检察院组织召开"统一业务应用系统在工作网部署应用试点工作推进会"，全面推进统一业务应用系统工作网版研发工作。7月25日，在贵州省检察院再次组织召开"统一业务应用系统在工作网部署应用试点工作推进会"，对系统测试和部署应用进行安排部署。8月底，上海、贵州两地检察机关相继组织完成系统测试和人员培训工作。

工作网版统一业务应用系统的主要建设内容包括以下三部分：

一是对统一业务应用系统进行适应性开发，以适应检察机关工作网办理非涉密案件的需要。同步在检察工作网部署统一业务应用系统的周边子系统，实现电子卷宗子系统、电子印章子系统、身份认证子系统的适应性改造和系统对接。

---

① 李中迪：《数据提供"芯"动力》，载《贵州日报》2017年7月11日第5版。

二是开发检察专网、工作网数据交换子系统，作为检察工作网向检察专网交换数据的通道，解决两个网络数据同步问题，支持数据包处理监听和配置、数据包验证、数据包路由处理和配置、数据包加解密、交换系统状态反馈等功能。开发消息管理子系统，用于对统一业务应用系统工作网和专网两个网络产生的消息进行集成、整合、互通、统一管理，保障两个网络中案件数据的一致性、正确性、准确性、安全性。

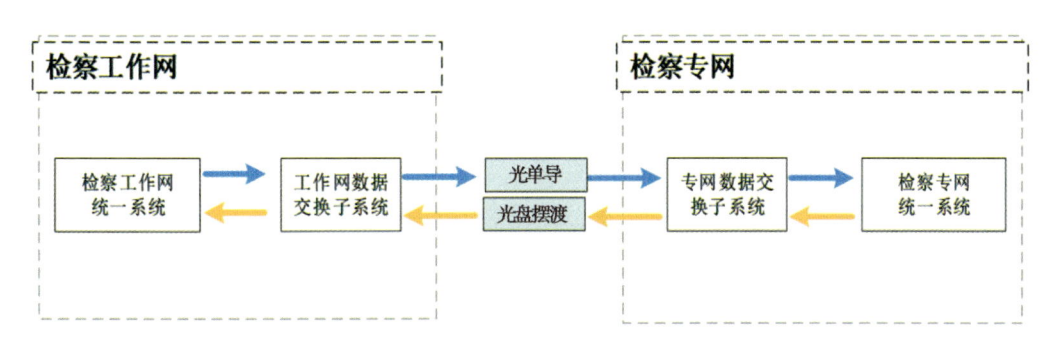

图2-8 检察专网（工作网）数据交换子系统逻辑示意图

三是开发统一业务应用系统协同对接平台。平台总共分为三个子系统，分别为接口管理子系统、业务应用子系统、安全控制子系统。通过建设检察机关对外协同共享的数据标准体系，以一套通用接口应对各地政法协同的差异化需求，对接政法网或其他电子政务外网接受或传输共享协同数据。

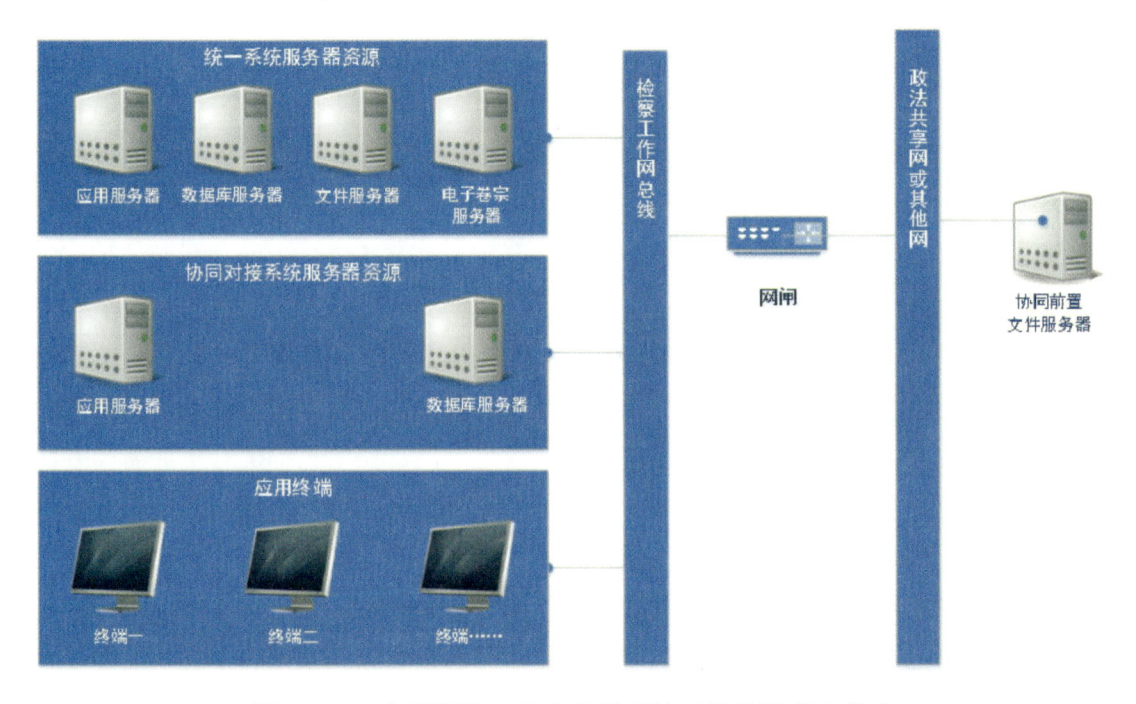

图2-9 工作网版统一业务应用系统对外协同共享模式

2018年7月9日，最高人民检察院印发《全国检察机关智慧检务行动指南（2018—2020年）》，明确要求到2018年底前，完成统一业务应用系统检察工作网版本研发工作。

四、2.0版统一业务应用系统研发计划

2018年7月12日，最高人民检察院张军检察长主持召开专门会议，听取最高人民检察院案件管理办公室、技术信息中心《关于统一业务应用系统工作情况的报告》，决定启动统一业务应用系统2.0版建设。2.0版将采取"两步走"完成"三项任务"。

第一步是在2018年底前完成统一业务应用系统工作网版部署工作。2018年8月，最高人民检察院已研发完成统一业务应用系统工作网版软件，并于2018年9月中旬在上海、贵州两地工作网上开展试运行。

同步完成适应内设机构改革版开发任务。目前，《检察机关统一业务应用系统适应内设机构改革升级完善需求报告》初稿已起草完毕，等待检察院内设机构改革后及时启动升级工作。

第二步为实现智能化迭代，强化成统一业务应用系统办案辅助实效，对参与2.0版项目的核心研发人员，拟采取集中会战形式，全力搞好项目研发，争取在2019年完成研发工作，2020年在试运行后向全国检察机关统一部署。

2.1.2 智能辅助和办案协同系统探索

近年来，现代科技特别是信息技术进入了高速跨越式发展时期，2012年被称为"中国云计算实践元年"，2013年被称为"大数据元年"，2017年被称为"人工智能应用元年"。人工智能（AI）+大数据（Big Data）+云计算（Cloud Computing）被称为新一代信息技术的ABC战略。

2018年4月，习近平总书记在致首届数字中国建设峰会的贺信中指出："当今世界，信息技术创新日新月异，数字化、网络化、智能化深入发展，在推动经济社会发展、促进国家治理体系和治理能力现代化、满足人民日益增长的美好生活需要方面发挥着越来越重要的作用。"同年9月，习近平总书记在2018世界人工智能大会的贺信中进一步指出，人工智能发展应用将有力提高经济社会发展智能化水平，有效增强公共服务和城市管理能力。

为落实习近平总书记"深化政法智能化建设"的重要指示精神和中央政法委"大力加强智能化建设，形成信息动态感知、知识深度学习、数据精准分析、业务智能辅

助、网络安全可控的科技应用新格局"的要求,最高人民检察院制定《全国检察机关智慧检务行动指南(2018—2020年)》时明确提出:"以需求为导向,统筹研发智能辅助办案系统,推进大数据、人工智能等前沿科技在刑事、民事、行政、公益诉讼等检察工作中的应用,持续提升检察办案质效","切实加强工具辅助、指引辅助、知识辅助、共享辅助等方面应用,初步实现为检察办案提供辅助阅卷、辅助文书生成、辅助出庭、辅助填写案卡信息、文书纠错等功能"。

目前,贵州作为智能辅助办案系统的发源地,2016年开始在全省三级检察院试点探索智能化应用。2017年,上海作为中央政法委指定的试点地区,已开展刑事案件智能辅助办案系统(206系统)的试点应用,并已陆续开展试点推广。山东检察大数据平台、江苏"案管机器人"、浙江政法一体化办案系统已在全省统一使用。其他部分省份也在省政法委组织下进行了部分尝试与探索。

最高人民检察院将在深度调研各地智能辅助办案系统建设应用情况基础上,确定一批试点单位开展深入应用和优化完善,并组织专家进行评估论证、统一评审。根据评估情况优中选优,统筹建设推广智能辅助办案系统,实现功能整合和集成优化,最大程度节约建设资金。

笔者认为,各地的智能辅助办案系统在功能实现和技术路径上虽有所差异,但主要集中在工具辅助、指引辅助、知识辅助、共享辅助、视音辅助等五个方面,以下着重进行探讨。

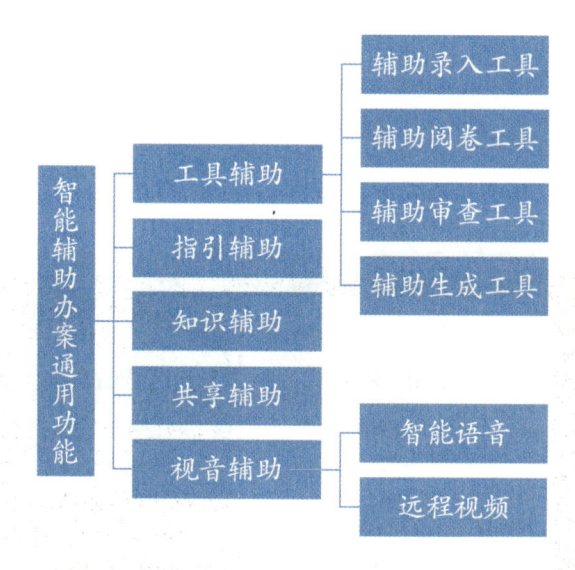

图2-10 智能辅助办案系统通用功能

2.1.2.1 智能化工具辅助

智能辅助办案系统的核心在于提供科学化、智能化、人性化辅助工具，检察官是办案的主体，也是辅助办案系统的使用者和评价者，合理使用智能化工具，可以大幅度提升司法人员在案卷录入、阅读卷宗、证据审查、文书生成等环节的工作效率。

一、辅助录入工具

辅助录入工具的核心技术是 OCR 识别，统一业务应用系统的电子卷宗子系统支持基本的 OCR 处理识别工作，各地也在此基础上进行了深入探索。

天津市检察院研发了智能文字识别系统，可以将纸质版文书智能转换为电子卷宗，消除卷宗图表框、指印等标记，对错误的识别结果可以进行智能修正，方便司法人员摘录案卷内容，编制证据卷目录，使检察官从大量文书材料的整理、输入等机械性劳动中解脱出来，对于页面整洁的文书材料，基本能准确识别。

上海市刑事案件智能辅助办案系统（206 系统）可以直接从公安办案系统导入数据，减轻扫描上传的工作量。证据录入系统后，通过 OCR 识别功能，可以自动按照公安机关卷宗目录规范排序，方便办案人员查看电子卷宗。

安徽省检察院智能辅助办案系统可根据电子卷宗的 OCR 识别结果，自动将诉讼材料归类到承办人阅卷目录和结案归档目录中。对于自动归类有误的材料，系统支持案管部门通过灵活拖拽的操作方式，对诉讼材料进行快速修正。

二、辅助阅卷工具

辅助阅卷工具的核心是提升办案人员阅卷舒适性、便利性，通常支持卷宗和文书的双屏显示功能，方便承办人复制、粘贴、标注卷宗内容。

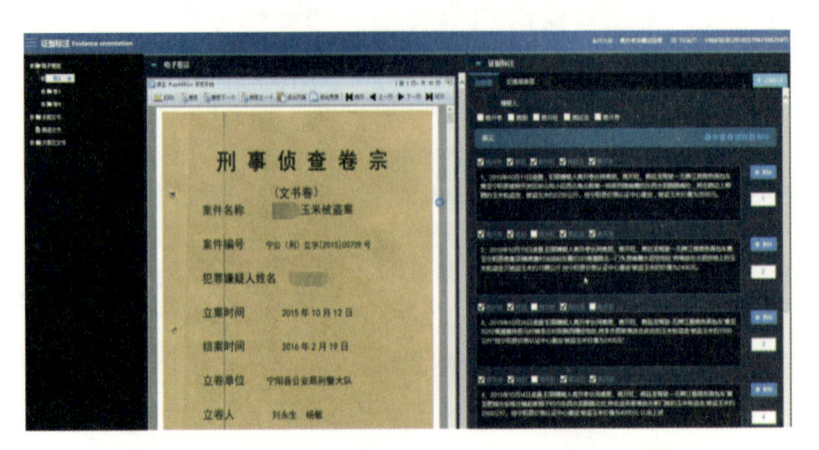

图2-11 智能辅助办案系统双屏显示功能示意图

山东省检察智能辅助办案系统，可以根据检察官办案习惯，将电子卷宗分目录展示，并对卷宗进行语义判断、分词识别，自动提取案件基本情况、犯罪嫌疑人基本情况、侦查认定的事实等内容。同时，可以从刑事执行检察的海量数据中为办案人主动推送犯罪嫌疑人前科情况。

北京市检察院"检察智库"系统具有"诉讼进程全景可视化"功能，可以全面清晰展示文书的程序性信息，并附卷宗与音视频资料，便于检察官阅卷。其"时间线"功能，支持所有与案情相关的事实性信息按照时间顺序重新整合呈现，分段式的阅读方式便于检察官快速梳理、熟悉案情，提取自己所关注的案件信息。

三、辅助审查工具

证据审查和事实认定是检察官办案的关键环节，也是智能辅助工具的重点焦点，主要对《刑事诉讼法》规定的物证、书证、证人证言、被害人陈述、犯罪嫌疑人（被告人）供述和辩解、鉴定意见、勘验（检查、辨认、侦查实验）等笔录、视听资料和电子数据等八类法定证据进行识别、审查与分析。

在审查程序上，贵州检察院智能辅助办案系统，根据案件性质和犯罪嫌疑人是否认罪，设计简案快办、繁案精办两种审查辅助模式，简案快办模式采用表格化审查，重点审查量刑要素。繁案精办模式采用制作详细阅卷笔录式审查，重点审查定罪要素。

在证据审查方式上，目前有几种不同方式。

其一，对法定八类证据进行不同标签标注方式。浙江省杭州市检察机关智慧办案系统对法定八类不同类型证据内置了"人机结合"标签标注方法。例如：（1）基础要素，按照罪名的构成要件，采取机器抓取自动化标签方式，对检察机关受案情况、犯罪嫌疑人基本情况、作案经过、是否团伙作案、是否多次作案、发案及抓捕经过、是否存在漏捕（罪）等情况进行自动抓取并存档，自动甄别判断该案在程序、证据、事实等方面存在的疑点。（2）询问笔录，采取整合比对方式，对犯罪嫌疑人的多次讯问笔录进行自动整合和纵向比对，有多个犯罪嫌疑人的，单人讯问笔录整合比对完成后进行横向比对，归纳整理出供述一致的部分，对供述不一致的进行标注。（3）其他证据，通过制作并嵌入要素模板，对被害人陈述、证人证言、勘验检查笔录、辨认笔录、司法鉴定报告等证据内容进行自动提取归纳。办案人员在阅卷时可以对不同案件的特殊情节进行还可以进行人工标注。（4）证据判断，对整合归纳的讯问笔录等其他证据，由检察官在系统整理的基础上进行综合判断，支持在每个栏目下手动输入分析意见。

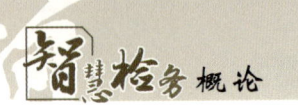

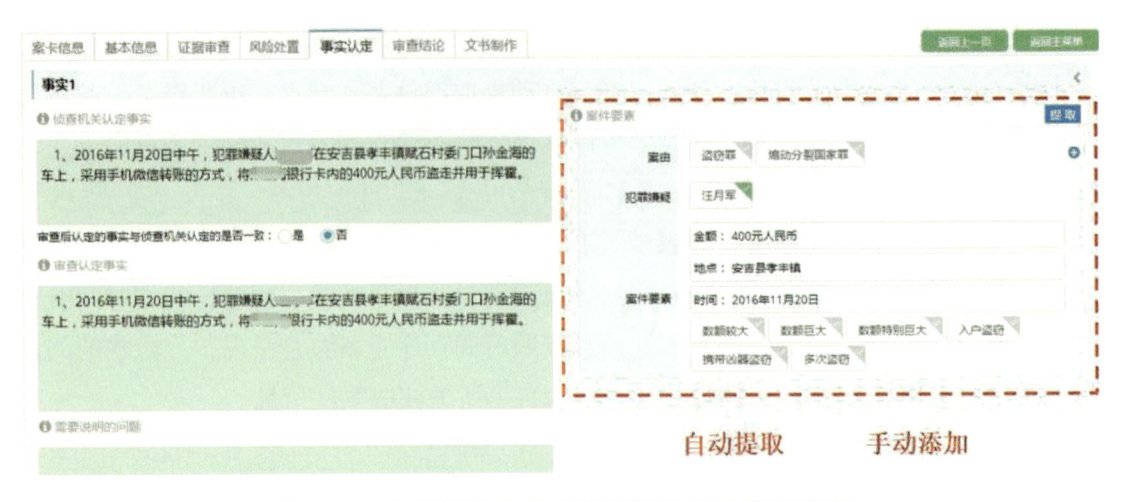

图2-12 智能辅助办案系统证据审查功能示意图

  其二，对文字证据和音视频进行分类审查方式。广东省检察院分别研发了智能辅助审查系统和视频证据审查系统，其中：（1）文字证据审查，可便捷地进行文字证据标注、摘要以及分析，实现了对全案证据材料组合的可视化显示，支持指纹印章识别引擎、证据识别引擎、证据材料自动审查、全案检索软件等可扩展式智能化组件，帮助减轻检察官重复性、机械性工作，集中精力办理司法核心业务。（2）音视频证据审查，主要基于智能语音识别、图像识别等技术，实现视频证据巡查、音频证据识别转译、笔录同屏展现等功能，系统可将视频证据材料中的重点内容智能截取，对可能导致证据无效或瑕疵的视频片段进行智能识别、预判，辅助检察官发现视频证据中

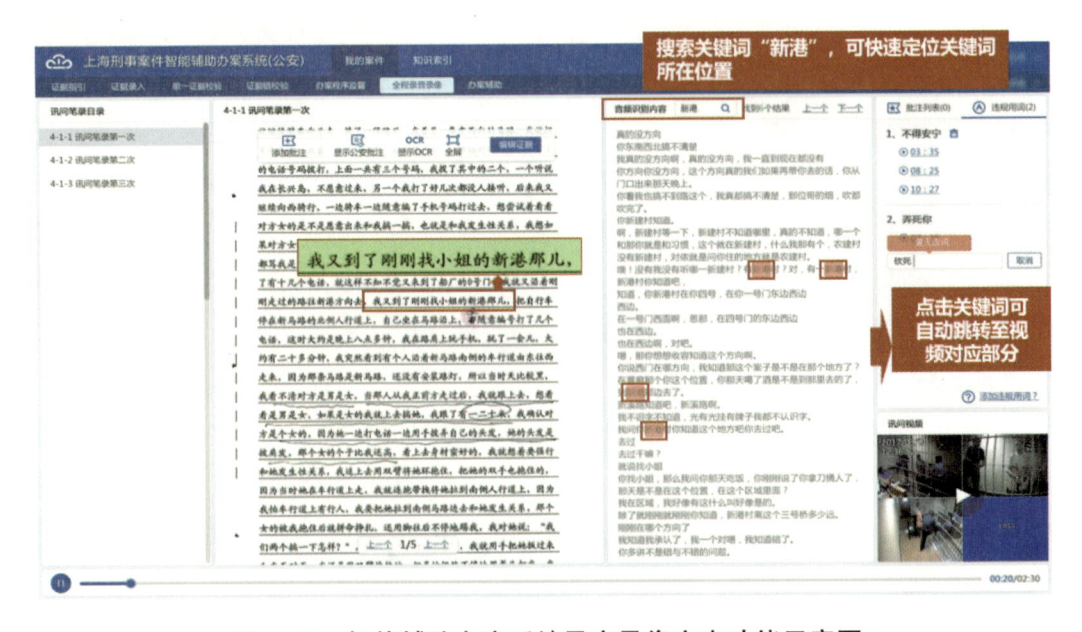

图2-13 智能辅助办案系统录音录像审查功能示意图

存在的审查疏漏,并支持将视频证据材料中的音频识别转写成语言文字,与电子卷宗的笔录进行关联分析比,有效减轻了人工审查的工作压力。

其三,对单一证据、证据链进行分类审查方式。上海市刑事案件智能辅助办案系统(206系统)对不同证据审查进行了优化。(1)单一证据审查,又称"证据校验"功能,计算机可以运用OCR技术,自动识别证据程序性瑕疵,如将对侦查活动监督的业务规则翻译为计算机规则,当自动发现单人提审、刑拘后24小时未送看守所等监督事项时,对办案人员进行提示。(2)证据链和全案证据审查判断。主要通过办案人员人工标注,将证据证明内容与证据标准建立联系,标注后系统将相关证据按证据标准进行分组,供办案人员对证据链条的完整性以及证据之间是否存在矛盾进行审查,确保证据确实、充分,排除合理怀疑。

图2-14 湖北省智能辅助办案系统的证据"三性"审查模块示意图

其四,对证据的合法性、客观性、关联性进行审查。湖北省智能辅助办案系统设置了证据"三性"细化审查模块。包括:(1)证据合法性审查,主要解决证据证明能力的问题,即证据必须具有合法的形式;必须是法定人员依法定程序收集的;证据的内容和来源必须合法,否则承办人可以将该证据勾选为"非法"或"瑕疵"。(2)证据客观性审查,分析证据的时间、地点等要素,以及证据之间是否有矛盾,得出的结论是否是惟一结论。(3)证据关联性审查,分析证据材料与待证事实之间存在的联系。[①]

此外,部分检察机关还探索了案件证据可视化应用。例如,山东泰安智慧检务系统可以自动生成证据体系图和人物关联图。其中,"证据概览"功能直观地反映了全案事实和证据链情况,将鼠标悬浮在相应证据上会自动显示详细内容,方便快速查看;

---

① 雍朝江:《重视案件细节 审查证据"三性"》,载《人民检察》2005年第16期。

"共犯概览"功能可查看各嫌疑人之间的关联,方便分清主犯从犯;"事实概览"功能可查看每个嫌疑人参与了哪些事实,方便承办人对整体案情进行把握。在遇到疑难复杂案件时,可以将证据体系图和人物关联图推送给参加检委会或检察官联席会的检委会委员或检察官,便于其简单快速地了解案情。

四、辅助生成工具

法律文书生成是司法办案的收尾环节,统一业务应用系统支持基于案卡信息和常用法律文书模板,检察官便捷调整后智能辅助生成各类法律文书。各地辅助办案应用进一步优化提升了文书生成的质量,大多具备以下两个功能。

(一)文书智能排版功能

贵州省检察机关大数据司法办案辅助系统,可以从统一业务应用系统和起诉意见书中抽取数据,结合案件审查中产生的摘要、分析数据,自动生成《案件审查报告》《起诉书》等文书,由承办人进行简单的手动调整后,即可完成文书起草工作。安徽省检察机关智能辅助办案系统,可以对单一证据具体内容的说明或一组证据的综合分析结果,按照固定的格式,辅以案件要素模型的信息自动抽取,帮助检察官快速生成文书。

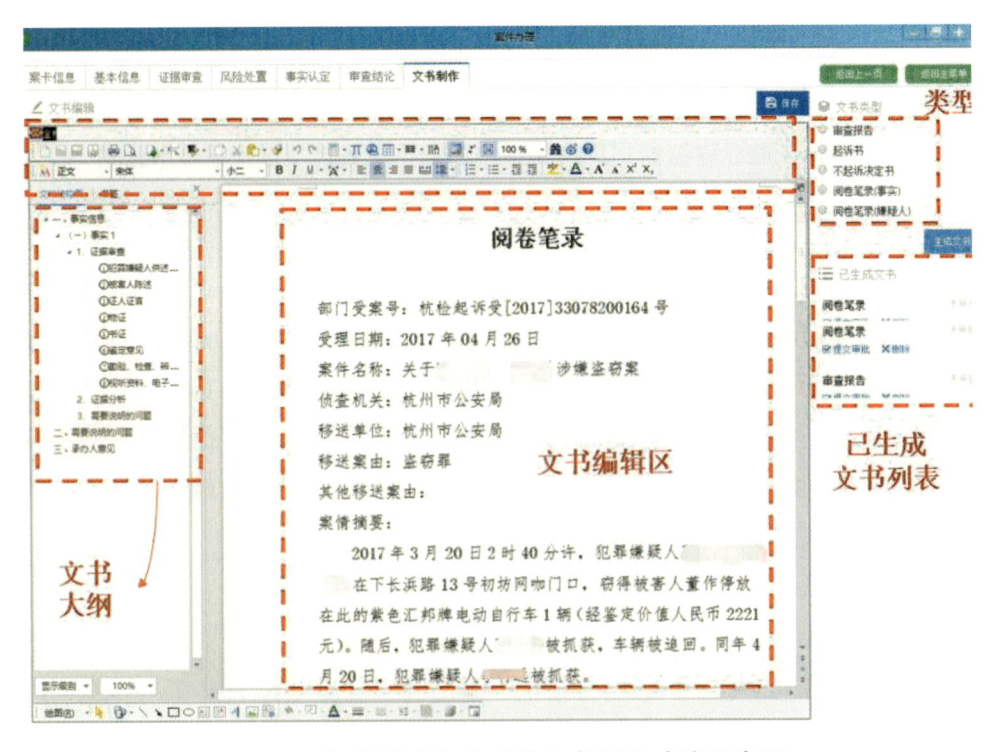

图2-15 智能辅助办案系统文书制作功能示意图

(二)文书智能校对功能

河南省郑州市金水区检察院早在 2012 年就研发了"检察院文书智能校对系统"。纠错软件严格按照最高人民检察院文书的写作规范审查,在指出文书问题的时候会进行智能提示,像行间距、段间距、字体、字号等单靠肉眼很难发现的一些细节问题,纠错软件会自动调整成统一格式。2017 年,广东省广州市南沙区检察院研发了文书智能校对系统,系统可以为法律文书做"健康体检",与统一业务应用软件无缝对接,重点审查文书中常见的字词、语法错误,标点日期错误,文书内容前后不一致,缺漏信息项及法律法规引用不规范甚至错误等问题,规范文书格式,提高文书质量,并可与统一业务应用系统中的文书进行同步。2018 年,重庆市检察机关法律文书智能纠错工具正式上线,可以对文书形式、文书内容进行纠错提醒,文书形式纠错主要针对错别字和标点符号错误,少字、多字错误,以及"的、地、得"等常见错误;文书内容纠错主要针对维度缺失、法律书写错误及法律依据错误,检察官核对无误后点击"一键修正"即可实现自动纠错。

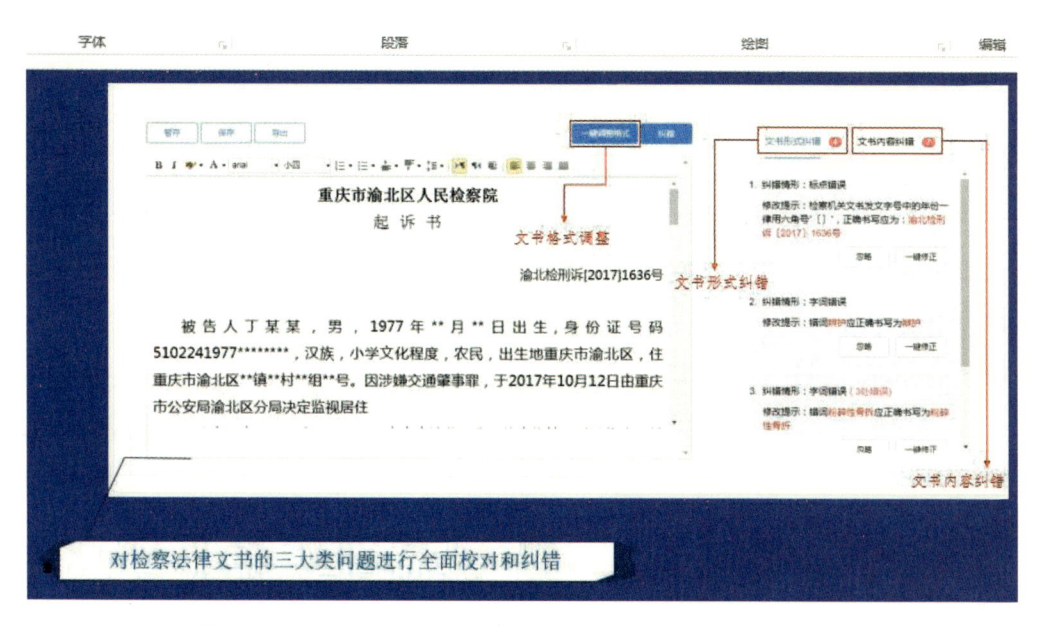

图 2-16 重庆市检察机关法律文书智能纠错工具示意图

2.1.2.2 标准化指引辅助

建立、完善刑事案件证据标准是推进以审判为中心的诉讼制度改革和开发智能化软件的关键。

2012 年以来,浙江省杭州市检察院积极推进以审判为中心的诉讼制度改革和以客观性证据为核心的审查模式改革，先后出台《刑事案件证据采证与审证规范工作指引（试行）》《杭州市检察机关疑难公诉案件（一审）审查报告规范制作指引（试行）》等规范性文件，将法律规定、证据标准和习惯做法，以标准化的机制制度加以固定，明确证据审查、证据流转、办案流程、法律文书、案件质量等系列标准，逐步形成刑事案件审查"杭标规范"体系，并嵌入杭州市检察机关智能辅助办案系统，检察官可自行进行比对审查。

2016年，贵州省检察院研发大数据司法办案辅助系统，从统一证据标准、制定证据规则，构建证据模型三方面入手，将证据要求镶嵌入办案流程，对证据不符合基本要求，且相关数据计算机能够识别并进行规则判断的，系统会自动给出风险提示，供承办人核实。软件运用"实体识别""数字建模"等大数据技术，通过绘制"犯罪构成知识"图谱，建立各罪名数学模型，为办案提供案件信息智能采集、"要素—证据"智能关联和风险预警、证据材料甄别等智能化服务。2016年4月，贵州省高级法院、检察院、公安厅联合印发《刑事案件基本证据要求》（黔高法〔2016〕47号），全面贯彻证据裁判原则，规范该省刑事案件证据的收集、固定、保存、审查和运用。截至目前，系统已扩展到全省100家检察院，共办理故意伤害、故意杀人、抢劫、盗窃等4个罪名案件一万余件，办案时间平均缩短为8天，办案效率提升约19%。

上海市刑事案件智能辅助办案系统（206系统）目前完成了盗窃、命案、非法集资、电信诈骗等4类犯罪7个罪名的证据标准制定工作，上海市法院、检察院、公安局、司法局已会签下发。以命案证据标准为例，通过对500余件命案的证据分析，206系统将命案的办理过程分解为人口失踪报案、查找被害人确认死者身份、锁定嫌疑人及到案经过、查证犯罪事实、证据充实性及排他性说明、罪前罪后表现及其他量刑情节、涉嫌罪名等7个环节，共同组成命案的证据链条。每个证据链条下对应需要查证的事项。如"查证犯罪事实"对应了作案时间、地点、人员、手段经过等7个查证事项，并总结归纳出每一查证事项下通常需要的印证证据。同时还制定了《上海刑事案件证据收集、固定、审查、判断规则》，对刑事诉讼法规定的八类证据，分别详细规定了收集程序、规格标准、审查判断要点，对证据收集、固定中的常见、多发问题进行提示。

2017年11月，江苏省检察院智能辅助办案系统上线"交通肇事罪"标准指引，内置了交通肇事罪办案程序、证据、事实等规则650条，比对点1100个，截至2018年4月底已通过系统办理交通肇事罪案件5608件，发现侦查机关取证违法及证据瑕疵问题1445个，针对这些问题，办案人员口头纠正违法1310次，发出书面纠正违法

```
                    ┌─────────────────────┐
                    │   盗窃犯罪知识图谱   │
                    └─────────────────────┘
```

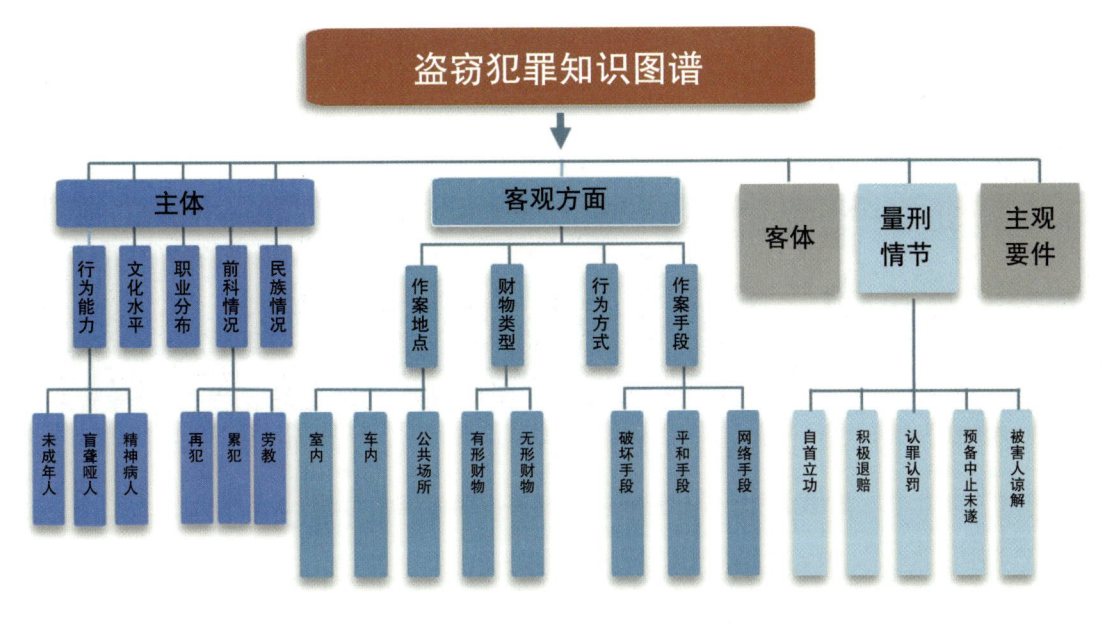

图2-17　盗窃犯罪知识图谱示意图

通知书101份，发出检察建议书15份，书面纠正违法和检察建议数量同比增长40倍。2018年4月全省上线"危险驾驶罪"标准指引，包括办案程序、证据、事实等规则1133条，比对点1933个。在苏州检察机关试点两个月期间发现公安机关办案不规范案件62件，发现并纠正程序违法和证据瑕疵问题共计89处，平均办案时长缩短至2小时。

2017年，云南省检察院智能辅助办案系统研发制定毒品类案件标准指引，抽调省市县三级检察院的办理毒品案件经验较为丰富的检察官共10余人，在同年10月完成《毒品案件办案辅助系统需求分析报告》，其中运输和贩卖毒品罪两个罪名在侦监和公诉两个阶段合计梳理出比对规则281个，比对点1100个。毒品案件涉及的其他7项罪名的需求整理工作也在推进之中。

2.1.2.3　精准化知识辅助

一、检答网

"检答网"是最高人民检察院为全国检察人员提供法律政策运用和检察业务咨询答疑服务的信息共享平台，由最高人民检察院统一搭建，供全体检察人员使用。2018年7月16日，最高人民检察院印发《检答网使用管理办法》（高检发研字〔2018〕11号），明确检察人员应当实名登录检答网，可以对检察工作、学习和研究中涉及的法律适用、办案程序和司法政策等方面问题进行咨询。

图2-18 检答网咨询/解答界面设计示意图

最高人民检察院、省级检察院组织成立检答网专家组，负责答疑工作。省级检察院检答网专家组负责本省范围内检察人员咨询问题的答疑工作，一般应当在收到咨询问题后的2个工作日内发布答疑意见。最高人民检察院检答网专家组，负责省级检察院报请咨询问题的答疑工作，应当在收到答疑意见后的2个工作日内提出审核意见，送检答网值班组发布。

2018年9月30日，最高人民检察院办公厅印发《关于全面做好检答网应用有关事项的通知》，明确最高人民检察院检答网值班组、解答组、审核组人员名单，拟于10月8日在全国四级检察机关正式开通运行。

二、文书法规库和类案推送

目前，市场上主流的法律法规库有清华同方的中国知网（CNKI）中国法律知识资源总库、北大英华的北大法宝数据库、国家信息中心的国家法律法规库等。部分地方检察机关采购了市场上主流的法律法规库，并进行了检察需求的适配和优化升级。

上海刑事案件大数据资源库，目前已具备1695万条数据，包括案例库10575个、裁判文书库2192万篇、法律法规司法解释库140.09万条、办案业务文件库638件、证据标准库1039条，检察官可以对上述数据进行查询。此外，系统还可以根据在办案件的特征，通过语义识别、大数据分析，为办案人员自动推送同类案例，供检察官参考。

图2-19 类案智能推送功能示意图

北京检察智库系统，能够实现对检察院、法院公开文书和法律法规库的查询，进行法律知识检索，支持基于知识图谱与法律认知能力的"要素"级智能引导，并可以对"来源""关键词""案由""层级""地域""结案年度"等进行分级搜索，搜索限定可细化到诉讼程序、文书类型、文本段落，真正做到精确检索。根统计，2017年5月至2018年3月，该系统在北京市检察机关的使用频次超过5000余次。

图2-20 智能辅助"三书对比"功能

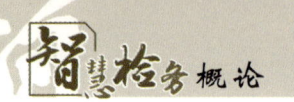

山东省检察智能辅助办案系统具备案件要素推荐功能，根据刑法四要件说，可以自动识别卷宗或人工选择案件犯罪主体、犯罪客体、主观方面、客观方面信息要素，自动精准推荐本省类案，还可以点击查阅该类案件的专家争议分析、全国指导案例、办案指引和法律法规，方便检察官随时查阅，为办案提供智库支撑。

2.1.2.4 协同化共享辅助

初步实现共享对接功能，在平台内部赋予员额检察院管理办案组织、检察官助理职能，实现办案组织内部、捕诉监防环节之间的信息共享，有效辅助承办人进行案件跟踪。在平台外部与全国检察机关统一业务应用系统实现无缝对接。

图2-21 山东省检察智能辅助办案系统"案件要素推荐"功能

一、检察内部协同

浙江省杭州市检察院研发"侦诉一体化办案平台"，对检察机关侦监、公诉、出庭等业务通过统一数据标准，实现互联互通和信息共享，侦监部门审查的客观性证据等信息直接提供公诉部门，公诉部门的审查结论、起诉结果自动反馈给侦监部门，共同构成并不断充实检务案例库、检务文字库，基本实现检察机关侦监、公诉、出庭的业务协同，大幅提高了承办人的办案质效。

上海铁路运输检察院研发卷宗智能流转管理平台，作为全院案件卷宗统一的智能化管理流转平台和办案业务数据的集中汇聚平台，关联案管、侦监、公诉、控申、文印中心等多个部门。通过对案卷流转过程的全程记录，可对办案人员的办案时长、办案数量、办案类型、文书质量进行进一步的数据分析及关联比对，为捕诉监防数据流转提供了有力支持。

山东泰安智慧检务系统具有智能共享功能，可以追踪整个案件的流转过程，经授权可查看每个节点的时间和承办人，已上传的文书，在符合保密规定的前提下，均可实现部门间信息共享，有效辅助承办人进行案件跟踪；此外还设有专门区域，方便部门之间上传/下载材料。

二、政法跨部门协同

2016年9月，中央政法委主要领导就提出政法信息资源整合、互联互通、共建共享任务。2018年7月，中央政法委召开下半年工作推进会，要求进一步加快推进政法网建设，推动尽快实现设施联通、网络畅通、平台贯通、数据融通。

检察机关作为公检法司等政法各机关刑事案件办理的中间环节，同时负有法律监督职能，在政法跨部门协同中发挥着中坚力量。最高人民检察院张军检察长多次强调，要积极参与和推进跨部门大数据办案平台建设，推动新时代检察工作质量效率有新的提高，智慧检务系统要与公安、法院、司法行政机关实现互联互通，同时向社会公开。

2009年起，江苏省苏州市开始启动政法信息综合管理平台的开发工作。2010年11月，政法共享平台在昆山试点使用，初步实现了刑事案件网上协同。2013年4月，苏州市政法信息综合管理一期平台全面试运行，2015年9月，苏州市政法信息综合管理平台二期正式运行，全面实现公检法司业务系统与政法平台的数据交换，发挥"一次录入多次使用、一方录入多方利用"效果。

其中，苏州市级政法业务协同系统是个独立于各专网的共享服务系统，公检法司各部门制定统一的刑事案件网上办理工作规范，以明确各部门在网上办理过程中的工作职责、程序、规则，规范网上案件办理的卷宗推送、涉案财物信息网上流转、执法行为网上监督、质态评估等业务。通过市级政法业务协同系统，可自动采集案件有关基本信息，导入各自的业务系统之中，各部门承办人员能迅速定位抽取到自己办案所需的证据材料，并使资源利用最大化，提高执法司法办案效率，节省人力资源、时间成本。通过嵌入桌面即时通信、视频会议等功能，可以实现政法跨部门网上在线会商、交流研讨。

2015年初，贵州省检察院、高级人民法院联合决定共同建设信息资源中心和数据交换系统（即法检互联系统），以实现全省法院和检察院之间案件信息的共享。2015年2月5日，贵州省高级法院下发《关于报送法检互联系统功能需求的通知》（黔高法办〔2015〕8号），收集整理三级法院与检察院需要交换共享的业务数据类型及协同工作流程。2016年8月，贵州法检互联系统已正式上线运行，在不改变法检两院原有系统的基础上，全省法院、检察院实现了案件网上移送和司法办案协同，为后续开展民事检察监督提供了基础平台。2016年12月7日，贵州省检察院、高级法院联合印发《贵州省法检互联系统运行管理规定（试行）》（黔高法〔2016〕134号），加强系统日常管理和运维保障。截至2017年5月，贵州法检互联系统已移送案件2万多件，极大地提高了法检两院的工作效率。[①]

2017年，浙江政法一体化办案系统启动研发工作，在杭州市余杭区、江干区、滨江区和海宁市、诸暨市等"三市五区"开展试点，旨在通过跨政法部门的数据交换，破除政法各部门执法司法信息系统之间的数据壁垒，搭建数据流转的高速公路。目前，系统已完成开发逮捕、起诉、审判、执行、减刑假释和换押6种协同过程，正在开发延长办案羁押期限、立案监督、刑事申诉等10余种协同过程。2017年以来，试点地区政法机关共通过系统协同办案6千余件，涵盖案由80余个，案件办理时间同比缩短30%，取得了阶段性成效。

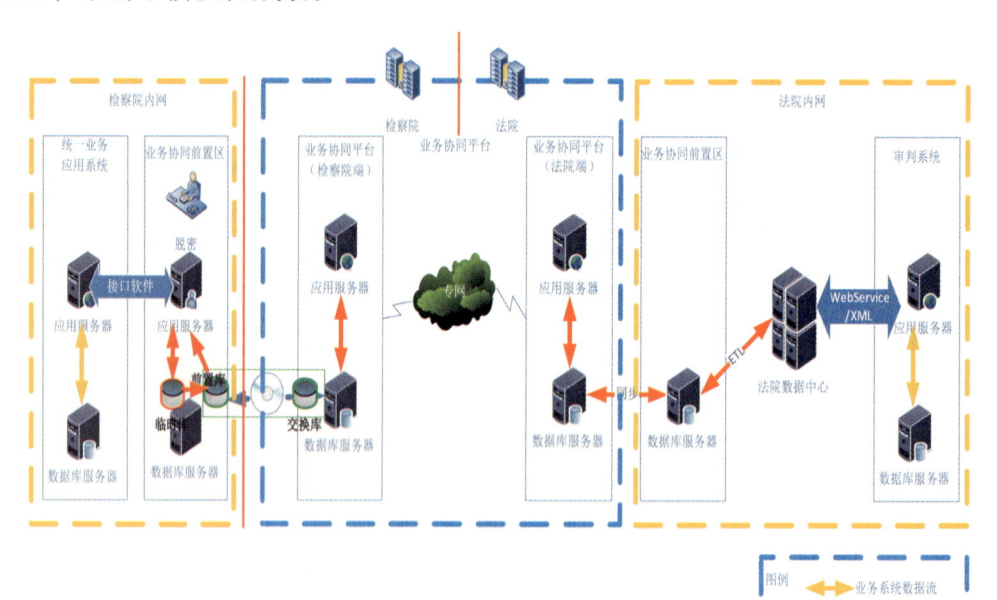

图2-22 贵州法检互联系统数据架构示意图

---

① 汤婷婷：《大数据建设助力贵州法院司法体制改革》，载《贵州日报》2017年7月11日。

2017年，上海刑事案件智能辅助办案系统（206系统）采取"一中心四平台"结构，中心数据平台建设在政务外网，公检法司在各自办案网络内部署同一套"206系统"，与中心平台进行数据交互。实现了公检法三机关间电子卷宗全程流转、全程留痕，并且设置了相应的业务规则，系统对办案程序是否合法进行检查并自动提示。如对公安机关在检察批捕环节未移送的证据，如果取证时间是在审查逮捕前，该证据在公诉阶段移送的，系统会自动提示。

2018年，广东刑事诉讼全流程大数据分析应用系统，作为广东政法大数据办案平台的重要组成部分，已被列入广东省委十八项重大改革项目之一。系统以刑事诉讼全流程监督为目标，以犯罪嫌疑人为主线，将分散存储在公安机关、检察机关、法院、司法部门的案件数据汇聚到大数据资源池。探索建立了覆盖刑事案件侦查、公诉、审判和执行四个环节的业务分析模型，通过数据挖掘、比对、分析、预测等技术，实时直观地为司法人员提供办案辅助。例如侦查环节的"另案处理监督"模型，从公安机关移送案件中提取另案处理嫌疑人的信息，与公安机关的网上追逃数据和检察机关的审查逮捕、审查起诉数据进行比对，检察官可以全面的掌握另案处理嫌疑人的后续查办情况，发现疑点，重点监督。

2.1.2.5 便捷化视音辅助

大量的简单性、重复性、机械性文字录入工作和书记员队伍的相对缺乏，导致检察官需要将大部分时间投入文书工作，不利于集中精力解决影响案件认定的疑难复杂问题。此外，检察官在司法办案中，一般需要多次往返单位、上下级检察机关、法院、看守所等部门，完成提讯、告知、出庭、接访、汇报等工作任务。特别在大城市之中，看守所多处于郊外，交通距离较远、交通时间较长已经成为严重影响司法办案工作效率的主要原因之一。

一、智能语音辅助

智能语音技术是检察人工智能的关键技术之一，2017年7月，最高人民检察院印发《全国检察机关智能语音云平台建设指导方案》，明确提出建设检务智能语音输入法、会议应用、讯（询）问应用、双语应用等方面的综合系统（智能语音技术应用部分详情参见本书"5.1.3.1 智能语音云平台"）。

2017年3月31日，安徽省检察院印发《全省检察机关智能语音应用系统推进方案》（皖检发技字〔2017〕2号），截至2018年1月，全省智能语音会议系统客户端部署35套，累计应用1500余次，讯（询）问系统部署81套（包括与远程提审系统融

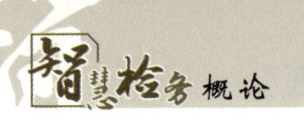

合应用 22 套），累计应用 6700 余次，智能语音输入法已下载约 7800 台，累计交互次数约 1200 万次，案件办理效率提升约 20%。

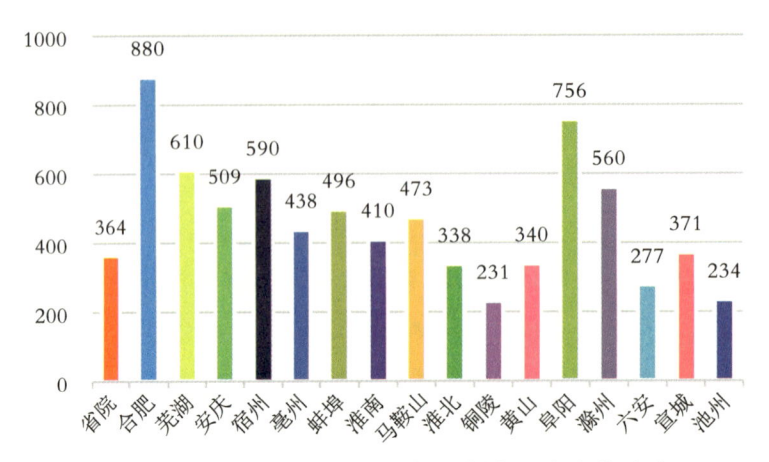

图2-23　安徽省检察机关智能语音输入法安装分布图

目前通过各地检察院试点反馈，检察官的语音识别准确率在 80% 至 90%，嫌疑人的语音识别准确率在 60% 至 80%，其语音识别的准确性受到硬件设备、所处环境、讲话方式、普通话水平等因素的影响。智能语音识别系统已在多地检察机关使用，在提讯时，检察官在讯（询）问中的每一句话语及嫌疑人的回答，都能在系统显示的窗口内自动转换成文字，同时显示讯问和回答的时间。此时，检察官只要用鼠标双击需摘取的文字段，就能自动添加到相应的笔录编辑窗口，自动形成笔录，并自动添加标点符号。此外，系统支持全程录音、快速检索和精准回放，方便检察官后续整理分析言词证据。智能语音识别系统通过解放检察官的双手，显著提升了办案的质效。目前在全国其他一些试点省市，该系统还增加了方言识别功能。

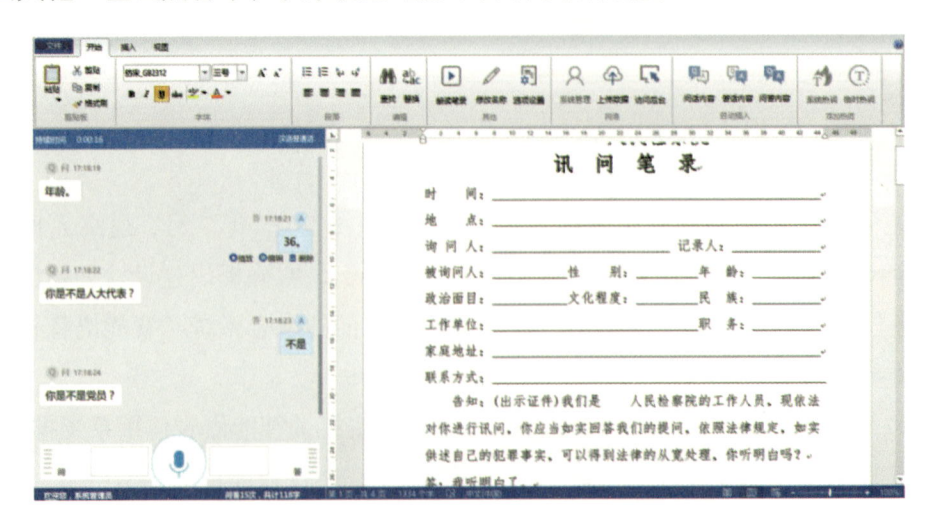

图2-24　智能语音讯（询）问系统示意图

二、远程视频技术（三远一网）

"三远一网"（高清远程提审、远程开庭、远程送达和工作网）技术作为传统办案模式在信息化辅助下的延续和补充，打破了检察官、法官、被告人必须身处一室的空间限制，检察官不再需要提前驱车赶往法院、看守所，大幅缩短了办案周期，节约了司法资源，从而提高了办案效率，同时也为案件办理质量提供了保障。

2015 年，浙江省杭州市被确定为刑事案件速裁程序试点地区，杭州市西湖区检察院抓住契机，在当年底建成了与法院、看守所互联互通的"三远一网"高清视频办案系统。以黄某危险驾驶案为例，检察院 1 月 24 日受案，25 日提起公诉，26 日即可参与开庭。2016 年，杭州市西湖区检察院共运用远程视频提审案件 789 件，远程视频出庭 603 件，速裁案件平均办案时间从 6.85 天缩短至 5.89 天。至 2016 年底，全市 15 个检察院已全部建成"三远一网"远程高清视频办案系统并投入使用，工作效率平均提高 40% 以上，为司法办案节约了大量的人力、物力资源。

2017 年 8 月 17 日，最高人民检察院印发《关于确认首批开展智慧公诉应用单位的通知》（高检诉〔2017〕17 号），明确北京、天津（河北区）、内蒙古（包头市昆区、鄂尔多斯市东胜区、呼伦贝尔市）、黑龙江（大庆市）、上海、江苏（徐州市、苏州市）、浙江（杭州市江干区和西湖区）、山东（济南市、东营市、滨州市、昌乐县、招远市）、河南（郑州市、许昌市）、广东（广州市越秀区）和四川（自贡市、成都市双流区、江油市、泸州市纳溪区、攀枝花市东区、营山县）11 个省份有关检察机关为智能语音和"三远一网"技术首批应用单位。

2018 年 3 月 15 日，最高人民检察院公诉厅、技术信息中心联合制定了《人民检察院"三远一网"应用指引（草案）》，征求各省检察机关意见建议。其中包括《人民检察院远程视频提审工作指引》《人民检察院远程视频庭审和远程送达工作指引》《人民检察院远程视频提审系统建设技术方案指引》《人民检察院远程视频庭审系统建设技术方案指引》等 4 个部分。

检察机关远程视频提审系统采用高清视频会议系统的技术架构。依托检察专线网，各级检察院通过高清视频会议终端"点对点"的呼叫功能，灵活机动地与所需看守所提审室建立通信，从而实现检察院与看守所之间跨部门、跨地区远程视频提审。

检察机关远程视频庭审系统依托法院的 MCU（视频会议系统中心控制设备）实现检察院、看守所、法院三方之间的互通；检察院远程视频庭审室、法院视频法庭、看守所远程法庭各自部署一套高清视频会议设备，对接入的图像以及声音进行编解码，通过法院与检察院之间的光纤专网进行互通；系统支持证据展示功能，通过实物展台

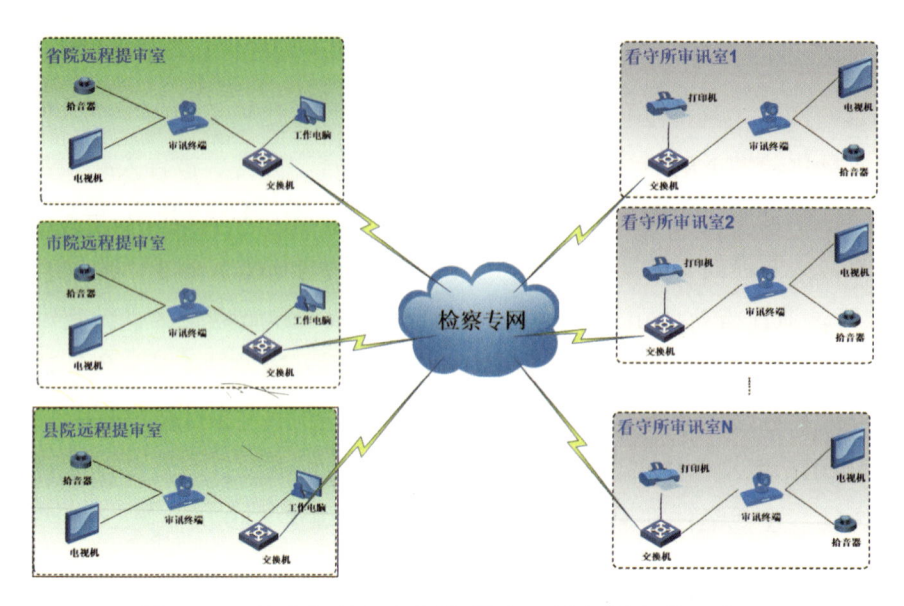

图2-25　检察机关远程视频提审系统部署架构示意图

等设备，将实物证据以视频源形式接入系统，并通过高清视频会议终端双流功能，实现证据画面与被告人画面同时展现。

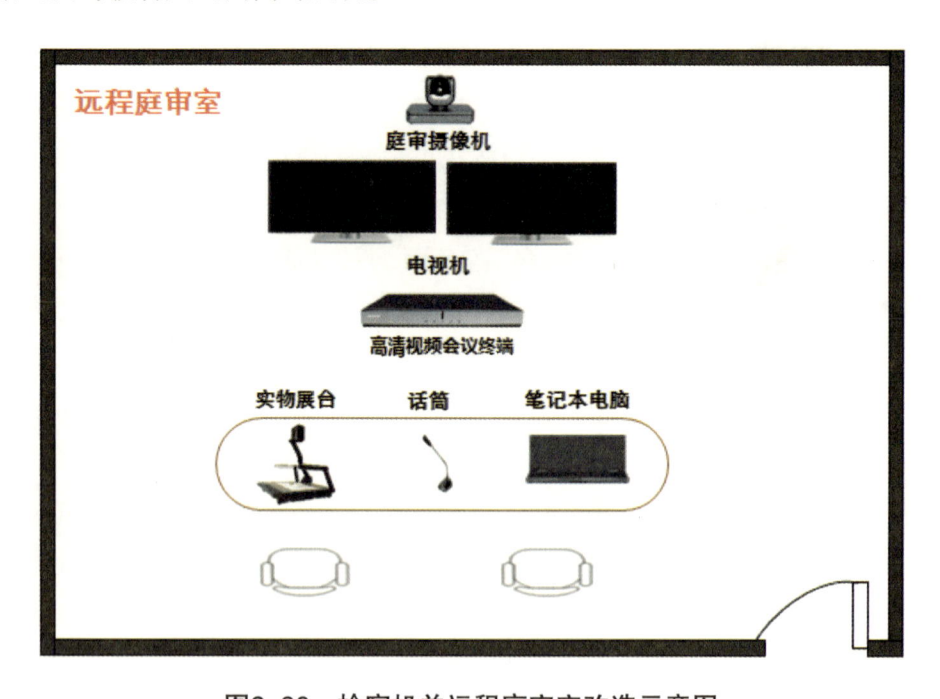

图2-26　检察机关远程庭审室改造示意图

远程视频提审、远程庭审的视频资料支持同步保存、分级存储，利用录播设备对庭审时的双流内容进行同步录像，实现实时直播和后续点播，便于检察人员随时在办公室通过局域网调看。

地方检察机关在推广"三远一网"建设取得了阶段性成绩。如广东省检察机关实现了简易程序、速裁案件、减刑假释案件的远程提讯和开庭。以佛山市南海区检察院为例，2017年全年，利用远程视频提讯嫌疑人的案件数超过4000件，占该院全年案件数的一半以上。山东省青岛市崂山区检察院通过对同录中心进行整合升级，将远程提审、远程开庭、远程送达、接待当事人、传唤犯罪嫌疑人等工作统一纳入智能化司法办案工作区。四川省南充市检察院于2017年11月上线运行"远程提讯预约系统"，有效避免提讯系统资源无故占用或者讯问室冲突等情况发生，解决案多提讯室少的矛盾。

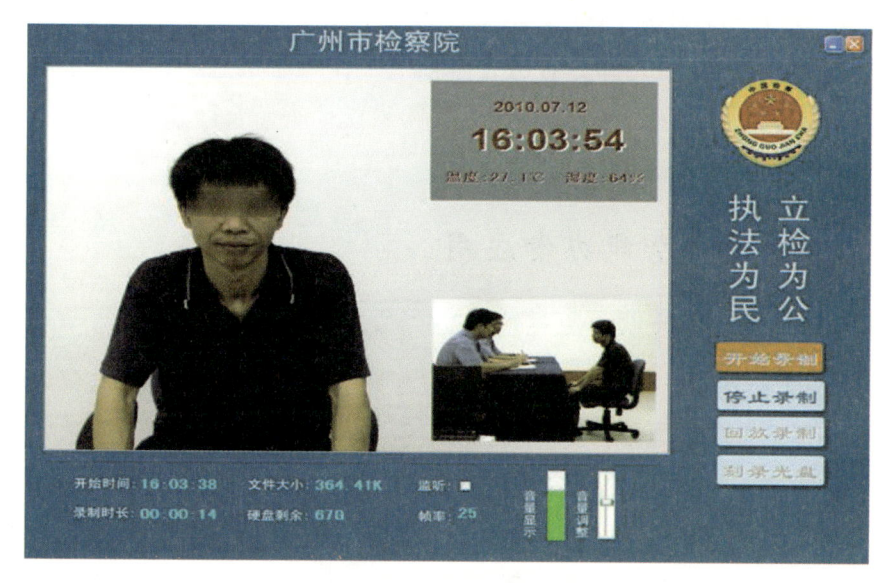

图2-27 广州市检察机关高清视频同录系统

2.2 刑事检察工作的智能应用

2.2.1 审查逮捕环节的智能应用

审查逮捕工作是检察机关刑事案件办理的第一道关口，在提高刑事案件质量，有效落实检察监督职能、防范冤假错案方面发挥着重要作用。公开数据显示，2017年1月至11月，全国检察机关共批准逮捕各类普通刑事犯罪案件69万余件98万余人，决定逮捕职务犯罪案件 1 万余件 1.1 万余人，不批准逮捕犯罪嫌疑人 24 万余人。建议行政执法机关移送涉嫌犯罪案件 4600 余件 5900 余人，监督公安机关立案侦查案件 3500 余件 4400 余人；对非法取证行为提出纠正违法意见 900 余件次。①

2017 年《最高人民检察院关于深化智慧检务建设的意见》明确要求，"推进人工智能、大数据等现代科技在侦查监督工作中的应用。研发犯罪嫌疑人'社会危险性'指数模型，实现审查批准逮捕工作的智能辅助办案；升级完善'两法衔接'平台，探索行政执法行为的智能监督与预警机制；积极推进侦查监督平台建设，实现侦查活动过程中不当执法行为的智能识别、智能分析、智能预警，提高侦查监督能力和力度"。

为加强智慧侦监建设，2017 年 12 月、2018 年 1 月，最高人民检察院侦查监督厅、技术信息中心先后联合确定两批"智慧侦监"试点单位。2018 年 3 月 15 日、4 月 17 日，侦查监督厅两次召开部分省市智慧侦监工作调研推进会，深入了解一线检察官智慧侦监需求。2018 年 6 月 6 日，最高人民检察院侦查监督厅建立全国检察机关"智慧侦监"人才库，首批入选 81 人。

2.2.1.1 审查逮捕智能办案应用

一、上海市检察机关侦查监督综合业务平台

2016 年，上海市检察院侦监处探索研发了"上海检察机关侦查监督综合业务平台"，包括备案审查、数据分析、条线管理、业务指导等功能。目前已完成全市不捕、捕后不诉、立案监督三类案件的无纸化备案 7721 件，案件取消纸质双向报送，自动由统一业务应用系统导入平台，市检察院、分院同步进行审查，形成指导合力。同时，以上海市检察机关司法办案场所预约管理系统及视频管理系统为数据源，实现了对逮捕诉讼化审查、远程视频讯问情况的实时查看、统计，市检察院分院可对审查逮捕质量进行全程监控。

此外，平台强化了数据分析功能，支持自动辅助生成《备案审查分析报告》，可实现对突发事件、阶段性调研任务的快速统计，并设置同名提醒、案件关联功能，对提案功能进行补强，保证数据准确性。为加强管理，平台还汇总了统一业务应用系统、执法业务档案、队伍建设软件等数据资源，可以查看全市 175 名侦查监督条线入额检察官履行三项职能的排行情况。

---

① 张志杰：《加强智慧侦监建设　形成可复制经验》，载正义网，http：//www.jcrb.com/xztpd/gxzt/2018TJZ/ZCJDT/，2018 年 1 月 31 日。

二、安徽省检察机关审查逮捕智能辅助工具

安徽省智能辅助办案系统审查逮捕智能辅助工具,主要利用图文识别(OCR)技术、信息抽取引擎,抽取侦查机关移交的电子卷宗中证据信息,将抽取的信息按照犯罪嫌疑人基本信息、案情简介、证据、定罪量刑、法律条款等进行分类存储、展示。参照检察院、法院证据标准等规定,按照程序和实体两大类及有罪、无罪、罪轻、罪重四个子类对证据进行标注,提示证据存在的问题。最后得出证据审查综合意见,并辅助生成文书。

同时,审查逮捕智能辅助工具还提供类案分析功能,支持对历史审查逮捕案件处理结果、审查逮捕决定变更、公诉审查起诉、法院裁判文书等进行关联分析,分析某一类案件历史处理结果情况,并对审查逮捕可能存在的风险进行评估。2018年4月起,该工具已在安徽省六安市检察机关试点应用。

三、贵州省贵阳市政法大数据办案系统

2017年,贵阳市政法大数据办案系统在公安机关提请批准逮捕环节设置智能关口,按照证据指引对案件进行智能审查,对缺少检察机关制定的《审查逮捕证据标准指引》中规定证据的案件进行自动拦截。对证据材料不符合要求的案件,系统自动阻止该案进入下一个办案环节,并提醒侦查人员被阻止的原因和缺项清单,待补齐缺项后,提交法制部门审核,通过后推送至检察机关。系统开发案件自流程化监督功能,通过编织"数据铁笼"使案件办理全程留痕,对可能出现问题的风险节点设置监督程序,实现案件网上全程透明办理。

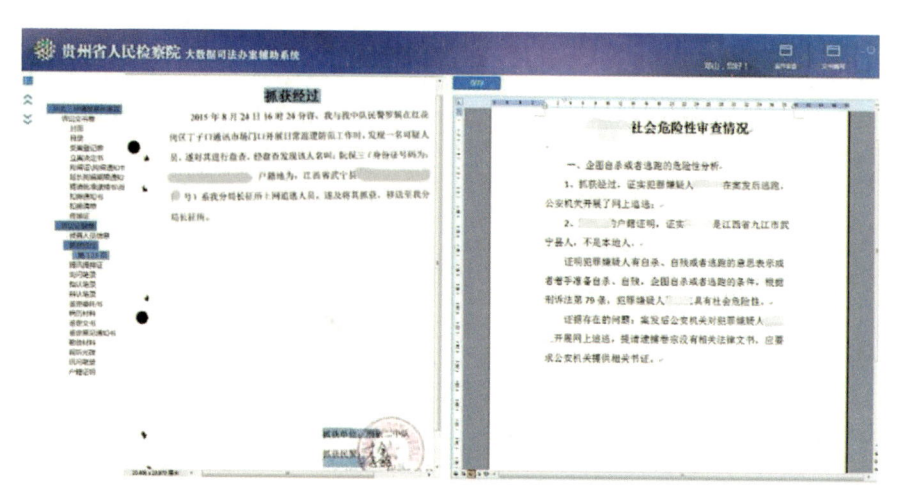

图2-28 贵州省大数据司法办案辅助系统审查逮捕模块示意图

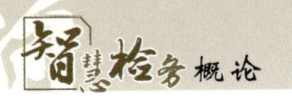

四、浙江省杭州市"智慧侦监"辅助办案系统

2017年，浙江省杭州市"智慧侦监"辅助办案系统已研发完毕并开始试运行，系统具有案件智能拦截、社会危险性判断、案件持续追踪、延长羁押期限监督等功能。

在源头上，系统的案件智能拦截功能，可以基于公安机关提交的电子卷宗，自动审查案件来源、公安机关立案时间、抓获经过、采取强制措施时间、强制措施类型、侦查取证程序是否合法、现有证据是否符合报捕条件、证据内容与指引是否相符、证据间是否存在逻辑矛盾等，对不符合条件的案件进行标注，标明缺项内容或不符合规范的环节，自动退回案管部门，由案管部门退回公安机关重新补充制作电子卷宗。对符合条件的案件，按照案发时间、发案经过、侦查取证过程、抓获经过等生成犯罪图谱后进入案件办理环节，解决司法实践中"起点错、跟着错、错到底"问题。

在流程上，系统的案件持续追踪功能，通过对接公安机关、公诉部门数据，区分案件性质设置流程。对于批准逮捕案件，案件移送起诉时，系统自动提示承办检察官关注该案进程；法院作出裁决后，自动采集并回传该案的起诉书、判决书或裁定书，为办理类似案件提供参考。对于不予批准逮捕案件，对存疑不捕重报、直接移送起诉案件自动对比是否按要求补充新证据，对未按要求补充新证据的进行标注，要求侦查人员作出说明；对绝对不捕案件，公安机关未立即释放或变更强制措施的，自动提示检察官进行监督。

在研判上，系统导入社会危险性判断的基本要素，按照情节设置不同的危险等级提示。对逮捕、取保候审或监视居住转逮捕社会危险性情形进行细化，设置"可能实施新的犯罪""有危害国家安全、公安安全或者社会秩序的现实危险"等社会危险性正向情形，设置"认罪态度好""犯罪嫌疑人为未成年人""被害人有过错""刑事和解"等社会危险性反向情形，系统根据智能阅卷和人工标注抓取的相关内容进行社会危险性审查，得出社会危险性条件判断结果，为办案人员提供参考，办案人员综合审查后可以在该栏目下输入审查逮捕意见。

五、山东省泰安市智慧检务系统侦监模块

智慧侦监模块是泰安市智慧检务系统的重要组成部分，具有审查批捕、分身排查、数据分析等功能。其中：（1）审查批捕功能，能够辅助检察官对事实进行认定及证据审查，智能辅助生成侦监工作常用的询（讯）问笔录、执法办案风险评估预警表等法律文书。（2）分身排查功能，可以通过自动识别卷宗笔录内容，对同一侦查人员在相同时间、不同地点询问或讯问的情况进行排查，并自动预警。（3）数据分析功能，

能够实现审查逮捕案件基本情况对比、类罪分析、个罪分析、波动幅度较大犯罪统计、犯罪嫌疑人情况分析、刑事犯罪审查逮捕统计等分析功能。

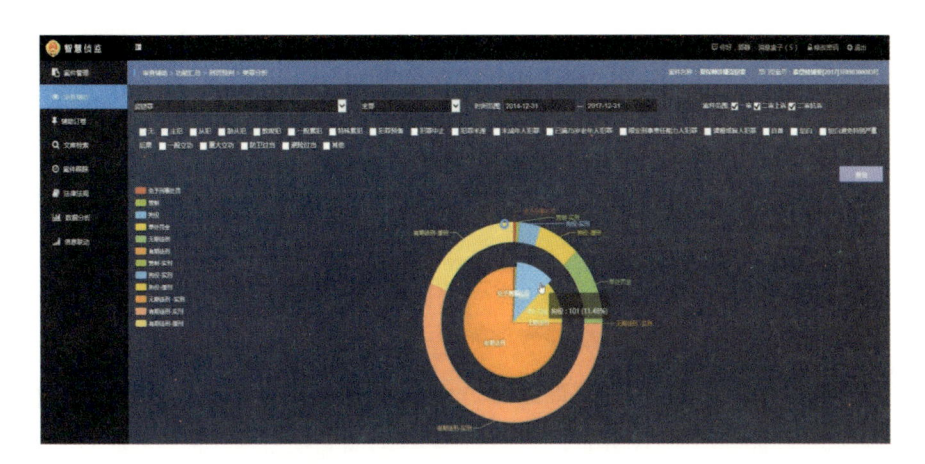

图2-29　山东省泰安市智慧检务系统"智慧侦监"模块示意图

2.2.1.2 侦查活动智能监督系统

一、广东省检察机关侦查活动监督平台

2015年12月，广东检察机关侦查活动监督平台在全省三级检察院上线运行，将侦查监督环节监督事项精细分解为25类111项，涵盖侦查办案全过程。依托检察机关统一业务应用系统，把填报监督案卡和制作监督文书作为每个案件的必经程序，实现审查逮捕与开展监督同步。依托该平台，可对违法违规问题进行汇总、分析，定期向相关侦查单位、侦查人员提出分析报告，督促侦查人员增强依法依规办案和规范执法意识，实现了监督工作规范、精细、高效。

基于广东省检察院与省公安厅会签的《关于建立刑事案件侦查监督和执法监督相衔接工作机制的意见》和相关工作机制，广东检察机关每季度都会通报侦查活动监督数据，公安机关将平台监督数据作为执法考评重要参考，实现监督与支持相统一，有力规范了刑事执法活动。2016年7月，最高人民检察院在全国第十四次检察长会议上，高度肯定"广东经验"，并在全国部分省市检察机关推广。截至2017年12月，广东省检察机关已通过平台发现5988宗案件存在7740个办案质量、证据瑕疵问题，向侦查机关制发侦查活动监督通知书数千份，推动监督工作由传统的"人力密集型"向"智能数据型转变"，取得良好的法律监督效果。[1]

---

[1] 韦磊、王磊：《广东：侦查活动监督平台被推广到10个省份》，载《检察日报》2017年12月17日第1版。

二、四川省检察机关侦查监督信息化平台

2016年,四川省检察机关被最高人民检察院确定为侦查活动监督平台试点,开始研发建设覆盖全省三级检察机关的刑拘案件侦查活动、提请批捕案件侦查活动、批捕后移送起诉前侦查活动等3个监督子系统,通过全省公安机关警务综合平台与检察机关统一业务系统连接,将警综平台中的刑事案件数据导入检察机关统一业务系统,实现检察机关对刑事案件提捕前、批捕期间、批捕后直至移送审查起诉前的侦查活动全程监督。

在四川省检察院的指导下,四川省多地检察机关探索建设了"智慧侦监"信息化应用,其中,四川省成都市检察院开发了侦查监督辅助工具,下挂在统一业务应用系统中,提供侦查活动监督、继续侦查监督、补充侦查监督、延长侦查羁押案件侦查活动监督、审查活动监督等5个功能,以及侦查活动监督分类查询、侦查监督业务数据跟踪分析两个大数据集成分析工具。

四川省自贡市检察院建立了刑事拘留检察监督平台,由驻所检察室采集刑拘犯罪嫌疑人的信息数据,与计算机提取出的统一业务应用系统刑拘数据进行比对、分析,筛选出可能存在违法行为的重点监督案件,再由检察官对重点监督案件进行审查,从而实现对报捕前的刑拘措施进行检察监督。

四川省南充市顺庆区检察院与公安机关会签了《关于加强对公安集中办案区法律监督的实施意见》,在集中办案区设立驻区检察室,研发集成了讯(询)问管理系统、视频管理系统和检察监督系统为一体的集中办案区信息化平台,检察官通过平台可以查阅公安机关刑事案件讯(询)问情况,调取同步录音录像,从而实现检察机关与公安机关案件信息同步共享、视频信息全程共享和侦查违法自动预警。

三、福建省泉州市刑事拘留检察监督平台

2017年,福建省泉州市检察院研发"刑事拘留检察监督平台",通过公安机关和驻看守所检察室定期传送刑拘人员信息,包括姓名、身份证号码、涉案罪名、办案单位、入出所原因和时间等基本信息,进行备案管理、碰撞分析和监督纠正。

泉州市公安机关每月底将当月刑拘变更为监视居住或释放、刑事案件转行政处罚或撤销案件的材料报侦查监督部门备案。检察机关通过多部门提供的数据,如刑拘和变更强制措施信息与报捕、公诉、控申信息等数据进行碰撞对比分析,生成一体化监督报表,统计刑拘后未报捕、未移送起诉等数据类型,提供定期自动生成报表功能。如发现公安机关适用刑拘措施违反法律规定,或者刑拘后变更强制措施明显不当的,

侦查监督部门必要时可调取案卷进行全面审查，及时提出纠正意见。

2.2.1.3 "两法衔接"平台

2001年，国务院颁布《行政执法机关移送涉嫌犯罪案件的规定》，确立了"两法衔接"机制的基本框架。

2011年，中共中央办公厅、国务院办公厅转发《关于加强行政执法与刑事司法衔接工作的意见》（中办发〔2011〕8号），明确要求"行政执法机关向公安机关移送涉嫌犯罪案件，应当移交案件的全部材料，同时将案件移送书及有关材料目录抄送人民检察院"，"人民检察院发现行政执法机关逾期未移送的，应当向行政执法机关提出意见，建议其移送。人民检察院建议移送的，行政执法机关应当立即移送"。文件同时指出，要建立衔接工作信息共享平台，将行政执法与刑事司法衔接工作信息共享平台建设纳入电子政务建设规划；行政执法机关应当在规定时间内，将查处的符合刑事追诉标准、涉嫌犯罪的案件信息以及虽未达到刑事追诉标准、但有其他严重情节的案件信息录入信息共享平台；积极推进网上移送、网上受理、网上监督，提高衔接工作效率。

2014年，"两法衔接"写进了《中共中央关于全面推进依法治国若干重大问题的决定》，要求"健全行政执法和刑事司法衔接机制，完善案件移送标准和程序，建立行政执法机关、公安机关、检察机关、审判机关信息共享、案情通报、案件移送制度，坚决克服有案不移、有案难移、以罚代刑现象，实现行政处罚和刑事处罚无缝对接"。

一、最高人民检察院"两法衔接"分析研判系统

检察机关的立案监督工作一直受制于案件线索来源不畅等因素，"两法衔接"信息平台为检察监督提供了科技手段。2018年4月25日，最高人民检察院新闻发布会介绍："最高检与全国打击侵犯知识产权和制售假冒伪劣商品工作领导小组办公室密切协作，已推动建立'双打'领域信息共享平台，目前全国已有30个省（区、市）建成省级信息共享平台，其中由检察机关牵头建设完成10个。同时，不少省区市还牵头建成了包含知识产权在内的两法衔接信息共享平台，中央层面的两法衔接平台也正在研发建设过程中。"[①]

2017年，最高人民检察院启动电子检务工程"两法衔接"分析研判系统项目研

---

① 戴佳：《最高检召开发布会通报检察机关加强知识产权司法保护情况》，载《检察日报》2018年4月26日第2版。

发工作，近期目标是建立两法衔接信息共享数据标准和两法衔接信息数据采集管理平台，研发"两法衔接"分析研判系统，基本实现行政执法机关、公安机关、人民检察院之间执法、司法信息互联互通；远期目标是逐步完善信息资源共享机制，加强与政法部门、相关行政管理部门的信息资源交换共享，全面提升检察监督质效。

"两法衔接"信息采集管理子平台，主要是用于各省级检察机关的接口调用、数据录入（导入），通过电子检务工程应用支撑平台数据清理后，将各地的"两法衔接"数据传输到最高人民检察院"两法衔接"平台进行审核，审核成功之后，即可作为分析研判的数据源。信息采集管理平台针对数据可能出错，或者不全的情况，提供数据维护功能，实现数据补录、数据修复等作用。

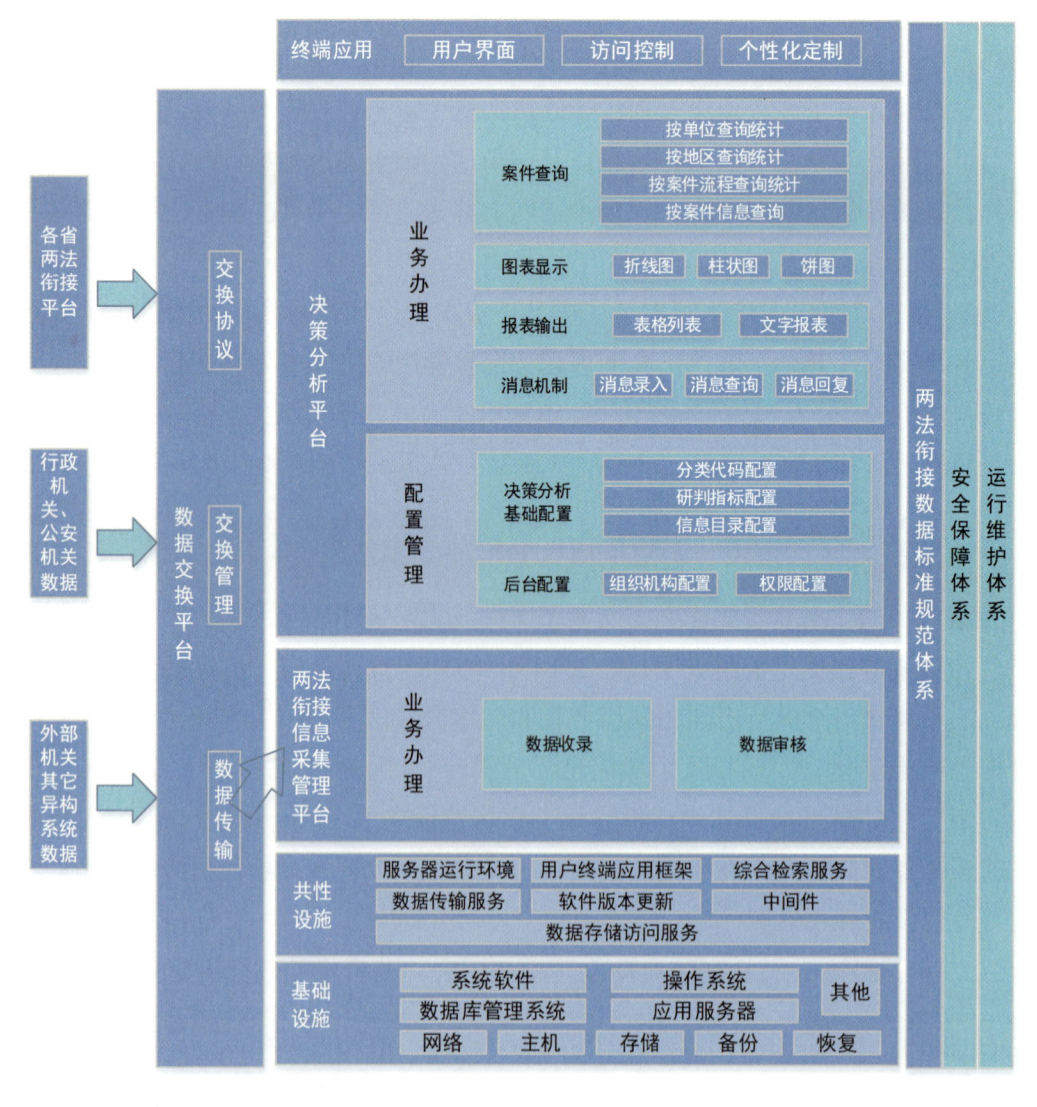

图2-30 电子检务工程"两法衔接"分析研判系统项目架构示意图

"两法衔接"分析研判子平台，主要用于分析从"两法衔接"信息数据收录平台汇聚的数据资源，通过直观丰富的图表、报表、决策列表，展示用户决策关注的数据结果集，支持案件分单位、地区、案件流程、行业、罪名等统计。分析行政执法过程中的不当执法行为，为检察监督提供智能辅助。用户可以根据研判规则针对数据进行分析研判，并根据需求添加、删除、查看、管理分析规则，满足多样化自定义分析需求。

图2-31 "两法衔接"分析研判子平台统计分析功能示意图（模拟数据）

2018年3月21日，电子检务工程（中央本级建设部分）"两法衔接"分析研判系统项目已初步验收，并在最高人民检察院侦查监督厅投入试运行。

二、地方检察机关"两法衔接"信息共享平台

2013年，广东省检察机关开始推进"两法衔接"信息共享平台建设，行政执法成员单位接入率超过90%。2016年，广东已完成"两法衔接"平台联网升级二期工程建设，实现了省、市、县（区）三级联通，打造了纵向到底、横向到边的立体化信息共享网络。平台具备案件移送、跟踪监控、预警提示、监督管理、案件查询、统计分析、执法动态、法规查询等八项主要功能，实现了案件"网上移送、网上受理、网上监督"。截至2017年12月，广东"两法衔接"信息共享平台已有3123家行政执法成员单位接入，行政执法机关通过平台共录入案件16.8万件，移送涉嫌刑事犯罪案件1.4万余件。2016年1月，《珠海经济特区行政执法与刑事司法衔接工作条例》正式实施，为全国首部"两法衔接"地方性法规。广东省检察院草拟的"两法衔接"

工作条例也已纳入广东省人大立法预备项目。①

2014年，湖北省检察院借助湖北电子政务网，自主研发软件，建成省市县三级联通的"两法衔接"信息共享平台。目前该平台已具备动态流程管理、线索筛选、数据分析查询等11项功能，并能在线实时自动生成相关数据分析报告，下发工作指令。湖北省检察机关依托平台开发了"三步筛查法"。（1）通过设置刑事立案标准，从现有行政处罚案件信息中直接自动发现犯罪线索；（2）通过设置刑事立案临近标准、严重情节等条件，找出疑似被降格处理的线索；（3）通过设置处罚对象、物品、地点等关键信息条件，从中发现疑似被拆分处理的线索。截至2018年5月，全省已有3677家行政执法单位接入"两法衔接"信息共享平台，网上录入案件数量与日俱增，由2015年4万件、2016年7万件上升到2017年9万件，湖北省检察机关已在平台中筛查出涉刑案件线索5000余条，经调查核实，建议移送刑事处罚案件3194件。②

表2-2　四川省检察院"两法衔接"信息共享平台主要功能

功能	作用
1. 查询行政处罚案件功能	通过与省政府"行政权力依法规范公开运行平台"对接，检察机关可以查看相应的行政处罚案件，包括处罚意见、结案报告等
2. 移送涉嫌犯罪案件功能	行政执法机关在行政执法过程中，如认为案件涉嫌刑事犯罪，即可通过登录该功能录入案件信息，将案件移送公安机关
3. 检察监督功能	检察机关可以通过平台，建议行政执法机关向公安机关移送该移送而未移送的涉嫌犯罪案件，对公安机关不立案决定、超期未作立案与否决定、撤销案件决定进行立案监督
4. 信息共享功能	平台使用单位可以在系统发布法律法规、刑事追诉标准、办理的典型案例等，为执法办案提供指导或参考；也可进行点对点或点对面的疑难案件和问题研讨案件线索通报、案件双向移送、信息反馈
5. 案件统计和数据分析功能	根据授权，可以查看各地市行政执法部门移送的涉嫌犯罪案件数据；公安机关受理、立案、办理案件数据；检察机关审查逮捕、起诉、监督移送、立案监督数据以及法院判决案件数据，全面反映各地区、各部门案件办理情况

2015年，四川省检察院依托该省电子政务外网，采取集中部署模式建成了四川省"两法衔接"信息共享平台，并于同年4月全面运行。用户包括全省三级行政执法机关、侦查机关、检察机关、审判机关、政府法制工作机构共7532个单位。平台主要包括查询行政处罚案件、移送涉嫌犯罪案件、检察监督、信息共享、案件统计和数

---

① 韦磊、王磊：《广东：3123家行政执法单位接入"两法衔接"平台》，载《检察日报》2017年12月14日第1版。
② 陈鹏、戴小巍：《湖北"两法衔接"剑指顽疾》，载《湖北日报》2018年6月13日第5版。

据分析等5个功能（参见表2-2）。四川省检察院联合省法制办、省政务服务管理办每月对平台登录接入和应用情况进行通报，督促平台的接入和应用工作。2016年，四川省委依法治省领导小组印发《关于进一步加强行政执法与刑事司法衔接工作的意见》（川法组〔2016〕3号）。2018年，四川省人民检察院办公室和省政府法制办公室联合出台《2018年四川省行政执法与刑事司法衔接工作要点》（川检会〔2018〕5号），要求依托全省三级"两法衔接"工作信息共享平台，加强行政执法与刑事司法协作：各级行政执法机关要严格落实省政府要求，及时将行政处罚案件信息准确录入四川一体化政务服务平台；检察机关要切实履行平台管理部门职责，适时通报"两法衔接"平台应用情况，加强对平台应用工作的监督考核。

2.2.2 公诉环节的智能应用

公诉是国家赋予检察机关代表国家对刑事案件提起诉讼，要求法院予以审判，使国家刑罚权得以实现的职能。通过对刑事案件审查决定起诉、提起公诉和支持公诉，依法履行刑事公诉职权，是我国检察机关的一项重要和基本的职能，是检察机关依法开展法律监督的重要手段之一。

刑事公诉的本质是法律监督，发挥控诉犯罪和程序制约功能，前连侦查，后接审判，点多、线长、面广。近年来，根据历年《最高人民检察院工作报告》中的数据，我国公诉案件起诉人数总体呈上升趋势，2013年至2017年，全国检察机关共起诉717.3万人，较前5年上升19.2%。其中仅2017年1月至11月，全国各级检察机关就起诉刑事犯罪嫌疑人150余万人。

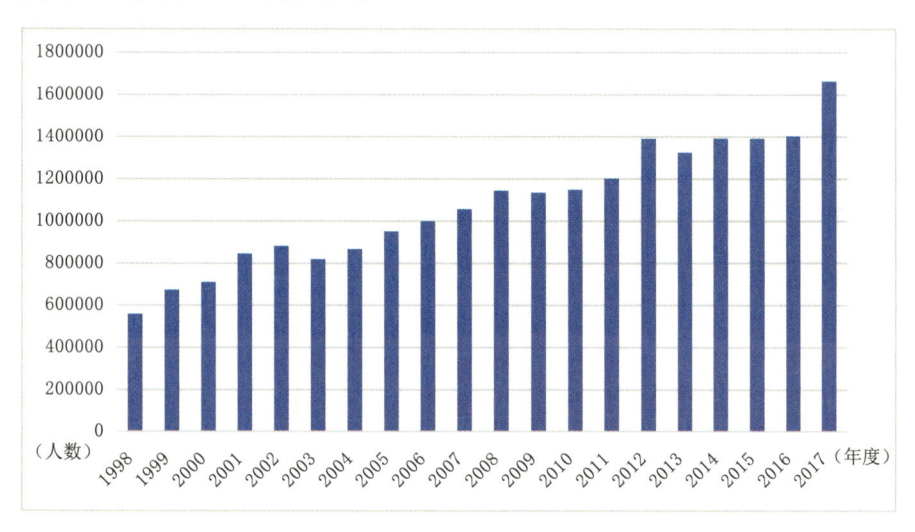

图2-32 全国检察机关公诉案件起诉人数变化图

2015 年以来，最高人民检察院公诉厅成立专门领导小组，对智慧公诉进行系统研究，在深入调研的基础上，制定实施方案，围绕大数据在统一证据标准、提高量刑建议水平方面的应用、出庭一体化平台建设以及智能语音和"三远一网"技术的运用等重点内容，指导各级检察院公诉部门积极探索现代科技在公诉工作中的运用，取得了良好效果。

2.2.2.1　审查起诉智能辅助

我国刑事诉讼法规定，凡需要提起公诉的案件，一律由人民检察院审查决定。检察官审查案件是一项集法律适用、证据审查、事实判断等多重素养于一身的综合性工作。智能化审查起诉涉及大量的辅助工具，如辅助录入工具、辅助阅卷工具、辅助审查工具、辅助生成工具、标准化指引等，前文已有论述（参见"2.1.2.1 智能化工具辅助"），下文主要就公诉特色的审查起诉信息化应用进行简要介绍。

一、公诉案件"智能证据审查"

（一）电子卷宗审查

浙江省"智慧公诉"辅助系统，以简易案件为突破口，自动识别电子卷宗内的证据并进行分类整理，以证据列表的形式呈现在系统内，同时实现了自动生成证据分析、证据程序自动审查、自动生成初步认定事实等功能，当前已在浙江省杭州市江干区检察院试点应用。

北京市检察机关"智慧速裁系统"，以电子卷宗为基础，根据 OCR 识别结果，对诉讼案卷进行自动编目，并快速完成案情要素提取、证据完整性审查、办案数据全程记录，能够对于证据的程序性要件进行自动监督。

（二）视频证据审查

广东省检察机关研发智能视频审查系统，可以智能过滤非法讯问。系统利用语音识别技术、视频分析技术辅助公诉人对同步录音录像资料的合法性、客观性和规范性进行快速核查，具有异常识别、精准定位、自动归类、智能分析等功能。在实际应用中，系统通过实现对视听证据材料的智能审查，使公诉人阅览时间降低 50% 左右，审查要素识别准确率持续提升。

（三）辅助证据审查

江苏省检察机关"刑事办案智能辅助系统"，具有智能甄别判断证据疑点瑕疵功能，由计算机自动抽取电子卷宗，搜索归类、甄别判断出程序、证据、事实等方面存在的疑点和重点问题，供公诉人逐一审查判断，最终作出审查处理决定，截至2018年5月18日，共发现取证违法及证据瑕疵问题2139处；系统提示公诉人发现抽血使用醇类消毒液、超期送检等重大证据问题、可能影响案件质量的案件91件，防止案件"带病起诉"。

湖北省天门市检察院"智慧公诉办案辅助系统"具有审查提醒功能，对当前案件中缺失或内容不完善的证据进行提醒说明，承办人员可点击办案辅助系统审查提醒图标，查看当前案件的审查提醒信息，方便检察官在审理案件时对系统自动判断的内容进行核实。

二、公诉办案"智能风险防控"

浙江省检察机关上线"证据标准与风险防控系统"，当前已在浙江省杭州市检察院、杭州市余杭区检察院试点应用。系统能实现证据精细化审查，通过为每类证据设置单独输入框，运用统一的证据风险审查标准和补证标准实现对每类证据的质量控制，详尽列举各种风险证据的处置情况，帮助公诉人有效规避风险。目前，已通过系统办理公诉案件6000余件，辅助公诉人精准审查证据、排查处置风险。

图2-33 浙江省"智慧公诉"辅助办案系统功能结构示意图

三、公诉权力"智能规范管理"

山东省青岛市崂山区检察院研发"公诉权智能运行管理系统"，系统根据文书的难易程度赋予五级分值，将分值自动按比例分配给公诉人三类办案角色，公诉人无须再进行任何操作，即能实现以案件中每个程序及文书的制作数量、质量作为对三类公诉人员的管理依据，形成了覆盖公诉全流程、惠及公诉全部"三类人员"的公诉权智能运行新机制。系统实施一年以来，已处理580件案件，有力调动了公诉人工作积极性，推动了公诉环节司法责任制的全面落实。

山东省德州市检察院研发应用"相对不起诉量化评估系统"，系统实现了不起诉

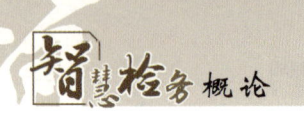

标准数据化，分为案件录入、承办人评估、科室评估、检委会评估四个模块，具有一键导入、智能评分、同步评判等功能。系统可直接导入案件审查报告、社会调查报告，根据案件事实智能生成所得分数，检察委员会委员同步评分即时生成最终结果。2017年系统上线以来，德州市检察机关不起诉案件数同比增长76%，由于案件评判过程公开透明，一目了然，侦查机关、被害人、被不起诉人满意度大幅提升。

2.2.2.2 量刑建议智能辅助

量刑请求权作为国家赋予检察机关的一项权能，其表现形式之一就是量刑建议。2010年2月23日，最高人民检察院印发《人民检察院开展量刑建议工作的指导意见（试行）》（高检诉发〔2010〕21号），明确人民检察院对向人民法院提起公诉的案件，可以提出量刑建议；公诉部门承办人在审查案件时，应当对犯罪嫌疑人所犯罪行、承担的刑事责任和各种量刑情节进行综合评估，并提出量刑的意见；量刑建议书一般应载明检察机关建议人民法院对被告人处以刑罚的种类、刑罚幅度、可以适用的刑罚执行方式以及提出量刑建议的依据和理由等。

随着速裁程序、认罪认罚从宽制度改革的推进，检察机关量刑建议工作的重要性更加凸显。最高人民法院、最高人民检察院、公安部、司法部《关于在部分地区开展刑事案件速裁程序试点工作的办法》（法〔2014〕220号）第6条明确规定："人民检察院经审查认为案件事实清楚、证据充分的，应当拟定量刑建议……犯罪嫌疑人承认自己所犯罪行，对量刑建议及适用速裁程序没有异议并签字具结的，人民检察院可以建议人民法院适用速裁程序审理。"

2017年5月，最高人民检察院公诉厅、技术信息中心联合下发《关于组织开展公诉业务大数据等现代科技试点应用的通知》（高检诉〔2017〕13号），明确要求试点单位可针对认罪认罚案件常见罪名和量刑规范，研发智能辅助量刑建议系统。落实检察机关认罪认罚从宽制度试点工作部署会要求，通过大数据技术应用，将常见犯罪的量刑指南嵌入数据化程序，并提供类案推送和量刑偏离度分析，为提高认罪认罚案件量刑建议准确度提供技术和程序支持。

2017年8月，最高人民检察院公诉厅、技术信息中心联合下发《关于确定首批开展智慧公诉应用单位的通知》（高检诉〔2017〕17号），确定北京、天津（河西区）、浙江（杭州市江干区和西湖区）、山东（青岛市、章丘市、烟台市芝罘区和招远市、曹县）、广东、海南和四川（成都市、峨眉山市）7个省份有关检察机关为大数据技术在提高量刑建议水平方面的首批应用单位。

目前，各地公诉部门以此为契机，积极探索建立量刑建议辅助分析应用，主要从三个方面辅助精准科学量刑，防止司法任性，强化审判监督。

一、量刑辅助计算器

北京市检察院量刑辅助系统支持"人—罪"匹配和量刑计算功能，辅助检察官从案件客观行为、法定从重情节、法定从轻情节、酌定从重情节、酌定从轻情节五种类型中选择案件构成要件。确定案件要素后，系统可以给出主刑、附加刑对应量刑建议。承办人可以根据案件事实情节，微调主刑、附加刑量刑结果，保证办案人员的司法裁量权。

山东省泰安市智慧检务系统配置"量刑计算器"，只需选取罪名、事实、情节，拖动从重、从轻比率，即可得到量刑结果，并一键自动生成量刑建议书。系统将个罪量刑指导意见中的规则提取为计算项。比如，构成交通肇事罪致一人死亡的，可以在一年六个月至两年确定量刑起点。若嫌疑人通过赔偿取得谅解，具有自首情节，在计算器中勾选相关选项，即可得到相应量刑区间，并可一键生成量刑建议书。

图2-34　山东省泰安市智慧检务系统"量刑计算器"

天津市检察院研发了"智能量刑辅助系统"，系统分为类案推送界面、量刑建议智能计算器界面，左右两栏同时显示，方便公诉人操作、比较。目前，系统的量刑计算器已经完成对走私、贩卖、运输、制造毒品罪和危险驾驶罪两个罪名量刑计算的程序设计，约占该市检察机关一审公诉案件数量的五分之一。

浙江省宁波市海曙区检察院办案智能辅助系统，以犯罪要素抽取比对技术为基础，根据关键证据指标提供基准刑计算（如危险驾驶罪的酒精浓度指标，盗窃罪的盗窃金额

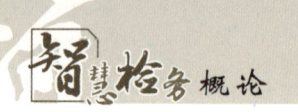

指标等），同时列出本案具体法定、酌定量刑情节，供检察官勾选，自动生成认罪案件的审查报告和量刑建议。自 2017 年 10 月智慧公诉模块正式上线以来，累计处理危险驾驶、盗窃案件 245 件，准确率逾 97%。尤其是在多人多笔复杂盗窃案件中，智能办案系统可以大幅减少检察官机械性摘录和文字输入工作，缩短平均办案时间达 30%。

图2-35 浙江省宁波市海曙区检察院办案辅助系统量刑计算功能

二、量刑大数据查询

2016 年 12 月，广东省广州市南沙区检察院试点应用智能量刑辅助系统，截至 2018 年 4 月，该院对 996 名犯罪嫌疑人启动认罪认罚从宽机制，对 85% 以上的犯罪嫌疑人提出了确定型量刑建议，法院的采纳率高达 98%。2017 年广东省检察院在全省上线智能量刑辅助系统，依托全国裁判文书公开网、广东省政法信息共享平台的判决书等大数据信息资源，当公诉人在系统中输入罪名、犯罪事实量刑情节后，系统经过识别、判断、推理和运算，可以发掘相似案件的深层内在规律，为检察官通过分析历史相似案件的判决情况，提高认罪认罚案件量刑建议准确度。该系统已经建立了 55 个案由的实体法律知识图谱，可以覆盖 96.7% 的在办案件量，广东省量刑采纳率达到 92.69%，案件覆盖率达到 96.7%，比传统量刑节省约 60% 的时间。

2017 年 11 月，安徽省检察机关智能辅助办案系统将类案检索与量刑建议相结合，基于《常见犯罪的量刑指导意见》以及《补充八种常见犯罪的量刑指导意见（二）（试行）》，囊括 4000 万份全国公开裁判文书数据、20 余万份安徽法院刑事案件文书、600 万份安徽检察机关内部文书、120 万条法律法规，支持对盗窃罪、交通肇事罪、诈骗罪、故意伤害罪、强奸罪、聚众斗殴罪、非法拘禁罪、抢劫罪、职务侵占罪、妨害公务罪等 10 个常见犯罪提供量刑辅助。系统向办案人员主动推送与当前在办案件相似的司法案例，对同类案件的自由裁量情况进行分析，依照输入证据和其他要素确定犯罪情况，提供量刑参考意见。目前，系统已在安徽省芜湖、马鞍山、六安、蚌埠、安庆 5 个市级检察院、25 个区县检察院试运行。

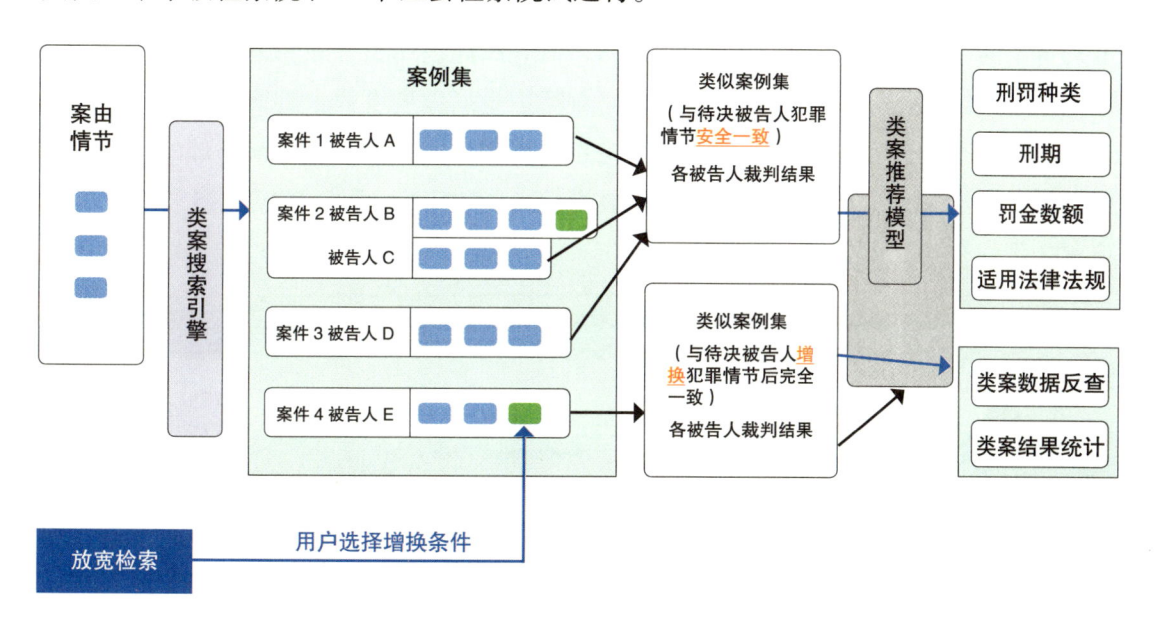

图2-36　类似案件大数据量刑参考技术原理示意图

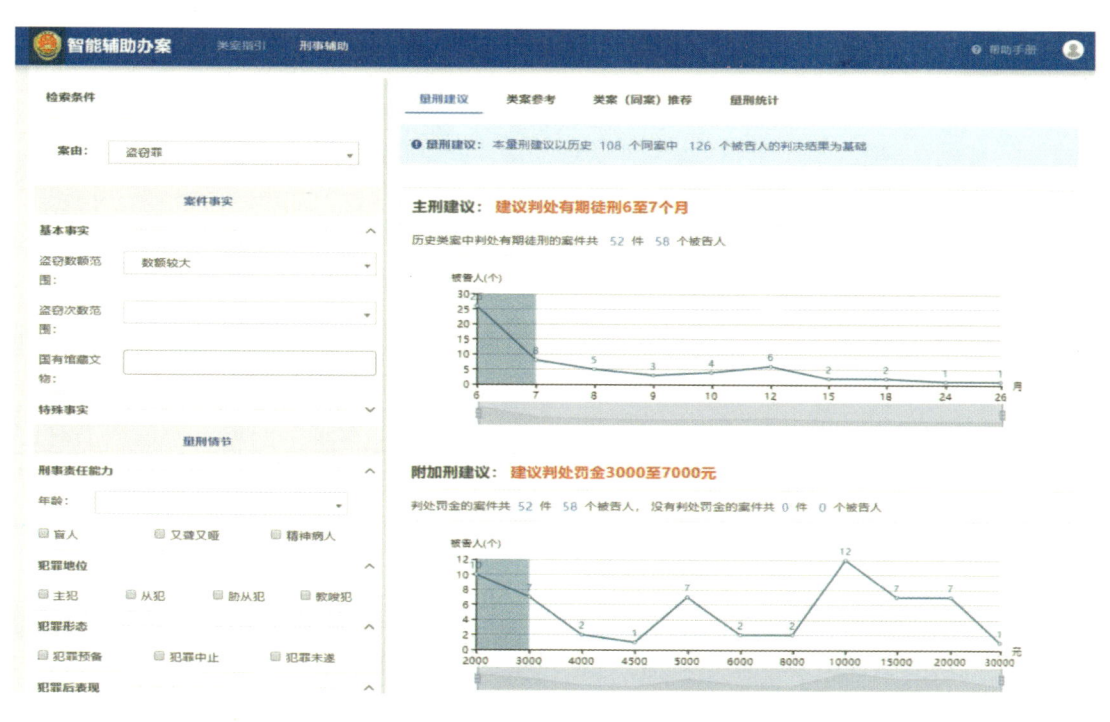

图2-37　安徽省检察机关智能辅助办案系统"量刑建议"功能

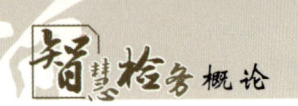

三、量刑偏离度分析

贵州省检察院将 2017 年确定为"大数据应用推进年",研发应用大数据案件智能研判系统,采用实体识别等技术,自动抽取起诉意见书、起诉书、量刑建议书、判决书中犯罪事实、证据材料量刑等实体信息进行比对,查看同一案件的侦查、起诉、审判等不同诉讼环节,对事实认定、证据采信、法律适用上有无偏离,偏离多少,实现裁判结果偏离度分析,确保类案类办。对产生量刑偏离度较大的案件,由评查系统进行偏离原因分析和质量评查。贵州省检察机关利用该系统对两年来办理的 14100 件故意伤害案件进行分析,发现其中存在要素偏离 2332 件、量刑偏离 2395 件、证据风险 674 件,全部交由办案单位整改。

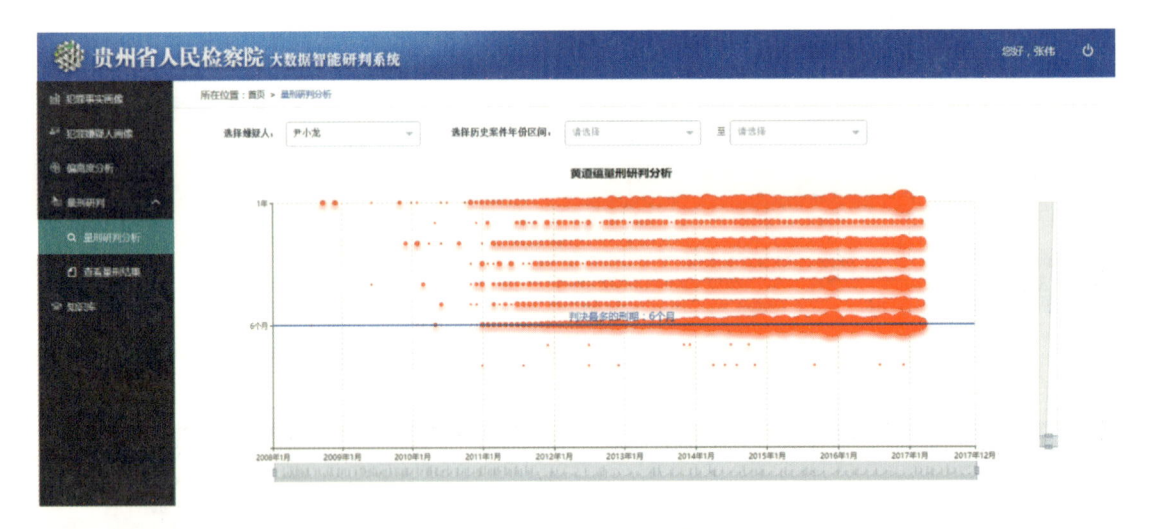

图2-38 贵州省检察院大数据案件智能研判系统示意图

系统以犯罪构成知识图谱为基础,一方面将起诉意见书、起诉书、判决书三类文书中的犯罪事实、嫌疑人、证据材料等信息通过计算机自动提取,并进行智能比对,查看公安机关、检察院、法院在案件办理的不同环节中对案件事实认定、证据采信、法律适用的差异情况,有无偏离、有多少偏离;另一方面将在办案件与类似案件进行数据比对,查看个案办理与类案办理之间是否存在偏离、有多大偏离。通过三书对比分析的结果,可以帮助案件办理人员和案件管理人员了解案件办理有无瑕疵,及时发现整改问题。

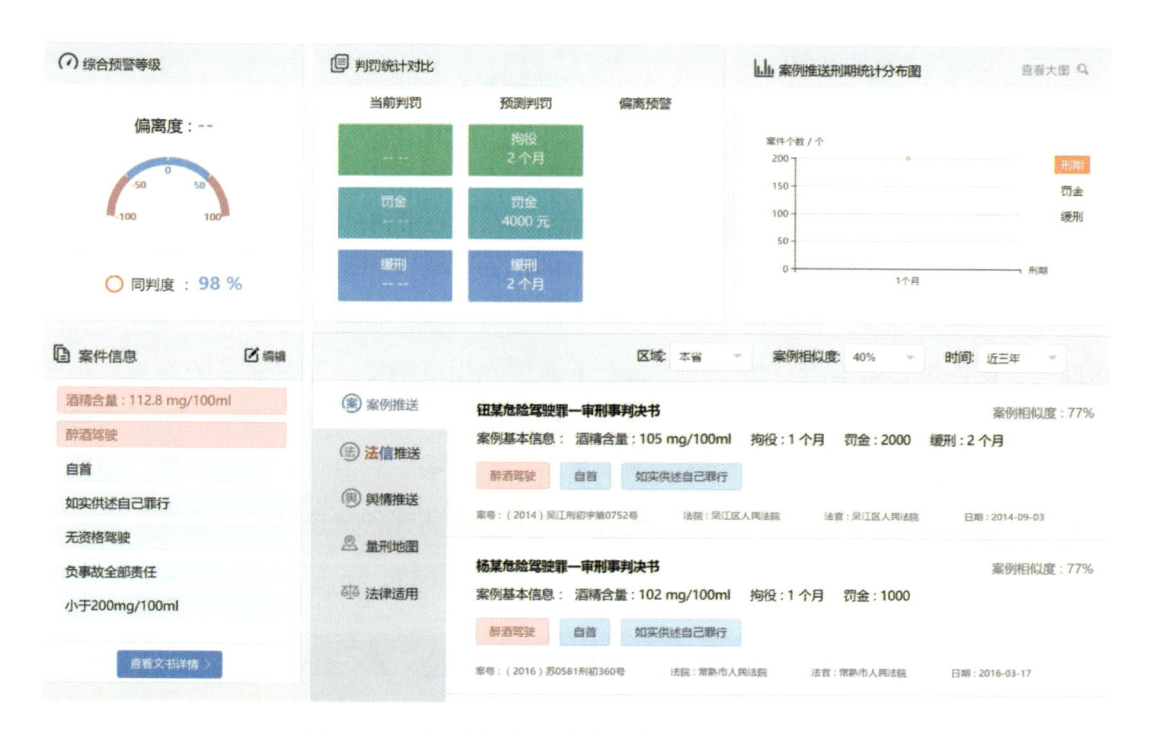

图2-39　贵州省检察院案件偏离度分析示意图

2.2.2.3　出庭公诉智能辅助

最高人民检察院孙谦副检察长撰文指出,"推进以审判为中心的刑事诉讼制度改革,庭审环节在刑事诉讼中的重要性更加凸显。进一步提升参与庭审的智慧化水平,成为检察机关信息化建设的一个重点"。目前,"集约化、技术化、现代化的出庭公诉新态势初步形成","如何运用现代技术构建覆盖庭前准备、庭审指控、后台支持的全过程'出庭一体化平台'体系,是实现'技术＋出庭'融合发展的要旨所在"。[①]

2018年5月2日,《人民检察院公诉人出庭举证质证工作指引》(高检发诉字〔2018〕8号)经最高人民检察院检察委员会通过,其中第6条明确要求:"公诉人举证质证,应当注重与现代科技手段相融合,积极运用多媒体示证、电子卷宗、出庭一体化平台等,增强庭审指控犯罪效果。"

[①] 孙谦:《推进检察工作与新科技深度融合　有效提升办案质量效率和司法公信力》,载《人民检察》2017年第19期。

一、出庭一体化系统

出庭一体化系统是公诉人庭前准备和庭审中多媒体展示文书、证据的辅助工具，在不增加办案人员额外工作量的前提下，可以有效提高公诉庭审环节的说理、示证效果，避免传统"宣读式"出庭示证方式的举证、质证不充分等问题。

2015年6月，四川省资阳市检察院率先研发部署"出庭一体化"平台，庭前公诉人以数据共享的方式，通过与统一业务系统有机衔接，将电子卷宗、法律文书、出庭预案、证据组合架构等材料"一键式"下载到专用电脑中，经过简捷的编辑后，通过多媒体设备，向法庭直观展示相关材料。庭审中，系统分为电子卷宗区域、法律文书区域及检索区域，公诉人可以通过操作后台快速搜索、临时抽取证据材料，调整举证证据，现场标注，凸显重要证据，大大增强了举证质证的灵活性。系统运行以来，资阳市检察院已有500余件刑事案件利用该平台出庭示证。

图2-40 出庭一体化系统示意图

2016年11月，四川省检察院转发《资阳市人民检察院出庭一体化平台示证暂行规定》（川检诉一〔2016〕45号），明确适用出庭一体化平台示证的案件范围包括："①不能通过常规方法示证的案件。如需要直观展示犯罪现场、被害人伤情的，原物不便搬运或物证不易保存，可以通过出庭一体化平台展示原始证据的复制件的案件；②证据数量众多，按照常规方法示证繁琐、费时的案件。如非法吸收公众存款案件、贪污案件、多人共同犯罪或一人多次犯罪的案件；③对多媒体示证有特殊需要的案件。如具有较大社会影响或者普遍教育意义的典型案件，被告人翻供、证人翻证，需要展示原供述、证言予以诘问的案件。"同时指出"利用出庭一体化平台示证，应当注重多种示证形式相结合，如图像放大、缩小、凸显、现场标注、动画制作和视听资料播放、音频、视频的添加等"。

2017年5月，最高人民检察院公诉厅、技术信息中心联合下发《关于组织开展公诉业务大数据等现代科技试点应用的通知》（高检诉〔2017〕13号），明确要求："试点单位可借鉴四川资阳等地出庭一体化平台应用经验，围绕庭审实质化要求，针对重大职务犯罪、经济犯罪、敏感案件多媒体示证需求，开展出庭一体化平台试点应用。待条件成熟后，高检院将向全国检察机关公诉部门推广使用。"

2017年8月，最高人民检察院公诉厅、技术信息中心联合下发《关于确定首批开展智慧公诉应用单位的通知》（高检诉〔2017〕17号），确定北京、天津（一分院）、山西（晋城市）、内蒙古（鄂尔多斯市东胜区、呼伦贝尔市、准格尔旗）、江苏（泰州市、新沂市）、浙江（杭州市西湖区、义乌市）、山东（济南市、东营市、德州市、滨州市、高密市和寿光市、烟台市牟平区）、河南（洛阳市、漯河市、许昌市）、广东（佛山市）、四川（成都市、资阳市、江油市）和宁夏（石嘴山市）11个省份有关检察机关为出庭一体化平台首批应用单位。

各地检察机关在出庭一体化平台推广应用过程中，也进行了特色创新。

北京市检察院出庭一体化系统已在全市部署应用，公诉人撰写完成审查报告后，系统可以智能提取审查报告中涉及的事实和关联的证据，精确到证据卷宗的具体页码，生成出庭示证方案。同时，可以给出同类案件在法庭辩论阶段常见的辩论焦点（辩点），辅助生成各个辩点常用的答辩策略，公诉人可以以此为参考，完成法庭辩论预案。此外，出庭一体化系统还提供手写白板工具，可以通过触屏电脑手写记录询问、讯问要点，即时呈现在法庭大屏幕，可以现场完成证据卷宗局部放大、高亮批注等操作，快速出示辩点对应的相关证据。

安徽省检察院研发了语音阅卷示证系统，将智能语音技术与出庭支持公诉工作紧密结合，在庭前准备阶段，系统提供高效的语音阅卷转写，可语音阅卷制作相关文书，自动链接、编排多媒体示证脚本，自动抽取、编排需要示证的有关证据材料（包括音视频资料）。在开庭阶段，公诉人可以通过人机对话功能，达到"公诉人讲到哪里，证据就展示到哪里"的效果，实现庭上证据的随讲随翻；示证过程全程留痕，随时精准回溯，有效提升展示证据的效率。

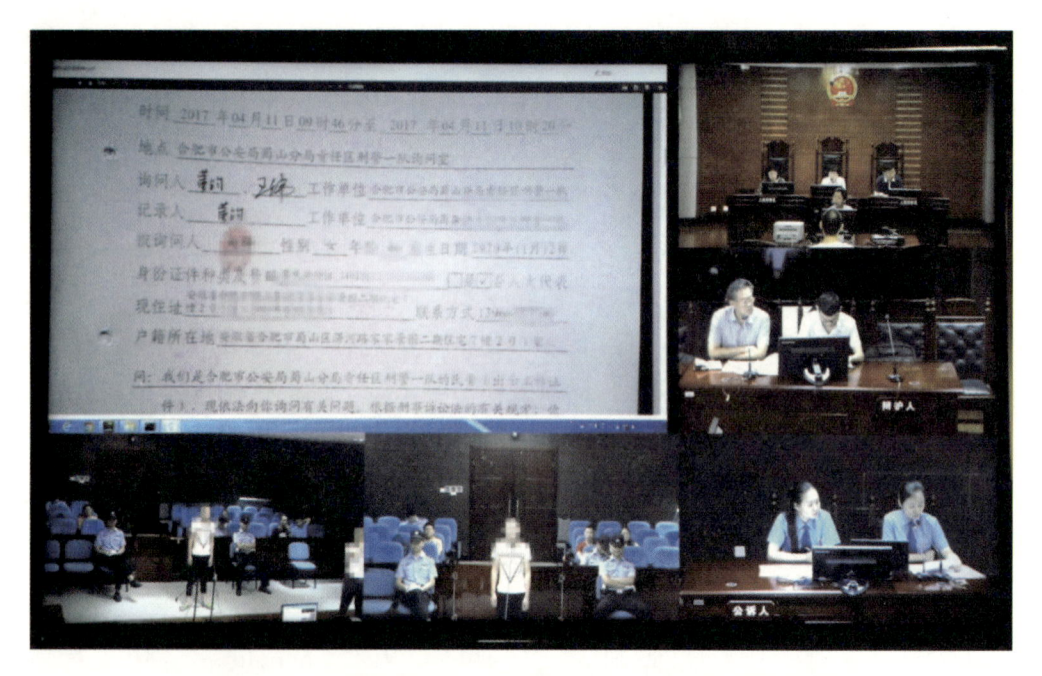

图2-41 安徽省检察机关语音阅卷示证系统应用场景

二、公诉出庭指挥

2017年,山东省检察院为推进以审判为中心的刑事诉讼制度改革,启动"全省公诉能力年"建设,联合研发了山东检察机关大数据远程智能庭审指挥监督系统。该系统部署在检察工作网,配备高清视频摄像头和耳麦,利用"检务通"移动加密数据传输通道,可随时采集高清庭审视频、音像数据,将庭审现场情况即时传递回庭审指挥监督室,后方指挥人员可选择使用文字、语音等多种方式与出庭公诉人进行联系,实现了对出庭公诉人讯问、质证、辩论的同步指挥指导和监督,帮助出庭检察员准确应对证据突袭和庭审中可能出现的突发情况,为确保重大案件庭审效果提供了有力的技术支撑。

图2-42 山东远程智能庭审指挥监督系统示意图

上海市"重大案件指挥出庭系统"、天津市津南区"远程开庭指挥系统"也具有相似功能，利用专用光纤网络连接法院庭审现场，对庭审活动进行远程数字直播，实现开庭远程指挥室与出庭公诉人在线直联。在重大复杂疑难案件庭审时，"后方"团队可以实时了解庭审进程，并根据庭审情况的变化，对"前方"出庭检察官进行指挥应变，通过电脑上安装的指挥软件，将讯问、举证、答辩等环节的应对建议传送到出庭公诉人的电脑。既保留了传统听庭评议的优势，有利于深化刑事案件庭审活动监督，又有助于全面提升公诉人出庭能力，为公诉人及时应变和调整庭审节奏提供有力支援。

三、出庭能力培养

2017年7月，北京市检察机关上线"出庭能力培养平台"，旨在应用互联网思维打破出庭经验传播的壁垒，创造一种公诉同行评价机制和人才发现机制，打造公诉人自我组织管理、自我迭代进化的效果。

图2-43 北京市刑事公诉出庭能力培养信息化平台

系统主要功能包括：（1）出庭信息发布功能。凡公开审理的出庭信息一般均可在出庭管理系统上发布，发布的观摩席位不少于三人。每名公诉检察官每年至少在出庭管理系统上发布一次出庭信息，北京市十佳公诉人、优秀公诉人的出庭信息应在出庭系统上发布。检察官和检察官助理均可在系统上发布出庭信息。（2）出庭观摩预约功能。北京市检察机关工作人员均可在出庭系统进行预约观摩。观摩结束后观摩人员可以多种形式与出庭人员共同评议出庭情况，总结分享出庭的经验教训，并由观摩人员在出庭系统上对出庭人员的表现进行评分。（3）出庭经验分享功能。出庭人员和观摩人员均可在庭后对庭审情况进行总结评价，梳理出庭问题、分享出庭经验，并可以就出庭经验进一步提炼标题、内容、确定分类生成出庭百科。（4）专家点评功能。首批点评专家主要由北京市检察机关部门负责人、全国公诉业务标兵、优秀公诉人、北京市检察业务专家及具有 10 年以上公诉经验的资深公诉检察官担任，点评专家每年至少观摩 5 次庭审，并至少亲自出示范庭 1 次。

截至 2018 年 6 月 3 日，北京市检察机关共发布观摩庭 2098 场，共计 5664 人次预约旁听，发布出庭百科 1170 条。北京市检察机关的出庭观摩已经由个别化向日常化转变，通过大数据分享技术形成了新的出庭能力培养方式。

2.2.3 刑事执行监督环节的智能应用

刑事执行检察工作主要负责对刑事案件判决、裁定的执行和监狱及其他执行场所、看守所活动是否合法进行监督；负责对发生在监管场所的侵权、渎职等案件的侦查；负责监外执行的罪犯和被监管改造人员重新犯罪案件的批捕、起诉；负责受理被监管改造人员的控告、申诉等工作。

根据公开数据，2017 年 1 月至 11 月，全国检察机关刑事执行检察部门办理羁押必要性审查案件，立案审查 55695 人，向办案单位提出释放或者变更强制措施建议 49993 人，办案单位采纳 44622 人，与去年同期相比，分别增长 35.9%、35.7% 和 28.7%，达到羁押必要性审查制度确立以来的最高纪录。

2017 年《最高人民检察院关于深化智慧检务建设的意见》明确指出：推进人工智能、大数据等现代科技在刑事执行检察工作中的应用。探索对取保候审、减刑假释、暂予监外执行等数据进行智能研判；建立数学分析和类案比对模型，加强对羁押必要性审查、刑罚变更执行、社区矫正、财产刑执行等业务进行大数据智能分析和评估，实现刑事执行检察的智能辅助办案；利用智能识别技术对监管活动进行目标识别和行为分析，实现非正常接触预警和日常行为智能监测；探索研发移动式智能检察终端，提高刑事执行检察的监督能力。

2.2.3.1 监所检察业务信息化应用

一、全国减刑假释信息化办案平台

党的十八届三中、四中全会对严格规范减刑、假释程序，完善刑罚执行制度提出明确要求。2014 年 1 月中央政法委出台了《关于严格规范减刑、假释、暂予监外执

行的意见》，要求推进刑罚执行机关、审判机关、检察机关减刑、假释网上协同办案平台建设，对执法办案和罪犯服刑表现、考核奖惩中的重要事项、重点环节，实行网上录入、信息共享、全程留痕，从制度和技术上确保监督到位。

全国减刑假释信息化办案平台的基本结构是"三纵三横"，即承担减刑假释办案任务的审判机关、承担减刑假释法律监督职能的检察机关、承担监狱管理职能的司法行政机关之间横向实现互联互通，纵向国家、省、市三级单位实现互联互通。目前，除个别偏远省份外，多数省份已提前实现了全面互联互通，并开始推行网上办案。在2018年年底前，全国减刑假释信息化办案平台将全面建成。

检察机关通过信息化办案平台不仅对内实现减刑假释案件的网上请示、网上流转、网上备案，对罪犯前期改造及监狱报请减刑假释情况进行监督，并在法院办理减刑假释案件时，通过网络提出检察意见或者以视频方式参加庭审，实现全程动态跟踪和实时监督。

二、刑事执行检察辅助工具

2017年6月，江苏省检察机关刑事执行检察智能辅助平台（执检"小智"）上线，涵盖刑事执行检察中羁押必要性审查、交付执行检察、减刑假释检察、暂予监外执行检察、羁押期限检察、财产刑执行违法（违规）检察、收监执行检察、指定居所监视居住执行检察、强制医疗执行检察、事故检察、被监管人死亡检察、被执行人控告/举报和申诉检察、临场监督执行死刑检察等16类业务办理。

该系统主通过省级层面公检法司数据实时转换，"一键导入"基础数据后，可以自动生成案件须填写的128个信息项；再通过在后台设定规则进行智能审查，从海量案件中筛选出可能存在问题的减刑案件，"一键推送"给检察官重点监督。改变了以往大量手工填录状况，化被动监督为主动监督，使检察监督"有的放矢"。

系统支持多项提醒功能，例如：（1）财产刑执行检察信息提醒。可以自动导入刑事案件判决数据，与法院执行数据进行比对、筛查、分析，对判决生效后未及时立案、立案后未及时执行、执行不到位等情况进行自动提醒。（2）审前未羁押判处实刑罪犯未及时交付信息提醒。可以自动导入判决数据，自动筛查出审前未羁押判处实刑罪犯的信息，掌握底数后对未及时交付执行的罪犯进行自动提醒。（3）刑期计算错误信息提醒。系统根据刑期计算的一般规律，实现刑期计算是否正确的自动比对，大幅降低工作强度，解决了以往人工计算比对效率低、误差率高等弊端。

据报道，系统上线以来，已累计导入公安机关、法院、司法部门、监狱及检察机关侦查监督、公诉等各类数据约210万条，用于智能比对、推送监督点或辅助办理案件。上线以来，减刑模块已办理案件 49673 件，纠正不当减刑 250 件。

2018 年 1 月至 5 月，江苏省检察机关执检部门通过该平台，审查建议释放或变更强制措施数量同比上升 30%，纠正不当减刑数量同比上升 88%，取得明显成效。

三、监所监控视频智能分析

回看监控视频是发现问题、发挥驻所检察职能的重要手段之一，面对海量的监控视频，单靠人工审查，工作量之大难以想象，智能分析和人脸识别技术将人工回看转变为智能筛查，大幅缩短审查时间。

北京市检察院监所监控视频智能分析系统，主要基于视频内容识别技术和动作分析模型，实现监控视频的智能化审查，如视频出现群体聚集打架、禁闭室人员进出、管教谈话异常、单人滞留放风场所、民警值班室无人等，通过推送警示信息引导检察人员查看异常情况。石景山区检察院在使用过程中，1 名执检检察官就可以对过去 24 小时看守所 200 多路监控视频普遍审查，大幅节约人力，提升效率、增强检察监督的主动性。该系统作为一项科技创新应用，在目前监狱检察方式"派驻"改"巡回"工作中发挥积极作用。

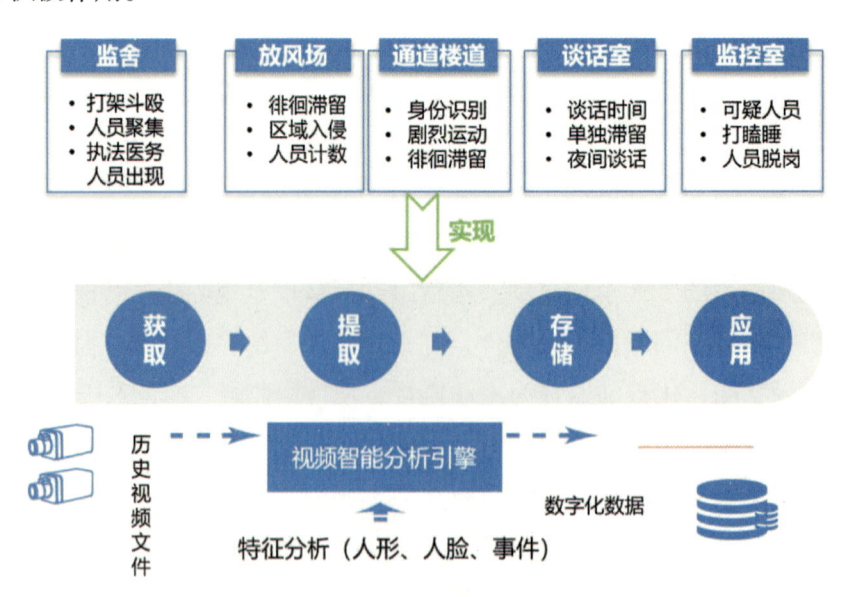

图2-44 北京市检察院监所监控视频智能分析系统功能架构示意图

山东泰安智慧检务系统执检子系统具有减刑假释筛查、社区矫正数据比对、羁押必要性审查、图像及视频审查等功能。其中，视频审查功能可以对多个 AB 门、提审室、监室、劳动场所等监控点的监控视频进行智能分析。

其中，在 AB 门监控点，系统设置陌生人出现报警功能，通过和全市监管干警和在押人员的面部画像采集数据库对比，当有非监管干警或非在押人员出现时，系统就会自动提醒检察官，并对陌生人进行面部特征分析，自动检索出监狱看守所内与其相关的所有录像信息，根据时间顺序排列，完整再现该陌生人在监管场所的整个活动轨迹。

图2-45　山东泰安智慧检务系统AB门监控点报警功能

在提审室监控点，系统设置了单人提审报警功能，当提审人员少于两名时，系统就会进行抓拍，并以消息提醒的方式推送给驻所检察官。对于违法规情况，系统可以自动制作法律文书提出《纠正违法通知书》，如果案件在审查逮捕和起诉阶段，刑事执行检察部门可以通过信息共享提醒侦查、公诉部门检察官排除该份笔录。

图2-46　山东泰安智慧检务系统单人提审报警功能

在监室监控点，系统设置了人员肢体动作过大报警功能，会对生产或生活区内的移动人员密度和肢体动作进行智能分析，当区域内人员肢体动作较为剧烈时，系统就会进行报警。

2.2.3.2 社区矫正检察工作信息化应用

浙江省绍兴市检察院针对社区矫正检察工作案多人少，传统监督模式耗费大量人力物力还存在诸多漏洞的问题，研发"社区矫正智慧检察平台"，具备"智慧网络巡察""智慧任务派单""智慧分析反馈"三项功能。

平台可以通过海量数据比对自动发现应收监人员、未及时进入社区矫正、未经批准外出人员。系统将所有需要监督的问题细化为具体可操作的监督点，在此基础上以覆盖所有监督点、按一定权重比例抽查、不得重复检查为原则自动生成任务清单，由检察工作人员按清单进行社区矫正监督检查工作。平台根据抽查发现的问题自动调整抽查权重比例，重点抽查问题严重的单位、人员和工作环节，形成针对性极强的新一轮抽查任务清单，使社区矫正监督工作精准高效。

绍兴市检察机关 4 名检察人员配备装有该平台客户端的手机，仅用 5 天时间就完成了对该市 12 个司法所、236 本矫正档案、317 个环节的排查任务，日均检查两至三个司法所，每个环节检查仅耗时 2 分钟，最终发现问题 52 个，发出检察建议 2 份，平均每排查 6 个环节就能发现 1 个问题。试运行两个月期间，共发现各类问题共 279 个，监督收监执行 18 人，发出检察建议和纠正违法通知书 25 份。目前，社区矫正智慧检察平台已在浙江省检察机关开始推广应用。

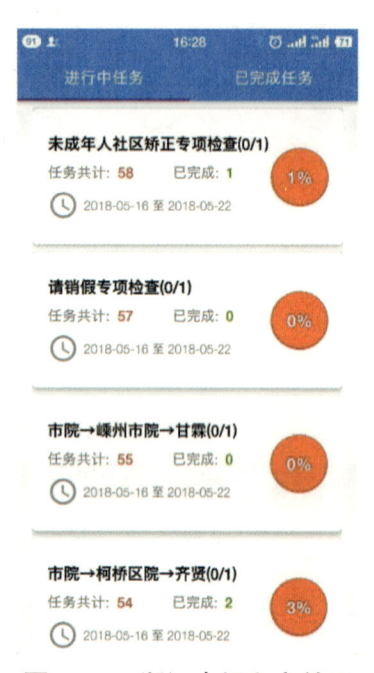

图2-47 浙江省绍兴市社区矫正智慧检察平台示意图

2.2.4 控告申诉检察环节的智能应用

控告申诉检察工作主要负责受理公民的报案、举报、检举、控告；负责受理服刑罪犯及其法定代理人、近亲属的申诉；负责受理不服人民检察院不批准逮捕、不起诉、撤销案件及其他处理决定的申诉；负责办理由检察机关管辖的刑事申诉案件和刑事赔偿案件。

2017年1月至11月，全国检察机关接收群众信访95万余件次，其中最高人民检察院接受群众信访39万余件次、省级检察院接受群众信访17万余件次，同比分别下降8.3%和11.7%；市级检察院接受群众信访20万余件次、基层检察院接受18万余件次，同比分别上升25.4%和42.9%；办理违法行使职权案件1300余件，经检察长批准，纠正100余件；受理刑事赔偿申请1490件，比去年同期上升7.8%；给予国家司法救助6397人，支付赔偿金3.2亿元。

控告申诉部门同时也是检察"窗口"单位，涉及大量服务工作，与检察服务有关内容（如12309服务中心建设）等参见本书"4.2.1 检察服务大厅的智能化改造"和"4.2.2 '互联网+'检察服务的创新与应用"。

2.2.4.1 控告申诉业务辅助工具

一、江苏省检察院的"苏检e访通"

江苏省检察院自主研发了全省统一使用的"苏检e访通"。系统设置了控告申诉、满意度征询、日报管理、案件查询、专项工作、综合工作等11个模块，先后6次升级完善，实现了对控申工作全覆盖、全流程、全留痕、数字化、智能化。2016年6月，依托"苏检e访通"建设的江苏省检察院"网上信访大厅"正式开通。该项目获得2017年江苏政法委"全省政法工作优秀创新成果一等奖"。

"苏检e访通"有三方面独特功能：一是信息共享功能。系统通过一次采集，实现三级院信息互通。来访人将身份证放在读卡器上，系统就会自动显示历次信访信息，便于承办人了解案情，确保答复口径上下统一、前后一致。系统还会对3次和10次以上的重信重访自动预警提示。二是满意度征询功能。省检察院依托"苏检e访通"从省院和13个市每月随机抽取100多件案件，从受理、办理、答复三个环节，规范司法、办案效率、工作作风、廉洁自律等12个项目进行回访，对不满意的进行评查，存在问题的督促整改，切实让人民群众从每个案件中感受到公平正义。2016年以来，群众对江苏省检察机关接访工作态度满意度、办理过程满意度、办理结果满意度不断上升。三是自动生成日报功能。实时抓取当天填报的控申工作信息自动生成动态日报，至今已编写1760期。通过控申日报，能够及时了解掌握当天的全省工作情况，对有可能错误的案件启动督办程序。同时，各地在工作中好的经验做法及时通过日报相互学习借鉴。

图2-48　江苏省检察院"网上信访大厅"示意图

二、上海市徐汇区检察院"智慧控申"大数据平台

2017年,上海市徐汇区检察院启动"智慧控申"大数据平台建设,以来访数据平台为基础,应用人脸识别、语音识别、接待机器人三项技术,实现信息资源、知识资源、网络资源、计算资源、平台资源的全面联通共享。其中,来访数据平台以信访人作为数据归集点,全面采集信访人的基本信息、历史信访记录、历次信访诉求、主要案件信息及法律文书、历次信访处置情况、接访录像资料等,从而建立一个个立体化的信访"数据人"。人脸识别系统发现具有过激访、极端访、群体访的信访人,会自动通过短信报警等多种方式告知接访主管领导和接访人员。同时,该院将语音识别技术应用在接访工作中,实现信访接待全程留痕,丰富信访档案,收集信访数据,用文字展现办案全貌,从而有效提升办案效率。

三、山东省泰安市检察机关"云之信"控申综合受理平台

"云之信"控申综合受理平台,可以实现来访信息"一次采集、多次使用,一院采集、多院使用"。平台支持对来访事项的自动化及时处理,如自动记录处理时间和具体承办人,明确责任等。例如,当来访群众到检察院控审接待大厅,出示身份证并通过读卡仪进行登记,其身份信息便自动上传至平台,形成待接待事项。值班人员可以在系

统中查看他的历史来访信息，并确定首次接待人员，落实首接责任制。目前，泰安全市两级检察机关所办控申案件全部全程网上运行，司法活动必须符合规范才能进入下一个环节；下级检察院对上级检察院分流移送的信件，可直接录入处理意见及分流情况，基本信息不必重复录入。此外，该平台还可以通过双屏系统向信访群众公开信息录入全过程，充分保障群众的知情权，主动将控审工作置于群众的监督之下。

2.2.4.2 远程视频接访系统

2011年6月，最高人民检察院下发了《关于人民检察院开展视频接待群众上访工作的实施意见》，对开展视频接访工作的原则、适用范围、工作流程、硬件设施及功能需求等提出了具体要求。

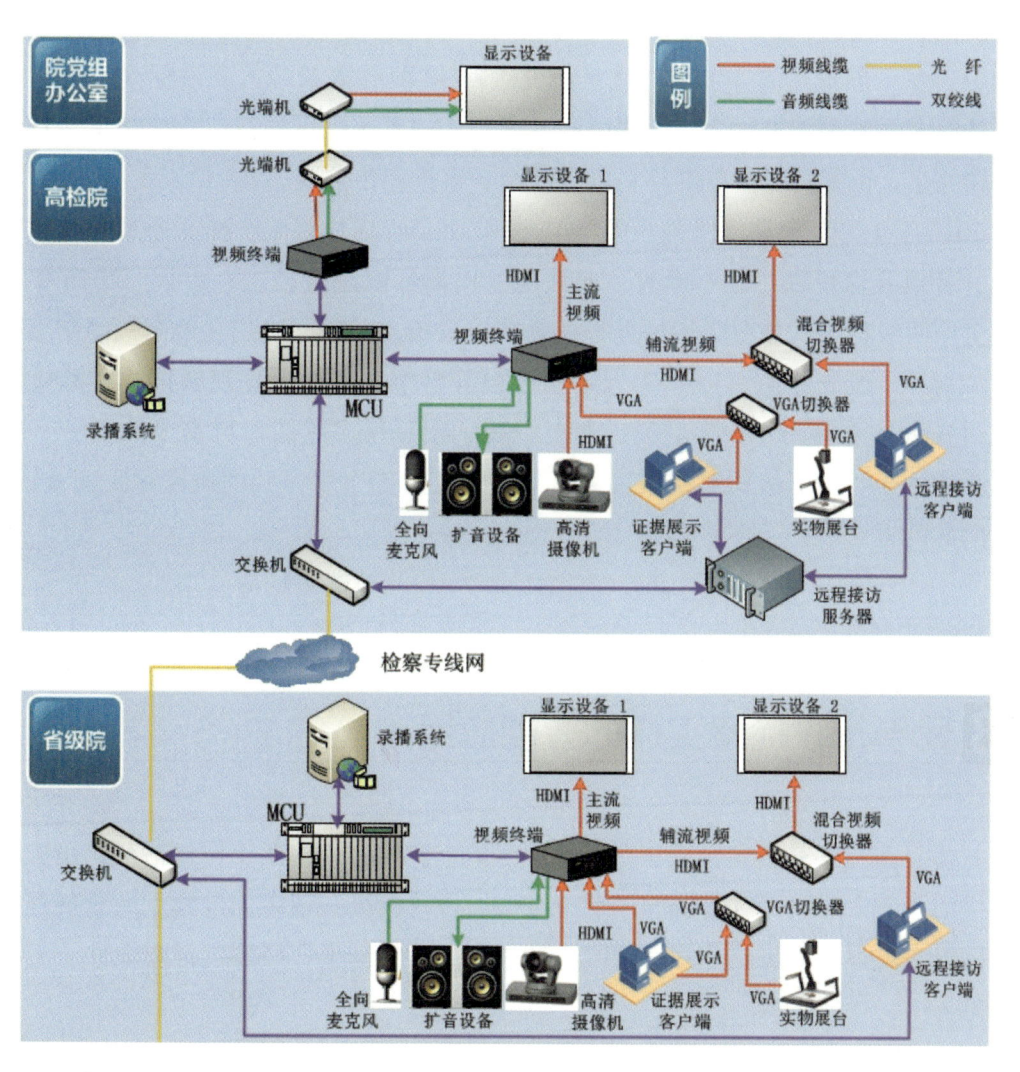

图2-49 远程视频接访系统（最高人民检察院-省级检察院）部署示意图

2014年12月25日，经最高人民检察院第十二届检察委员会第三十二次会议审议，正式印发《最高人民检察院远程视频接访办法（试行）》，明确规定最高人民检察院在审查受理、立案、办理、释法说理、息诉化解、答复反馈、回访等工作中需要接谈控告人、申诉人的，可以通过远程视频系统进行接谈；各级人民检察院应当积极拓宽远程视频接访系统的应用范围。可以根据实际工作需要，通过该系统开展询问当事人、上下级会商案情、公开听证等工作。

检察机关视频接访系统建设在全国检察专线网，主要基于视频终端的异地同步音视频交互平台技术，采用"点对点"呼叫模式，实现最高人民检察院与各省级检察院（或其他下级检察院）之间的远程视频接访，采用最高人民检察院与省级检察院MCU级联呼叫模式实现最高人民检察院、省级检察院、地市级检察院和县区级检察院等四级检察院的联合接访。多级接访时，省级检察院上传各级参与接访检察院视频合成画面。视频分辨率一般应达到1080P、帧率至少达到30帧的端到端的高清标准。配套的电子接访笔录系统基于B/S架构，并可通过视频接访系统提供的双流功能技术，对电子化法律文书、证据材料、申诉材料进行展示、审查和传输。

2015年1月，最高人民检察院已与全国31个省级检察院全面联通远程视频接访系统，各地群众可以"足不出省"向最高人民检察院进行控告、申诉。2016年，已建成全国四级检察机关全联通的远程视频接访系统，随后通过建立健全机制制度、加强宣传引导、强化督查督办、实行定期通报等措施，推动远程视频接访实际应用，已通过视频同步接访1.8万余次，真正实现"让数据多跑路、群众少跑腿"，减轻劳累奔波之苦，上下级检察机关可以联合接访、会商案情，共同研究解决群众诉求，促进问题就近解决。

2.3 民事行政检察工作的智能应用

民事行政检察是检察机关法律监督职能的重要内容，主要工作包括对人民法院已经发生法律效力的、确有错误的民事、经济、行政判决和裁定，按照审判监督程序，向法院提出抗诉；对法院开庭审理的、检察院抗诉的民事、经济、行政案件，出庭履行职务。

2013年至2017年，全国检察机关强化民事行政诉讼监督，对认为确有错误的民事行政生效裁判、调解书提出抗诉2万余件，人民法院已改判、调解、发回重审、和解撤诉 1.2 万件；提出再审检察建议 2.4 万件，人民法院已采纳 1.6 万件。对审判程序中的违法情形提出检察建议 8.3 万件，对民事执行活动提出检察建议 12.4 万件。

2017 年 12 月，《最高人民检察院关于深化智慧检务建设的意见》明确指出，推进人工智能、大数据等现代科技在民事行政检察工作中的应用。加强行政执法、行政复议等信息的共享利用，探索构建与法院系统共享的民事行政诉讼监督平台，通过对民事、行政案件裁判文书的智能分析，辅助民事、行政案件抗诉工作；积极研发自动甄别民行审判异常、执行案件信息反常的智能信息系统，发现虚假诉讼、违法执行案件线索。

当前，一些地方民事、行政检察工作仍较薄弱。2018 年 3 月 27 日，最高人民检察院张军检察长在全国检察机关学习贯彻两会精神电视电话等会议上明确指出，要"加强民事行政检察工作，着力破解制约民事诉讼监督的难题"。现代科技可以辅助检察机关突破民事检察、行政检察工作面临的新问题、新挑战，实现新时代检察工作全面均衡发展，争取"实现刑事检察、民事检察、行政检察、公益诉讼检察并重"。

2.3.1 民事检察中的智能应用

当前，民事检察监督中的智能应用主要集中在以下领域：

2.3.1.1 审判信息共享平台

民事诉讼检察监督的基础是及时准确的获取法院民事案件的审判信息，包括民事案件的庭审活动信息、裁判文书信息等。

一、黑龙江省哈尔滨市"检法信息共享系统"

2015 年 4 月，黑龙江省哈尔滨市检察院与市中级法院建立了检法信息共享系统，实现民事行政案件网上查询、调阅下载及打印共享。试用两个月以来，市检察院民事行政部门共查阅 125 件次，借阅案件卷宗 51 册，下载案件卷宗 51 册，打印卷宗 42 册，借助此系统共审查案件 39 件。该系统正式运行对民事检察监督起到了很大的辅助作用：一是提高了工作效率。实现了即时借阅、即时调取的目标。以往调阅卷宗从联系法院档案管理人员约定调阅时间，到复印纸质卷宗或者调阅电子卷宗，一般需要一周左右的时间，如遇到法院有活动或出差则需要两周左右。系统启用后一般需 2 天即可成功调阅。二是节约了工作成本。实现了卷宗调阅电子化，极大节约了调卷支出。三是方便了检察机关统一业务应用系统的运用，实现了法院电子卷宗与检察机关统一业

务应用系统无缝对接。

二、内蒙古自治区赤峰市检察院"电子卷宗数据共享平台"

2016年，赤峰市检察院依托电子检务工程，以点对点专线联网为载体，创新搭建电子卷宗数据共享平台，顺畅解决网络对接、专线传输、安全保密等系列技术问题。与法院联合制定《电子卷宗数据共享平台实施办法》，明确电子卷宗制作要求和标准、流转程序、管理规范。检察院民事检察等部门需要调取法院卷宗时，由检察官填写电子版《调卷函》，部门负责人审核、分管检察长审批后，案管部门通过电子卷宗数据共享平台将《调卷函》传输至法院，法院启动内部调卷程序，通过平台传送至检察院。自平台上线一年间，赤峰市检察院共从法院调取民事行政监督类案卷34件82卷，有效节省了调卷时间，降低了印卷成本。

三、江苏省无锡市检察机关监督平台

2017年，江苏省无锡市检察院制定《无锡市检察机关检察监督信息化建设重点数据责任清单》，梳理出涉及民行、控申、未检、案管等7个业务条线的共23类57项重点数据，打造审判监督数据及行政执法监督数据等9个子数据库。无锡市滨湖区检察院在政法委、法院的支持下，为检察机关开通了法院庭审视频专网，检察官足不出户即可实时观摩、监督法院庭审情况，有利于及时发现庭审过程中的不规范情形，提高检察机关审判监督效率。下一步，无锡市检察机关还将继续深化"公检法视讯专网"建设，为检察机关法律监督打造坚实的网络基础。

四、驻人民法院检察室信息化建设

目前，北京市石景山区、山西省朔州市朔城区、山东省日照市岚山区、江苏省泰兴市、浙江省宁波市北仑区、湖南省岳阳市湘阴县、陕西省咸阳市三原县、新疆乌鲁木齐市天山区等地检察院探索设立了驻人民法院派出检察室，部分检察室由民事检察部门的检察官负责，作为民事检察监督的前沿阵地和服务窗口。

2014年1月，吉林省检察院与省高级法院联合下发《关于民事诉讼法律监督工作有关问题的通知》，在全省范围内实施。当年建立了73个驻法院检察官工作室，检察官轮流到检察官工作室值班办公，做好协助检察机关办案人员调阅诉讼卷宗、旁听观摩案件庭审、法检双方沟通协调等工作。

将来在派驻法院检察室信息化平台建设中，可以借鉴监狱驻所检察室信息化建设模式，充分加强检法信息互联互通，视频监控对接等，延伸法律监督"触角"，强化民事检察监督效果。

2.3.1.2 民事检察智能辅助应用

一、浙江省绍兴市检察院民事裁判文书智慧监督系统

2017年3月，浙江省绍兴市检察院成立了"智慧民行"系统研发课题组，以中国裁判文书网、浙江法院裁判文书检索系统为基础，自动提取了近3年来绍兴市法院系统30余万份民事裁判文书并进行大数据分析，从中排查可疑案件线索，半年不到就从30余万件民事裁判文书中发现监督线索310余件。截至9月20日，该院已向法院提出民事抗诉案件20件，发出检察建议47件，法院已裁定提起再审35件，改判8件。检察机关与公安机关协作查明存在虚假诉讼事实的民事案件已有150余件，即将分批次开展裁判结果监督。

浙江绍兴市检察院民事裁判文书智慧监督系统，可以通过对海量民事裁判文书进行审查，解决对民事诉讼全面、系统、主动监督的问题。系统运用自然语言处理技术自动分析裁判文书，从中抽取裁判文书中的结构要素信息，然后根据虚假诉讼、错误裁判的特征，通过数据筛选、数据碰撞、统计分析等方法将有监督价值的裁判文书筛选出来，在此基础上再进行人工研判。

例如，该院通过"智慧民行"系统检索发现，短短一年内以彭某为原告的借贷纠纷案件有72起，令人生疑。该院立即派员调查，发现彭某在上虞区法院频繁进行起诉与申请执行，存在虚假诉讼或涉嫌套路贷的可能。随即，绍兴市、上虞区检察院两级联动，第一时间成立专案组，向原审法院调取案卷，到公安机关查询信息，向金融机构调取资金明细，联系相关人员制作询问笔录，经过综合分析发现该案涉嫌套路贷、黑恶势力性质犯罪，遂将案件移送公安机关侦查。目前，公安机关已刑事拘留11人。

二、河南省新乡市检察院"智慧民行"辅助办案系统

河南省新乡市检察院研发"智慧民行"辅助办案系统，系统每15分钟检索一次新乡地区贴吧、论坛、微信、微博、新闻网站，联通"两法衔接"平台和法院裁判文书系统的信息通道，已积累互联网数据40余万条，4000余万份公开裁判文书、120余万条法律法规，实现了大数据与民事检察工作的深度融合。

系统主要有下列功能：一是审执异常行为分析功能，可以辅助办案人员检索法院审判人员、执行人员的基本信息、办案经验、关系图谱、办案列表等，全方位展示预警审执异常行为。二是虚假诉讼预警功能，基于对时间、空间、证据、诉讼过程、社

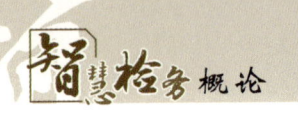

会背景等多维度数据分析，构建虚假诉讼模型，进行个案预警。三是个案查询，支持快速查看判决文书主体、相关法律条文、案件关联人物、一审二审关联等基本信息，并从指导性案例、类似案件、裁判法官类案三个维度进行个案的偏离度分析。

三、安徽省智能辅助办案系统民行辅助检索模块

安徽省检察机关为更好辅助民行检察办案，在智能辅助办案系统中，探索建立了基于争议焦点的新型检索方式，目前已经梳理了超过 1000 个争议焦点，覆盖离婚、民间借贷、房屋买卖、金融借款、物业服务合同、劳动合同、房屋租赁、买卖合同、建筑工程施工合同、生命权健康权身体权纠纷等数十个案由，方便检察官办案参考。

2.3.2 行政检察中的智能应用

当前，行政检察监督中的信息化、智能化应用刚刚起步，主要集中在以下领域：

2.3.2.1 行政执法监督平台

2014 年 10 月，党的十八届四中全会明确要求，健全行政执法和刑事司法衔接机制，完善案件移送标准和程序，建立行政执法机关、公安机关、检察机关、审判机关信息共享、案情通报、案件移送制度，坚决克服有案不移、有案难移、以罚代刑现象，实现行政处罚和刑事处罚无缝对接。

全国大部分省市检察机关均开发应用了行政执法与刑事司法衔接平台，防止以罚代刑、有罪不究，及时将行政执法中查办的涉嫌犯罪的案件移送司法机关处理。除"两法衔接平台"外，部分地方检察机关还创新研发了"行政执法监督平台"，解决行政执法监督线索缺乏、刚性不足等问题。

一、江苏省检察院"行政执法检察监督平台"

2016 年 12 月，江苏省检察院明确将丹阳市检察院探索的"行政执法检察监督平台"列入全省检察机关网信建设试点项目，专门成立研发小组进行重点推进。2017 年上半年，项目一期工程在该院开始试运行，汇总导入检察机关统一业务应用系统、两法衔接平台、12345 政府热线等数据，建立行政执法信息数据库。通过对信息进行碰撞、抓取、筛选、比对，并对线索信息的打分排序，获得有价值的案件线索，解决对行政机关监督难的问题。上级检察院可以对线索进行统一管理、及时分流，并实时掌握各地查办情况。截至目前，一期平台已收录信息 76610 条，从中发现疑似线索 48 条，

目前已办理公益诉讼案件 9 起，在办案件 3 起，发送检察建议 11 份，发送建议移送涉嫌犯罪案件函 3 份。二期工程逐步增加了 12315 消费者权益保护热线、12331 食药投诉举报热线、环保"生命周期"管理系统、环保危险废物动态管理信息系统、国土部门"四全"服务平台等数据来源。

图2-50　江苏省检察机关"行政执法检察监督平台"流程图

2017 年 5 月，江苏省丹阳市检察机关在"行政执法检察监督平台"后台疑似线索库发现"丹阳某小区开发商强行向住户一次性收取 20 年城市垃圾处理费，否则不予交房"的线索，并自动推送给检察官。承办检察官立即查阅江苏省相关地方性法规，确认开发商的行为违规后，到该市城管、物价等部门开展调查，并发出检察建议督促整改。相关部门收到检察建议后立即开展自查，并纠正开发商的违规行为。截至 2018 年 4 月，丹阳市检察机关应用该平台已发现疑似线索 133 条，已提请公益诉讼审批程序案件 3 件。

二、山东省检察院"环境保护行政执法检察监督信息共享平台"

2016 年 2 月 15 日，山东省检察院"环境保护行政执法检察监督信息共享平台"正式投入使用。该平台分为行政执法、环境监测、投诉举报、实时数据等功能模块，实现了省控重点河流状况监测、城市环境空气质量状况监测、省控以上企业环境监测、行政复议、行政处罚、行政许可、环保信访投诉等信息的共享。该系统还可对这些数据进行历史分析、区域分析，进行深入开发利用，从中发现有价值的案件线索，依法开展监督。这是全国首家在省级院全面实现环保执法信息与检察机关共享的信息系统平台。

山东省检察院和环保厅联合印发了《关于在环境保护行政执法检察监督工作中加强协作配合的意见》，定期召开联席会议，加强信息共享力度，深化环保行政执法专

项检察监督。2013年以来，山东省检察机关通过组织开展破坏环境资源犯罪专项监督，共起诉破坏环境资源犯罪4936人，督促整治非法排污企业1561家、清除危险废物1.9万吨、索赔生态修复费用6880万元。

三、浙江省温州市检察院"行政处罚信息共享平台"

2018年1月，温州市检察院与市信访局联合建立12345政务服务热线信息共享平台；3月与市法制办联合开通"温州市行政处罚信息共享平台"，签署《关于建立温州市行政处罚网上办理系统信息查询的合作备忘录》，在完善"府院"联席会议制度基础上，开通行政处罚信息共享平台，由市政府、市检察院两家单位确定专员负责，做好数据信息推送、采集提取和评估分析，确保获取的信息依法、安全、规范使用。通过将全市行政处罚数据交换库中的案件信息，纳入公共利益受损预警监控平台，增强监督合力和实效。下一步还将应用大数据技术，着力提升共享平台信息采集、线索研判和自动预警能力。

四、山东省昌邑市检察院"行政执法监督大数据平台"

2017年3月，山东省潍坊市昌邑市检察院建设"行政执法监督大数据平台"，作为昌邑市政府"智慧昌邑"建设的子系统，将相关行政执法部门的执法行为纳入数据平台监督范围，进行动态、高效、全面监督。通过建立行政执法信息数据库，对行政执法主体、执法程序、执法行为、法律适用、办案期限、处罚依据、处罚裁量等多个执法环节进行实时监督、自动对比和自动预警，促进相关行政执法部门规范执法、依法行政。平台现已涵盖环保、国土、城管、市场监管、质检、食药等行政执法部门。该院办理的行政执法检察监督案件与往年同期相比，办案数量提高了一倍，办案周期由2个月缩短到1个月，办案效率大幅提升。针对平台中发现的行政执法部门对个体美容会所非法注射和使用"A型肉毒素"、透明质酸钠监管等方面存在的问题，该院依法向有关行政执法部门发出检察建议5份。

五、河北省承德市鹰手营子矿区检察院"行政检察监督平台"

2018年2月，鹰手营子矿区区委常委会通过《鹰手营子矿区行政检察监督平台建设与运行暂行规定》，要求各行政机关加强与检察机关之间的信息沟通与协作，通过行政检察监督平台，最大限度地实现行政机关的具体行政执法数据信息资源与检察机关的互联互通。3月6日，区委、区政府召开行政检察平台建设推进会，对这项工作进行专题部署。目前，该区27个行政机关已全部纳入平台管理，录入各类行政执法信息 4.4 万余条。行政检察监督平台通过设定关键词、关键节点，设定对比、筛选词条等，对行政执法主体执法程序、执法行为等多个执法环节进行自动对比、自动发现、自动预警，既节省行政检察监督的时间和成本，也促进了相关执法部门规范执法。自平台运行半年来，该院已立案监督案件 13 件。

2.3.2.2　行政审判信息智能采集系统

检察机关行政检察部门担负着对法院行政审判活动、执行活动以及对法院行政生效判决进行监督的职能。有效监督前提必须是对法院办案信息的全面掌握、了解以及研判。目前，上海"206"智能办案系统可实现与法院诉讼信息查询功能互联，通过诉讼文书查询下载功能，获取基本诉讼数据和文本，并通过系统智能识别，抓取关键数据和文本自动填充到检察机关业务系统的相应部分，从而生成相关行政检察法律文书或法律文书的主体。浙江、江苏等地在政法委协调下正在架设横跨公检法的政法数据专网，通过这些办案数据共享平台，辅以智能分析软件，在未来实现对法院行政审判和执行案件信息进行高效采集乃至机器初筛。

2.4　检察公益诉讼工作的智能应用

当前，公益诉讼已成为检察机关新的战略增长点，在信息时代，加快推进大数据、人工智能等前沿科技在检察公益诉讼领域的应用研发落地，显得尤为必要。

在党的十八届四中全会通过的《中共中央关于全面推进依法治国若干重大问题的决定》明确探索建立检察机关提起公益诉讼制度后，2015 年 7 月，最高人民检察院召开新闻发布会，发布《检察机关提起公益诉讼改革试点方案》，选择北京、内蒙古等 13 个省、自治区、直辖市的 860 家检察院开展为期两年的试点，2017 年 6 月，全国人大常委会修改民事诉讼法和行政诉讼法，确立了检察机关提起公益诉讼制度。2018 年 3 月，"两高"共同发布《关于检察公益诉讼案件适用法律若干问题的解释》，完善检察公益诉讼制度。

根据 2018 年《最高人民检察院工作报告》中的数据，2017 年 7 月至 2018 年 2 月，检察机关已办理公益诉讼案件 10925 件。这项改革两年间完整经历了顶层设计、法律授权、试点先行、立法保障、全面推开 5 个阶段，走出了一条具有中国特色的公益司

法保护道路。

2018年7月6日，习近平总书记主持召开中央全面深化改革委员会第三次会议。会议提出，设立最高人民检察院公益诉讼检察厅，要以强化法律监督、提高办案效果、推进专业化建设为导向，构建配置科学、运行高效的公益诉讼检察机构，为更好履行检察公益诉讼职责提供组织保障。

检察公益诉讼工作在快速推进过程中，相比传统公诉业务，面临公益诉讼案件线索来源狭窄、线索获取不及时、涉及法律法规繁多等难题。深化检察公益诉讼工作，显然不能走传统办案的老路。正如最高人民检察院张雪樵副检察长所说："要综合运用大数据、区块链、卫星遥感等现代科技，提高在破坏生态环境、自然资源保护领域的线索发现和调查取证水平，充分利用检察机关和有关部门的鉴定系统，有效破解公益诉讼调查难、取证难的实务问题"，"同时，利用现代科技，以最大程度的客观性、合理性为目标，统一各类公益诉讼案件办理的标准和尺度，提升检察公益诉讼工作的司法规范化和专业化水平"。[①]

下文主要从"如何破解案件线索"，"如何固定案件证据"展开论述，梳理全国检察机关在公益诉讼信息化、智能化中的初期应用成果和有益经验，以供参考。

2.4.1 利用信息化手段挖掘公益诉讼案件线索

2.4.1.1 "内生数据"的深度应用

"内生数据"指检察机关通过挖掘自身业务办案"沉淀"的数据资源。目前，部分试点地方检察院针对检察办案"内生数据"进行深度挖掘，已取得阶段性突破。同时最高人民检察院也已统一部署统一业务应用系统公益诉讼子系统。下一步有可以以公益诉讼子系统为重点，拓展优化功能，完善系统流程，开放数据接口。

一、统一业务应用系统公益诉讼子系统

2018年，为进一步推进公益诉讼工作规范化、专业化、信息化建设，满足公益诉讼办案需求，最高人民检察院组织北京、吉林、浙江、福建、山东等地三级检察院开展了全国检察机关统一业务应用系统公益诉讼子系统的需求论证、技术研发、文书制定、测试等系列工作。自2018年5月18日开始，各试点单位公益诉讼案件办理，已全部在公益诉讼子系统内开展。应用试点前未办理完成的案件，继续在系统外办理，

[①] 张雪樵：《检察公益诉讼的"智慧之门"》，载《检察日报》2018年4月9日。

直至全部流程结束。建设公益诉讼子系统对加快推进公益诉讼工作规范化、专业化建设，并对系统内部海量案件数据的深度挖掘利用等具有重要意义。

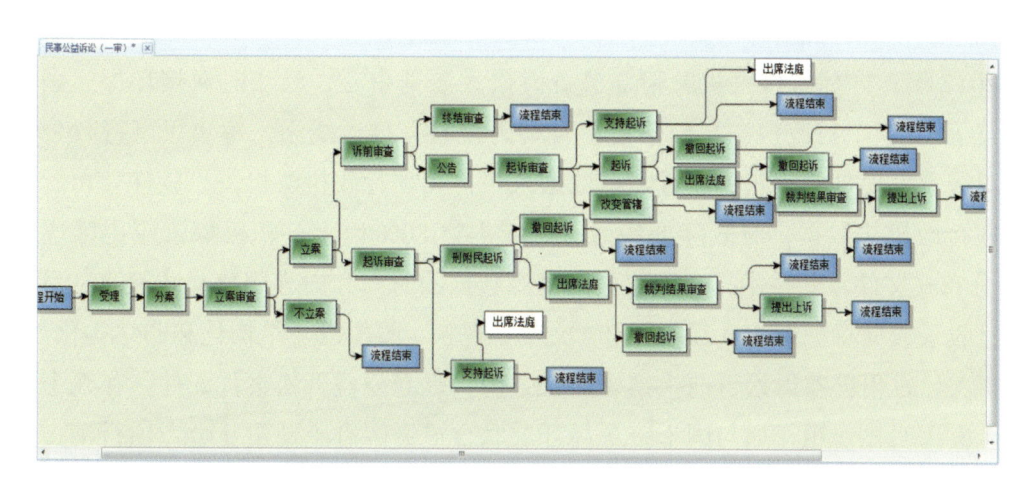

图2-51　统一业务应用系统公益诉讼子系统民事公益诉讼流程示意图

二、地方试点中的应用创新案例

"检察机关公益诉讼案件线索智慧筛查系统"（慧查系统）是浙江省宁波市北仑区检察院的一项探索。该系统改变了以往依靠人工输入筛查条件逐一检索的方式，由系统提供内部线索推送和外部线索筛查。其中，内部线索推送通过对接检察机关统一业务应用系统数据库，可按照特定罪名对公益诉讼案件线索进行自动化筛查，动态展示案件数据统计图谱，为公益诉讼职能部门"提供直接对路的服务"。通过将业务需求和软件设计进行深度融合，慧查系统理论上可在每0.003秒完成1个案件4大类犯罪83个罪名的精准筛查，并通过程序实现大数据图谱的直观展示和线索报表自动化输出。

"慧查系统"分为前台、后台两部分。前台进行大数据统计图谱展示，方便该院领导通过电脑终端随时掌握本院公益诉讼案件线索概况。后台可以进行公益诉讼案件线索筛查，以及线索详情、案情简介的打印和导出。"慧察系统"没有增加业务部门、办案干警的工作量，有效破解了检察机关办理的刑事案件中公益诉讼案件线索筛查难题。

2.4.1.2　"共享数据"的互联互通

2018年3月，"两高"联合发布的《关于检察公益诉讼案件适用法律若干问题的解释》，将检察机关定位为"公益诉讼起诉人"，民事、行政类公益诉讼工作类型

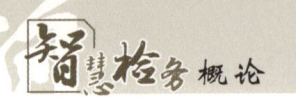

多、范围广、办案周期长，尤其在案件侦办的初始阶段，光靠检察机关"单打独斗"很难获取案件线索，因此实现与监察机关、相关政法部门、其他行政执法部门间的信息资源共享，畅通公益诉讼案件信息获取渠道迫在眉睫。

2017年，吉林省检察机关建立公益诉讼大数据中心，已实时对接环保、国土、食药监等40余个行政执法单位信息，自动为检察官推送线索，解决民事行政公益诉讼案源线索发现难的问题。通过闭源数据采集，无须行政执法机关、软件公司配合即可获取行政执法数据，有效降低沟通协调成本达80%以上。积极探索应用区块链和IPFS分布式文件存储技术，实现互联网案源数据的时间和内容固化与防篡改。目前，平台已收录数据总量近200万条，包含文本、视频、图像以及结构化和非结构化数据，检察机关已发出公益诉讼诉前检察建议323份，提起公益诉讼案件5件。在几个专项中平台发挥明显作用，如与国土资源局开展联合追缴国有土地出让金专项行动，发出检察建议14件；在开展中央环保督察反馈问题专项监督行动，发出检察建议64件；在开展舌尖上的安全专项上，平台提供141条案源，发出检察建议88件。平台的案源推荐逐步实现精准化，高效保护国家利益和社会公共利益的效果逐步显现。

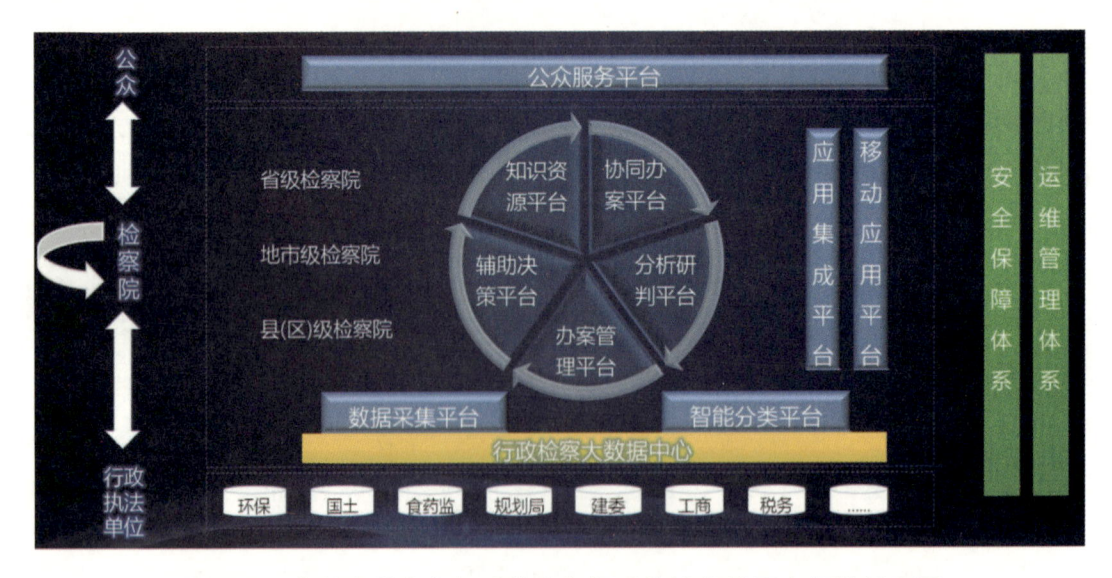

图2-52　吉林省长春市行政检察与行政执法衔接平台架构示意图

2018年，河北省保定市检察院在市委、市政法委领导下，加快建立全市"生态环境司法保护信息监督平台"，对接环保、国土、农业、水利、林业等相关行政部门，将公安机关直接受理、立案的涉环境类行政处罚案件和刑事犯罪案件全部纳入平台监督范围，既防止生态环保领域有案不移、有案不立、以罚代刑等问题的发生，又可以将监督触角前移，及早获取，环境资源领域公益诉讼线索。平台改变了原先人工录入

"记账式"信息共享方式,实现对市场监督管理、文化、环保部门信息系统进行无缝对接,自动采集数据,提高监督效率。

2.4.1.3 "开放数据"的整合挖掘

从目前公益诉讼案件办理的实际情况来看,如果仅靠挖掘"内部数据"办理公益诉讼案件,仍可能出现线索渠道单一、受案范围过窄,公益诉讼办案"等米下锅"的情况;"共享数据"仍无法充分涵盖公益诉讼的潜在案发领域,部分行政执法机关如食品药品监督部门同样缺乏全面数据样本。因此,检察机关还应特别注重在互联网开放数据中发现、挖掘线索。

一、互联网线索收集分析平台

广州市检察院联合科技公司"大数据社会管理监控平台体系"。该平台包括三个子系统:(1)监控子系统,主要监控环境资源保护、食品药品安全、国土使用权出让和国有财产保护等领域网络舆情,对表网和深网的信息进行抓取,自动形成准线索提交给查证系统,同时把相关过程数据存储到数据源系统。(2)查证子系统,是大数据社会管理监控体系的核心,专业分析师对监控平台提交的准线索进行多方查证,形成线索报告。(3)数据源子系统,主要为监控平台与查证系统提供各种数据源,综合运用各种专业搜索引擎,根据设定规则持续抓取目标数据,并进行相关的处理和存储。

上海市铁路运输检察院建立了"食药环资案件社情及行政执法监测分析平台",通过网络爬虫技术,及时收集分析特殊案件领域的涉案涉检社情舆情,作为办案人员案件办理线索分析的参考材料。同时,在原有功能的基础上,上海市铁路运输检察院还在开发通过手机小程序,进行涉案涉检社情的智能分析推送,提醒检察官关注相关事态发展进展,为公益诉讼案件办理拓宽案源。

浙江省绍兴市检察院研发"公益诉讼互联网线索收集分析系统",利用网络爬虫工具,从互联网自动抓取涉及公共利益的相关信息,动态筛选信息线索,推送给检察人员。同时将线索信息自动标注在地图,同时能自动聚类同类信息、同一地点的信息,方便汇总情报、拓宽线索视野。

2018年7月,智慧检务创新研究院成立"公益诉讼与计算法学联合实验室",启动"检察公益诉讼线索采集挖掘平台"研发工作。实验室出于公益科研目的,针对传播能力强、受众面广、用户群体多的互联网网站、论坛等进行采集工作,并实时存储在云服务器,通过对互联网数据进行自然语义分析,结合筛选模型,为检察官提供公益诉讼直接相关的线索信息。下一步拟构建大数据分析模型，深入挖掘公益诉讼案件趋势和特征、问题和规律，从线索类型、主体、地区等不同维度对多条数据碰撞分析，产生出有价值的线索，并以可视化形式展示线索情况和分析报告。对于线索数据中出现的地点信息，进行地理位置分析，并标注到电子地图中，检察官可在地图中明确的看到线索地点周围的自然情况，是否近河近山，是否靠近居民区、学校、医院、餐饮商铺等区域，有效识别影响范围。

图2-53 实验室"检察公益诉讼线索采集挖掘平台"GIS可视化示意图

二、微信"公益诉讼"举报平台

重庆市检察院官方微信公众号"重庆检事儿"开通公益诉讼线索举报功能。该平台接受人民群众对生态环境和资源保护、食品药品安全、国有土地使用权出让、国有财产保护等四个领域侵害国家利益和社会公共利益的违法行为的举报。市民在举报线索后，可通过栏目中的"举报查询"项目，查询线索跟进进度。根据规定，"线索举报"以实名制为原则，检察机关接受举报后进一步对线索进行核实跟进，并依照相关规定对举报人身份信息和举报线索内容予以保密，依法维护举报人及其近亲属的合法权益。

浙江省舟山市检察院在公众微信号开通"公益诉讼线索'随手拍'举报平台"，人民群众可以举报身边发生的公益类违法犯罪案件线索，同时可上传照片和必要的文字说明，实现公益诉讼线索"有图有真相""随时随地、一键举报"。舟山市检察院对从"随手拍"平台获得的线索情况及时分流处理，对是否符合公益诉讼立案条件等进行调查核实。截至目前，全市检察机关已通过移动端举报平台受理群众有价值举报线索6件，立案2件。

浙江省余姚市检察院开发了"掌上检察微公益"小程序，用户可以选择对应的五类公益诉讼案件类型，填写线索标题、详细内容、选择涉案地点、上报相关图片、音频、视频即可提交线索。线索初核通过后，小程序会自动建立对应的线索讨论空间，在该空间下检察官可以分别与举报人、媒体代表、行政机关代表沟通，作出是否立案决定。截至2018年8月，余姚市检察机关通过该平台，共收到公众线索举报19条，筛查出有效线索6条，调查后已立案3件，整合各类公益诉讼线索38条，发出诉前检察建议5件。

山东省青岛市检察院研发了"一键举报公益诉讼线索"App，通过引导群众"随手拍"，一分钟内就能以"有图有真相"的方式完成对身边公益诉讼线索举报。该项App在程序设计上力求"三个自动"，即：违法地点自动定位，根据手机GPS或LBS获取地理位置；线索属性自动分流，群众在上传违法信息时，直接选择问题分类，平台对上传信息按属性分别进行后台登记，形成相应的数据库；大数据舆情自动分析，对同一地点存在多次举报或同一问题存在多次举报的，平台将引导工作人员进行重点关注，必要时进行类案监督。两个月试运行期间，平台已收集线索335条。

图2-54 浙江省舟山市检察院公益诉讼线索"随手拍"举报平台

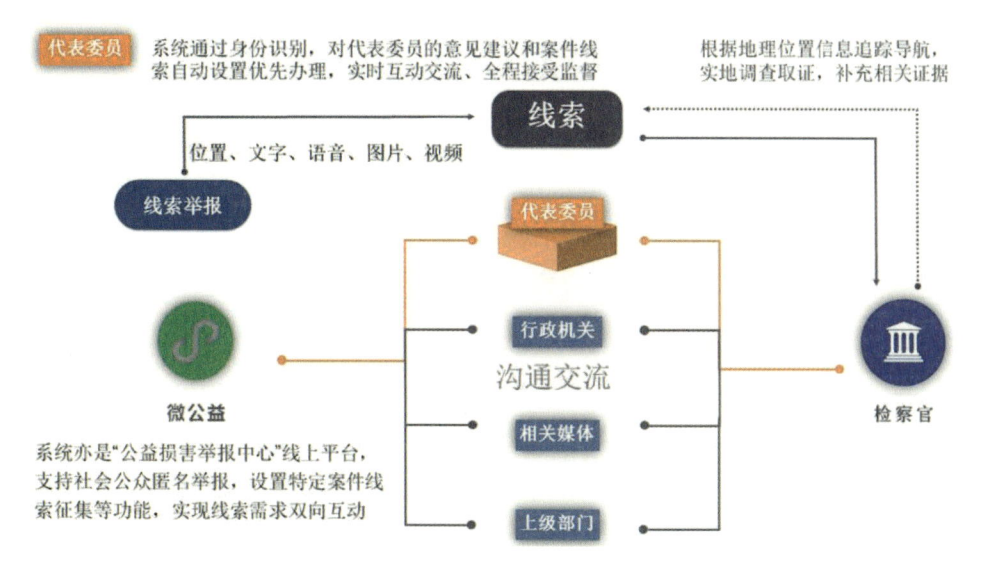

图2-55 浙江省余姚市检察院公益诉讼微信举报机制示意图

123

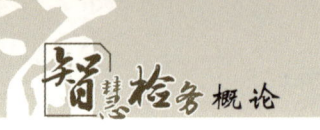

2.4.2　利用智能化工具固定公益诉讼案件证据

检察公益诉讼案件办理过程中，在获得初步线索后，检察官需要进行调查取证。而公益诉讼案件线索涉及的当事主体多具有特殊性，尤其是环境污染类公益诉讼案件，大部分案发地均处于城郊偏远地带、河流林场中央等地点，案源发现难、调查取证难上加难，更加需要借助各类高科技手段进行取证固证。

2.4.2.1　无人机在环境公益诉讼案件办理中的应用

随着工业级无人机在飞控系统、动力系统方面的大幅发展，从警用无人机、消防无人机，到农业无人机，现在"检察无人机"也已进入初步应用阶段，为检察工作带来了更多的便捷性与新的可能。如在无人机的协助下，检察机关可以利用无人机的高空优势，及时、全面地对相关违法活动进行证据固定和现场处置，并以此作为后续查处工作的有利支撑。

相比传统取证方式，利用无人机取证的优势有如下方面：一是取证质效高。飞行取证免除了办案人员取证过程中拍摄、丈量测绘的难度，且其取证角度有时是地面手段无法达到的，有效提升了工作质效。二是取证效果好。无人机采用4K效果拍摄，视频及照片清晰，可进行横向、纵向和立体的多维度、多方位采集，非常方便对办案效果的全程比对。三是取证智能化。以此方式进行的全案、全程高品质数字资料的积累，可为今后开展此类证据的智能比对、分析工作打下坚实的数据基础。目前，北京、陕西、海南等多地检察机关已进行了多次成功尝试。

例如，海南省海口市秀英区检察院永兴检察室不定期运用无人机对辖区生态环境进行空中巡查，及时发现有价值的公益诉讼案件线索。该检察室对辖区内经营性采矿、生猪养殖等可能发生破坏环境资源问题进行摸底调查，全面了解了当前采石对地貌的破坏情况以及生猪养殖的污染程度，并将该次航拍收集的信息，联合公益诉讼部门共同进行研究，分析其中可能存在的公益诉讼案件线索，使乡镇检察室成为公益诉讼的前沿触角。

再如，陕西省西安市雁塔区人民检察院在办理违法建设类的公益诉讼案件中发现，传统拍摄取证方式存在视角局限、效率低下、前后对比不明显等技术"瓶颈"，难以满足取证工作需要。而应用无人机无盲区俯视全景拍摄的特点，可以弥补了传统拍摄记录的缺陷，有效解决了办理公益诉讼案件中现场勘查难、调查取证难等问题。

图2-56　西安市雁塔区检察院利用无人机办理公益诉讼案件

2018年，北京检察科技信息研究中心环境损害实验室，经审批按规定首次使用无人机搭载倾斜摄影机开展空中取证，成功协助丰台区检察院完成一起行政公益诉讼案件的证据搜集和固定等工作。由于该案件中涉案现场范围广、地形复杂、违法点体量大、形状不规则，环境损害实验室相关技术人员经过多次实地考察和技术验证，首次采用五镜头倾斜摄影机进行拍摄，利用其全方位、多角度、全覆盖特点，生成三维实景影像，可以为办案检察官提供最直观、最准确的办案证据。

2.4.2.2　卫星遥感等高新科技在公益诉讼案件中的应用

卫星遥感技术可以辅助获得环境类公益诉讼案件的历史客观证据。例如，湖北省武汉经济技术开发区检察院在办理一起公益诉讼案件时曾遇到一个难题：其辖区内某耕地地块被违法占用，需要固定其面积及使用、变化情况，但由于没有相关社会性鉴定机构，办案人员不得不到被诉单位获取证据材料，但被诉单位提供的证据材料并不可靠。

因此，办案人员在联系武汉市检察院检察技术信息处后，使用卫星遥感技术调取了涉案地块在13个不同历史时间节点上的26张卫星遥感影像图。这些图像直观显示了一块农田一步步被硬化变白并搭建违法建筑的全过程，以及一个月前该院发出检察建议后该地块上硬化变白面积仍旧持续变大的动态情况，为提起公益诉讼提供了强有力的证据。

智慧检务创新研究院卫星遥感和区块链联合实验室，正在探索新技术由机器自动发现线索,一旦监测到指定区域内林地面积变小、耕地用途变更、水域被填埋或者污染等侵害公益的情况发生,线索信息将直接发送至检察机关,并在系统中同步存证,成为举证材料,从而可使公益诉讼取证固证过程更具客观性与公信力。[①]

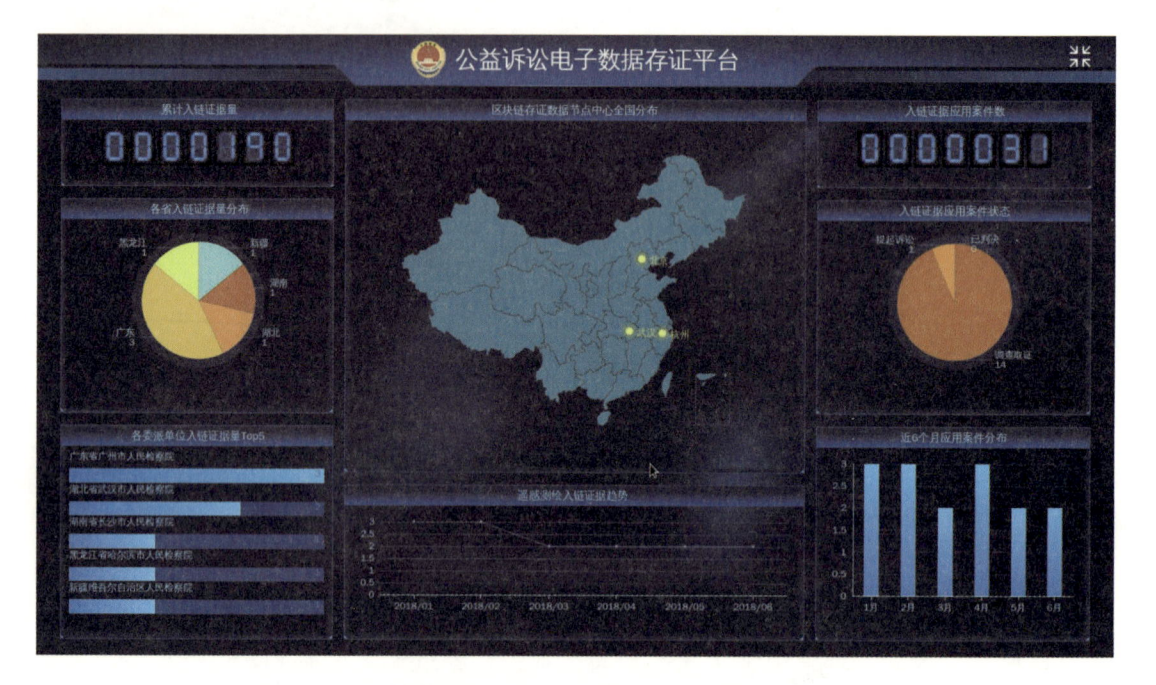

图2-57 智慧检务创新研究院区块链存证网络实验平台

2.4.2.3 公益诉讼取证勘查工具研发应用

内蒙古自治区呼伦贝尔市检察机关将生态环境和资源保护作为公益诉讼工作重点,针对内蒙古草原地区地多人少、地形复杂特点,为公益诉讼工作量身打造了专用办案车辆。新巴尔虎右旗检察院定制了全国检察机关首台全地形"草原检察直通车",可以全天候全地形开展巡回检察工作。海拉尔区检察院定制"公益诉讼工作车",配备先进的信息化装备和勘查取证设备,实现声像同步实时传输、远程指挥,投入使用1个多月以来,行程500多公里,提取固定证据80余份,办理公益诉讼案件6件,取得了良好的法律效果和社会效果。

---

① 金鸿浩、林竹静:《全国检察机关"智慧公益诉讼"解决方案述评》,载《检察技术与信息化》2018年第6期。

图2-58　内蒙古自治区呼伦贝尔市检察机关的"草原检察直通车"

浙江省检察院研发"便携式公益诉讼现场取证勘查箱"。公益诉讼现场勘查箱内配备有野外环境测量、环境污染现场取样和检测、食品药品安全现场检测等多种现代化高新测试设备。在检察技术人员协助配合下，通过现场取样、现场检测，能够快速初步判断现场水体或土壤的污染类型、污染范围以及食品药品中有毒有害化学成分。配备的检测设备可重复使用，随时随地采样分析获得结果，提升对公益诉讼案件的线索摸排、初步判断质效。目前已取得发明专利。在检察机关提起公益诉讼的"杭州临安纪某虎污染环境一案"中，公益诉讼现场取证勘查箱首次投入使用，成功获取有毒有害土壤检材，下一步将在浙江省检察机关中推广使用。

2.5 综合业务管理和司法辅助中的智能应用

2.5.1 案件管理中的智能应用

2.5.1.1 全国统一业务应用系统案件管理子系统

2012年，最高人民检察院成立案件管理办公室，在案件管理中主要承担管理、服务、参谋、监督职能，统一负责案件受理、流转；统一负责办案流程监控；统一负责扣押、冻结款物的监管；统一负责以最高人民检察院名义制发的案件文书的监管；统一负责组织办案质量评查和检察业务考评；统一负责业务统计、分析；会同有关部门管理、完善全国检察机关统一业务应用系统。下设案件综合管理处、案件流程管理处、案件质量管理处、案件统计信息管理处、业务信息化管理处等5个处级机构。

2013年，统一业务应用系统案件管理业务子系统研发完成，主要由案件受理、

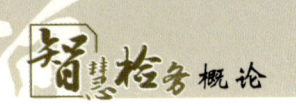

业务办理、案件分流、结案与归档管理、涉案财物管理、辩护与代理、执法风险评估、流程监控、信息与指标查询、用印与打印、统计导入等11部分组成，依照修改后的刑事诉讼法、民事诉讼法、行政诉讼法、《人民检察院刑事诉讼规则（试行）》、《人民检察院民事诉讼监督规则（试行）》、《检察机关执法工作基本规范（2013年版）》等法律法规确定的案件管理职能进行工作。

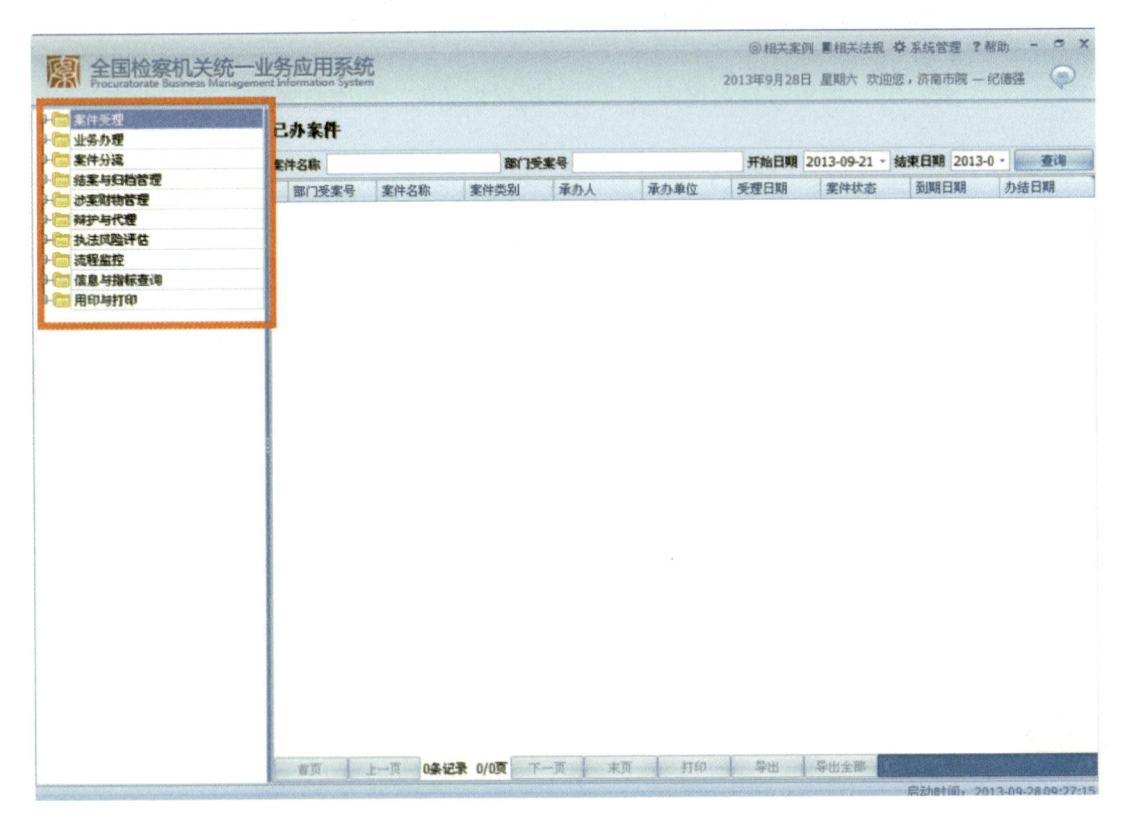

图2-59 统一业务应用系统案件管理子系统功能导航

一、流程管理

案件流程管理是案件管理的基础性工作，主要包括案件的入口、出口、办理流程监控等案件全生命周期。其中：

案件受理，通过统一受理登记案件，统一案件的"入口"，并以案卡填录为主要手段，完成案件信息的初始采集录入。

案件分流，包括案件分配、领卷、拆案、并案、变更承办人、案管查询等子模块，实现统一受理案件的集中分配，满足案件办理过程中特殊情形的及时有效处理。

流程监控，包括个案监控、预警超期监控、重点案件监控和流程监控统计四个子模块。分别以黄、红色图标设置预警提示和超期显示，预防各类案件超期办理；将不捕、不诉、判无罪等重点案件集中汇总，进行定制跟踪。通过流程监控，可随时掌握诉讼进程和办案情况，形成案管和业务部门之间的良性互动，必要时可以通过系统制作《案件流程监控通知书》，提出整改意见。

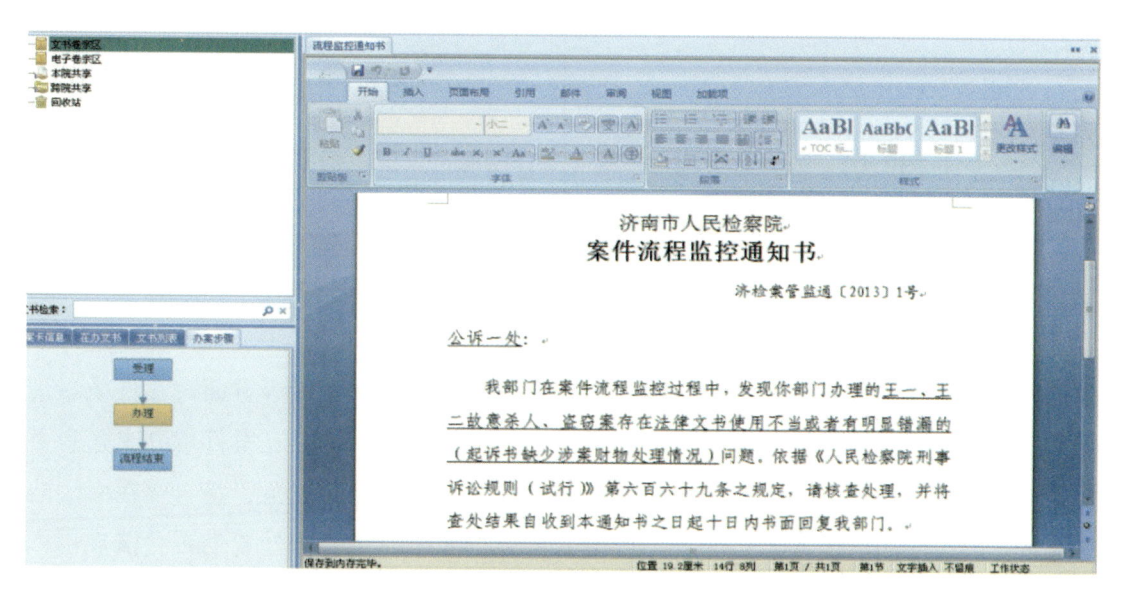

图2-60　统一业务应用系统《案件流程监控通知书》制作模板

结案与归档管理，包括送案管理、送卷管理、归档案件查询等模块。通过对对外送达案件的结案审核，严把案件的"出口"，对案件送达情况在系统中进行如实登记，满足案件信息流转和查询需要。

如图2-61所示，审查逮捕工作中的流程开始、受理、分案，到流程结束环节都由案件管理部门通过统一业务应用系统进行操作，案件审查流程由业务部门承办人操作，受到案件管理部门的流程监控。

2016年7月14日，最高人民检察院第十二届检察委员会第五十三次会议通过《人民检察院案件流程监控工作规定（试行）》（高检发案管字〔2016〕3号），明确对正在受理的案件，案件管理部门在强制措施、涉案财物管理、文书制作使用、办案期限、诉讼权利保障、司法办案风险评估、统一业务应用系统使用等工作方面应当重点监督、审查的内容。

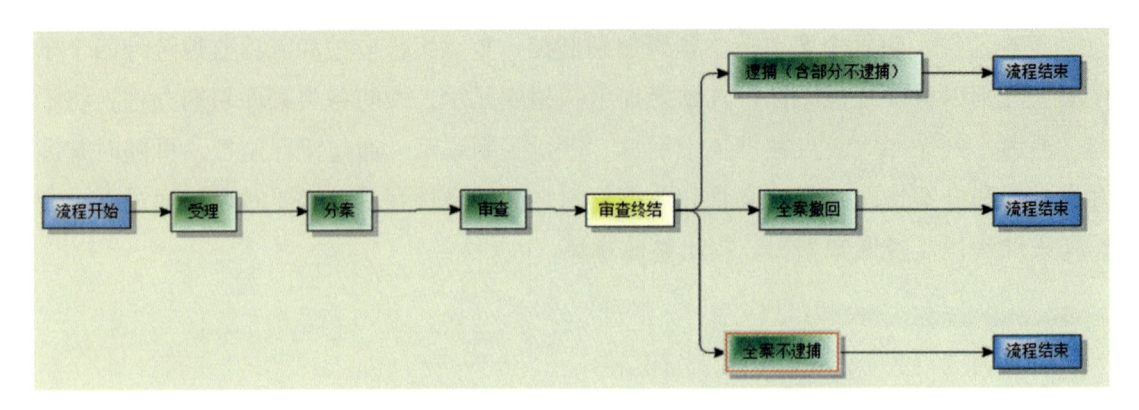

图2-61　统一业务应用系统（工作网版）审查逮捕案件流程

二、质量评查

统一业务应用系统全面部署以来，案件管理部门主要依托系统流程监控、统计核查功能，从案件程序质量、实体质量、诉讼文书质量、卷宗质量等方面对案件质量进行全面评查。例如，审查案卡信息填录是否完整、规范，是否存在案件承办人随意更改案卡，导致统计数据偏差的情况；法律文书格式和内容是否规范，是否存在引用法律条文错误、使用电子签名、印章不规范的情况；涉案财物管理处置是否合法规范，是否存在处理不及时、不全面的情况；当事人及其辩护人、诉讼代理的权利是否保障到位，是否有应当听取意见而没有听取的情况；案件信息公开是否全面、及时，法律文书有关技术处理是否规范等。

2017年12月7日，最高人民检察院第十二届检察委员会第七十一次会议通过《人民检察院案件质量评查工作规定（试行）》（高检发案管字〔2017〕7号），明确提出：案件质量评查工作应当以网上评查为主、网下评查为辅；最高人民检察院依托统一业务应用系统，研制案件质量评查智能辅助系统，将相关评查程序和标准嵌入系统，为全国检察机关利用现代信息技术辅助开展案件质量评查提供技术支持。

"各级人民检察院应当运用案件质量评查智能辅助系统，对所办理的全部案件进行智能检查、自动比对，并根据系统自动检查情况和工作需要，综合运用常规抽查、重点评查、专项评查等方式开展人工评查"，"每位检察官每年被抽查的案件数不少于本人当年办案量的百分之五，且最低不少于二件"，"评查结果等次分为优质案件、合格案件、瑕疵案件和不合格案件"。[①]

许多地方检察机关采取多种案件质量评查方式。在不同阶段针对不同案件分别采取

---

① 郑赫南：《案件质量评查结果将纳入业绩考核》，载《检察日报》2018年1月10日第1版。

自评与抽查相结合、日常评查与专项评查相结合、定期评查与随机评查相结合、线下评查与网上评查相结合的多种评查方式，初步形成互有侧重、互为补充的评查工作机制。

2018年1月，上海市检察机关案件质量评查系统上线运行，系统数据来源包括统一业务应用系统、电子卷宗系统以及人工录入。（1）常规评查功能，要求按部门、检察官统计各案件类别案件已评查及未评查数量，在案件列表中选择案件发起评查。（2）重点评查功能和常规排查功能类似；（3）专项评查功能，以活动的形式开展评查工作并搭建评查方案，创建评查活动、组织评查人员、批量筛选、分配评查案件。（4）评查报告功能，汇总评查信息，系统辅助拟制汇总报告，发送给相应的领导审批。（5）评查监控功能，支持查询所有案件的评查状况，支持打印和导出Excel文件。（6）统计分析，支持按单位/部门/检察官统计案件质量排名情况、评查工作情况，发现已评查案件各类结论分布，及问题高发点。

三、案件统计

2013年1月，最高人民检察院在广东检察机关统计软件基础上进行修改完善，在全国范围内部署应用AJ2013版检察机关案件统计管理系统，替代了之前的AJ2003版统计软件。2015年2月，AJ2013和统一业务应用系统数据进行对接，承办人在统一系统里填写的案卡内容可以直接导入AJ2013统计软件，统计员审核案卡导入情况和检测报表后再逐级上报，节省了统计员手工填报的时间。

但是统一业务应用系统无论是在设计理念还是在系统架构、数据库结构上与统计软件存在较大差别，导致在进行数据衔接的过程中仍存在很多问题，交换过来的案件数据差错率较高，人工纠错任务繁重，统计工作效率不高。此外，统一业务应用系统与AJ2013系统在数据源、统计方法不一致，导致相同的数据指标在不同的系统中产生差异。

图2-62 AJ2013版检察机关案件统计管理系统登录界面

2016年，最高人民检察院按照计划，启动统计功能的升级开发工作，目标是在统一的技术平台中由办案信息自动生成业务数据。同年8月组织分批次集中开展测试工作。

2017年1月16日，最高人民检察院下发《关于做好310版统一业务应用系统升级及应用指导工作的通知》（高检案管〔2017〕1号），正式推出统一业务应用系统统计功能模块，并解决了系统优化专项工作中梳理的重点问题。原AJ2013统计系统

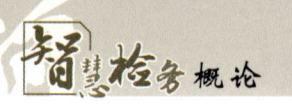

除特定需要外，不再承担统计任务。为方便数据比较，最高人民检察院协调开发单位制作了数据迁移工具，将原AJ2013中截至2016年底的电子数据对应迁入新的统计系统之中。

统计子系统将统一业务应用系统生产库中案件数据，进行转换、存储、归纳统计形成统计数据库，用以支撑检察机关统计部门开展各项统计分析活动。

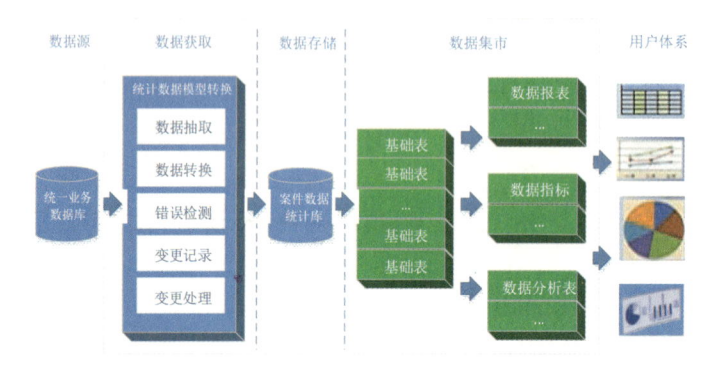

图2-63 统一业务应用系统统计子系统数据架构示意图

其中，案件数据收集模块，根据定义的规则从统一业务生成环境中抽取案件数据，经过清洗转换、错误检测等一系列的活动，完成案件数据的收集工作，形成案件数据统计库。主要包含案件数据抽取、数据转换、数据变更处理、数据变更审核、数据合并、基础表变更计算、本院汇总表及上级院汇总表同步变更等功能。

业务决策管理信息模块，包含面向各业务用户的决策指导数据、案件信息查询、检察官办案情况等3个功能，分别用于展示已定制好的相关业务办案数量、办案质量、办案效率指标数据，特定的办案数据和案件信息，以及检察官办案数据。

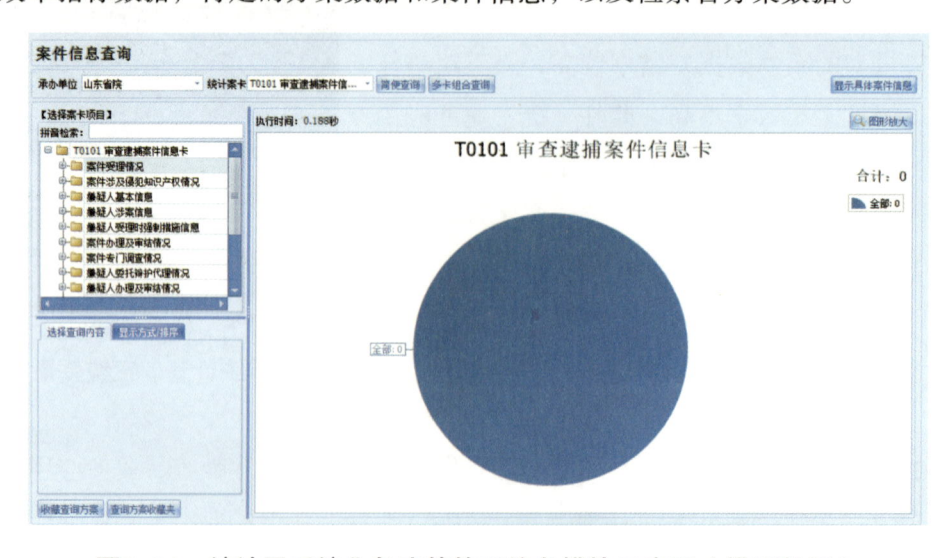

图2-64 统计子系统业务决策管理信息模块示意图（模拟数据）

业务信息监管模块包括业务信息审核、业务数据定义、业务信息分配、业务信息基础资源、业务信息技术配置等 5 个功能，同时可以提供同比分析、图形分析、扩展分析和行列筛选工具，支持反查登记卡、联查统一业务应用系统办案数据。

2.5.1.2 地方检察机关智慧案管探索

一、江苏省检察院"案管机器人"

江苏省检察机关的"案管机器人"大数据应用平台主要包括流程监控、质量评查、权利保障、决策分析等模块。

图2-65 江苏省检察院"案管机器人"系统功能机构

流程监控模块：突出对办案程序的自动监督。 目前平台针对侦监、公诉、民行、控申业务共设置了 722 条监控规则，由机器对每一件案件、每一个程序、每一个节点进行自动比对，对于需要履行的程序性事项会自动向案件承办人进行提醒，对于履行期限即将届满的会自动向案件承办人进行预警，对到期后没有履行的，平台自动生成超期未办事项，同步推送给案件承办人以及案管部门，启动监控程序；对催办、督办后仍未整改的，平台再将问题推送给纪检监察部门和分管领导，形成监督合力。

质量评查模块：突出实体监督，确保应评案件尽评查。 平台将统一系统所有案卡、文书、电子卷宗提取到评查模块内，共梳理出评查点 1618 个，实现了机器评查与人工评查的有机结合。评查结束后，平台会自动将评查报告推送给办案检察官，办案检察官对评查结果有异议的，可以通过平台提请复议。为了解决同级监督难、自我监督难问题，平台还开通了区域间交叉评查功能，各地可以利用平台内的文书及电子卷宗开展异地案件评查，切实做到真评、实评。

权利保障模块：突出依法规范。 在征得案件当事人、辩护律师同意后，通过短信、电子邮件、电话等多元化手段及时向案件当事人、律师等告知各类程序性信息。平台运行以来，共计向当事人、律师发送权利保障短信 179219 条，大大节省了人力物力成本，节约了办案时间，提高了送达效率，提升了当事人、辩护律师的获得感。

该平台自 2017 年 6 月上线以来，成效明显，推动了江苏省检察机关案件办理、管理的高质高效。办案程序超期问题降幅超过 90%，超期问题整改率从 69.8% 上升至 94.2%。应评尽评案件评查率提升至 100%，评查出的问题案件数下降超过一半以上；权利保障中短信保障数由原来平均每日 208 条上升到现在的 560 条，上升了 169.2%。

二、北京市检察管理监督平台

北京市检察管理监督平台在统一业务应用系统的基础上，整合、汇聚了检察业务管理监督功能。平台包括"信息汇集地""案件线索调度室""执法监控阀"三个模块，其中：

图2-66　北京市检察管理监督平台示意图

平台"信息汇集地"模块，可以实现对于进入检察机关的所有案件全面实行网上受理、办理、全面留痕和统一管理。包括三个功能：（1）收送案登记，补充登记收案、送案等环节的填录信息，实现案件的线下流转向线上流转转变。（2）收送案统计，主要对案件受理数以及送案管理数统计，实现对全市案件受理统一管理。（3）收送案审核问题管理，将收送案时发现的问题进行登记，并反馈给案件承办检察官进行整改，实现收送案问题全程追踪。

平台"案件线索调度室"模块，主要包括两项功能，（1）检察监督线索管理功能，支持线索来源分析、线索分流情况分析，统一管理线索受理、分流工作。（2）系统应用管理，实现对系统的使用权限变更等系统操作的申请、初核、审批、执行的流程信息化。

平台"执法监控阀"模块，通过流程监控、案件评查等手段，实现对执法办案的全面监管。主要有四项功能。（1）流程监控功能，对案件的每个节点与环节进行实时监控和管理。（2）案件信息公开审查监督功能，对应当公开与不应当公开的案件程序性信息和法律文书进行审查监督，通过消息提醒反馈给承办检察官进行修改，实现对案件信息公开监督的全程留痕。（3）案件质量评查功能，在个案评查的基础上补充了专项评查功能，提供各检察院发起专项评查任务、记录评查工作结果并上报市检察院。（4）数据分析功能，可以反映业务基本情况，包括生成业务基本情况表等各类统计表，并可对业务情况进行多维度分析，形成态势分析、业务分析、专题分析等各类报告。

三、贵州省检察院案件智能研判系统

贵州省检察院率先研发案件智能研判系统，为案件监控提供数据分析。该系统全面、真实、客观地记录每个案件办案情况，并按照"一人一档案"要求建立数字化司法业绩档案。目前，已运用系统对全省检察机关近两年来办理的14100件故意伤害案件进行分析。结合网上案件质量评查系统，按照"一案一评查"要求评查各类案件10万余件，发现和纠正实体性瑕疵30余个。

同时，贵州省检察机关还部署应用大数据分析服务系统，从核心数据、常规分析、专项分析、办案评价、人员管理等多个方面为管理决策提供"智库意见"，并重点围绕检察机关办理案件建立了5个维度、632项具体指标的办案"评价体系"。目前，该系统已在省检察院和9个市（州）检察院试点运行，数据涵盖10余个业务条线，产生并分析数据2594万余条。

四、四川省检察机关"案件质量巡逻车"系统

四川省检察机关"案件质量巡逻车"系统将统一业务应用系统、电子卷宗系统、案件信息公开系统、统计管理系统等多个系统的各个业务类别的数据，进行集中可视化展示。其中，统一业务应用助手，可以按照案件类别、业务类型、部门等不同维度，分类统计各级检察院办案情况，统计各院案件类别受理数，受理趋势，检察官办案效率、检察长案件办理情况等；数据校验分析助手，可以对统一业务应用系统中基础表问题进行分析，并提出修改意见；电子卷宗分析助手，可以协助各级院统计电子卷宗制作情况；案件信息公开助手，可以统计各级检察机关案件程序性公开的相关信息。

案件质量巡逻车系统的应用有效提高了案管工作效率和现代化水平。

五、山东省济南市检察院案件质量预检系统

山东省济南市检察院自主研发了办案质量预检系统，实时抓取检察机关统一业务应用系统数据，对录入的案卡信息、文书进行检查，目前内置校验规则2000多条。有效辅助统一业务应用系统的案卡填录和文书制作，消除文书格式和内容上差错，减轻了办案人员和案管人员查错的工作量。

该系统目前具备纠错、留痕、统计、提醒等四大功能。一是让系统做校对员，实现自动纠错，包括案卡在线即时纠错，文书在线即时纠错，节点文书完整性检测校验等，辅助人工检查，将错误第一时间发现、第一时间处理。二是让系统做记录员，业务数据自动留存至本地服务器，全程留痕，全程监控办案过程。三是让系统当统计员，自动产生各业务部门及检察官的办案绩效、工作量、工作效率等统计信息。四是让系统做督导员，开机自动弹出到期案件提醒、待审批案件提醒等，提高司法办案效率。

图2-67　山东省济南市检察院案件质量预检系统示意图

2.5.2　检察技术中的智能应用

最高人民检察院张军检察长曾撰文指出："司法鉴定意见在诉讼活动中具有双重功能，其一是作为司法证明手段，是法定证据的一种；其二因其科学属性，对其他证据起到科学认证、补充和强化的重要作用。人们直言'打官司就是打证据'，而'打证据就是打鉴定'……但是，由于管理问题，受鉴定技术发展水平、鉴定方法、鉴定技术设备等主客观因素影响，以及鉴定人的业务水平、工作能力、责任心不同，

鉴定意见的科学性和准确性往往也受到影响，甚至可能发生错误。""司法鉴定的权威性来自于鉴定意见的科学性。司法鉴定以科学技术为基础，科学技术的进步始终是司法鉴定发展最为根本、最为活跃的动力。鉴定的受理、实施，鉴定的技术、方法、标准是否科学、可靠，是否反映了现有科技发展的最高水平，是否得到了业内公认，都决定了鉴定意见是否经得起庭审质证的检验，是否经得起实践和时间的考验。"[①]

2018年3月，张军检察长在全国检察机关学习贯彻两会精神电视电话会议上明确指出，要加强检察机关"司法鉴定适应性改革"。

2.5.2.1 全国检察机关司法鉴定云服务系统

早在2014年，最高人民检察院技术信息中心就建立了全国检察机关电子数据云平台，通过最高人民检察院技术信息中心和各地检察机关电子数据实验室的互联互通，实现证据资源积累、鉴定设备共享、远程办案协助等功能。截至2017年7月，已接入1050家单位，汇聚近100亿条数据，支持解析百余个门类数据。

图2-68 全国检察机关电子数据云平台网络线索分析功能示意图

[①] 张军：《我国司法鉴定制度的改革与完善》，载《中国司法鉴定》2008年第2期。

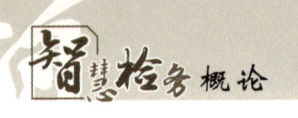

2017年，最高人民检察院借助电子检务工程，基于早期电子数据云平台建设基础，研发司法鉴定云服务系统。系统采取"1+2+3"功能架构，即司法鉴定云服务门户"1个门户"，远程办案平台和公共辅助云平台"2个平台"，以及病理图像比对、文档打印暗记追踪查询、电子证据固化等"3个检察技术办案辅助工具"。

一、司法鉴定云服务门户

系统主界面包括公告管理、组织机构管理、用户管理、权限管理、日志管理、服务管理、工作流管理等功能，并支持对上述功能进行信息添加、编辑、删除、查看、启用、停用等操作，方便最高人民检察院和省级检察院技术部门进行统一管理。

图2-69 司法鉴定云服务门户示意图

二、远程办案云平台和公共辅助云平台

远程办案云平台主要用于重大疑难案件的视频会检与研讨交流，系统可以实时传输视频与音频信息，使协作成员可以远距离进行直观、真实的视音频交流；利用多媒体技术的支持，视频会议系统可以帮助使用者对工作中各种信息进行处理，如白板、共享数据、共享应用程序、共享桌面、共享视频等，从而构造出一个多人共享的工作空间。

```
┌─────────────────────────────────────────────────────────────────┐
│                      司法鉴定云服务系统                          │
│  ┌───────────────────────────────────────────────────────────┐  │
│  │                      门户管理系统                          │  │
│  │ 用户管理 服务管理 信息查询 组织机构管理 通知通告管理 站内链接 数据统计 │  │
│  └───────────────────────────────────────────────────────────┘  │
│                                                                 │
│  ┌──────────────┐  ┌──────────────┐  ┌────────────────────────┐ │
│  │ 专业辅助云平台│  │  办案云平台  │  │     公共辅助云平台     │ │
│  │ ┌──────────┐ │  │ ┌──────────┐ │  │ ┌────────┐ ┌─────────┐ │ │
│  │ │病理图像比对│ │  │ │远程办案平台│ │ │专业标准规范│ │司法鉴定典型案例│ │
│  │ │我要比对 我要上传│ │ 远程视频  │ │  │我要上传  │ │我要比对 我要上传│ │
│  │ │我要审核 我要浏览│ │           │ │  │我要浏览 分类目录管理│ │我要审核 我要浏览│ │
│  │ │分类目录管理 审批流管理│ │远程音频│ │  │          │ │分类目录管理 审批流管理│
│  │ │文检打印暗记追踪查询系统│ │        │ │ │司法鉴定法律法规│ │司法鉴定专业文献│
│  │ │我要比对 我要上传│ │文字讨论 │ │  │我要上传  │ │我要比对 我要上传│
│  │ │我要审核 我要浏览│ │         │ │  │我要浏览 分类目录管理│ │我要审核 我要浏览│
│  │ │分类目录管理 审批流管理│ │共享桌面│ │ │          │ │          │
│  │ │印文鉴定辅助系统│ │          │ │  │司法鉴定百科│ │分类目录管理 审批流管理│
│  │ │我要比对 我要上传│ │在线投票 │ │  │我要上传  │ │          │
│  │ │我要浏览 分类目录管理│ │       │ │  │我要浏览 分类目录管理│ │          │
│  │ │电子证据固化│   │ │文件共享 │ │  │          │ │          │
│  └──────────────┘  └──────────────┘  └────────────────────────┘ │
└─────────────────────────────────────────────────────────────────┘
```

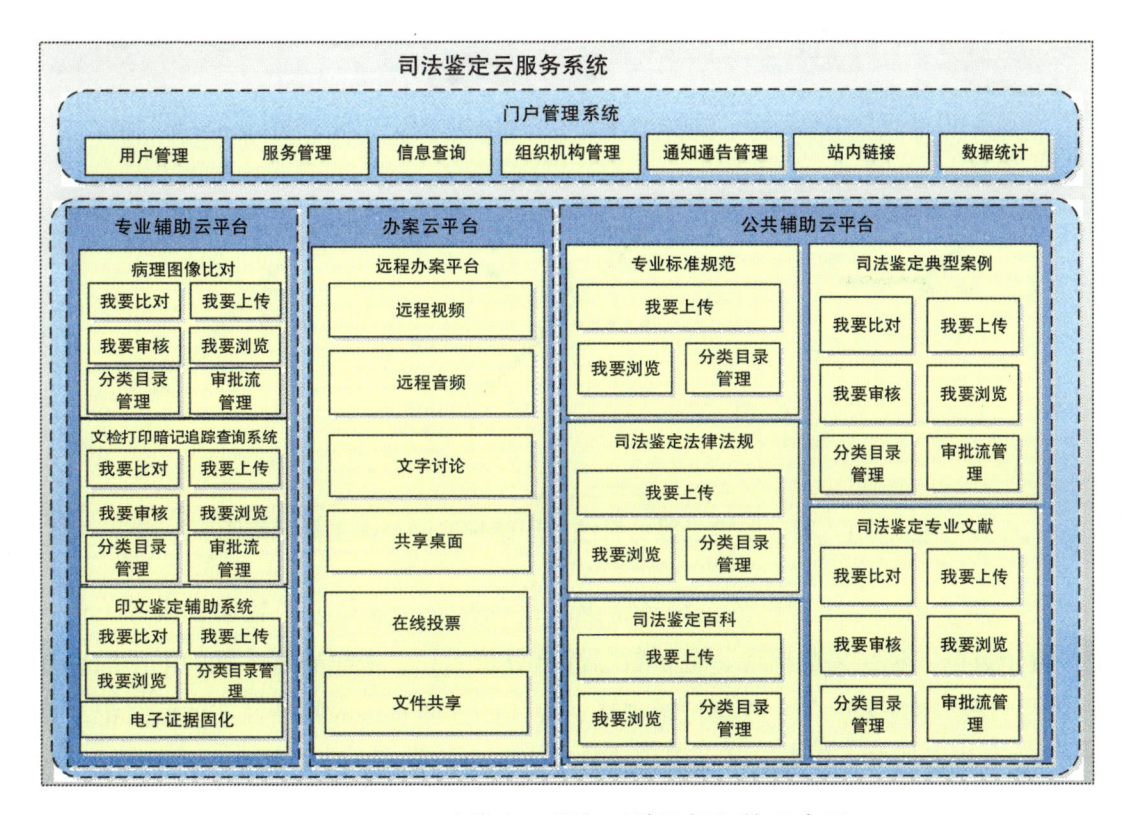

图2-70　司法鉴定云服务系统逻辑架构示意图

公共辅助云平台包括专业标准规范、司法鉴定法律法规、司法鉴定典型案例、司法鉴定百科系统和司法鉴定专业文献等5个司法鉴定知识库，由最高人民检察院司法鉴定中心相关专业负责人审核，将文件资料存放到对应资料池分类目录下，供全国检察机关司法鉴定人员参考。

三、检察技术办案辅助工具

一是病理图像比对工具。可以将提取的病理切片图像上传，通过标签信息，检索库中类似图像，对检材和样本图像进行观察比对，便于确定两者的相同或不同特征。二是文档打印暗记追踪查询工具。运用文件检验学的原理和技术，对文书的笔迹、印章、印文、文书的制作及工具、文书形成时间等问题进行鉴定。用户在浏览图像库文件时，系统以缩略图的形式向用户展现图像的概貌，减少图像加载的时间，用户下载后可查看原始图像，并支持放大、比对、标注等功能。三是电子证据固化工具。对采集到证据固化系统中的电子证据进行摘要运算，使用时间戳证书进行签名，形成具备时间戳的可信固化签名；系统对计算得出的证据摘要信息及签名值进行区块链存证。对于已经经过固化和存储的证据信息，提供验证功能。

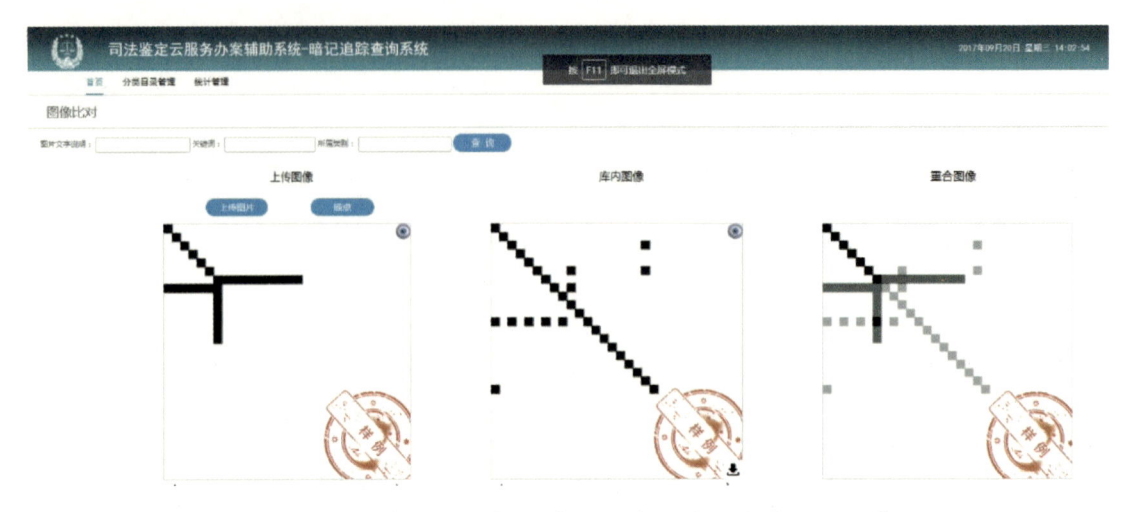

图2-71　司法鉴定云服务系统打印暗记追踪查询工具示意图

下一步，司法鉴定云服务系统还将继续优化升级，强化电子数据云服务（包括完善电子数据取证结果数据池、电子数据综合分析工具、密码破解工具、电子取证知识库）、法医鉴定云服务（收集记录现场、实体、活体、法医物证及文证信息记录信息）、文痕检云服务（收集记录文痕检验过程中产生的数据）、声像资料鉴定服务（录入声像资料与案件信息进行关联）、司法会计鉴定服务（收集记录涉案的财务会计资料及相关财务数量的检查结果）。

2.5.2.2　地方检察机关检察业务信息化应用

一、上海市检察机关网上法医文证审查工作协同系统

上海市检察机关网上法医文证审查工作协同系统于2016年7月1日正式上线运行，同时配套发布《法医文证审查工作网上协同办法》，确立了以前置审查为主、以委托审查为辅的法医文证审查双轨制新模式。在案件受理、电子卷宗分流时，自动将全国检察机关统一业务应用系统中故意伤害、寻衅滋事、聚众斗殴、妨害公务等四类案件的"伤势鉴定材料"推送给法医，法医依托专业技术知识，将审查结论第一时间送达检察官，为检察官出庭提供专业支持。软件运行一年多以来，共审查案件8700余件案件，发现鉴定意见错误等问题数十项，为防止冤假错案提供了有效的技术支持。

二、广东省检察机关技术性证据审查管理平台

广东省检察院研发了全省技术性证据审查管理平台，平台依托于统一业务应用系

统,在检察官办理批捕和起诉案件的同时,可新建《委托技术性证据审查书》,将技术性证据材料电子卷宗,通过平台发送给检察机关司法鉴定人员进行审查。审查人审查完成后会把审查结论返回给委托人,高效响应检察官对技术性证据的审查需求。依托该平台,广东省检察院技术部门实现了检察技术智能分案、自动匹配、网上监管和考核等功能。目前,平台已从省内8个地市法医类技术性证据审查试点应用,扩大至全省检察院以及文检、电子证据等其他技术门类。

图2-72 广东省检察机关技术性证据审查管理平台示意图

第 3 章

全要素智慧管理

要在提升政法工作决策管理水平上求突破，不断提高政法工作核心战斗力，要用新科技优化决策，增强领导决策的科学性、精准性、高效性；要用新科技优化管理，切实管好关键人、管到关键处、管住关键事。

——陈一新《认真学习贯彻习近平总书记科学方法论
不断提高新时代政法工作领导水平》[1]

3.1 智慧办公的探索应用

办公自动化利用先进的电子信息技术和现代办公设备构成的人机信息处理系统，辅助管理人员进行各种办公活动。我国办公自动化的发展基本可以分为三个阶段：第一个阶段是 20 世纪 80 年代中期，办公系统以个人电脑、办公套件为主要标志，实现了数据统计和文档写作电子化和无纸化办公；第二个阶段是 20 世纪 90 年代中期，以网络技术和协同工作技术为主要特征，实现了工作流程和收发文件自动化。第三阶段是 21 世纪初期，办公系统以知识管理技术为基础，实现了文件共享、网络打印共享、完成了网络数据库管理等工作。这一阶段，应用范围从部门内部、部门之间扩展到行业/系统内部，乃至跨部门系统。

---

[1] 载《求是》2018 年第 12 期。

3.1.1 检察办公信息系统

3.1.1.1 最高人民检察院检察办公管理信息系统

2015年11月全国检察机关电子检务工程工作会议明确，在2017年底前，电子检务工程要建成司法办案、检察办公、队伍管理、检务保障、检察决策支持、检务公开和服务等六大平台。

2016年6月，最高人民检察院党组决定开发检察办公管理信息系统。2016年8月研发工作正式启动，同年12月完成了整体功能的开发和测试，并在技术信息中心试运行。试运行一年期间，系统同步进行升级完善。

2017年12月29日，最高人民检察院检察长办公会审议通过了《最高人民检察院检察办公管理信息系统使用管理办法（试行）》《最高人民检察院检察办公管理信息系统运行维护管理办法（试行）》（高检办发〔2018〕2号）。文件规定，除中央文件、绝密级公文、领导同志亲启件和其他不适宜在系统内传阅办理的案件、事项和文件资料等外，最高人民检察院机关内设机构、机关服务中心、技术信息中心的日常办公事务，实行"全员、全面、全程"系统内处理。系统运行维护实行7×24小时值班制度，解决并及时汇报系统相关问题。

2018年1月1日，最高人民检察院机关正式启用检察办公管理信息系统。2018年2月11日，最高人民检察院检察委员会集体学习了检察办公信息管理系统。2018年7月3日上午，最高人民检察院党组听取了《关于进一步推进检察办公管理信息系统使用的情况报告》，张军检察长指出，推进办公信息系统的使用，是贯彻落实中央八项规定、反对"四风"的重要举措，院领导和各部门负责人要强化严谨、精细、责任意识，以上率下，严格落实好相关要求，切实提高办案办文的质量和效率。

图3-1 最高人民检察院检察办公管理信息系统界面图

2018年7月4日，最高人民检察院办公厅发布《关于进一步推进检察办公管理信息系统使用厉行无纸化办公的通知》，要求“今后各部门收到外单位纸质文件后，非因特殊情况，一律按规定扫描入网，通过办公系统办理”，“各部门领导带头使用办公系统办理和阅览文件”，“各承办人及时查看办公系统，确保不压件、不漏件。”2018年上半年，最高人民检察院检察办公管理信息系统月均办理公文数2249件。该通知下发后，月均办理公文数3672件，环比提升63%。

目前，最高人民检察院检察办公管理信息系统具有公文处理、文件传阅、通知公告、事务督办功能、个人助理等功能。

一、公文处理功能

办公系统公文处理功能包含呈批件办理、发文管理、收文管理和公文查询四个子功能，能够实现对公文的起草、核稿、审批、会签、签发、成文、盖章、发文、归档等全过程的流程化管理。

（一）呈批件办理功能

承办人使用时需要在系统中进行拟稿，或上传本地文件作为正文进行修改，录入题目、缓急、密级等基本信息，并录入承办意见后可转交其他办理人进行办理。在公文办理过程中，相关办理人员可以随时查阅公文的办理情况和领导批示意见等信息。

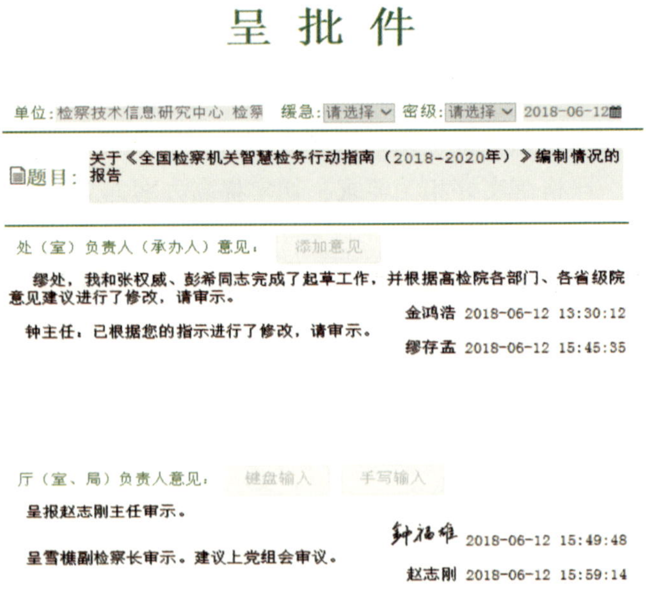
呈批件

单位:检察技术信息研究中心 检察　缓急:请选择　密级:请选择　2018-06-12

题目：关于《全国检察机关智慧检务行动指南（2018-2020年）》编制情况的报告

处（室）负责人（承办人）意见：　添加意见

缪处，我和张权威、彭希同志完成了起草工作，并根据高检院各部门、各省级院意见建议进行了修改，请审示。
金鸿浩 2018-06-12 13:30:12

钟主任，已根据您的指示进行了修改，请审示。
缪存孟 2018-06-12 15:45:35

厅（室、局）负责人意见：　键盘输入　手写输入

呈报赵志刚主任审示。
钟福雄 2018-06-12 15:49:48

呈雪樵副检察长审示。建议上党组会审议。
赵志刚 2018-06-12 15:59:14

图3-2　检察办公管理信息系统呈批件办理功能

（二）发文管理功能

该功能可以实现公文的起草、审核、签发、发号、校对、排版、部门会签、存档。发文办理的过程：首先由承办人进行拟稿，报处室负责人审核后，呈送厅局领导、院领导审批，根据审批意见选择后续办理节点。领导签发后交由文印室排版打印或通过机要通道下发。

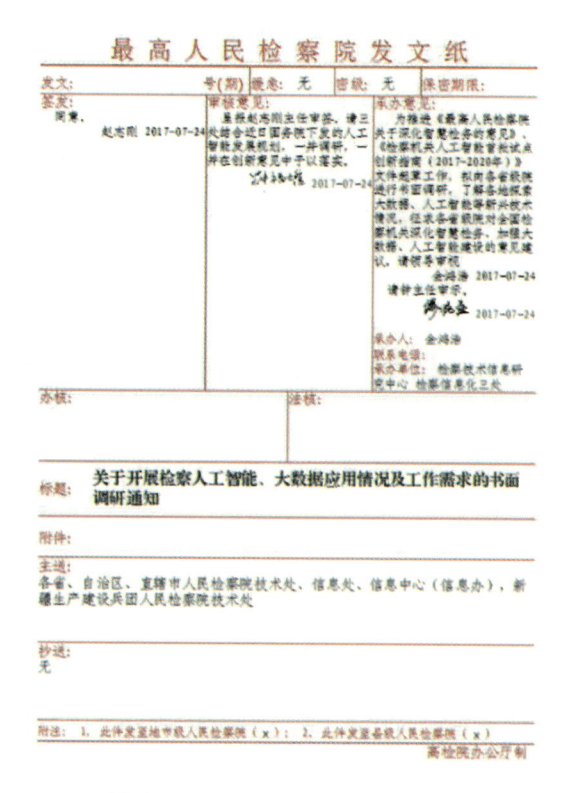

图3-3　检察办公管理信息系统发文管理功能

（三）收文管理功能

收文登记人上传文件作为原文及附件，填写收文信息，将登记好的收文信息转交拟办人办理，拟办人填录拟办意见后进行答复和传阅，公文办理完成后对公文进行归档操作。

（四）公文查询功能

可以按照标题、文种、类型、密级、缓急、拟稿起止日期等筛选条件进行查询。

二、文件传阅功能

文件传阅功能包括待阅文件、已阅文件、待发文件、已发阅文功能4个子功能。

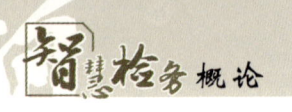

"待阅文件"为他人传阅用户知悉的相关文件，在阅读文件时可以录入自己的意见，还可以查看文件传阅单观看他人意见以及哪些人阅读了该文件，阅读后该文件则由"待阅文件"栏转入"已阅文件"栏。待发文件子功能可以将文件发送给特定人员，发送成功后该文件则转入"已发阅文"栏，如需继续发送可以点击"继续传阅"。

三、通知公告功能

通知公告功能包括机关文件、部门文件、一般通知公告三个子功能。

机关文件包括最高人民检察院院发文件、院领导批示、党组会议纪要、检察长办公会纪要、最高人民检察院办公厅通报、最高人民检察院简报、领导参阅件、检察工作简报等文件，部门文件包括最高人民检察院各内设机构和直属事业单位文件，机关工作人员根据权限可以分别阅览相关文件。

图3-4 检察办公管理信息系统发文管理功能

一般通知公告包括公告列表和信息统计两项功能。打开"接收公告列表"可以显示本人接收到的公告，点击后可以查看详细内容。点击"发送公告列表"可以新建公告，在选择好公开范围、填写主题和内容、上传附件后，点击发送。

四、督办功能

事务督办人录入该事项的标题、详细信息，上传附件后，可以选择该督办事项的关注人，并注明截止时间。相关人员可以填写对该督办事项的意见建议，并实时查看此事项的进展情况信息，最后事项的登记人根据事项的办理情况，标记此事项的完成状态。

五、个人助手功能

个人助手功能包括工作日志、日程安排、请假管理等子功能。用户可以创建工作日志，记录工作的相关情况，并选择关注人来关注此日志，部门领导可以对工作人员工作情况作出评阅，评阅信息也会反馈给日志的创建者。

3.1.1.2 地方检察院办公管理信息系统建设

一、河北省检察院智能办公系统

河北省检察院智能办公系统于 2017 年 3 月试运行，采用检察工作网和移动互联网相结合的方式，系统基于统一的基础平台，实现统一的用户管理、统一的权限分配、统一的身份认证，提供电脑网页端、电脑客户端、移动办公端的多端操作。主要包括个人办公、公文管理、事务审批、信息发布、知识管理、资源管理、督查督办、门户管理、档案管理等功能。

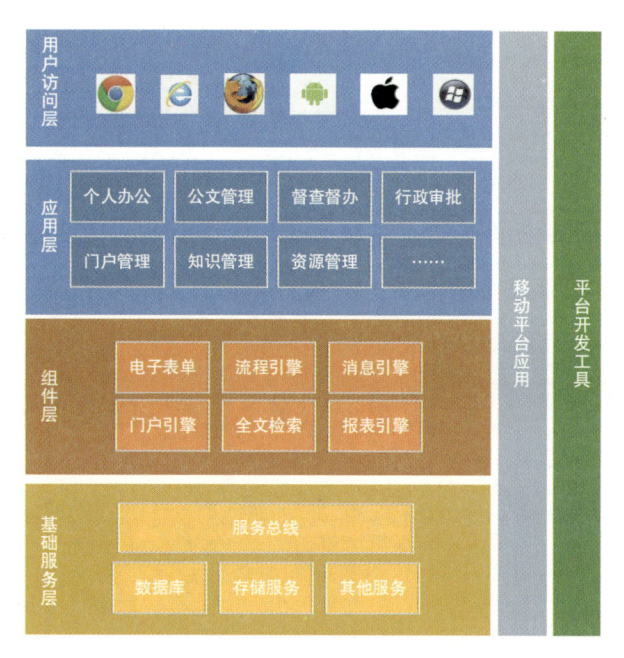

图 3-5　河北省检察院智能办公系统应用体系架构示意图

（一）个人办公功能

这是系统最基础的功能，包括个人邮件、消息管理、手机短信、即时通讯群、日程安排，个人文件柜、通讯簿、便签、考勤等功能。方便用户信息交流，系统个人邮件模块实现了内部非涉密邮件和 Internet 邮件功能的内外一体；消息管理模块可以通

过系统在用户间发送消息；手机短信模块可用于向系统内用户或外部人员发送短信；个人文件柜模块提供系统用户之间的文件共享功能，极大提高了内部沟通效率。

（二）事务审批功能

支持文件用印、报销、借款、值班安排、采购、接待、请假等事务性流程的审批办理，并可以对审批工作进行多条件查询，直观分析审批情况。目前，系统内置了电子显示屏信息发布、"一卡通"门禁卡业务办理、机关办公固定电话办理、机关计算机网络事务办理、内网信息发布账户办理、智能办公账户办理、会议保障登记等各类定制化的审批单。

（三）公文管理功能

可以实现文件的起草、修改、审核、签发、催办、撤回、销毁、分发、归档为一体的标准化公文办理，主要包括起草公文、待收件、传阅件、查询统计等功能。为了提升推进无纸化办公的效率，系统还内置了签收统计、超时统计等功能，可以以列表形式对各部门1小时内签收率、2小时内签收率、0.5天签收率、1天签收率、5天签收率、10天签收率进行查询。

（四）信息发布功能

系统支持新闻管理、通知管理、投票管理等功能。用户可以起草、更新、删除、查看、终止、发布不同类型的新闻或通知，发布成功的新闻或通知面向全员进行展示，每个用户均可查收已发布成功的信息，并可查询以往内容。投票管理方便相关部门收

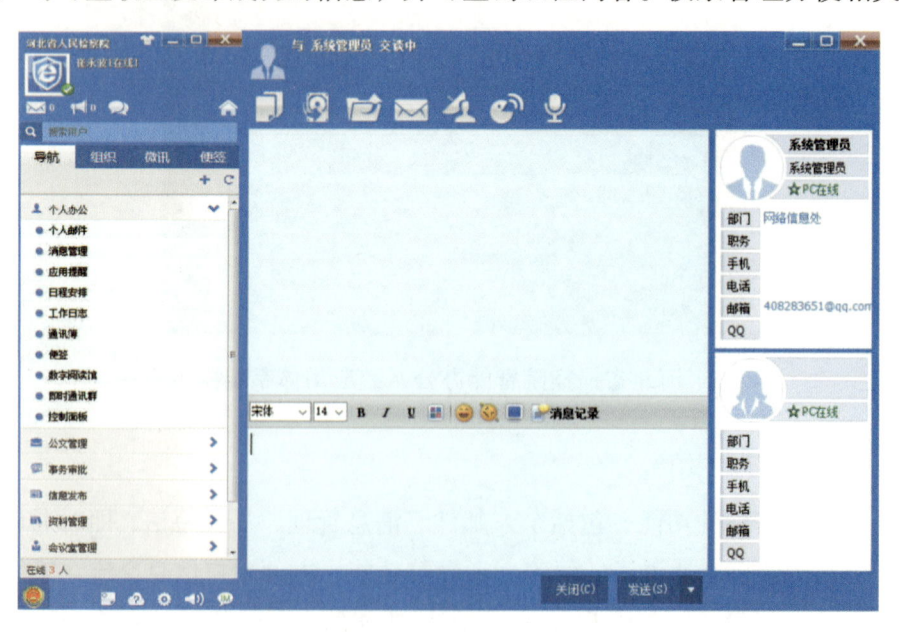

图3-6 河北省检察院智能办公系统"办公精灵"功能示意图

集干警需求，改进管理和服务水平。

（五）办公精灵功能

为系统特色功能，包含电脑端和手机端，类似于QQ等移动通讯应用，目前分为四类栏目。（1）导航栏目，内置了个人办公、公文管理、事务审批、信息发布、资料管理、会议室管理、办公室简报、档案管理等OA功能。（2）组织栏目，可以展示全院组织结构，并可查看部门下所有人员和在线状态。（3）微讯栏目，可以进行文字沟通、语言沟通、发送邮件、远程协助，组建微讯群。（4）便签栏目，可以新建便签，记录日常信息。

二、上海市检察机关办公平台

2014年，上海市检察院研发了"上海市人民检察院公文传阅系统"，首页显示了最高人民检察院、上海市委、市检察院和其他来源新增公文、待阅（已阅）公文数量，同时提供分类查询功能，可以根据来文单位、公文类型（文件/简报/通知/其他）进行精准查找，也可以输入关键词进行模糊查询。此外，系统还提供了"我的收藏"功能，可以保存常用重要文件，以便快速调用。

图3-7　上海市人民检察院公文传阅系统界面示意图

2015年，上海市检察院又统一研发了"上海检察机关办公信息管理系统"，主要实现公文拟稿、审批、盖章、发文流程。承办人在完成拟稿后，填写在线电子版的

"上海市人民检察院发文稿纸"送领导审批，不盖章的材料可以直接发送至文印中心进行打印。

三、山东省检察机关政务管理系统

2013年起，山东省检察院与浪潮集团合作，建设涵盖政务、业务、队伍管理等子系统的全省检务综合信息平台。政务管理系统包括办事、办文、邮件、即时通讯、信息发布等功能。其中，办文子系统具有发文办理、收文办理、收文登记、部门档案等功能；信息发布子系统具有普通新闻信息采集、图片新闻信息采集、音频/视频信息采集、信息审核等功能。

政务即时通讯软件是山东省检察院2014年起统一推广的内部沟通工具，能够实现全省三级院检察干警之间文字信息、语音、视频的实时交流；当办文、办事子系统中有新事项或邮件子系统有新邮件时，即时通讯子系统会在电脑屏幕右下方弹出提醒框，点击提醒框可自动进入相应子系统办理。

四、山西省检察机关统一办公系统

2016年，山西省检察院基于电子检务工程，打造了全业务、大集中、一体化的山西省检察机关检务信息化资源支撑平台。其中，统一办公系统由发文审批管理、发文发布管理、收文管理三部分组成。对院文件、党组文件、情况反映、工作简报、半月检察要情等相关文件，系统内置了拟稿、部门审核、会签部门会签、分管院领导审批或签发、院领导签发等流程。在领导完成审批后，可以通过"发文登记"功能生成文号、选择红头模板、申请电子签章正式发布。此外，统一办公系统还专门定制了检察长办公功能，方便院领导对所辖各级检察院、各部门全员工作量情况进行了解。

3.1.2 检察移动办公系统

21世纪以来，移动互联网迅猛发展。根据工信部《2016年通信运营业统计公报》，2016年底，我国移动电话用户总数达13.2亿户，移动电话用户普及率达96.2部/百人，北京、广东、上海、浙江等10省市的移动电话普及率超过100部/百人，4G用户数总数达到7.7亿户，在移动电话用户中的渗透率达到58.2%。

图3-8 我国移动宽带用户数和3G/4G用户占比趋势图（2010—2016）

随着3G/4G移动电话用户大幅增长、移动互联网应用加快普及、移动流量资费持续下降，我国移动互联网接入年流量消费持续飞速上涨。年移动互联网流量在2009年至2017年分别为1.18亿GB、3.99亿GB、5.41亿GB、8.79亿GB、13.2亿GB（同比增长71.3%）、20.62亿GB（同比增长62.9%）、41.87亿GB（同比增长103%）、93.6亿GB（同比增长123.7%）、246亿GB（同比增长162.7%）。特别是2015年5月20日国务院办公厅印发的《关于加快高速宽带网络建设推进网络提速降费的指导意见》后，连续3年持续保持100%以上增速快速发展。

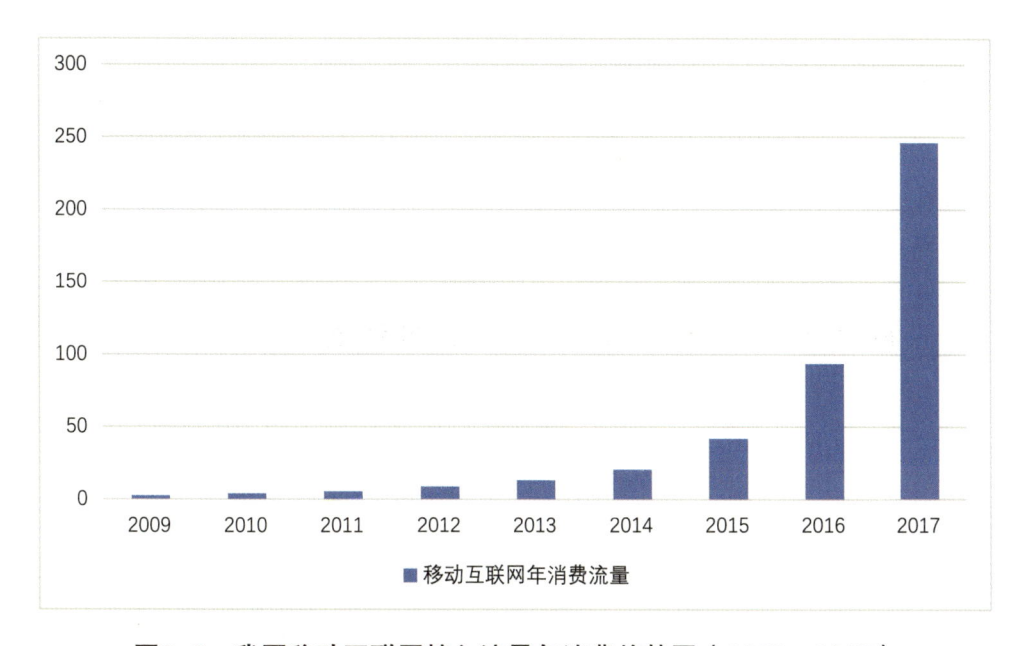

图3-9 我国移动互联网接入流量年消费趋势图（2009—2017）

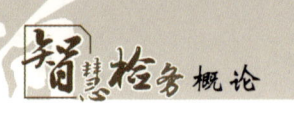

完备的移动基站基础设施和先进的手持终端，为移动互联网办公应用提供了硬件基础和网络保证，各类移动应用发展呈现如火如荼、百花齐放的繁荣局面。

3.1.2.1 最高人民检察院移动检务平台

2018年2月1日，最高人民检察院移动检务平台正式试运行，主要满足最高人民检察院机关工作人员在移动终端快捷处理非涉密工作信息的需要，是检察办公管理信息系统的有机补充。

移动检务平台协同包括四大功能：一是信息交流功能。既可以以厅局、处室、党支部为单位建立移动办公群，进行日常工作交流，也可以实现点对点的消息对话功能。二是通讯录功能。支持查询最高人民检察院机关各部门全体工作人员的办公电话、手机号码、内网邮箱，相当于一份便携式的机关电话表。三是协同办公功能。支持通知公告、工作请示、事务交办、请假申请、出差申请、日程安排、会议管理等日常办公事项的申请、审批、办结。四是个人设置功能。可以根据用户使用习惯，自行配置消息设置、安全设置、通用设置，同时还提供消息收藏工作，支持对信息交流中的重要信息进行收藏，方便查找和后续学习。

图3-10 最高人民检察院移动检务平台协同办公功能示意图

在试运行期间，移动检务平台内置了"使用帮助"，对常见的24个使用中可能会遇到的问题进行了解答。同时还提供"故障上报"功能，方便用户对平台提出功能需求，由最高人民检察院办公厅和技术信息中心汇总，审核后组织开发单位进行系统升级。

3.1.2.2 地方检察院移动办公信息应用研发

一、江苏省检察院"苏检掌上通"

2017年12月，由江苏省检察院研发的"苏检掌上通"正式上线运行。"苏检掌上通"系统将全省三级院办公事项整合在同一系统上，服务全省检察人员办公、办案需要。系统包括掌上办文、办事、办会、办公、办案，开发了7大模块86个子模块。日常公文办理、请假、派车等事项和用警申请、同步录音录像申请等以及无纸化会议系统都可在掌上完成。

为规范管理，2016年11月，江苏省检察院印发《移动办公系统管理办法（试行）》（苏检发办字〔2016〕46号），省检察院办公室每周发布《"苏检掌上通"运行情况周报》，对各市主要模块使用情况进行通报，对发送信息数量前20名的基层检察院进行表扬，以建立使用推广移动办公应用的激励机制。

截至2018年6月，"苏检掌上通"上线运行以来已经实现了全省三级院全员使用，共发送各类信息100余万条，召开无纸化会议20余次。2018年7月，"苏检掌上通"项目获评法制日报社"全国政法机关智慧检务十大创新案例"。同年9月10日，"苏检掌上通2.0"正式运行，全面升级了其中9大模块的96个子项，使掌上通的业务信息更全面、批示流转更直接、沟通联系更便捷，进一步增强了江苏检察人员智慧办公的全新体验。

图3-11 "苏检掌上通"工作台示意图

二、上海市检察院"上海检信"移动办公平台

2017年，上海市检察院开通了"上海检信"微信企业号应用，具备考勤打卡、移动管理、请假出差、审批请示、问卷投票、同事群聊、任务分派、考试测评、工作日志、新闻公告、通讯录等十余项常用功能。

以"会议助手"功能为例。2017年5月12日上海市嘉定区检察院首次利用上海检信平台组织会议，通过"会议助手"能够在检信实现会议室查询与预定、一键通知开会、多种方式签到、上传会议纪要、在线请假、自动统计参会人数，会议组织较以往更加简单便捷，召开会议效率大幅提高，每一位参会人都能及时收到会议通知。

上海市崇明区检察院依托上海检信微信平台，开通干警食堂网上点餐功能，将食堂"套餐制"改为"网上点餐制"。网上点餐充分利用了上海检信"问卷投票"模块，提前一天将午餐"4荤、4半荤、4素"共12个备选菜以及面条、馄饨、酸奶等品种价格信息预先发布至检信"问卷投票"模块，供干警按需投票选择。投票结束后，整理得票前6—7名"上榜菜"菜名及其他面食、酸奶的点餐人数，形成菜品名称数量清单，提供给机关食堂进行预先准备。第二日中午，干警根据自己的选择菜单直接到食堂刷卡就餐，就餐人数大幅度提升，菜品浪费量得到有效控制。

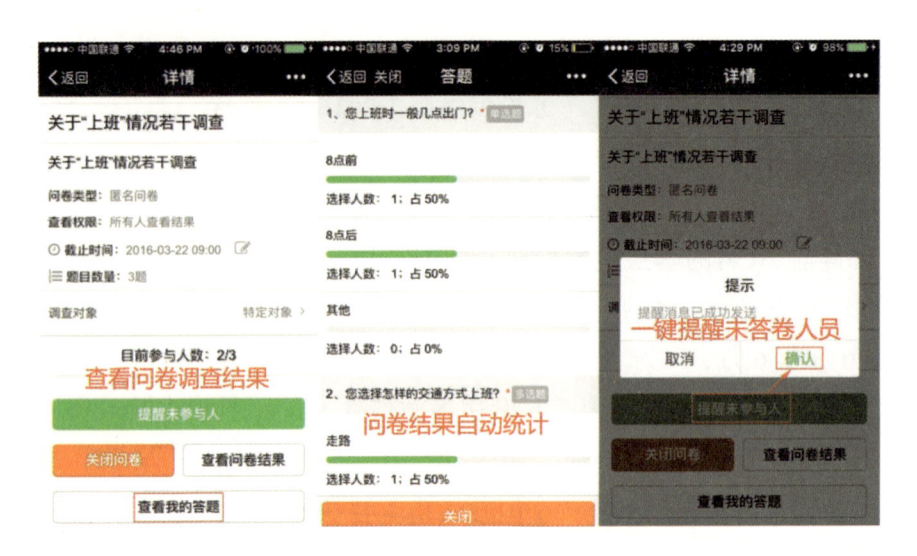

图3-12　上海市检察院"上海检信"移动办公平台问卷投票功能示意图

三、安徽省检察院"皖检通"移动办公平台

2017年12月，安徽省移动办公系统（简称"皖检通"）在亳州、宿州、蚌埠、安庆等地检察机关试点运行，2018年9月1日，在安徽省检察院正式启动运行。"皖检通"具有必选应用和自选应用两部分。

"必选应用"可通过一键下载安装。包括：（1）通知公告。通过手机端向全省、全院或指定范围、指定人员发送通知，该应用可与内网网站实现同步。（2）会议管理。可向有关部门申请会议室、技术支持以及会务服务，审批后可以发布会议通知，参会人接收会议通知后会进行回执，可以选择是否参会，便于组织方掌握参会情况。（3）日常办公。包括通用审批，干警可发送非涉密文稿，呈报领导审批或传阅至相关人员，领导和相关人员可通过手机审批及浏览。同时支持请假和外出管理的审批功能。（4）检察动态。可查看检察类的新闻、部门动态、条线动态，该栏目由省级院各部门发布信息，全省各级院均可浏览。（5）机关党建。发布党建动态、党建工作交流，可设立专题学习、党建题库、在线答题。（6）故障报修。通过手机端报修或者预约信息化设备、应用系统等故障维修。（7）值班管理。办公室进行排班后，各部门内勤在系统填报本部门值班表，值班人员值班后可填写值班日志，记录值班情况。（8）通讯录。包含全省检察人员及联系方式，可分单位、部门、条线进行查看。（9）检察即时通。可提供全省干警之间的在线即时沟通，具有点对点对话、群组功能，支持发送文本、语音、图片。

图3-13 "皖检通"移动办公平台功能插件选择

"自选应用",干警可根据需要选择下载使用。包括:(1)移动会务。由会务主办部门在电脑端发布会务手册、资料等信息,实现无纸化会议,无须印刷会务手册。(2)办案指引。供业务部门干警查看办案相关规定及资料,目前已有权利清单,评查标准,证据指引。(3)问卷调查。各部门根据需要在网页端上传、发布问卷调查信息和查看调查结果,用户可在移动端查看并提交调查结果。(4)工资条。按月为干警推送工资明细信息。(5)日程安排。为检察干警提供日程安排提醒功能。(6)记事本。记录存在服务器中,便于保存和查询。

四、河南省检察院"检务通"办公平台

2017年1月,河南省检察院印发《关于全省检察机关"检务通"云平台建设应用工作情况的通知》(豫检信息文〔2017〕1号)。2017年3月,河南省检察机关"检务通"办公平台上线运行,向全省检察机关免费提供统一的移动互联网应用服务,应用内容包括检察业务、检务办公、综合事务、安全保密和后勤保障等领域。

"检务通"平台包含的主要功能有网盘、个人办公、人事考勤、车辆管理、设备报修、舆情管理、邮箱申请、我的日程、通讯录、公文管理、督办事务、工作接待、车辆通行证、培训管理、档案管理。平台支持手机终端和PC终端的"双终端"操作模式,以及互联网与非涉密办公网的"双网"工作模式,打破了时间、空间局限。

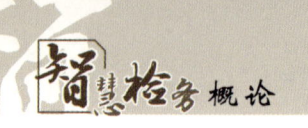

五、广西壮族自治区检察院的移动办公应用安全接入平台

广西壮族自治区检察机关利用 3G/4G 无线双层加密网络通道、安全 VPN 网关以及相关的安全设备，搭建了全区统一的移动办公应用安全接入平台。采取先进的移动终端管理系统，加强了移动终端接入的安全管控，对内部的应用 App 安全封装和发布，确保了移动终端、移动应用以及终端数据存储传输的安全可控。目前，在信息安全可控环境下，已逐步将办文处理、个人事务处理、日程安排、督察督办、检务保障、涉检舆情、信息发布等工作延伸到移动办公平台上开展，干警们日常办公均可在手机终端上操作完成。

六、杭州市检察机关"检务通"协同办公系统

杭州市检察机关"检务通"包括协同办公、政工服务、检务保障等多种功能，并实现与微信、钉钉等通用应用的紧密衔接。具体包括公文流转（实现非涉密文件起草、审批、手写签名、接收、分发功能，环节全程微信消息提醒待办事务）、通知公告（实现面向指定或全体人员发送通知公告，可以查看送达阅读情况，直观显示已阅未阅人员）、会议助手（实现桌次安排、会议签到）、工作日志（实现工作日报、周报、月报功能）、日程管理（可以为个人或他人制定日程并自动推送提醒）、通讯录（移动端可直接拨打电话、发送短信）、考勤记录（自动提取签到机数据）、公出审批（移动端申请后政治处负责审批）、服务调查（实现定制化主题调查分析）、意见建议、工资条分发等功能。

3.1.3 检察档案信息化系统

3.1.3.1 最高人民检察院档案管理系统

2014 年 5 月，中共中央办公厅、国务院办公厅印发《关于加强和改进新形势下档案工作的意见》（中办发〔2014〕15 号），明确要求把档案信息化纳入本单位信息化建设整体规划，统一部署、同步实施，确保档案部门实现对电子文件形成、积累和归档的全程监督指导。

最高人民检察院档案管理系统是电子检务工程的项目之一，主要满足最高人民检察院本级的诉讼案件档案和非诉讼档案的一体化、信息化、智能化管理需求。系统应用文件生命周期理论，对文件从最初形成到最终销毁或永久保存的整个运动过程进行全过程管理，确保符合电子文件真实可靠、完整归档、安全利用的需要。该项目于 2017 年 6 月通过初步验收并投入使用。

档案管理系统可以实现档案从分散管理向集中管理、从环节分离管理向无缝式流程管理的转变，主要包括档案业务管理、档案查询、共享平台三部分。

一、档案业务功能

主要用于档案进行归档、整理、鉴定、编研、统计和利用，对实体库房进行管理，方便实体档案快速查询定位。不同的系统用户具有不同的角色权限功能。档案业务管理系实现档案网上在线归档，按文书档案，诉讼档案，音像、技术、会计、基建、实物等不同的档案类型采用了不同的归档流程。

二、档案查询功能

主要为档案利用人员提供档案查询服务，对本院公开的档案目录数据和电子文件，档案利用人员可进行在线浏览、下载、打印。若检索不到档案信息，可在档案业务中进行网上借阅申请。

三、共享平台功能

建立面向最高人民检察院和省、市、县各级检察院的档案信息共享服务平台。构建统一的检索门户，具备通知公告、高检动态、各省动态、规章制度等模块，实现内部信息化整合。实现检察院"点对点"式借阅，被借阅方档案管理人员根据本院的借阅管理办法，进行线下审批，审批通过后对借阅方档案管理人员进行在线授权。

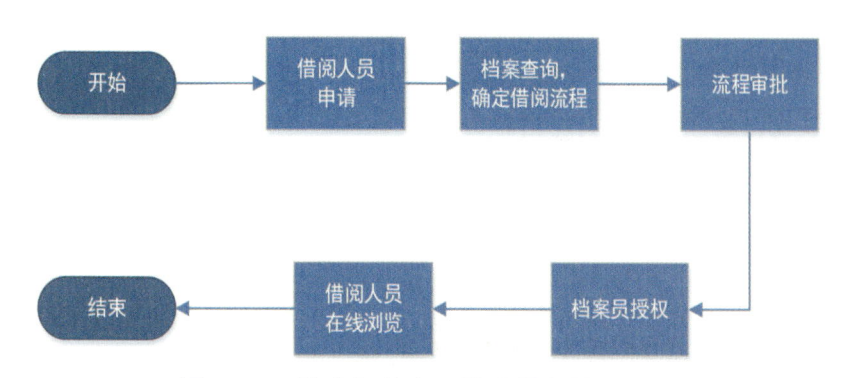

图3-14 检察机关电子档案借阅操作流程

3.1.3.2 地方检察院档案信息化探索

江苏省检察机关档案管理系统，在档案在线查询、检索、存储等功能基础上，进一步实现档案收集、鉴定、统计、借阅登记和音频视频数据上传等功能，全部执法办案均能实现在线流转、归档、查询、检索。目前江苏省检察院已完成统一业务应用系统与档案信息系统的接口开发工作。2017年，江苏全省125个检察院全部达到省一级档案管理标准，有114个检察院达到省五星级档案管理标准，占总数的92%。全省检察机关已有专用于档案的服务器148台、扫描仪134台、计算机292台。

甘肃省检察院统一建设了全省检察档案管理信息系统，并采取集中式数据库模式，全省检察机关录入的机读目录120余万条，干警可随时通过检察专网根据有关规定，进行实时在线归档、查询、管理。同时，甘肃省检察院陆续通过了9项规范性文件，对检察档案的收集、整理、立卷、移交、归档、借阅、销毁、保密和数字化加工等作出具体规定，确保当年归档率达到100%。

河南省检察院研发的检察诉讼档案资源大数据和云计算应用系统，于2015年被列入国家档案局科研项目计划，是全国政法系统首个被国家档案局批准的大数据科研项目。项目以全省检察机关数字化检察诉讼档案为核心，整合包括数字化检察外卷、统一业务应用系统元数据、中国法律法规数据库、中国裁判文书网裁判和判决书、最高人民检察院和河南省人民检察院各项规定等在内的数据资源，建设检察档案诉讼资源大数据。同时，河南省检察院启动《河南检察文库》建设，整合党中央、国务院、省委、省政府和有关部门等与检察工作有关的各种文件资料；最高人民检察院和河南三级检察机关可以内部公开的各种文件资料；以及其他对检察工作有参考价值的文件资料，充分挖掘检察机关内部文书档案资料信息资源，服务各项检察工作。

3.2 智慧队建的探索应用

3.2.1 干部管理的信息化应用

3.2.1.1 全国检察机关队伍管理系统

全国检察机关队伍管理系统采用统一研发、两级部署、四级应用的模式，在检察机关内网运行。最高人民检察院负责组织队伍管理信息系统软件开发、技术支持和本级部署工作。各省级检察院负责本省部署，提供全省三级检察机关使用。

项目整体建设内容可概括为11211（"一库、一平台、两体系、十一个系统"）。"一库"是指建设全国检察机关队伍信息资源库；"一平台"是指开发支撑平台；"两体系"

是指标准规范体系和系统安全保障体系;"十一个系统"分别为组织人事管理、宣传表彰管理、教育培训管理、政工综合指导、基层院建设指导、援藏援疆援赣、政工专项任务管理、纪检监察管理、机关党务管理、离退休干部管理、综合统计分析管理等子系统。

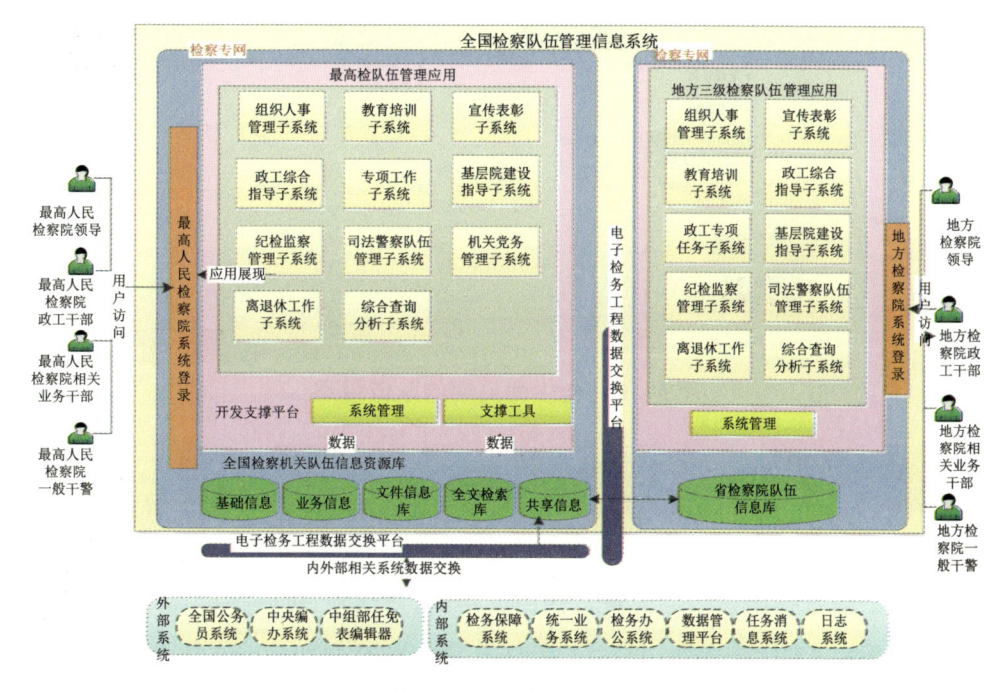

图3-15 全国检察机关队伍管理系统逻辑架构图

全国检察机关队伍管理系统全面使用后,以检察人员信息资源管理为核心,逐步实现全国检察队伍信息资源的共享利用,全面、动态交换数据,满足全国检察机关队伍建设信息化管理需要,推动检察队伍正规化、专业化、职业化建设。支持对全国检察人员从人员进入、岗位职责、任免调配、教育培训、表彰奖励、考核考评、人员退出的全生命周期管理。

一、组织人事管理子系统

该子系统可以实现对全国检察机关检察官、检察辅助人员和司法行政人员"三类人员"的信息实时更新和动态管理,人员信息由各级检察院人事部门完成本级登记后逐级上报。

系统包括8个功能。(1)编制管理功能,负责对全国检察机关人员编制信息(编制类型、数量,应配、实配职数)的实时更新与动态管理。(2)机构管理功能,负责对全国检察机关的机构设置情况(机构名称、机构代码、机构级别、批文内容)的管理。(3)调配管理功能,负责对新进人员的自然信息、政治面貌、工作信息、文

159

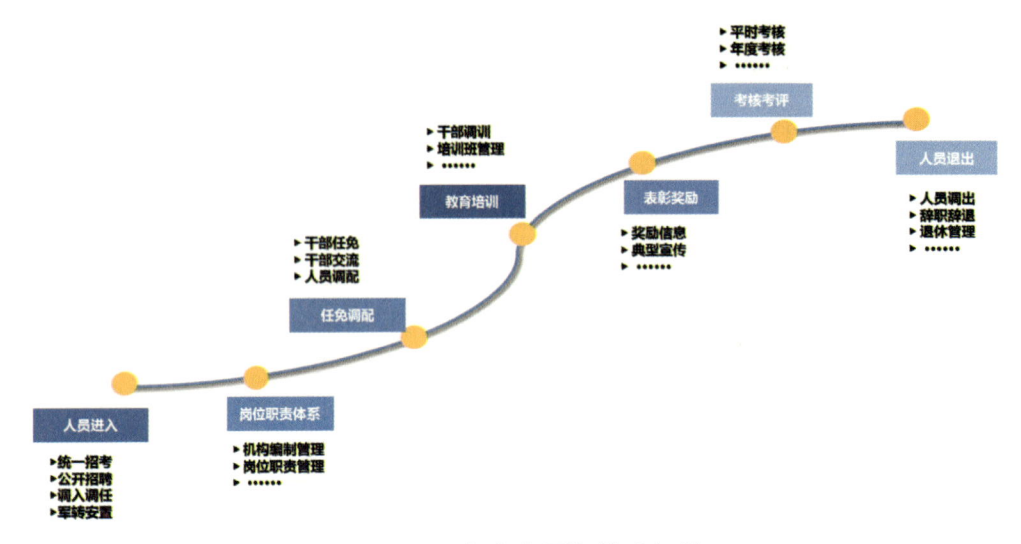

图3-16　全生命周期的队伍管理

化程度、照片等的信息录入和管理。（4）在职人员管理功能，负责基于在职人员数据库，对在职人员任免管理、考勤管理、考核管理、因私出国（境）管理、个人事项申报管理。（5）交流管理功能，负责对检察机关挂职锻炼及借调等交流情况的登记管理。（6）减员管理功能，负责对调出、转出、辞职、辞退、辞聘、解聘、离退、死亡等不同减员类型进行管理。（7）检察人员分类管理功能，负责对检察官、检察官助理、书记员等级首次评定、晋升、选升、降级、免职信息录入，流程审批，通知提醒，以及聘用制书记员信息登记。（8）职业保障管理功能，负责对检察机关工作人员的薪资管理，对因公牺牲、因公伤残干警及困难家庭人员的抚恤管理，以及对提前退休、延迟退休等人员的登记管理。

图3-17　人事管理子系统干部信息画像示意图（模拟数据）

二、离退休干部管理子系统

该子系统主要实现对全国检察机关离退休干部工作机构、工作人员和离退休干部的管理。子系统包括5个功能，分别是：（1）离退休干部工作机构及工作人员管理功能，实现对工作机构（人员）的浏览、新增、维护及查询统计。（2）离退休干部基本信息管理功能，实现对最高人民检察院机关离退休干部的统一登记，统一管理，支持对离退休干部基本信息的查询、统计和报表生成。（3）离退休干部健康档案和医疗费用管理功能，实现对最高人民检察院机关离退休干部健康状况的动态管理，并支持信息录入、查询、统计和报表生成。（4）离退休干部活动站（室）管理功能，实现对最高人民检察院机关离退休干部活动站（室）建设、使用、管理情况进行统一登记，支持离退休干部学习、设置老年大学的课程、师资等。（5）离退休干部年度汇总统计功能，实现离退休干部数据的年度汇总统计，支持导出年度汇总数据。

三、宣传表彰子系统

该子系统包括两个功能：（1）表彰奖励及惩处管理功能，实现对检察院、检察院各部门、检察人员表彰奖励及惩处情况的增删改查，并实现表彰奖励及惩处信息的查询和汇总统计。（2）检察文化建设功能，实现对检察文化建设示范院、检察文艺人才、检察文艺作品、特色文化等信息的维护，实现对检察影视作品的立项备案、成片审查。具体功能包括品牌创建、检察文艺人才、检察文艺作品、特色文化、影视作品备案审查等。

图3-18　宣传表彰子系统检察文化建设页面示意图

四、综合指导和基层院指导子系统

政工综合指导子系统主要用于对政治工作的综合指导，包括4个功能：（1）规范性文件功能，实现对检察政治工作法律、法规、政策、制度等文件的统一管理，包括政策制度上传，政策制度分类查看等功能。（2）专题调研管理功能，实现对调研文章和交流信息的统一编辑和转发，并将按权重系数对文章进行排序。（3）政治工作综合考评功能，实现对下级检察院政工部门重点工作完成情况、队伍建设成效、工作规范水平的综合考评，并将考核结果进行统计分析，供领导审定。（4）政治工作联系簿功能，实现对各级检察院政工部门、人员和基层检察院班子成员的联系方式的动态管理，支持工作簿的导出、打印。

基层院指导子系统主要用于对基层检察院建设的评估与指导，包括4个功能：（1）基层检察院建设综合评估指导功能，根据技术指标从电子检务工程六大平台应用中实时抽取数据，快速进行定量数据评判，辅以基层检察院在网上提交的支持材料进行综合评估。支持基层检察院申报、分（州、市）检察院初审、省级检察院复审、最高人民检察院公示。（2）基层检察院示范院创建评选，以六大平台数据作为创建评选工作的数据支撑，完成创建评选工作模式从原有的定性、模糊评价向定量、透明评价转变。（3）基层检察院建设联系点功能，实现对联系点和相对滞后基层检察院工作档案的政策依据、结对关系、组织管理、帮扶工作、工作成效的信息管理。（4）派驻检察室管理，实现对派驻检察室的基本信息、工作内容、意见建议、建设情况的综合管理和统计分析。

五、综合统计分析子系统

统计分析子系统为各级检察院政工部门、监察部门提供队伍检察建设状况查询、统计、分析，可进行查询、过滤、分组、排序、报表生成和图形展示等操作。

子系统包括4个功能：（1）智能检索功能，支持自定义查询、快速查询、复合查询、条件定制、模糊查询、二次查询、反查询、全文检索等功能。（2）多维统计功能，预置多维数据分析模型，可以进行如性别、年龄、学历、政治面貌、民族、工作经历等不同维度不同范围内容的分析统计。（3）智能报表功能，提供简单易学的报表绘制工具，预置了国家法定报表和多个行业报表，用户可直接进行选择，自动生成报表，并进行数据反查、数据核校、报表输出、报表归档、预览打印等功能。（4）主题分析功能，基于队伍管理系统数据源，整合现有外部系统数据源，实现各主题内容的分析。包括图表分析、对比分析、总体结构分析等功能。

图3-19　综合统计分析子系统智能检索功能示意图

3.2.1.2　最高人民检察院智慧党建经验

"智慧党建"是新时代中国共产党的一项基础性、全局性、战略性工作，2017年《"十三五"国家政务信息化工程建设规划》明确提出建设"党的执政能力信息化工程"，加强机关党建信息化，有利于提升党建管理工作的规划化水平，帮助党员干部更新党建知识，实现"以科技助党建，以党建带队建，以队建促发展"的目标。

一、机关党务管理子系统

机关党务管理子系统是全国检察机关队伍管理系统的 11 个子系统之一。其中：（1）组织建设功能，负责实现最高人民检察院各基层党组织信息的采集和维护，换届选举工作的管理，可对组织改建和撤销的历史信息进行浏览，支持数据导入操作及报表生成。（2）党员管理功能，实现对最高人民检察院机关、直属事业单位全体党员和申请入党人员信息即时录入、查询与报表统计，通过系统进行党员管理、支部间调转、党费管理、组织关系转入、组织关系转出。（3）思想教育功能，实现最高人民检察院全体党员的信息分类录入、维护、查询、统计，进行宣传思想工作管理、党校培训管理、共青团青年工作管理。（4）群团工作功能，实现对最高人民检察院机关工会、妇联、团委的组织管理、政策文件、通知公告、表彰奖励、工作动态等的管理。（5）扶贫工作功能，实现对最高人民检察院机关扶贫小组的管理，发布政策文件和通知公告、表彰奖励。

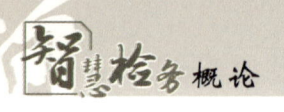

二、机关党建网和微信公众号

最高人民检察院的"高检院机关党建网"（http：//dj.spp.gov.cn）是最高人民检察院官方网站下的二级网站，包括中央精神、要闻、党建文件、信息交流、基层工作、教育培训、微党课、群众工作（工会、共青团、妇委会）、理论研究、党建新媒体等9个栏目。首页还开设了党章党规、学习贯彻党的十九大精神、党建音像等5个专栏。对内提供党建工作动态、工作经验交流、党章党规学习的网上阵地，对外展示最高人民检察院和全国检察机关党建工作成绩。

图3-20 高检院机关党建网首页截图

2018年8月，最高人民检察院在内网开通中国知网"党建资料查询平台"，该平台含党章党规、论文、会议报告等多类型资源1000余万篇，内容覆盖党的领导、政治建设、思想建设、组织建设、作风建设、纪律建设、制度建设、反腐倡廉、党史研究等主题。可以查阅《求是》《党建》《中共中央党校校报》《中共党史研究》《党的文献》等党刊和《人民日报》《光明日报》等党报。同时分门别类地梳理了党章党规、党员管理制度、党的组织及组织制度、党的干部管理制度、党的纪律及纪律检查制度等各类规定。

图3-21　最高人民检察院党建资料查询平台首页

三、机关党建App

最高人民检察院机关工作人员统一安装了中央国家机关工委的"支部工作"App（原名"党建云平台"），该应用分为信息、学习、互动、讯通、管理等五个板块。其中：（1）信息板块，下设有要闻、评论、支部动态、党员风采、支部工作法等栏目，交流中央国家机关及其直属单位党支部工作动态、先进事迹、工作方法。（2）学习板块，包含党建相关的视频、资料、题目以及本单位机关党委发布的相关学习材料。（3）互动板块，下设有党员论坛、组织生活统计、组织主页、排行榜等。（4）讯通板块，主要方便党员间信息沟通。（5）管理板块，包括"我的任务""我的关注"和个性化设置。"支部工作"App的使用，实现了对党建工作的信息化管理，提供了及时、丰富的党建学习资源，满足党员干部个性化的学习需求。

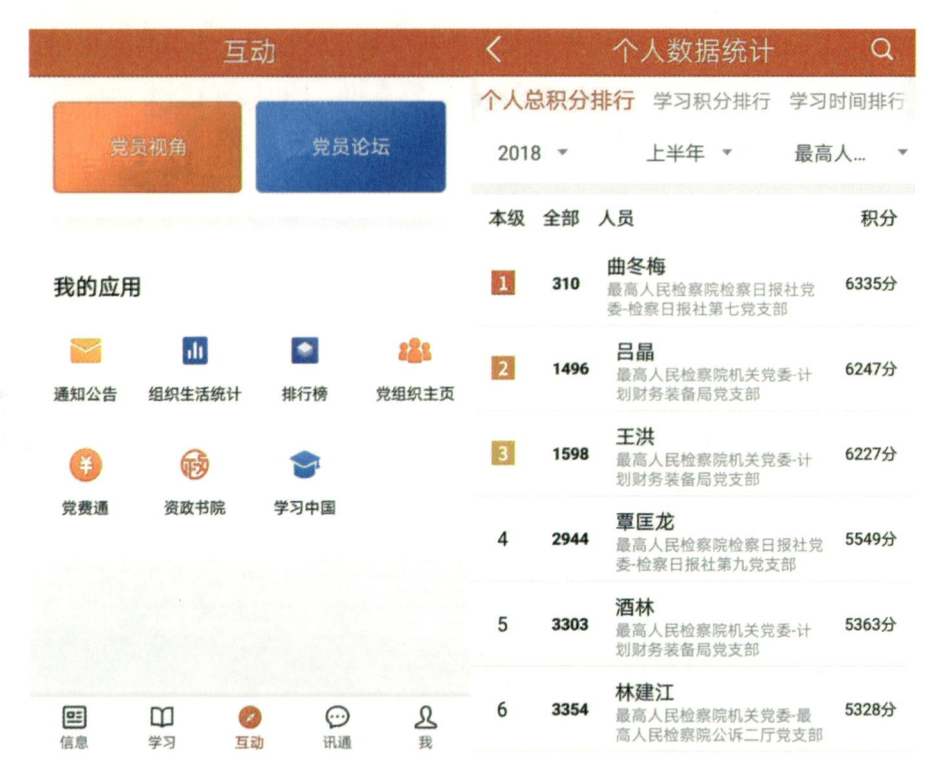

图3-22　最高人民检察院机关党员干部2018年上半年"支部工作"App学习排行

3.2.1.3　各地智能绩效考评应用研发

2014年，中央全面深化改革领导小组审议通过《关于司法体制改革试点若干问题的框架意见》，在完善司法责任制度等方面改革作了明确规定。2017年7月，最高人民法院、最高人民检察院先后完成员额检察官选拔。根据公开数据，截至2017年底，司法人员分类管理改革基本到位，全国共遴选产生120138名员额法官（占中央政法专项编制的32.9%）、84444名员额检察官（占中央政法专项编制的32.78%）。

为适应检察改革需求，落实完善办案责任制的要求，检察机关开始实行检察官个人绩效考核制度。绩效考核内容综合考虑了办案数量、质量、效率、效果、安全、规范等因素，并包括了案件质量评查情况以及各部门业务中可以反映工作业绩的其他项目。考核结果作为员额检察官奖惩的依据之一，并与检察官的晋升、奖惩、淘汰直接挂钩，充分调动检察官工作积极性。

一、海南省检察院综合业务管理平台

2017年，海南省检察院综合业务管理平台上线应用，主要包括检察官司法档案、

检察官个人绩效、检察院业务工作考核等功能。

（一）检察官司法档案模块

可以实现对检察官办案业绩档案、荣誉技能档案、司法责任档案、职业操守档案以及其他档案进行全面记载、展示以及审批。检察长和纪检人员可以查询本院及下级检察院的所有档案；副检察长、处长可以查询分管部门人员档案；检察官可以查询自己及本院已公示的司法档案。荣誉技能档案由人事部门和检察官负责维护；司法责任档案、职业操守档案由纪检人员负责维护；办案质量包括办案效果、办案安全、司法瑕疵、案件质量评查结果等，由案管人员负责维护。必要时，案管部门经领导审核通过后可以对检察官档案进行公示。

（二）检察官个人绩效模块

可以实现对检察官的个人绩效考核，办案数量、办案质量、办案效果、综合业务、职业操守、外部评价进行检索和可视化呈现。对各指标类别下的指标项进行自评、部门评分、考评委员会评分以及对各项分数的备注，实现对所有分数的统计和检察官个人绩效考核的审批。检察官个人绩效考核分为优、良、中、差四个等级，以环状图的形式显示，点击后可查看个人绩效的详细统计信息。系统还嵌入了"对比模式"，可以与其他检察官的个人绩效对应的指标类别进行对比。个人绩效考核流程一般经过检察官自评、部门领导考核、交叉考核、考评委员会考核等流程。

图3-23　海南省检察院综合业务管理平台个人绩效考核模块

（三）检察院工作考核模块

实现每年、每季度、每月对各下级检察院进行业务考核的信息记载以及展示。市检察院或区县检察院各部门领导指定考核人，考核人登录系统考核后发送上级部门审批，省检察院统一公布各检察院业务考核信息。

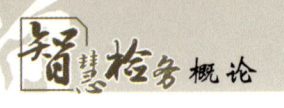

二、江苏省检察院检察官绩效考核软件

2017年，江苏省检察院为推动司法责任制落地见效，真正做到"入额就要办案、办案就要考核"，研发了检察官绩效考核软件。根据《江苏省检察机关检察官考评办法（试行）》《江苏省检察机关检察官办案绩效考核量化规则（试行）》，对检察官所有办案工作从办案数量、办案质量、办案效率、办案效果、司法作风、司法技能、职业操守、综合履职等8个维度进行绩效考核。2017年11月上线侦监、公诉考核模块，2018年4月上线控告申诉考核模块，5月上线刑事执行考核模块，6月上线民事行政检察模块，逐步建立起覆盖全体检察官的绩效考核体系。

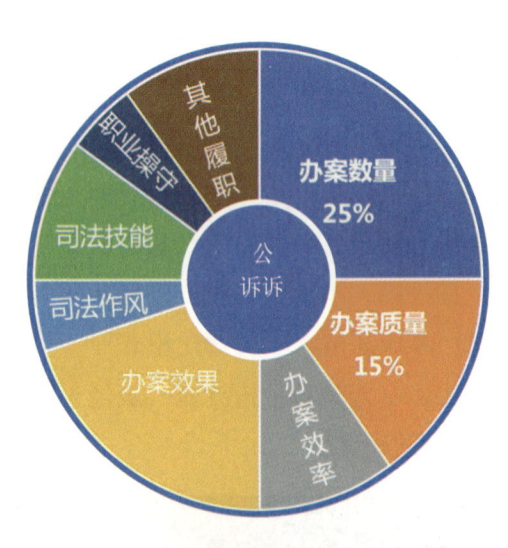

图3-24 江苏省检察院检察官绩效考核软件公诉岗位绩效考核标准

检察官绩效考核软件自动抓取办案数据，自动生成司法档案，并将"办案数量、办案质量、办案效率、办案效果"4个考核维度权重占到70%以上，引导各级检察院聚焦办案主责主业，突出量化比较，每日排名，使检察官本人排名一目了然，绩效考核得分一键反查，防止弄虚作假。同时从2018年1月起，按月公布绩效考核得分靠前、靠后的地区和人员；同年4月起，按月公布市、县检察院入额院领导办案数据。绩效考核软件推行以来，绩效考核得分靠前、靠后人员分数差距正在缩小，以公诉条线为例，由2018年1月的15.48分差距缩小到4月的9.74分，有效促进了办案质效和审结率的提高。

办案绩效考核等次作为检察官职务等级晋升、绩效考核奖金发放、奖励等事项的依据。办案绩效考核确定为优秀等次的，当年给予嘉奖；连续3年被确定为优秀等次的，记三等功，晋升职务等级时优先考虑；累计2年被确定为称职以上等次的，晋升一个工资档次；被确定为基本称职等次的，对其提醒谈话，限期改进，一年内不得晋升职务；被确定为不称职等次的，不发放绩效考核奖金。

此外，检察官绩效考核软件对于推动司法办案专业化、领导决策科学化也有很大帮助。例如，对于教育培训部门，可以根据软件评分，推荐绩效考核靠前人员上培优班，打造专业领军人才；推荐绩效考核靠后人员上提高班，提升基础专业素能。再如，案管部门和部门领导，可以根据考评数据，对员额检察官精准分配、动态调整案件，保持检察官相对合理的工作饱和度。

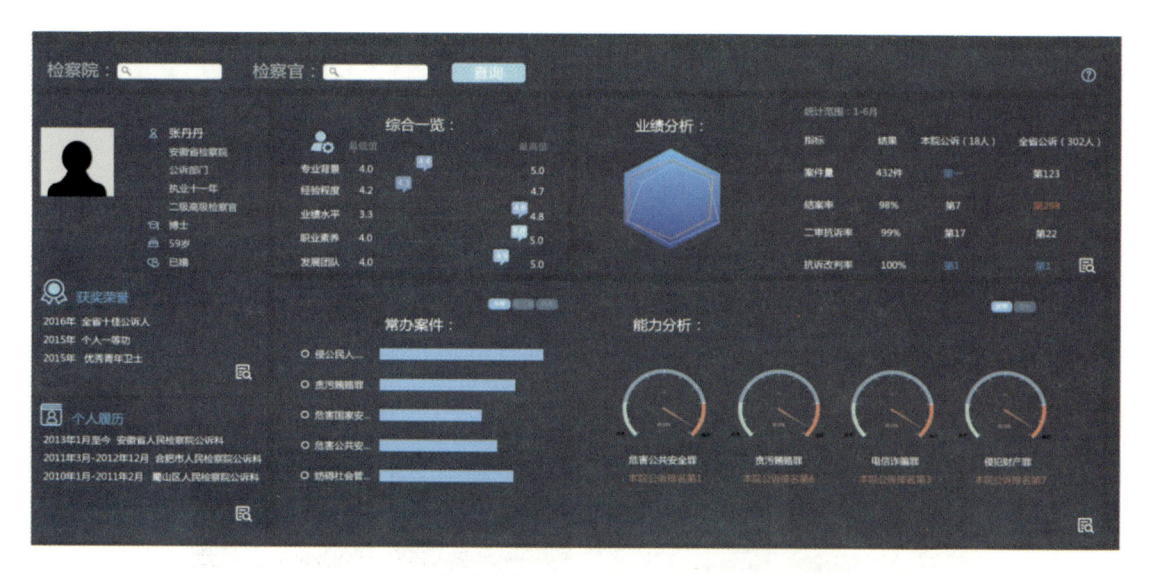

图3-25　安徽省检察官绩效考核应用示意图

三、上海市浦东新区检察院检察官智能化业绩考评系统

2017年上海市浦东新区检察院研发部署检察官智能化业绩考评系统，实现对该院153名入额检察官履职绩效的自动化考评。系统可整合统一业务应用系统、案件质量评查系统、队伍管理系统、司法档案系统等各类应用系统资源，初步形成业务管理大数据库，解决以往线下绩效管理工作中数据分散、信息掌握不全等问题。

考评系统从案件、时间、人员、绩效4个维度7类56项实体问题，对检察官办案活动进行实时统计、分析和管理。可以一键生成检察官"业绩快照"，自动生成涵盖不同条线、层级检察官的综合业务评价表及排名表，解决数据计算复杂、考核工作量大等问题，有效缓解考核职能部门工作强度和压力。检察官业绩考核自动排列名次，并向全院公示，同时设立反馈确认期，全体检察官均可对本人相关数据进行核对，并实现所有数据的反查追溯。

目前，上海市检察院正在总结、吸收各试点区检察院经验做法的基础上，研发部署适用全市的检察官绩效考评系统。

四、山东省济南市检察机关检察人员分类管理绩效考核系统

2017年6月，山东省济南市检察机关检察人员分类管理绩效考核系统在平阴县检察院试运行，将考核对象分为检察官、检察辅助人员、行政管理人员3个类别，覆

盖侦查监督、公诉、刑事执行检察、民事行政检察等13个层面。每名检察人员在系统内有一个工作台，分设办案事项、办公事项、奖罚事项、消息提醒、我的任务、考核规定、考核统计和工作日历八大业绩考核模块。系统建立与考核对象相对应的绩效考核指标体系，将考核对象的具体工作全部量化，区分难易程度、工作量大小、责任轻重赋予不同的分值。

图3-26 山东省济南市检察机关检察人员分类管理绩效考核系统

绩效考核系统在首页设置考核榜，分为即时考核榜、月度考核榜、年度考核榜三个榜单。即时考核榜展示检察人员当前工作绩效，每个科室的第一名在全院公示，每个科的实得分以科室为单位公示。月度考核榜展示上月25日到当月25日各科室工作人员的工作情况。年度考核榜展示一个年度工作业绩情况，工作实得分按比例换算成绩效分，每个科室的第一名为100分，本科室人员进行比较得出分数。

实施信息化绩效考核后，检察机关能够即时、透明体现人员分类管理后每个人的工作量，科学反映工作绩效和管理绩效，根据绩效考核情况对员额制检察官优胜劣汰，真正实现能者上、平者让、庸者下，给干警清晰具体的行为导向，最终形成高效率、高质量、高效果的检察绩效考核工作模式。

3.2.2 内部监督的信息化应用

3.2.2.1 检察机关纪检监察管理子系统

纪检监察管理子系统是全国检察机关队伍管理系统的11个子系统之一。具体包括6个功能：（1）案件审查功能，实现对各级检察机关违纪违法案件或执法过错案件的线索受理、初核、立案调查、案件审理、处理，以及申诉案件的复查、复核等业务的统一管理。（2）执法监察功能，包括纠风工作、专项检查、执法监督三大模块。实现执法监察工作流程、相关工作及文书审批流转；以及资料材料立卷归档、查询、统计、分析；相关报表文书自动生成、查询、检索等功能。（3）检务督察功能，实现检务督察公文网上流转、批办，及时了解掌握全国检察机关检务督察组织机构及督察人员的情况；对检务督察发现问题，可进行信息录入、检索、统计分析；实现督察建议整改落实情况反馈、违法违纪线索移送处理及反馈等功能。（4）巡视巡查工作功能，实现对巡视组人员安排、巡视单位、巡视各阶段状态、巡视时间和巡视材料归档等信息录入、监控和管理。（5）党风廉政建设功能，实现对党风廉政建设、领导干部廉政信息管理以及惩防体系的信息管理。（6）信息查询统计分析功能，实现对纪检监察业务办理中各类案件审查信息、执法监察信息、检务督察情况、巡视工作情况、党风廉政工作的综合查询，并对各类案件信息汇总，由下向上逐级统计上报，形成统计分析报告。

图3-27 纪检监察管理子系统设计示意图

全国检察机关队伍管理系统党务管理子系统中的廉政档案功能也承担一定的纪检监察职能，主要支持最高人民检察院机关纪委对机关和直属事业单位全体党员干部和集体的廉政档案和作风纪律的管理，其中廉政档案主要实现对党员的廉政档案相关信息的管理；作风纪律主要实现对最高人民检察院党员违纪处分情况的登记管理，提供查询、统计报表、数据分析等功能。

171

3.2.2.2 检察机关廉政风险防控系统

一、山东省检察机关廉政风险防控系统

2010年7月,山东省青岛市即墨检察院成功破题,率先研发"岗位廉政风险防控管理系统",同年12月,最高人民检察院在即墨召开全国检察机关廉政风险防控机制建设座谈会予以专门推广。

2012年8月,在青岛经验基础上,山东省检察机关廉政风险防控系统建设正式启动,先后经40余次修订完善,完成系统建设需求报告,2014年底完成初始版本并启动试点工作,2015年7月在山东全省推广应用。2015年4月21日,最高人民检察院在山东省检察院召开检察机关廉政风险防控座谈会,明确山东为全国试点单位。

系统的一大亮点是围绕最高人民检察院《关于深入推进检察机关廉政风险防控机制建设的实施意见》,确定执法办案10项防控重点和执法办案内部监督暂行规定的9类重点监督案件,对易发多发问题的核心岗位和关键环节进行分析提炼,设计形成各种风险排查流程,即廉政"风险点"。每个风险点由若干判断节点组成,将每个判断节点涉及的法律、制度规定及工作程序提炼抽取归纳为"排查规则",如"部门负责人审批""报请检察长批准""提请检委会同意""公用印章使用"等。每个节点存在多种判断结果,按照判断结果继续判断后续节点,引导判断流程向前推进。如果到达某个节点时出现不符合规定的情况,就会形成一个具体的"风险情形"。通过对统一业务软件、政务系统、队伍管理等应用系统对接的相关数据,定期自动运行程序,进行连续判断和甄别过滤,从而实现廉政风险自动排查。

系统主要设置了同步监督、自动预警、综合处置、分析评估、结果运用和公开公示六项功能。(1)首先将检察工作涉及的214个风险点预先固化于计算机程序,并将相关法律法规、制度规定等提炼为具体的排查规则,由排查规则构成排查组件程序,自动运行开展同步监督。(2)对发现的廉政风险,以"一人一案,一事一档"形式自动计入执法档案、廉政档案。(3)发现风险后自动预警,预警信息在承办人和分管领导登录页面中都会自动显示。(4)承办人接到预警后,需及时进行整改,整改完毕并达到标准要求的,系统自动识别并予以确认。(5)对未按规定和时限要求整改的,纪检监察机构制作监察建议,发送给承办部门负责人,督促整改纠正。对仍拒不落实的,视情启动问责程序。

图3-28 山东省检察机关廉政风险防控系统风险点配置示意图

同时系统会自动将案件、事项的类别、数量及预警信息、纠错情况等，以柱状图、饼图、折线图方式显示，并据此分析研判风险多发易发部门、岗位、发生的概率和趋势，为预防风险提供决策依据。对干部选拔任用、大额资金使用等事项在系统首页公示，全方位接受监督。

此外，对接个人有关事项报告系统，针对《检察机关工作人员有关事项报告暂行规定》确定的17项报告内容，可以直接填报、层报相关领导，改变了个人有关事项一年一报的模式，弥补了对处级以下干部"八小时外"的监督空白。

二、云南省检察机关廉政风险防控信息平台

2018年4月，云南省检察院在全省三级检察机关建立了廉政风险防控信息平台，加强对检察权的各个环节的监督。用户在登陆该系统时，系统会随机生成党风廉政每日一题，如果用户不做该题，将无法使用该系统。之后，系统会自动弹出该用户所在的岗位信息以及岗位风险点，时刻提醒用户的岗位职责。

系统个人首页分为五个板块。上半部分分别显示"图片新闻""快速链接"和"我的任务"，下半部分显示"个人廉政风险统计"和"廉政风险列表"列表，用户可以通过链接快速进行事务处理。"个人廉政风险统计"中列出了最新的个人统计信息；"廉政风险列表"中列出了需要本人所办案件中存在的风险；"我的任务"中列出了需要本人处理的事项。

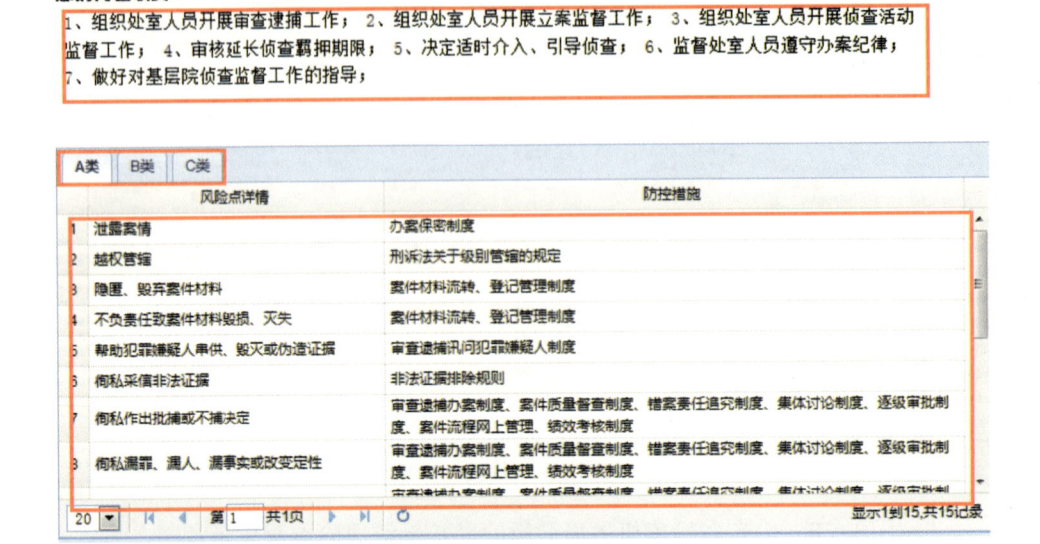

图3-29　云南省检察机关廉政风险防控信息平台个人风险点提示示意图

监察部门用户还增加了综合处置功能、廉政风险配置功能，纪检监察人员可以对系统中已发现的风险记录，发起"即时监控"，也可以发起"监察建议"文书。案件承办人、部门负责人、院领导和纪检监察部门可以通过系统分析评估功能，查看廉政风险的多发易发部门、岗位、发生概率和趋势，特别是对带有倾向性的问题进行预判，为预防风险提供决策依据。

3.2.3　教育培训的信息化应用

3.2.3.1　全国检察机关"智慧教育"平台

一、教育培训子系统

教育培训管理子系统是全国检察机关队伍管理的11个子系统之一，主要包括5个功能：（1）培训计划管理功能，实现对最高人民检察院机关培训计划申报、审核及开班情况的跟踪管理，以保证政治部教育培训部对各厅局条线培训情况的及时掌握，统筹规划、资源整合。（2）培训档案管理，实现全国检察人员参与培训情况的总体分析，可逐级浏览各级检察院教育培训情况的统计及明细信息。（3）师资课程管理，建立全国检察机关师资课程库的展示和管理平台。四级院相关业务人员，可根据权限维护和管理师资与课程信息，并在全国范围内公开共享，全国各级检察院可通过师资课程共享平台快速查询调取所需师资、课程信息。(4)培训基地管理,掌握现有培训基地(国家检察官学院分院)的建设情况、教学情况、师资情况、教材情况等,加强对培训基地考核、培训基地管理、培训任务管理。(5)司法考试档案管理,对全国检察系统每年司法考试情况进行统计、分析、输出。

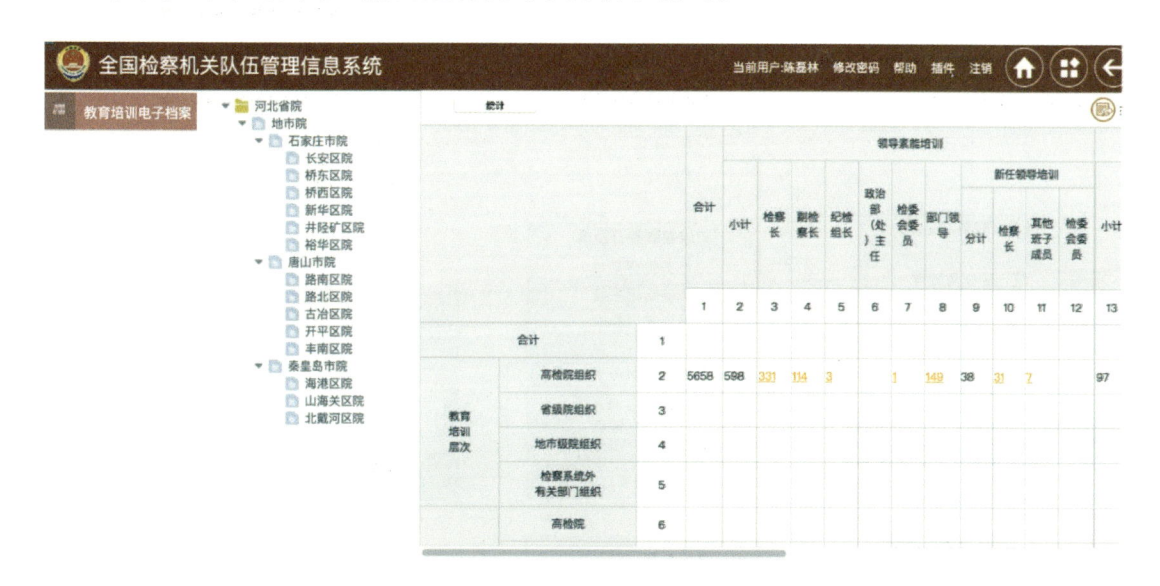

图3-30 检察教育培训电子档案示意图(模拟数据)

二、检察教育和基础文献资源共享平台

检察教育和基础文献资源共享平台是电子检务工程项目之一,主要服务于最高人民检察院直属事业单位国家检察官学院的教学管理、文献资源管理等工作,旨在实现学院"网上办公、网上教学、网上管理、网上服务",为学员、教职工、领导提供高效便捷的信息服务,提高学院的管理水平和办学效率,现已上线运行。

中国检察教育平台包含办公管理、教务管理、培训管理、学员服务、移动服务、教研数据分析、用户及数据管理、远程教育培训等8个子系统。其中:(1)教务管理子系统,具备年度培训计划管理、师资库、课程库信息、班次管理、教学计划及课表管理、教材管理、教学质量评估、课酬管理、培训统计、结业证管理、教研部管理、工作量管理、学员管理等功能。(2)学员服务子系统,具备学员信息管理、学员报到、学员分组、学员须知、学员情况分析、学院平面图、班次学员手册、考勤管理、学员作业、学员鉴定表、培训管理工作评价等功能。(3)用户及数据管理子系统,具备通知公告管理、教室管理、宿舍管理、用户管理、权限分配、日志管理、数据备份等功能。(4) 远程教育培训子系统，具备视频分类管理、视频课程库管理、视频录制安排等功能。

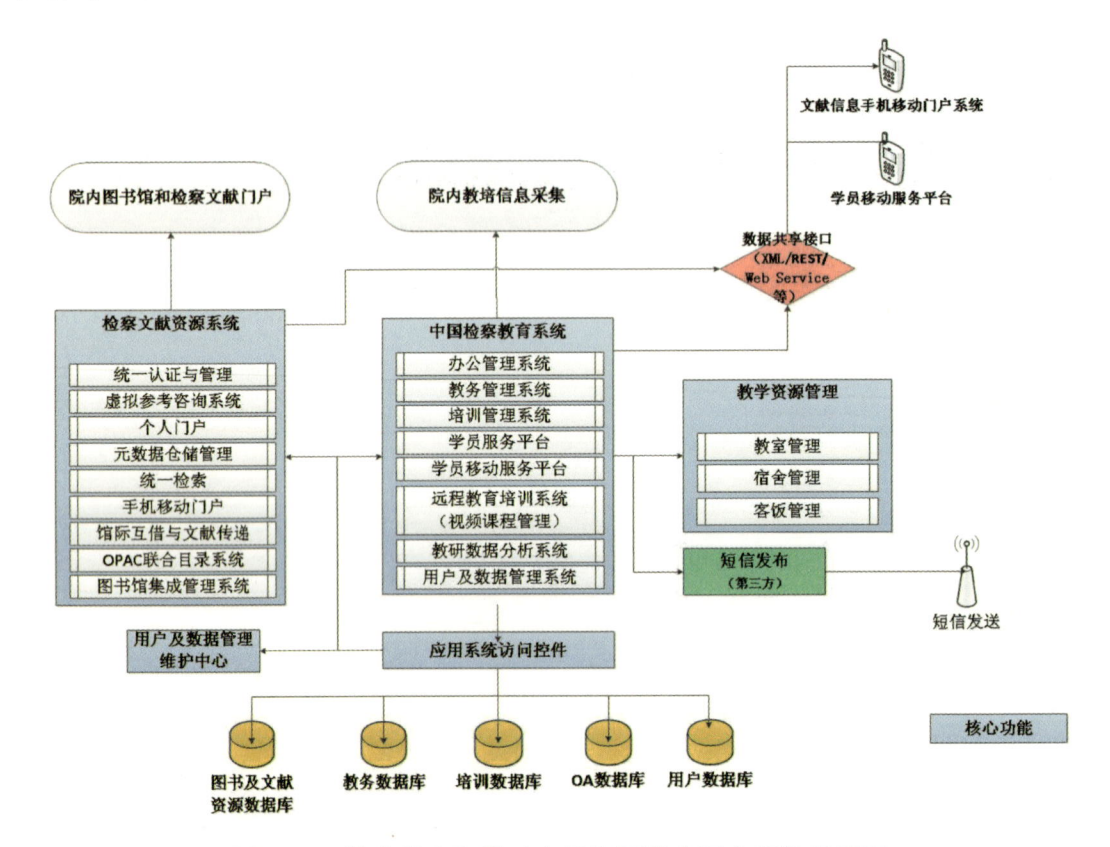

图3-31 检察教育和基础文献资源共享平台架构示意图

图3-32 中国检察教育系统培训管理子系统界面

检察基础文献资源共享平台包括图书馆集成管理子系统、Opac联合目录子系统、检察文献门户平台、统一认证系统、手机图书馆、虚拟参考咨询子系统、馆际互借与文献传递子系统、元数据仓储等部分。其中：（1）图书馆集成管理子系统，具备采购编目、典藏管理、流通管理、期刊管理、阅览室管理、资源管理、公共查询、情报检索、报表打印等功能。（2）Opac联合目录子系统，可以创建虚拟图书馆，远程查询图书馆的书目信息，自动办理续借、预约业务，查询图书馆的借阅历史信息、新书到馆信息、热门推荐书目、期刊到馆信息等。（3）虚拟参考咨询子系统，具有咨询及座席分配模块、知识库管理模块，用户管理和咨询员档案管理等模块，读者通过互联网平台即可进行在线咨询，图书馆能够针对读者的咨询问题提供信息推送服务。（4）馆际互借与文献传递子系统，支持在多个图书馆之间进行文献借阅和资料传递，为读者提供更好的服务。

三、中国检察教育培训网络学院

中国检察教育培训网络学院（www.sppet.cn）是最高人民检察院为贯彻落实党的"十八届四中全会"精神和中央关于大规模培训干部的要求，由最高人民检察院政治部牵头，国家检察官学院、中国检察出版社、最高人民检察院技术信息中心参与建设的网络基础培训教育基地。该项目于2016年9月正式上线运行。

图3-33 中国检察教育培训网络学院首页截图

目前，中检网院设置有新闻资讯、学习中心、课程中心、专题学习、法律法规库、数字图书馆等模块，首页还包括通知公告、专题培训班、综合类课程（包含党性修养、政治理论、时政解读、领导科学、应急管理等）、检察类课程（包含侦查监督、公诉、民行检察、案件管理、执行检察、未成年人检察、控告申诉、通用素能、双语课程等）、教师介绍。同时，还设有"云课题在线学习"App，支持安卓、苹果手机和平板电脑进行移动在线学习。目前，共有培训专题234个、开设课程1093个、课时总数4068小时。

3.2.3.2 地方检察院"智慧培训"

一、江苏检察机关教育培训管理系统

2016年，江苏省检察院组织开发检察教育培训信息管理系统，集教学管理、学习园地、学院管理三位一体，于2018年初正式上线运行，以提升干警素能为目标。同时也开发了手机App，内设电子图书馆、知网数据库、在线研讨等模块，方便干警在线学习。

其中：（1）教学管理模块，包括培训情况、计划一览、专家人才、优秀学员、工作指导和待办提醒等6个功能，省院及各地市院可以发布相关的教育培训新闻信息。（2）学习园地模块，包含热门课程、直播课堂、专家教师及重磅文章功能，直播课堂在计划审批通过后，在首页置顶显示。（3）学院管理模块，包含学院风采、每日在院人数、每周教室安排、学院地址及联系电话等功能。

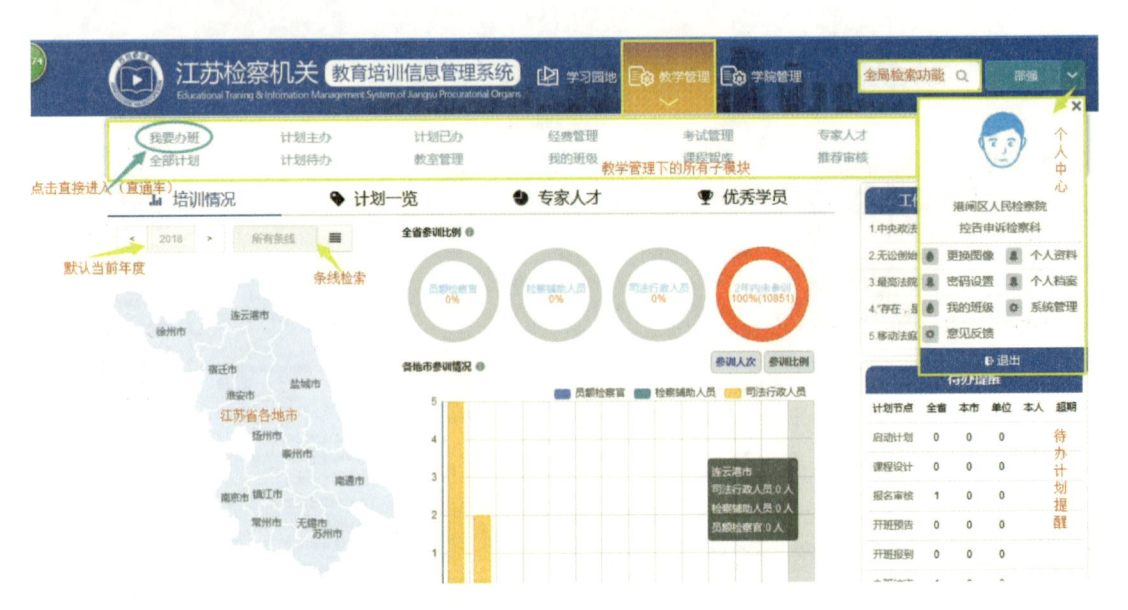

图3-34 江苏检察机关教育培训信息管理习题教学管理模块

二、山东检察网络培训学院

2016年，山东省检察院探索构建"网络+培训"训练格局，建成山东检察网络培训学院，发布各类视频课程3000集，开设检察微课83门。山东检察网络培训学院提供基本的网络课程学习功能，学员可以根据自己的兴趣选择相应课程，选中的课程会显示在个人空间内，在线学习后，系统就会记录学时学分。目前为每位学员提供10GB的个人空间"我的云盘"，用以保存学习资料。

此外，山东省检察官学院还研发了"智慧云教学管理系统"，实现了教学培训和学员管理服务信息化。同时为方便学员交流，还可开设各类专题小组，进行相关的专题研讨。在专家在线栏目，学员还可查看在线专家介绍，就自己的疑惑选择业务相关的专家进行在线答疑，并且可以检索专家发表的文章进行学习。

三、浙江省检察院"检察微课"

2015年，浙江省检察院在全国率先开展"微课"教育培训活动，活动分为课程建设与自我培训、优秀微课对口培训、精品微课评选三个阶段，通过精品微课的评选，鼓励开发建设针对性强、教学效果好、教学水平高的培训课程，达到以评促建，以评促管的目的，推动检察业务培训课程体系建设。

图3-35 浙江省检察院"检察微课"

目前主要包括三类"微课"：（1）职业素养培训课程，包括法治理念与法治思维、思想政治教育、形势政策解读、检察职业道德与职业纪律、检察基础理论等；（2）通用能力培训课程，包括公文写作、办公自动化技能、网络舆情及突发事件应对、

调查研究方法技能等；(3)专业能力培训课程，包括侦查监督、公诉、刑事执行检察、民事行政检察、控告申诉检察、案件管理、检察技术等8个业务方向。

四、青海省检察院无纸化普法用法及考试系统

青海省检察院统一部署了全国普法办的"无纸化学法用法及考试系统"。学员进入"学法用法平台"后，即可阅读普法教材的电子版课程的所有章节目录，完成与该教材配套的每章节的同步练习，只要学员学法已经达标，即取得统一的普法考试资格。学习完毕后可以登录"普法考试平台"，进行在线答题，考试完成后系统会自动弹出本次的考试成绩。

图3-36　无纸化学法用法及考试系统截图

3.3 检务保障的智慧应用

2014年8月，最高人民检察院计划财务装备局与技术信息中心联合成立检务保障信息化建设领导小组，加强对检务保障信息化建设的统一管理和统筹推进。2016年10月，检务保障工作规划纲要研讨会在贵州省贵阳市召开，会议明确提出要突出保障司法办案、检察信息化建设、法律监督能力建设等5项重点工作，构建以检务保障信息系统为重点的智慧检务保障体系。[①]

[①] 王地：《最高检计划财务装备局负责人就〈"十三五"时期检务保障工作规划纲要〉答记者问》，载《检察日报》2016年11月30日。

2016年11月，最高人民检察院印发《"十三五"时期检务保障工作规划纲要》（高检发装字〔2016〕27号），明确提出"高检院主导研发全国检察机关检务保障信息系统，2016年试运行，2017年全系统推广"的建设任务，要求各省级检察院做好预决算管理、资产管理等相关模块预留端口的对接与深度开发工作，与财政、审计等部门互联互通，强化宣传培训。

3.3.1 全国检察机关检务保障系统研发应用

2016年2月，最高人民检察院正式印发《全国检察机关检务保障信息系统实施方案》，确定了检务保障信息系统的设计思路、技术架构、部署模式、运行环境和实施计划。3月，下发《关于开展全国检察机关检务保障信息系统试点工作的通知》，并于同年5月开始在最高人民检察院机关和辽宁、山东、湖北等地检察机关分阶段开展试点工作。

图3-37 全国检察机关检务保障系统总体架构示意图

2016年12月21日，全国检察机关检务保障信息系统部署应用动员会在北京召开，要求2017年全力推进检务保障信息系统在全国检察机关部署应用，确保全面应用、全员使用。同月，最高人民检察院在山东省检察官培训学院举办两期检务保障信息系统业务骨干培训班，为系统推广培训业务人才和技术人才。

2018年，检务保障信息系统以预算管理为主线，以资金管控为核心，已基本实现全国四级检察院预算执行信息、检察保障业务、管理过程的全覆盖，一期系统的网上报销、财务管理、资产管理、财务报表等四个子系统已经部署应用。

3.3.1.1 网上报销子系统

网上报销子系统包括初始设置、费用申请、借款管理、采购支付、报销、报销查询、公务卡管理、费用统计等模块。

一般报销包括五个环节：（1）申请人在线填单，在每项支出前，申请人需要填写系统内置的支出申请电子审批单（如差旅费、会议费、出国费、公务接待费、培训费电子审批单），员工提单后，打印凭单，粘贴原始凭证。（2）财务预审，报销人将报销单据提交财务预审，审核同意后，退还提交人送领导审批；审核未批准，退给报销人修改线上提单。（3）领导审批，领导线下在报销单上签署审核意见。（4）财务审核，审核会计对原始票据和在线单据进行核对，审核通过后自动生成凭证，审核不通过退还报销人。（5）出纳付款，出纳支付报销款项，同时通过接口将网上报销中的账务数据与财务管理信息系统交互生成凭证。

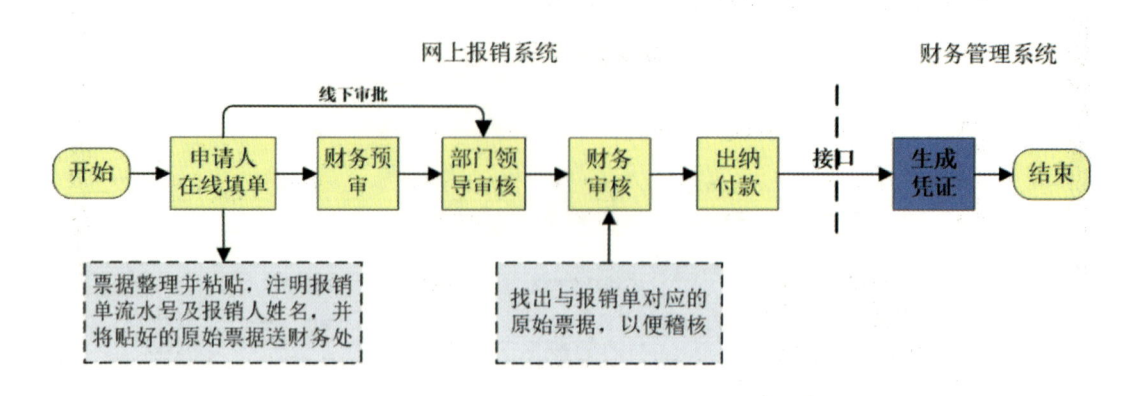

图3-38 网上报销系统流程示意图

"报销查询"模块可以方便部门领导和内勤掌握部门预算执行情况和报销情况，帮助工作人员掌握报销进度，查询历史报销信息。其中：（1）检察机关工作人员均可通过系统进行个人银行账号基本信息查询、个人历史申请（审批）单据查询、单据审批状态查询等。（2）部门领导可查询本部门所有员工的借款、报销情况，如厅局个人出差情况、差旅费支出、个人加班车费情况、会议费支出情况、临时出访情况统计表。（3）各部门可以对归口的项目经费的预算执行情况进行查询，包括项目预算数（年初预算、本年预算、追加预算）、批准支出数（预算申请数、以批复支出数）、已报销情况（支出申请数、已记账支出数），点击批准支出情况栏中的具体项目，即可联查到该项目的明细。

"公务卡管理"模块可以通过发卡银行的公务卡支持系统接口，提取相应的公务卡刷卡信息（包括交易流水号、持卡人姓名、持卡人身份证号、商户名称、交易时间、交易金额等）。公务人员持卡消费后，持公务卡、发票及POS机上的刷卡小票到单位财务办理报销，单位财务人员可以根据公务卡小票信息，下载对应的消费明细信息记录，财务人员确认后，可以实现自动还款并生成还款记录。此外，系统还提供了"电子核对"模块，系统自动从发卡银行的公务卡支持系统，提取所选期间的公务卡报销信息，并将此信息与已报销的公务卡消费信息进行核对。如果核对结果一致，系统将提示"核对成功"字样；如果核对结果不一致，系统将不一致的内容列出，防止重复报销。

3.3.1.2 财务管理子系统

账务管理子系统包括会计核算、出纳核算、银行账户管理等模块，以逐步构建检察机关统一的账务管理机制，完善内部会计制度、扣押款物管理制度、工资管理制度和税务管理制度，达到全国检察机关财务处理规范化、预算科学化、控制精细化的目标。

"会计核算"模块具有系统设置、日常凭证处理、期末定期处理、账证输出管理、往来业务管理、预算控制等功能。凭证处理是账务处理子系统业务的核心，会计凭证是进行会计核算的基础，通过凭证处理可以对会计凭证中的信息进行加工，从而经过统计分析形成相关的账表。一般凭证处理需经编制、审核、记账、结账、查询等流程。系统支持自动核对账目和明细账与总账的对比检查，如果出现账账不符，会弹出修改提示。预算控制功能可以根据各项预算的控制数，对超预算的支出，在录入凭证时给予提示，提示支持会计人员快速查询某段时间内的经费支出明细账、经费支出余额表、预算执行情况分析表。

"出纳核算"模块具有票据管理、出纳账、银行日记账、现金日记账、现金收付款业务、银行管理、出纳报表、出纳核算对账、结账处理等功能。以现金收付款业务为例，系统可以对各种现金、银行的收款、付款以及领用进行操作和处理，一般分为三个步骤：（1）收款单，出纳人员对于初始数据，只需输入一张收款单即可将现金、银行余额装入；（2）领用单，系统根据领用单将现金、银行的款项记入总账，同时根据款项对应的主会计科目和其对应的领用科目，自动生成会计凭证，传递到账务处理系统中；（3）付款单，付款同时生成相关的会计凭证，将领款单进行核销，完成付款业务。

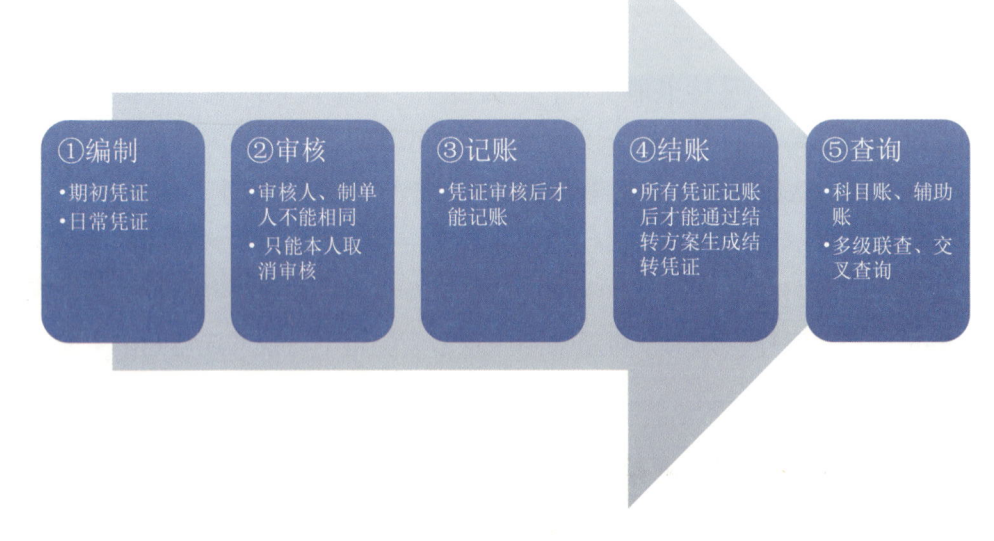

```
①编制          ②审核          ③记账          ④结账          ⑤查询
•期初凭证       •审核人、制单    •凭证审核后才    •所有凭证记账    •科目账、辅助
•日常凭证        人不能相同       能记账         后才能通过结     账
                只能本人取                      转方案生成结    •多级联查、交
                消审核                          转凭证          叉查询
```

图3-39　系统日常凭证处理的基本流程

"银行账户管理"模块具有单位账户审批、单位账户备案、账户信息查询、账户变更管理、账户销户管理、银行账户对账等功能。系统根据有关财政、金融法律、法规建立预算单位银行账户统一管理体系，通过与银行系统的对接，实现银行账户的各项常用操作，同时进行银行账户资金监测及预警。单位或主管部门可根据一定的查询条件，查询单位账户的基本信息、年检结果、到期提醒及相关的变化轨迹信息。商业银行根据与检察机关的约定，可以将银行账户的交易流水信息发送给检察机关，以备其他业务环节使用。

3.3.1.3　资产管理子系统

资产管理子系统包括资产配置计划和日常固定资产管理（涵盖资产购置管理、登记管理、使用维护管理、条形码管理、处置管理、调拨管理、评估管理、产权登记管理、折旧管理），以资产全生命周期管理为核心主线，对装备资产进行全过程监督，主管部门可随时对资产总量情况、分布情况及使用情况等进行综合分析，对资产在使用过程中的变动情况、闲置情况等进行实时动态监控和预警,保障资产的有效利用,同时满足装备资产与国有资产双重管理要求。

图3-40 检务保障系统固定资产卡片示意图（数据为模拟数据）

日常固定资产管理的流程包括六个步骤：（1）入库。政法采购人员填写入库信息后，在系统点击提交库管员审核，审核完成后的入库单生成卡片，该卡片状态为未审核状态。（2）登记。资产管理员对入库后未审核的卡片进行登记，补充入库时未完成的信息，点击审核后形成正式卡片。（3）领用。领用部门在线填写《资产领用登记》，报资产管理员审核。（4）变更。申请人对资产卡片中使用部门及人员进行变更申请，经审核同意后卡片的相应项目进行并更。（5）处置。申请人对需要报废的资产在线填写资产处置申请单，经审核同意后卡片状态更新为"不需用"。（6）查询。资产管理人员可以对资产进行报表查询，设置相关的过滤条件，可得到资产台账、资产变动明细表、固定资产情况统计表等相应的报表信息。

图3-41 系统日常固定资产管理的基本流程

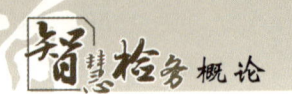

3.3.1.4 报表管理子系统

财务报表管理子系统包括模板下发、报表填写、报表管理、汇总管理、指标分析等功能。用户可根据需要定义报表中的公式，自动生成需要的财务报表。报表管理系统可以通过用户自定义的格式进行取数，按照不同汇总范围和维度进行报表汇总，记录财务数据，实现会计期间由系统自动获取会计核算数据、自动计算、自动生成各级检察机关的资产负债表、收入支出表、财政拨款收入支出表等各类财务报表，同时实现自定义报表共享。

自定义财务报表管理的流程包括五个步骤：（1）报表定义。填写自定义报表名称，选择报表期（如日报/月报/季报/年报）和报表类型（固定表/浮动表）。（2）报表设计。可以导入事先在 excel 中绘制好的表样，或者在系统内进行表头表尾、数据单元、计算公式等报表格式设计。（3）任务定义。填写任务代码、任务名称，设置期间种类、制作单位、开始日期、终止日期、科目体系，通过在系统勾选明确此任务的报表和报表显示顺序。（4）任务下发。点击要下发的报表任务，勾选下发单位和账套，任务会自动下发到全国检察机关检务保障系统的相关单位。（5）报表汇总。查询所选单位的任务报送情况，点击即可查看该单位报送的报表信息。

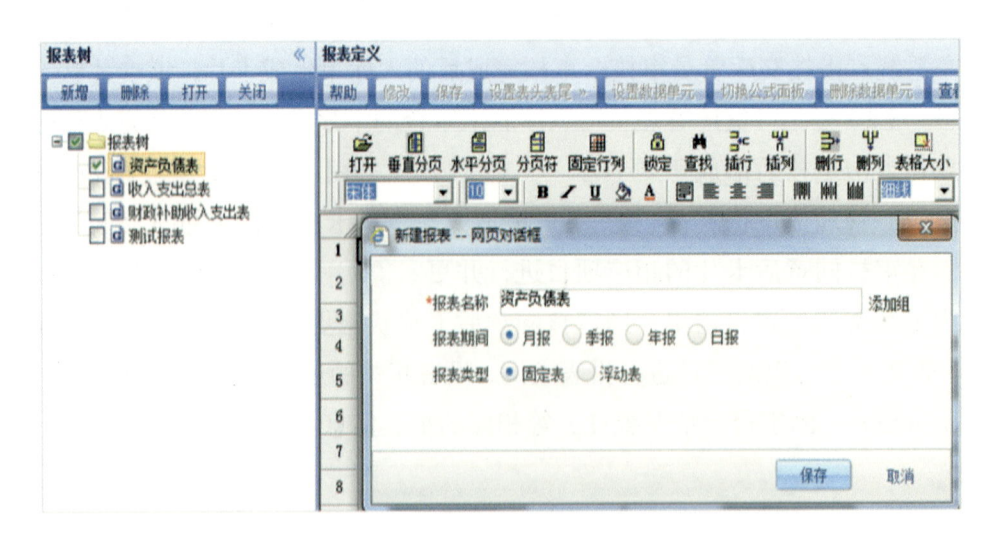

图3-42 财务报表管理子系统报表定义功能示意图

3.3.1.5 综合分析子系统

综合分析子系统是通过建立全国检察机关一般预算支出数据库及动态管理机制，实时掌握各单位预算执行进度情况、收支情况、单位基本情况、财政拨款情况、重点项目情况、装备资产情况、非税收入情况、经费报销情况、动态监控与审计情况等信息。系统可以通过图表等多种展现形式，为各级检察院领导、计划财政部门检务保障和财务管理提供数据支撑。例如，预算执行综合分析功能，可以反映最高人民检察院及二级预算单位预算执行总体情况，并进行连续3个月预算执行进度统计、预算执行对比分析、支出类型分析、预算执行趋势分析，通过报表或图表形式展现。

图3-43　综合分析子系统报表预算执行分析功能示意图（测试数据）

3.3.2　地方智慧检务保障探索经验

3.3.2.1　检察智能楼宇信息化探索应用

智慧楼宇的核心是5A系统，即楼宇自动控制系统（BA，包括中央空调、给排水、变配电、公共照明、电梯系统）、通讯自动化系统（CA，包括综合布线、宽带网络、有线电视及数字程控电话系统）、消防自动化系统（FA，包括自动火灾报警、自动喷淋系统）、办公自动化系统（OA，包含门厅多媒体查询、电子布告、公共广播、物业服务系统）、安保自动化系统（SA，包含监控系统、训更系统、报警系统、门禁系统、停车场管理系统）。

早在 2015 年全国检察机关科技强检示范院创建时，最高人民检察院就将"楼宇智能化系统"纳入考评范围，要求"检察机关楼宇智能化系统应具有对各智能化系统进行数据通信、信息采集和综合处理的能力，集成的通信协议和接口应符合相关标准，应实现对各智能化系统进行综合管理，具有可靠性、容错性、易维护性和可扩展性"。目前，检察机关智能楼宇改造主要集中在以下方面。

其一，检察工作人员门禁就餐智能化。许多检察机关通过推行"一卡通"系统，使用通用读卡器、门禁控制器、考勤一体机、消费 POS 机等软硬件，满足本单位的出入控制、考勤管理、消费管理等需求。湖北省宜昌市检察院、吉林省松原市检察院、陕西省咸阳市检察院等配备了车辆智能识别系统，通过摄像机抓拍进场车辆的车牌号，与系统里已经录入的车牌号进行比对，如为检察院车辆自动抬杠放行。北京市检察院第一分院、上海铁路运输检察院、湖北省武汉市蔡甸区检察院等采用人脸识别设备，完成日常考勤和出入管理。江苏省张家港市检察院等还通过智能手机 NFC 功能，实现门禁、就餐立"扫"可行。

其二，检察工作区域安防保护智能化。早在 2009 年，河北省唐山市检察院就建立了楼宇监控系统，在各楼层、电梯、车库、大楼周边及重要场所安装共 146 个高清晰摄像头，24 小时数字录像监控，在重点区域安装红外/微波双鉴探测器和震动探测器，保障检察院办公办案区安全。黑龙江省齐齐哈尔市检察院采用楼宇智能化系统管理，设置出入安检门，重点部位全部设置门禁系统，全楼安全监控 58 个点，实现 24 小时监控无死角以及安全防护与消防警报系统智能化，在中心机房、电子数据实验室、机要室等重点部门设置第二道门禁系统，提供双重保障。2018 年，四川省南充市检察院印发《关于全面推开 12309 检察服务中心（实体大厅）建设的意见》，要求该市 12309 实体大厅入口处统一使用玻璃感应门，大厅与配套功能用房相交处安装门禁系统，出入口、廊道、各配套功能用房及周界安装全方位音像视频监控和报警系统。

其三，检察机关楼宇节能低碳智能化。广东省深圳市龙华区检察院开发的"智慧龙检"App 通过"物联网"概念，采用 AXAET 智能感知与蓝牙控制技术，嵌入了智能设备控制功能，将智能灯控、门禁等与系统平台相结合，实现手机 App、语音、定时等多种控制模式，为检察人员提供绿色、环保、智能、安全的办公环境。辽宁省沈阳市检察院对原有机房进行升级改造，采用智慧双循环节能空调和模块化数据中心解决方案，顺利通过了第三方权威测试机构的 PUE（数据中心总设备能耗/IT 设备能耗）检测，其 PUE 值在 100% 的 IT 负载率下 1.178，50% IT 负载率下 1.289，远超国内大多数机房节能水平。

3.3.2.2 检察机关公车管理信息探索应用

2014年7月,中共中央办公厅、国务院办公厅印发《关于全面推进公务用车制度改革的指导意见》,要求用2年至3年时间全面完成公务用车制度改革。2015年12月,中央和国家机关车改已全面完成;2016年底,除西藏、新疆和新疆兵团外,其他29个省份省直机关车改已全部完成、已有26个省份完成了地市级车改、近20个省份完成了县级车改。[①]2017年12月,中共中央办公厅、国务院办公厅又印发《党政机关公务用车管理办法》,明确要求各省、自治区、直辖市以及中央和国家机关公务用车主管部门应当建立统一的公务用车管理信息系统,提高公务用车配备使用管理信息化水平。

检察机关一直以来高度重视公车管理问题,并结合信息化手段,强化日常监管。

其一,公车统一安装GPS定位系统。早在2012年5月,湖北省检察院已将单位警车全部实现GPS监控管理,有效地促进警车管理使用的信息化和规范化建设。2013年1月,江西省检察院推行公务用车统一管理,为院机关77辆警车和公务用车安装GPS卫星定位系统,定时查看外出车辆所在位置、行驶路径等信息,2013年1月至5月汽车油料消耗、汽车维修费同比下降23.5%和14.8%。2014年福建省莆田市检察机关为所有公务用车安装GPS定位系统后,2015年运行维护费与同期相比下降8.17%。目前绝大多数检察机关警车和公务用车均已安装GPS系统。

其二,信息化平台强化公车管理。河南省郑州市检察院建立了"公务车辆管理系统",通过定期统计每部公车的行驶里程、行驶时间、油耗情况、维修费用等,并在每月底生成行驶报表,统计出驾驶员超速驾驶、超时驾驶、越界驾驶等违章等不安全行为,有效控制"三公"经费,防止"车轮上的不安全"。山东省烟台市莱山区检察院研发车辆智能管理子系统,配置"车钥匙智能卡柜",将"莱检通"、执法执勤车辆使用管理权限和网络连接到一起,每次用车均需刷卡,并与车辆行车记录仪、车辆出入射频扫描登记、周末公车封存等结合,实现了对执法执勤车辆的实时全程监督。内蒙古自治区呼伦贝尔市检察院与移动公司联合开发车务通系统,与手机App同步使用,对单位车辆进行实时定位,有效监控油耗、行驶里程、保养记录等,对异常、突发情况提前预警、及时提醒。

其三,公车使用信息公开接受内部监督。福建省龙海市检察院将公车监控App安装到检察长、分管领导、纪检组长的电脑和手机,并鼓励本院干警安装手机终端系统App,实时了解公车位置和动态,让公车的使用情况"随时随地"都可监可控,

---

① 沙璐:《地方车改进入攻坚阶段》,载《新京报》2017年6月11日。

2015年接受纪检监察部门动态监督92次，杜绝公车私用现象。河南省安阳市龙安区检察院公车改革以来，公车数量由30辆减至20辆，建立公车使用明细账，实行"一车一账、单车核算、按月公示"制度，计财部门按月将每辆公车燃油、维修费用在内网门户网站进行公示，接受干警监督，每年运行费由49.5万元减至14万元。

3.3.2.3 涉案财物管理信息化探索应用

赃证物管理是影响司法公信力的环节之一，既往传统的赃证物管理面临手工台账登记烦琐、调用借阅查找困难、清点检查工作量大等问题。近年来，检察机关积极探索应用信息化手段，赃证物管理规范化、高效化、现代化取得明显进展。

其一，二维码管理涉案财物，建立电子信息档案。2015年初，河北省邢台市临城县检察院在全省率先使用二维码管理涉案财物，为每件涉案财物打造唯一的"电子身份证"，从立案侦查、审查起诉、案件审理直至判决生效、执行，全程一码，一码到底。2016年3月，临城县试点开通了联通公检法三部门的刑事涉案财物集中管理信息平台。同年8月30日，河北省委政法委在邢台市召开现场会，向全省推广该做法。据统计，平台运行一年以来，邢台市公检法三部门已向平台录入案件2001件，管理涉案物品13856件。以临城县为例，纠违率已从11%降至2%，取得明显效果。[①] 广东省中山市检察院也广泛应用"条形码"技术，为每件赃证物都贴上条形码，入库、出库时用扫描枪一扫条形码，就能即时完成赃证物管理信息的自动生成和更新操作。

其二，可视化管理涉案财物，确保证物不发生损毁。2015年6月，天津市河北区检察院研发"案管赃证物综合管理系统"，并配备蓝牙数码相机、条形码打印机、扫描器、数控证物柜、防磁柜等专用设备，实现对赃物库的远程数码控制和可视化管理，为每件入库赃证物建立"身份档案"，详细记录赃证物特征、入库时间、存储库位和所属案件情况。在库状态管理应用了可视化技术，管理员无须打开智能柜，扫描二维码即可迅速定位赃证物位置，浏览赃证物特征、数量、图片等信息，系统投入使用以来，已受理和流转赃证物285项，无一项出现差错。

其三，信息化管理涉案财物，及时提醒证物归还。2015年，江苏省邳州市检察院引进赃证物管理系统，系统具备到期预警功能，可通过刷新系统内的"归还提醒"功能"跟踪"去向，对于借用即将到期的情况，第一时间提醒借调人适时归还。如果未经审批登记携带证物出库，赃证物管理系统就会自动发出"滴滴"声报警，系统管理员会在第一时间接到短信，提示有人未经审批登记携带证物出库，同时摄像头会迅

---

① 黄海英：《河北省开展涉案财物集中管理信息平台建设综述》，载《河北法制报》2017年2月8日。

速拍下图像"记录在案"。

其四，身份识别管理涉案财物，确保物品长期安全保管。2016年以来，东莞市人民检察院研发"检察院赃证物智能管理系统"，在保管区设有数控物联存储柜、异形柜、防磁柜、密码柜、防腐化学柜，保管区和接收区分隔并设有门禁，只有授权人员才可进入。各保管柜利用物联网技术由中央控制器统一控制，入库时制作电子标签一式两份，一份由赃证物管理员保管，另一份贴在赃证物清单上交案件承办人保管，取赃证物时，必须双人授权才可安全开启。北京市西城区检察院用夜视感应仪、红外探知仪、静脉识别门禁等，形成360度无死角的环境监控系统，实现涉案财物安全保管。此外，还有的地方检察机关采取虹膜识别技术，事先将具有权限的检察人员眼睛虹膜信息录入系统，每次提取赃证物时，必须通过虹膜检验才可操作。

其五，原地安全保管涉案财物，减少证物转移过程的损毁风险。深圳市检察院积极向该市政法委建议，促成"涉案财物网上移交及建立能动机制项目"在宝安区政法机关试点，实现了公检法之间涉案财物的"实物不移、原地保管、数据交换、信息共享"全流程监管模式。该项举措在保证对涉案财物有效管理的前提下，通过涉案财物的数据交换以实现公检法各单位之间的信息共享，极大节约了移送涉案财物的时间，强化了涉案财物的管理保护。

其六，开通赃证物网络查询功能，加强内外部监督管理。浙江省杭州市西湖区检察院开通扣押冻结款物因特网查询系统，方便当事人了解扣押冻结款物的办理情况和处理进度。系统可从已使用的扣押、冻结款物管理系统导入数据，在满足检察内外网物理隔离要求的同时，避免了数据的重复录入。案件当事人输入被告知的账号，即可查到本案扣押冻结款物在检察环节的实时信息，从承办人到扣押时间、从接送凭据到赃证物详细信息，从处理去向到处理凭据乃至处理人员都一目了然。系统还具备网上申请复议功能，当事人如对处理决定不服可申请复议。此外，纪检部门也通过实时查询功能，不定时对赃证物进行逐案逐条对照检查，对发现的问题根据系统流程记录功能，追究相关人员责任，一定程度解决执行制度不严格、操作不规范等问题，取得明显效果。

第 4 章
全方位智慧服务

要努力让人民群众在每一个司法案件中都感受到公平正义，坚持司法为民，改进司法工作作风，通过热情服务，切实解决好老百姓打官司难问题。司法工作者要密切联系群众，规范司法行为，加大司法公开力度，回应人民群众对司法公正公开的关注和期待。

——2013 年 2 月 23 日习近平总书记在主持中央政治局第四次集体学习时的重要讲话

4.1 检务公开和检察宣传的智能应用

2018 年 8 月 21 日，习近平总书记在全国宣传思想工作会议指出，"中国特色社会主义进入新时代，必须把统一思想、凝聚力量作为宣传思想工作的中心环节"；"必须把人民对美好生活的向往作为我们的奋斗目标，既解决实际问题又解决思想问题，更好强信心、聚民心、暖人心、筑同心"；"必须科学认识网络传播规律，提高用网治网水平，使互联网这个最大变量变成事业发展的最大增量"。[①]

2018 年 3 月以来，最高人民检察院张军检察长多次强调，"检察新闻宣传工作是检察工作的重要组成部分"，"必须坚持党的绝对领导，坚持党管意识形态、党管媒体"，"要创新宣传形式，用好'两微一端'，善于运用网络语言、群众语言宣传检察工作，讲好检察故事"，"要适应网络传播差异化特点，有针对性加强网络舆情引导工作，形成正确的舆论导向和价值"，"让人民群众有实实在在的获得感、幸福感、安全感"。[②]

---

① 张洋：《举旗帜聚民心育新人兴文化展形象　更好完成新形势下宣传思想工作使命任务》，载《人民日报》2018 年 9 月 23 日第 1 版。
② 姜洪：《讲好法治故事传播检察声音》，载《检察日报》2018 年 8 月 24 日第 1 版。

2018年5月24日，中央政法委秘书长陈一新在新时代政法宣传舆论工作调研座谈上提出，要提升政法传统媒体与新媒体的融合发展、政法新媒体的网上斗争、品牌创新、话题设置、"引关圈粉"等"五个能力"；着力抓好导向、班子、人才、改革、政策、大V等"六项保障"。

目前，检察机关检务公开和检察网络宣传工作成效，集中在互联网门户网站建设和检察新媒体矩阵建设等方面。

4.1.1 检察互联网门户网站建设

4.1.1.1 最高人民检察院门户网站

一、最高人民检察院官方网站

最高人民检察院是全国最早开通互联网门户网站的中央国家机关之一，1999年5月28日，最高人民检察院作为"政府上网工程"发起单位之一开通门户网站。2013年以来，最高人民检察院门户网站先后多次被评为"快速发展型政务网站""管理创新型政务网站"，多个栏目获评特色栏目、精品栏目。

最高人民检察院门户网站自2016年4月29日改版上线以来，从整体规划到细节处理、从页面布局到栏目设置、从色彩搭配到功能开发，均采用全新的设计和调整。用户界面设计结合最高人民检察院机关大楼与藏蓝色检察制服元素，设置"首页""机构设置""检察新闻""工作信息""检察业务""检察院建设""12309检察服务"等7个板块、57个栏目，着重强化专业性、权威性、新闻性和观点性。

图4-1 最高人民检察院门户网站示意图

网站首页内嵌了"最高检新闻""权威发布""图片/视频/图解""新闻发布会/网上发布厅/直播访谈""地方动态/检察官风采""专题""理论研究/法律规章"等7个板块。右侧还用暗灰色背景突出了服务互动功能，链接了"代表委员联络专区""案件信息公开""法律法规库""指导性案例"等服务功能；在线教育功能。

根据 Alexa 统计，最高人民检察院门户网站（spp.gov.cn）自 2017 年 10 月以来日平均 Alexa 综合排名持续上升，在国内网站排名 1.5 万名左右，平均每个访问者浏览该网站 2.4 个页面，国内用户的网站访问比例占 99.1%，在中央政法机关中，略次于公安部网站（mps.gov.cn）、最高人民法院网站（court.spp.cn），与司法部网站（moj.gov.cn）相近。

表4-1 2018年8月中央政法单位官网网站访问量情况

	最高人民法院	最高人民检察院	公安部	司法部
全国网站排名	1586	15447	4974	11458
全球网站排名	13747	141851	55839	49471
日均IP访问量	24000	5400	20400	6000
人均页面访问量	2.9	2.2	2.2	3.0
境外用户访问占比	3.4%	1.8%	5.2%	2.0%
门户网站访问占比	21.94%	100%	56.49%	97.31%

（数据来源：Alexa，2018 年 9 月 2 日）

分析发现，最高人民法院与公安部网站访问量遥遥领先，一个主要原因是域名下具有服务查询功能的子网站访问量较高。例如，2018 年 8 月，最高人民法院门户网站访问量中，主网站访问量只占 21.91%，但是有 67.53% 用户直接访问裁判文书公开网（wenshu.court.gov.cn）和 11.51% 用户直接访问执行信息公开网（zxgk.court.gov.cn）。同月，公安部网站的用户 43.63% 是直接访问子网站"非法集资案件投资人信息登记平台"（cidcwc.mps.gov.cn）。司法部网站 8 月访问量环比有较大增长，主要是因为司法考试报名选定考场等相关子网站或网页访问较高。最高人民检察院 12309 服务中心（12309.gov.cn）和人民检察院案件信息公开网（ajxxgk.jcy.cn）由于和最高人民检察院门户网站（spp.gov.cn）不是一个域名，所以 Alexa 未纳入统计。

二、正义网

正义网的前身是 1999 年 1 月创办的《检察日报》网络版，属于最高人民检察院主管、检察日报社主办的法治类门户网站。之后正义网又开设了"正义论坛""法律博客""正义微博"等新媒体。目前，正义网是中央网信办确认的中央主要新闻网站之一，首页设置新闻栏目（法治、廉政、检察、访谈、学术、文化）、视觉栏目（图解、图片、视频）、互动栏目（博客、新媒体）、电子报和服务等。

图4-2 正义网网站示意图

长期以来，正义网秉持"立足法治，面向社会"的理念，以"网聚正义的力量"为追求目标，积极宣传法治建设成就，以法治视角观察社会，为社会公平正义鼓与呼，在多起重大事件中第一时间发声和进行深度报道。

根据 Alexa 统计，在中央政法单位主管主办的新闻网站中，和中央政法委的长安网（chinapeace.gov.cn）、最高人民法院的中国法院网（chinacourt.org）、公安部的中国警察网（cpd.com.cn）、司法部代管的法制网（legaldaily.com.cn）相比。2018 年 8 月，正义网（jcrb.com）在 5 个中央政法新闻网站中境外用户访问占比排名第一，日均 IP 访问量、报刊电子版访问占比排名第二，总体处于较高水平。

表4-2　2018年8月中央政法单位新闻网站访问量情况

	长安网	中国法院网	正义网	中国警察网	法制网
全国网站排名	30707	2432	12027	7986	6056
全球网站排名	352053	20579	84891	68933	56898
日均IP访问量	3600	33600	10200	6000	6600
人均页面访问量	2	2	1	1.7	1.1
境外用户访问占比	2.6%	3.4%	11.7%	5.2%	1.9%
报刊电子版访问占比	0	2.52%	15.88%	53.84%	75.52%

（数据来源：Alexa，2018年9月2日）

其他网站中，中国法院网最为突出，全球/全国网站排名最高、日均IP访问量遥遥领先、人均页面访问量并列第一。法制网的报刊电子版访问占比最高，75.52%用户访问法制网是为了阅读《法制日报》电子版。正义网的人均页面访问量相比最少，有较大的提升空间，需要增强自身的网站粘度，推出有针对性、差异化的网络特色栏目，吸引访客第二次访问，增长在网页的访问停留时间。

4.1.1.2　地方各级人民检察院网站建设

目前，地方各级检察机关均已开通门户网站，部分检察机关门户网站贯彻张军检察长科学化、智能化、人性化的指示精神，特别突出了网站的司法属性、地域属性、服务属性，具有较强的参考借鉴价值。

32个省级检察院门户网站大致分为三类：第一类是天津、河北、山西等24个检察院均采用jcy.gov.cn域名，在前面加上本省汉语拼音首字母，如天津市检察院（tj.jcy.gov.cn）、内蒙古自治区检察院（nm.jcy.gov.cn），多由正义网提供技术支持。第二类是北京、上海、山东、湖北、重庆、云南等6个检察院采用gov.cn域名前加本单位汉语拼音首字母，如北京市检察院（bjjc.gov.cn）、山东省检察院（sdjcy.gov.cn）。第三类是甘肃省检察院（jcy.gansu.gov.cn）、新疆兵团检察院（jcy.xjbt.gov.cn），在本省统一政务域名前加"检察院"首字母。

根据中国社会科学院法学研究所《中国检务透明度指数报告（2017）》，对31个省级检察院的网站，从基本信息、检务指南、检察活动、统计总计四个方面指标进行分析，认为检务透明度逐步提升。评估发现，江苏省检察院、上海市检察院、山东省检察院官方网站在省级检察院中得分最高。

表4-3 省级检察院官方网站检务透明度排名[①]

	基本信息	检务指南	检察活动	统计总结	总分
1.江苏省检察院	86.5	86	30	100	72.1
2.上海市检察院	69	72	30	100	64.4
3.山东省检察院	57	74.6	30	100	62.78
4.湖北省检察院	84	54.6	30	42	62.18
5.广东省检察院	79.5	55.6	30	100	61.58
6.湖南省检察院	94	44	30	100	61
7.吉林省检察院	69	64	30	75	57.18
8.广西壮族自治区检察院	69	47.6	30	100	57.08
9.辽宁省检察院	72	44.6	30	100	56.78
10.天津市检察院	69	44.6	30	100	56.18

一、北京市检察院门户网站

北京市检察院门户网站界面设计采用天坛等中国传统建筑元素，以活动方块ICON图标的形式设置"检务公开""服务互动""新闻中心""自身建设"4个板块。板块下设栏目较多，ICON图标采用平滑动态设计，以便显示不同板块的具体栏目。网站右上方链接了北京市检察院的官方微博、微信和手机版网页。

图4-3 北京市检察院门户网站示意图

[①] 中国社会科学院法学研究所法治指数创新工程项目组：《中国检务透明度指数报告（2017）》，载《中国法治发展报告（2018）》，社会科学文献出版社2018年版，第271—288页。

网站右侧采用动态图标列举 8 项服务功能：包括在线申诉、人民代表监督交流平台、律师接待、案件信息公开、行贿犯罪档案查询、考试录用公务员系统、新闻媒体服务平台、法律法规查询等。网站底部链接了北京市检察院管辖的 4 个分院、16 个区院和 3 个铁路检察基层院网站，北京市三级检察机关网站均采用统一风格设计。

二、山西省检察院3D检务大厅

山西省检察院门户网站设置"重点新闻""检察动态""亮点聚集""检察风采""基层联播"等 10 个板块。网站首页最大的亮点是山西省人民检察院 3D 检务大厅，用户点击进入后，有 6 位卡通形象检察官随即出现在检务大厅中，分别为用户办理"检察长信箱""远程视频接访预约""律师预约""检察人员违纪违法投诉""检察长接访预约""控告申诉平台"等 6 项服务，用户可以通过点击卡通形象进入服务窗口。

图4-4　山西省检察院3D检务大厅网页示意图

其中，"检察长信箱"主要受理公民对山西省检察院工作的意见、建议，反映山西省检察院干警违法违纪行为；"远程视频接访预约""检察长接访预约"均要求用户填写预约申请；"律师预约"使山西省检察院管辖案件的辩护律师或其他辩护人、诉讼代理人可以通过互联网预约办事；"检察人员违纪违法投诉"要求用户实名或匿名填写网上投诉信息；"控告申诉平台"链接人民检察院网上信访大厅。

三、江苏省检察院门户网站集群

2017 年 2 月，江苏检察机关门户网站集群正式上线，由江苏省检察院主办，中国江苏网协办。网站集群把江苏三级检察院 125 家门户网站进行深度整合、统一管理，集群化开展网络宣传和检察实务。网站首页共设置 9 个板块 50 余个栏目，涵盖队伍、检务、管理等各方面内容，突出了集群功能、履职功能、服务功能和宣传功能，可以一键直达全省 125 家检察院网站，便于快速浏览和在线互动。2017 年共发布信息总量 25 万条、浏览量已经超过 560 万，全年点击阅读率与去年同期相比上升了 265%。

图4-5　江苏省"网上检察院"网页示意图

"网上检察院"板块采用检察官元素图标，醒目的界面设计加之以形象的检察官图标，将案件监督管理部门、侦查监督部门、国家公诉部门、控告申诉检察部门、民事行政检察部门、刑事执行检察部门、未成年人检察工作部门的职责与分工列举明确。用户点击相应图标，即可查询相应信息、申请网上预约。

四、湖北省检察院"鄂检网阵"

湖北省检察院门户网站"荆楚公平正义网 3.0 版"着重加强新闻宣传、检务公开、便民服务、功能整合建设，栏目分为检察要闻、检察服务、检察专题、鄂检网阵等 4 大板块。2018 年新增了"讲习所"栏目，刊登学习习近平新时代中国特色社会主义思想，传达中央、省委重要文件精神的文章、报道。网站首页还突出"亲民"元素，通过"检察地图"可以在线查看全省各地检察院及其派驻检察室的地理位置；页面提供了蓝、红、黄、绿四种配色方案，提供三类不同大小的字体；以及平板阅读和手机阅读方式，适应不同终端。[1]

网站右侧悬挂了"鄂检网阵"功能，整合了该省 14 个市（分、州）检察院、百余个基层检察院的网站、博客、微博、微信、手机客户端，并可实现微博、微信一键分享功能。同时还提供"检察地图"，点击具体的检察院后可以迅速定位，并显示该检察院的地址、联系方式、路线导航。

---

[1] 郭清君、段军霞、袁明：《改版升级后 尽显"高大上"——湖北：门户网站一体化建设取得阶段性成果》，载《检察日报》2014 年 10 月 19 日第 2 版。

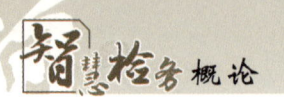

图4-6　湖北省检察院门户网站示意图

五、广东省深圳市检察院门户网站

深圳市检察院门户网站采用与"Windows 10 界面"风格相近的 UI 设计，包括"深检新闻""办事指南""案件信息公开""案件查询""预约阅卷""12309 检察服务中心""预决算信息公开""媒体报道"等板块。

图4-7　广东省深圳市检察院门户网站示意图

用户不仅可以在网站首页中点击相应的服务功能，还可以点击最上方的"阳光检务"板块，该板块包括办事指南（举报、控告、申诉、案件查询等须知）、工作报告、通知公告（权利义务告知书、案件处理记录、责任追究规定等）、预决算信息公开、案件信息公开、案件查询、预约阅卷等8项服务（后4项服务链接人民检察院案件信息公开网）。

六、福建省厦门市检察院门户网站

福建省厦门市检察院门户网站页采用七大框架构成首页主体：检务公开、检察动态、队伍建设、检察文化、便民服务、网站应用、网站导航。首页页面有别于传统的横窄纵长的设计方式，采取了类似印刷手册、白板报的窗口页面。"网站应用"栏目还集成了厦门市两级检察机关的门户网站、微信、微博、电子地图，检察日报电子版、法律法规查询库、在线访谈、举报中心等功能。

图4-8 福建省厦门市检察院门户网站示意图

该网站的最大特色是人性化。用户鼠标悬浮在相关按钮后，首页下方会自动显示二级页面。如悬浮在"检务公开"，首页会自动显示最近更新的重要案件信息、检察法律文书公开、检务指南、工作报告；悬浮在"队伍建设"，首页会自动显示该院党的建设、任免招录、教育培训、机关效能、精神文明、先进典型、荣誉室相关信息。减少了用户点击鼠标的操作，提升了网站的访问体验。

4.1.2 完善检察新媒体矩阵

2016年6月13日，随着西藏自治区林芝市工布江达县检察院官方微信公众号开通运行，标志着全国检察机关实现"两微一端"全覆盖，在全国政法系统中率先建成四级新媒体矩阵。[①] 检察机关"两微一端"在重大网络宣传中实现即时联动、整体发声，不断提高检察新媒体的新闻舆论传播力、引导力、影响力和公信力。截至2017年11月，全国检察新媒体总数达1.3万余个，发布信息2300万余条，总粉丝数近1.2亿。

4.1.2.1 最高人民检察院"两微一端"新媒体矩阵

最高人民检察院高度重视新闻宣传工作，由最高人民检察院新闻办公室和直属事业单位检察日报社及正义网等组成的新媒体团队，紧扣时代特征，把握网络规律，不断加强新媒体策划，创新动漫、动画、H5等传播形式，加强日常网络宣传和重要时间节点的联动传播。

例如，2018年两会期间，最高人民检察院新媒体矩阵除发布传统文字版的《2018最高检工作报告全文》（阅读量2206万），还发布了视频版的《350秒速览！最高检工作报告干货都在这里！》（阅读量2302.8万）、动画版的《100秒动画解读最高检报告》（阅读量653万）、漫画版的《如果有"未检侠"，这些经典电影小说的结局可能就不一样》（阅读量590.3万）。此外还结合《人民的名义》电视剧热点，制作了视频H5《@你，真的是〈人民的名义〉中的季检察长在跟你视频通话啊！》（阅读量1502.6万），与微博、客户端合作进行微博直播（阅读量1232.5万）、微头条直播（阅读量1.6亿）。检察新媒体矩阵累计阅读量超3亿人次，将《最高人民检察院工作报告》变成一场全民普法公开课。

---

① 王治国：《全国检察机关实现"两微一端"全覆盖——总粉丝数超过9000万，检察新媒体矩阵全面建成》，载《检察日报》2016年6月14日第1版。

表4-4 最高人民检察院2018年第一季度部分新媒体策划及传播效果表

时间	名称	形式	阅读量
1月1日	开启新时代，迈向新征程！最高检新媒体祝您新年快乐！	图文	15.6万人次
1月1日	@检察人，你的2018新年心愿是——？	图文	19.1万人次
2月16日	最高检新媒体祝大家新春快乐	海报	23.1万人次
2月24日	最高检欢送反贪污贿赂总局转隶同志：回首过往我们无比自豪，展望未来我们信心百倍	视频	20.4万人次
3月7日	动漫猜猜猜：2018年最高检工作报告有哪些亮点？	MG动画	1799.6万人次
3月8日	@你，真的是《人民的名义》中的季检察长在跟你视频通话啊！	视频H5	1953.4万人次
3月9日	视频|人民检察梦	视频	1502.6万人次
3月9日	最高检工作报告微头条直播	直播	1.6亿人次
3月9日	最高检工作报告微博直播	直播	1232.5万人次
3月9日	350秒速览！最高检工作报告干货都在这里！	视频	2302.8万人次
3月9日	2018最高检工作报告全文（文字实录）	文字	2206万人次
3月9日	100秒动画解读最高检报告	动画	653万人次
3月9日	最高检报告里的那些"数"	图解	197万人次
3月10日	什么是为人民司法？6位检察官的回答令人动容	视频	818.5万人次
3月11日	《人民的名义》剧组再"起飞"倾情演绎检察公益诉讼微电影	视频	326.5万人次
3月13日	今日头条检察专题问答	问答	600万人次
3月15日	如果有"未检侠"，这些经典电影小说的结局可能就不一样	漫画	590.3万人次
3月16日	"你好呀，人类！我是一名新时代的'检察官'！"	互动H5	623.8万人次
3月19日	检察官讲述最高检工作报告中的故事之十：于欢案	视频	527万人次

一、最高人民检察院官方微博

最高人民检察院官方微博旨在构建重要的信息发布、网络宣传、检务公开和社情民意手机平台和桥梁。官方微博自 2014 年 3 月 4 日上线以来，围绕检察工作主题，加强权威信息发布和网络宣传。[①]截至2018年8月15日,最高人民检察院新浪微博发布信息18350条,粉丝1103.1万人,腾讯微博发布信息17222条,粉丝637.5万人,人民微博发布信息17218条,粉丝1111.2万人。

根据中国互联网络信息中心(CNNIC)第41次《中国互联网络发展状况统计报告》,2017年所有新浪政务微博中排名前20的有2个检察院、1个法院上榜。最高人民检察院官方微博排名第12,粉丝数1049.8466万人、被转发数89.9002万次;最高人民法院官方微博排名第14,粉丝数1617.9514万人、被转发数81.3011万次;河南省检察院官方微博排名第15,粉丝数77.1257万人,被转发数78.3441万次。

根据新浪微指数统计,最高人民检察院与最高人民法院在新浪微博平台中的热议情况较为稳定,2018年5月至2018年8月,最高人民检察院平均热议指数为42888,最高人民法院平均热议指数为41026。

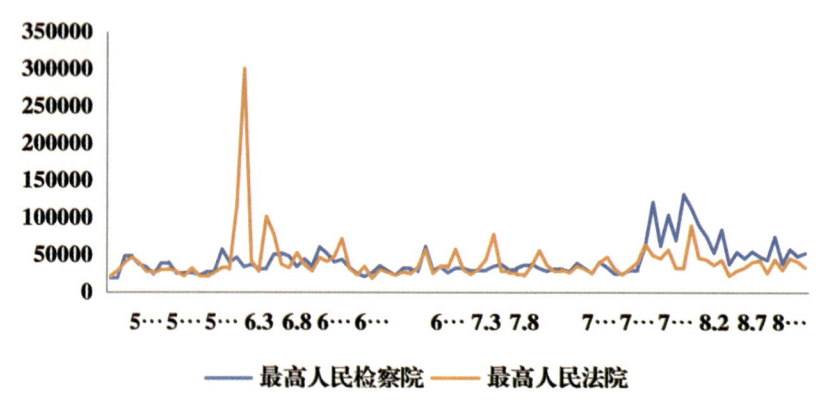

图4-9 "两高"官方微博热议指数图(2018.5.14—2018.8.14)

二、最高人民检察院官方微信

2014年4月16日最高人民检察院官方微信上线,主要分为"资讯""公开""服务"三大板块,其中"资讯"板块主要是最高人民检察院官网、最高人民检察院官微(博)、《检察日报》、正义网的网页链接;"公开"板块包括最高人民检察院权威发布、新闻发布会、"一图读检察"栏目;"服务"板块包括举报中心、案件业务办理、行贿犯罪档案查询、法律法规数据库。

---

① 王治国:《高检院官微开通上线》,载《法制日报》2014年3月4日第1版。

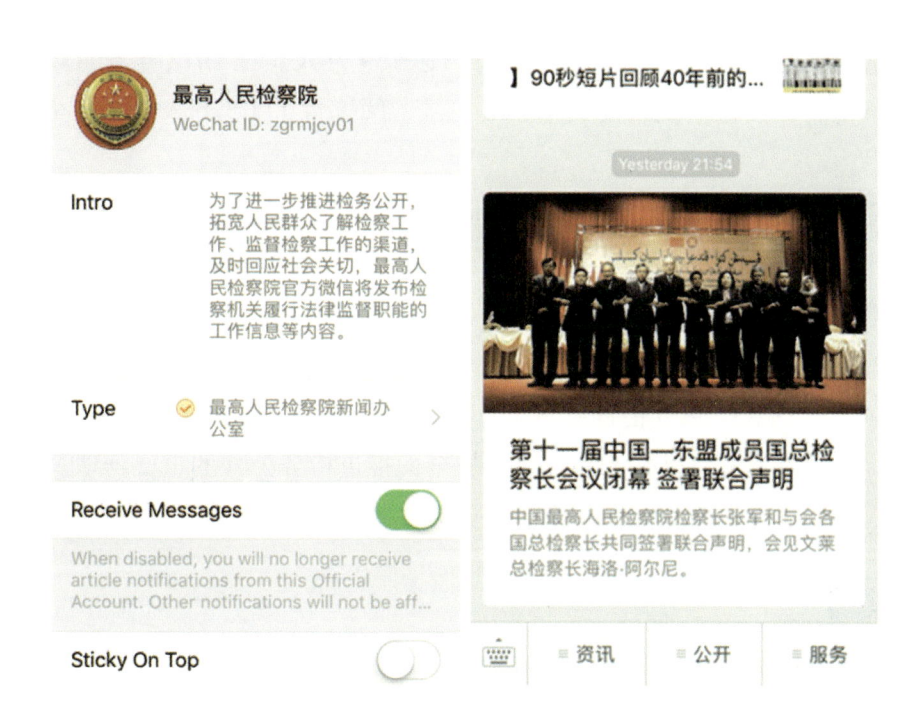

图4-10　最高人民检察院官方微信主页

据第三方统计，2018年8月，最高人民检察院官方微信发文数量平均每天5篇以上。公众号总阅读数为平均每天21000次，其中头条文章阅读数为平均每天16000次，平均点赞数为288次。微信公众号文章发布的时间段主要为早上10点至11点、下午15点至17点以及晚上20点。

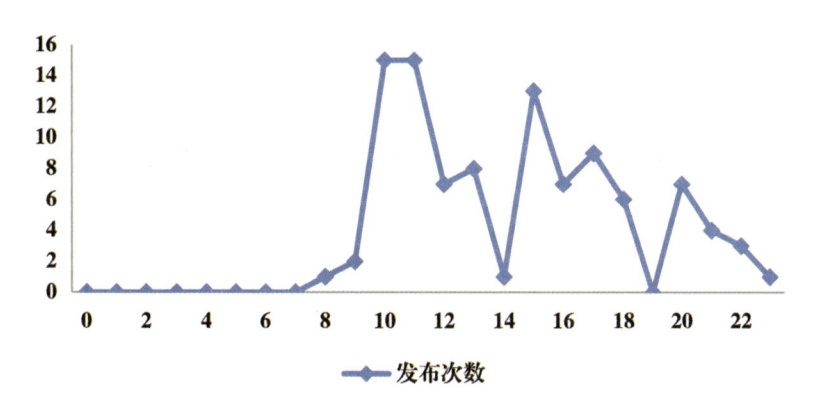

图4-11　最高人民检察院公众号发布时间（2018年7月）

三、最高人民检察院"今日头条"新闻客户端

最高人民检察院于2014年11月26日入驻今日头条客户端，成为第一家开通政

务头条号的中央国家机关,至今粉丝数量已达 139 万人。在 2018 年 6 月政法头条号排行榜中,最高人民检察院以发文量 410 篇次、阅读量 111.5 万人次,居全国政法头条号前三甲。

据头条指数分析,自 2018 年 1 月 1 日至 2018 年 7 月 30 日,关键词"最高人民检察院"的热度值稳步提升,热度提升的两个峰值分别位于 3 月 11 日与 3 月 18 日。最高人民检察院的关键词热度也从年初的 53.2k 累积到 7 月 30 日的 400000k。其中,最高人民检察院头条号于 7 月 30 日发布的《监察机关依法对鲁炜、莫建成、张杰辉三案提起公诉》一文,热度值高达 829070,当天转发量多达 23481 次。今日头条新闻客户端,已经成为检察机关在新媒体领域全面推进检务公开的重要阵地。

图4-12 最高人民检察院头条号关键词热度指数(2018年1—7月)

4.1.2.2 地方检察机关"两微一端"矩阵建设情况

2017 年度检察公信力测评显示,总得分为 82.1 分,其中公开透明指标得分 77.6 分。[①]2018 年 7 月 26 日,正义网公布了 2018 年上半年"互联网+检察"指数排行榜,在 10370 个检察新媒体账号(检察微博 3285 个、检察微信 3505 个、检察头条号 3580 个)中,山东位居总榜、微博榜、微信榜榜首,四川位居头条榜榜首,省域总榜前三名分别是山东、四川和江苏。截至 2018 年 6 月 30 日,地方各级检察机关共发布微博 105.57 万条,微信文章 43.49 万篇,今日头条文章 42.54 万篇。

---

① 徐日丹:《2017 年度检察公信力测评报告出炉》,载《检察日报》2018 年 7 月 4 日第 1 版。

表4-5　2018年上半年"互联网+检察"指数省域总榜[①]

排名	省域	微博	微信	头条号	IPI
1	山东	37.34	38.73	19.09	95.16
2	四川	36.43	32.19	19.31	87.93
3	江苏	34.16	34.90	18.33	87.39
4	浙江	35.66	36.39	15.10	87.15
5	广西	31.78	36.80	16.63	85.21
6	河北	33.54	33.09	17.66	84.30
7	陕西	32.66	31.84	18.13	82.63
8	湖北	30.08	36.26	16.23	82.57
9	福建	30.38	36.62	14.52	81.52
10	广东	32.03	34.05	15.34	81.42

一、地方检察微博建设

在地方各级检察机关2018年上半年发布的105.57万条微博中，正义网综合各级检察机关的微博影响力（粉丝数）、活跃度（发博数、原创微博数）、吸引力（评论数）、传播力（转发数）以及认可度（点赞数）进行排序，山东、四川、重庆检察机关位居前三甲，山东省检察机关的评论数、转发数、点赞数等4项指标位列各省域检察机关第一，四川省检察机关的发博数、原创微博数位列各省域检察机关第一，广东省检察机关的粉丝数位列第一。

表4-6　2018年上半年检察微博省域排行榜

序号	省域	粉丝数	发博数	原创数	评论数	转发数	点赞数	总分
1	山东	947607	61117	26235	138374	151053	114532	93.35
2	四川	739618	113172	54638	70267	105403	106895	91.08
3	重庆	201457	70974	14668	31015	77385	45226	90.11
4	浙江	1077699	32800	17603	34519	52906	67880	89.15
5	江苏	507600	30922	8801	21954	38531	97078	85.40
6	河北	484627	108138	8855	49396	65991	39267	83.86

[①] 参见正义网《"互联网+检察"指数专栏》，http://www.jcrb.com/xztpd/gxzt/HLWZSPHB/index.html。"互联网+检察"指数（Internet + Procuratorate Index，英文简写为"IPI"），由检察微博、检察微信、检察头条号得分加权运算得出，三者所占权重分别为40%、40%、20%。

续表

序号	省域	粉丝数	发博数	原创数	评论数	转发数	点赞数	总分
7	云南	494517	22710	7393	117845	26404	27705	82.65
8	陕西	367699	68431	15906	10674	29398	30957	81.66
9	广东	4276552	29044	5481	7999	18053	16754	80.08
10	广西	604996	62431	9030	8673	30068	15820	79.45

山东省检察院官方微博自2018年1月至2018年6月共发微博条文1322条，其中原创微博数达1204条，占微博总数的91.1%，包含435篇文章，评论数高达1.6万条、转发数达3.7万条以上。官微首页的左下角是山东三级检察机关微博的汇总，可以快速点击进入山东省各级检察机关微博页面。

重庆市检察院官方微博主要板块有"法治微新闻""微提醒""央视快讯""重庆身边事""重庆检事儿"等，2018年1月至2018年6月重庆市检察院发出的12691条微博中，原创微博数达11993条，占微博总数的94.5%，其中包含1375篇文章。重庆市人民检察院还是微话题#法治微新闻#的话题主持人，通过一句话微博新闻，汇聚法治的力量，速览全国法治新闻。

广东省检察院官方微博将网友称为"(围)脖友"，并希望"脖友们"更多了解、监督、支持检察工作。广东检察广泛收集@最高人民检察院、@正义网、@中国长安网等微博的重要信息，并进行转发。广东检察作为2018年7月份微主题#"红七月"广东158个检察院为党庆生#的主持人，曾多次举办微博直播活动。

二、地方检察微信公众号运营

在地方各级检察机关2018年上半年发布的43.49万篇微信文章中，综合各级检察机关的微信活跃度（文章数+发布次数）、吸引力（平均阅读数+最高阅读数）、认可度（平均点赞数+最高点赞数）进行排序，山东、广西、福建位居前三甲。

表4-7　2018年上半年检察微信省域排行榜

序号	省域	文章数	发布次数	平均阅读数	最高阅读数	平均点赞数	最高点赞数	总分
1	山东	40676	16419	29424	601880	3388	59368	96.82
2	广西	17003	8040	33481	467066	2074	25280	92.00
3	福建	9302	4806	39216	323329	2020	26324	91.55
4	浙江	10432	6146	33601	400394	1933	18199	90.98

续表

序号	省域	文章数	发布次数	平均阅读数	最高阅读数	平均点赞数	最高点赞数	总分
5	湖北	18067	11011	30374	231644	2000	13214	90.65
6	内蒙古	26358	9068	22033	401782	1112	13534	89.29
7	江苏	13972	7679	23200	370512	893	11223	87.25
8	河南	29783	11137	16837	297524	1038	21610	86.51
9	江西	8666	4772	22582	208392	1436	13292	86.50
10	湖南	8517	4724	30715	465212	1155	12688	85.72

湖北省检察院官方微信号"鄂检在线"分为"内容搜索""鄂检网阵""微网站"三大栏目，并提供法律咨询与控告举报服务。同时囊括了"鄂检微信群集成搜索"，集合汇总湖北检察机关全省130家官方微信发布信息，用户可以检索查阅湖北三级检察机关的微信内容。

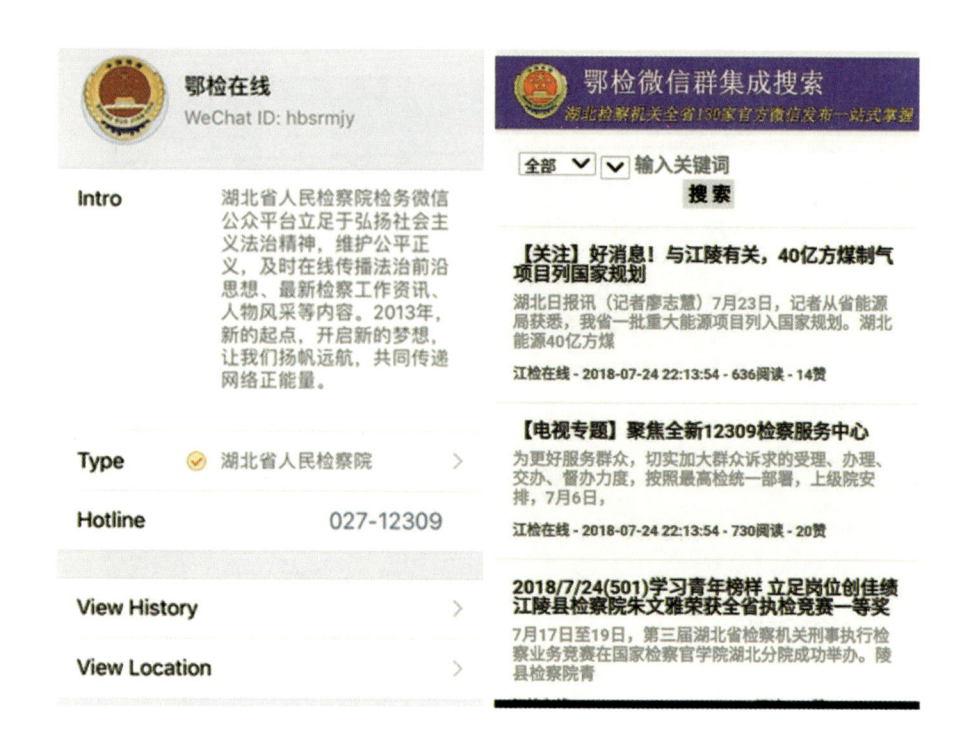

图4-13 鄂检在线官方微信主页与微信群集成搜索示意图

内蒙古自治区通辽市检察院通过微信平台开发了"通辽指上检察院"微信小程序，该程序分为两大平台：法律监督举报平台与法律服务平台。其中，法律监督举报平台包括公益诉讼、朵兰未检（线索举报平台）、侦查活动监督、立案监督、审判监督、刑事执行监督、英烈保护等。法律服务平台包括新闻动态、法律宣传、法律咨询、案例剖析。界面简洁，两大平台通过图标的形式体现板块功能。

广东省广州市检察院"广州检察"微信公众号，分为"穗检之家""宣传矩阵""微电影"三大栏目，其中"微电影"栏目包括广州市基层检察院原创生态检察故事片《守护》以及两部微动漫作品。此外，"广州检察"微信公众号设置"广州检察远程听取意见平台"微信小程序，输入姓名与身份证号码即可接入。在公众号输入关键词"App"还可以下载"广州市人民检察院"App。

图4-14 "通辽指上检察院"微信小程序示意图

图4-15 广州检察官方微信主页与微信小程序示意图

三、地方检察机关"今日头条"新闻客户端探索

在地方各级检察机关发布的42.54万篇今日头条文章中，正义网综合各级检察机

关的头条号影响力（订阅量）、活跃度（文章数）、吸引力（阅读数+评论数）、认可度（收藏数）、传播力（分享数）进行排序，四川、安徽、黑龙江三省位居前三甲。

表4-8　2018年上半年检察头条号省域排行榜

序号	省域	订阅量	文章数	阅读数	评论数	收藏数	分享数	总分
1	四川	479062	74252	164138847	539126	1269075	1723580	96.53
2	安徽	356867	35511	130865950	469713	1870000	1719653	96.27
3	黑龙江	834142	25946	102188227	250260	5195293	3489292	96.12
4	山东	512465	34019	145011443	524894	1144559	1501882	95.46
5	江苏	369238	17237	84129971	284130	421944	606325	91.63
6	陕西	294078	34927	70079638	110252	306952	306336	90.63
7	河北	493811	19411	60574435	255471	231181	275001	88.30
8	广西	185380	18351	21405806	38241	89735	145837	83.16
9	湖北	165675	15931	17245275	20339	68431	68483	81.17
10	吉林	39277	9747	15859091	50910	51478	45823	80.36

河北省检察院头条号以421864人次的订阅量位居检察头条号省级检察院排行榜榜首，通过"以案释法"专栏的经典案例分析，达到普法效果。安徽省检察院头条号内容涵盖检务工作与社会生活各方面，其置顶文章《当大检察官遇上军区司令员》发文一周阅读量达7.9万；头条号通过视频的形式展现优秀检察官风采，以动漫的形式总结安徽检察工作。江苏省检察院头条号"江苏检察在线"包括特色主题"办案手记""书记员那点事儿"，检察官、检察官助理、书记员以第一人称的形式讲述办案经历；特色主题"亲历者说"则选取典型案件当事人现身说法，讲述亲身经历的案件。

4.1.2.3　检察官自媒体探索

一、法律自媒体的"轻骑兵"作用

笔者认为，政法新媒体建设并不只有官方自媒体建设，而是多主体全方位的，应当至少建设"三支部队"，分别是"常规部队""特种部队"和"综合保障部队"。

"常规部队"，主要指平台型的传统政法媒体转型而来的新媒体和政法机关官方新媒体，是新时代政法网络宣传的"主阵地"，在舆论宣传中发挥"宽正面、大纵深"作用。"保存量"就是发挥其独特优势，巩固现有受众，统一内部思想，继续发挥官方媒体的专业精神、权威立场和报道深度，畅通体制内信息交流反馈渠道。"促增量"

就是落实习总书记"使互联网这个最大变量变成事业发展最大增量"的重要指示精神，善于把握互联网传播规律，善于运用"网言网语"讲好政法故事，善于建设全媒体平台增加覆盖广度，善于提供多样化政法新媒体产品服务。

"特种部队"，主要指政法干警自媒体、法学专家自媒体建设，是新时代政法网络宣传的"轻骑兵"，在舆论宣传中发挥"快速反应，精兵作战"作用。日常管理要保留适度自由空间，方便其形成自媒体特色，提供舞台，协调资源，帮助其成长，将政法新媒体大V，培养成全网大V。要建立科学的考核机制，对于那些在宣传舆论工作中做出贡献的自媒体大V要有相应的激励机制。当出现重大舆情时，自媒体可以发挥"轻骑兵"的独特作用，在负面舆情的关键信息点上进行理论解释、证据辩论、观点争鸣、情感引导。

"综合保障部队"要提供全时全域信息支撑，完成舆情监测、预警发布、引导材料等功能，为常规部队和特种部队提供"弹药"。此外，还要提供必要的资源保障，沟通协调网信办、网监、主流媒体、商业平台等各方面资源，提供必要的资金保障和交流平台。

"三支部队"，承担三种不同的任务，发挥三种不同的作用。三者之间相互配合，最终形成集约化、高效化的新时代政法新媒体的新战力。

二、法律自媒体的主要类别

笔者2017年初曾受《法制日报》约稿，介绍法律自媒体的类别和代表人物。

法律自媒体的类型大多与负责人的工作经历相关，不同的人生阅历和人生体验，往往形成了观察世界的不同视角和路径。其中主要有三个"派别"。

一是法学学院派的俯视视角，也称为"上帝视角"（perspective of God）。理论的深厚与学识的渊博，让这些大咖们从法治热点中"由此及彼、由表及里"，有时深入法理，追求法的价值和法与社会的关系。有时跳出现象，直指当前法治结构功能与模式的利弊。笔者熟悉的学院派大咖有：中国人民大学的何家弘教授，专精于证据法学，又擅长写犯罪悬疑小说，他对"聂树斌案"等冤假错案的不断追寻，有效推动了司法规范的建设。北京大学新晋"长江学者"车浩教授以"神考题"火爆网络，从"一场婚宴引发的连环血案"，到"跨越30年的阴谋与爱情"，这些考题不仅有助于学习法律，同时更有助于理解人性，增益个人见识。再如，华东政法大学游伟教授从学者角度，对于司法改革提出了许多振聋发聩的呼声，从"让司法在'去行政化'中更纯粹"，到"司法宣誓、被告人出庭等事关司法文明"，为司改提供一个旁观的镜鉴和理性的超越。

二是法律实务派的第一视角（the first perspective）。经验的魅力与深度的思考，让这些法官、检察官、律师们熟练地处理各类法律纠纷与法律适用冲突。有时铢积寸累，提出某些司法政策的不足与改进方法。有时游刃有余、庖丁解牛般地分析、解剖热点案件的证据认定、定罪量刑。笔者熟悉的实务派专家有很多。例如，最高人民法院法司改办规划处处长何帆，他创办的"法影斑斓"多篇文章阅读数超过 10 万，对司法改革政策的解读深入浅出，他写的《深化法院改革不应忽视的几个重要问题》《不依托大数据决策，司法改革会被"黑"到底》等文被网友评为"太实际，太实在了""说出了我一直在说的话"。再如，全国十佳公诉人，江苏省苏州市人民检察院公诉二处处长王勇，精通刑法的他被誉为法律知识的"百科全书"，他写的《公诉实务之电信诈骗疑难问题浅析》《不要仅盯着〈贪污贿赂解释〉中修改的数额》等成为许多公诉人、刑辩律师学习的宝贵资料。

三是法治新闻派的第三视角（the third perspective）。新闻的敏感与内心的召唤，让法治媒体人有一种用文字记录中国法治发展的责任感和使命感。责任来自良知，作为法治媒体人，笔下有财产万千、笔下有人命关天、笔下有是非曲直、笔下有誉毁忠奸，坚守着中立、客观的立场，背负着向真相掘进的使命。从某种角度讲，"法律读库"就是法治新闻派的代表之一，"法律读库"一直坚持三条思路：第一是以编辑为中心，坚持媒介专业主义原则，对有争议的话题不预设立场，选取观点不同的文章一并推送，将评判权交给用户；第二是原创为王，组建了法律读库上百人的 PCG（Professional Generated Content，即专业生产内容）原创团队，保证稳定供稿；第三是少即是多，适应移动互联网的阅读习惯，增强用户体验。这其实部分延续了传统媒体办报、办刊的理念。新闻派的代表还有不少，如《民主与法制》总编辑刘桂明创办的公众号"桂客留言"，将平台定位于"想律师之所想、言律师之所言、急律师之所急、忧律师之所忧"，忠实记录了中国律师制度发展进步的每一个脚步。①

法律自媒体的风格流派往往与背后的作者的性格、兴趣、特长相关，往往形成了不同的表达方式和行文手法。其中主要有五种"流派"风格。

一是毫分缕析的"技术流"（technology flow）。天下大事必作于细，细节是一种专业化特征，也是一种负责的工匠精神，对于法律工作更为甚之。例如，全国优秀公诉人、北京市检察院第一分院检察官赵鹏，多年来办理故意杀人案等大案经验让其特别关注证据的细节，他创办的"检事微言"公众号已发表了 225 期，在"法律读库"发布的《疑案迷思：谁在 5000 年前杀死了他》，总阅读量超过 100 万次。再如，

---

① 赵志刚：《法律公众号的"三派五流"（上）》，载《法制日报》2017 年 3 月 7 日第 11 版。

广州金鹏律师事务所的李颖珺律师，她关注离婚案件的法律细节，创办了"法在你身边"公众号，进行婚姻法的法治宣传，撰写的《中国离婚率大幅攀升婚姻法律有责任》《王宝强婚变，资深家事律师教你涨姿势》等文章反响热烈。

  二是数据为王的"数据流"（data flow）。大数据时代，数据的迅速增长及技术的发展正在带来一场认知革命，特别是对全面深化改革中的中国司法界。例如，东南大学法学院副教授王禄生，创办的"数说司法"公众号已更新119期，他所写的《美国近四十年死刑数据下的真相》《两高报告通过率的4个小秘密》等文章用数据分析的全新角度介绍域外司法规律和新中国的法治进程。再如，北京天同律师事务所律师陈枝辉，被称为"全国法官最欢迎的律师"，他和同事创办的"天同码"，将万字裁判文书缩微为300字至600字的核心内容，全面提炼我国司法判例的裁判规则，形成了"中国钥匙码"的案例编码体系，并通过"天同诉讼圈"公众号传播。

  三是莞尔一笑的"娱乐流"（entertainment flow）。法律自媒体在传递资讯的同时，也出现了泛娱乐的倾向与偏好，让用户收获喜悦与快乐。例如，福建省平潭县检察院检察官陈锦创办的"法律读品"主打轻娱乐的法律资讯平台，目前已有31万粉丝。他编写的《学法律前后赤裸裸的区别》《"帮我写份合同好吗？"12星座的法律人是这样回答的》等文章生动幽默，激起了许多法律人的共鸣。近期围绕社会热点，"法律读品"又发布了《八达岭老虎咬人事件，了犹未了》《曹云金怒撕郭德纲，法律问题一箩筐？》等文章，以轻松文风解析热点事件中所涉及的专业法律知识，也减轻了非法学读者对生涩法律条文的阅读障碍，平均阅读数和点赞数都较高。

  四是引人入胜的"故事流"（story flow）。新媒体时代传播法治文化有一条规律："说教命令，事倍功半；讲好故事，事半功倍"。因此也有人说"讲好故事"是一种软实力。何帆法官曾起了"法检双骄"雅号，称赞司法机关两位最会讲故事的青年才俊。一位是江苏省高级法院的青年法官赵俊，曾出版小说《金陵十二区》《绝不妥协》等，如今他的公众号"桂公梓"粉丝也受到法律圈新生代的追捧。另一位是江苏省检察院的检察官王栋，2015年他因撰写《法检的小鲜肉，请善待你们的爱情》《领导，请用对待儿子的态度来对待那些年轻人吧》等文章而火爆网络，被誉为"最受隔壁公司欢迎的检察官"。他新近出版了故事集《法检大院里的年轻人》，公众号"CU检察"粉丝也已超过7万。

  五是诗情画意的"文艺流"（literature flow）。有一种情怀叫文艺，模糊而清晰；有一种态度叫文艺，浪漫而虚幻。理性的法律人和文艺气息在新媒体中也碰撞出了新的火花。例如，检察日报社张伯晋博士的公众号"法律人诗社"创办一年多，已发表了来自法律圈同仁的一百多篇诗词，既收录了近体诗词《踏莎行·未检讯问》《闻官落马偶叹》《七律·遭拐卖儿童成年后重与生母见面》等，也收录了现代诗词《和平检察官之歌》《我需要一个信仰》《当别人伤害了你》等。再如，浙江杭州市人民检察院的陈泉（@陈小轴）通过漫画创作的方式，推出了"检察日记""萌版雷锋""跟着英模学党章"等漫画作品，在全国引起强烈反响。[1]

　　法律自媒体的"三派五流"只是诸多公众号中的一部分，远不能穷尽。在我眼中，法律自媒体正是由这些有着共同理想、情怀和不同性格、文风的朋友组成。他们可爱，有着淳朴善良的灵魂；他们可敬，有着风雨无阻的坚守；他们可歌，有着普法传道的理想。愿法律自媒体的未来因"流派"的多元而繁荣，因理想的共通而和谐。百花齐放，百家争鸣，共同在新媒体时代传播法治文明。

三、"法律读库"公众号自媒体的创办经验

　　"法律读库"公众号创办于2010年11月，是一个"以编辑为中心"的平台型法治传播新媒体，以"传递常识，启迪法治"为目的。截至2018年7月15日，"法律读库"公众号累积关注人数已达1035560人，目前，"法律读库"总关注数、总阅读量、总点赞数等多项指标均居法律自媒体公众号榜首。2016年10月"法律读库"总关注数突破100万人大关，全年总阅读量达4059万人次，日均阅读数11.12万人次，荣获"最具爆发力自媒体""检察新媒体创意大赛金奖"等多个荣誉。相关经验被《人民日报》、《法制日报》、中央电视台等中央媒体报道推介。

图4-16　"法律读库"公众号累积关注人数变化折线图

---

[1]　赵志刚：《法律公众号的"三派五流"（下）》，载《法制日报》2017年3月27日第8版。

"法律读库"公众号在选题策划、运行维护等各环节，牢固树立"三个坚持"，致力于实现检察新媒体传播的政治效益、社会效益和法律效益有机统一。

（一）坚持围绕中心，服务大局，探索新媒体辅助政法宣传"三个模式"

1. 探索新媒体普法模式，强化法治宣传效果

"法律读库"践行十八届四中全会关于"加强新媒体新技术在普法中的运用，提高普法实效"的精神，注重新媒体特色。一是在重要法律、司法解释出台的时间节点，邀请专家撰写权威稿件。如2016年4月18日，最高人民法院、最高人民检察院联合发布了《关于办理贪污贿赂刑事案件适用法律若干问题的解释》后，"法律读库"连续刊发了《贪污贿赂刑案司法解释8大焦点，读完这篇你就秒懂》《提高贪贿定罪量刑标准，源于司法资源有限性》《陈兴良：贪污受贿罪数额的合理调整》等多篇文章。二是围绕群众关心的热点法治问题，结合翔实案例，刊发释法说理稿件。如针对离婚案件的法律问题，"法律读库"先后刊发了《北京市昌平区离婚案件调查报告》《最常见的离婚原因是什么》《协议离婚容易忽略的问题》等多篇文章。三是针对常见的百姓法治观念误区，澄清谬误、明辨是非。例如针对西方影视剧"你有权保持沉默"的明示沉默权的影响，"法律读库"先后刊发了《沉默权：每个人都有自我保护之天性》《中国和西方法律思维方式的根本差异》《一个清白的人，为何要证明自己有罪呢？》解释中西差异。

2. 探索政法会议新媒体报道模式，强化会议精神传播的及时性

近年来，"法律读库"先后参与"两会"检察宣传，中央政法工作会议、全国政法队伍建设工作会议、全国检察长工作会议、国际反贪局联合会等新媒体报道工作，既往会议报道容易内容枯燥，报道程式化，传播效果不理想。"法律读库"探索了速度、广度、深度新媒体会议报道三原则，对重大会议分三波进行报道，第一波求快，第二波求全，第三波求深。例如在2017年1月中央政法工作会议后，"法律读库"连续数日先后推出《10金句谈科技：提高政法工作预见性》《详解司法责任制改革八问题》《大数据，推开检察新时代大门》等多篇头条文章，部分文章阅读量超过10万人次。2018年1月中央政法工作会议后，"法律读库"发表《政法工作智能化：一切尽在掌握》，获得中央政法委会议报道一等奖。

3. 探索政法网络舆情引导模式，强化舆论疏导与理性建构

2016年以来，"法律读库"大力加强政法网络舆情引导工作，探索"中和、对冲、

转化"舆情工作新模式。一是以全面梳理中和极端舆情,"法律读库"推出"读库君政法舆情系列"文章,如雷洋案舆情高涨后,刊发《史上最强之雷洋案舆情分析》,通过信息流、噪音流、影响流三个维度,呈现舆论场各方声音,防止谣言和舆论传播极化。二是以正面信息对冲负面舆论,如聂树斌案重审判决后,"法律读库"刊发《聂树斌最终被宣判无罪,揭秘最高检工作细节》等文章,增强正面信息舆论场影响。三是以全新视角跳出固化思维,如"深圳女子未带身份证被盘查"舆情发生后,"法律读库"刊发《道歉有用的话,还要警察干嘛》,通过技术手段对传播路径分析,避免负面情绪聚集,陷入思维陷阱。

(二)坚持创新驱动,全媒发展,探索网络新媒体传播"三种媒介"

1. 探索原创视频,创新展示检察工作

2016年"法律读库"聚焦新媒体视频报道。"两会"期间,"法律读库"推出"我是检察官"系列原创视频《剧透:奥斯卡最佳外语检察短片》《做检察官是怎样的一种体验》,受到代表委员高度好评。合作拍摄的《萌娃对话检察官》在各大视频网站总点击量超过1000万,被许多法律新媒体奉为经典的传播教学案例。据第三方统计,2016年1月至11月,"法律读库"在搜狐视频与腾讯视频上共发布41条视频,累计点击量接近3500万。2017年,在各大媒体角逐"两会报道"时,"法律读库"推送的《RAP神曲解读工作报告(首席大检察官原声版)》,是两会历史上第一次使用RAP方式来解读工作报告,获得受众好评。

2. 探索原创音频,实时播报法治进展

2016下半年开始,"法律读库"合作开通"法治新闻嘚吧嘚"原创音频和"法治早餐"音频新闻播报,同时在喜马拉雅、荔枝FM、蜻蜓FM等搭建电台,成为第一个横跨图文、音频、视频的法律自媒体。其中,朴槿惠事件、校园贷、宋冬野明星吸毒、王宝强离婚、最高人民检察院十大案例等的音频播报,受到听众的点赞好评。2016年6月以来,法律读库开通"分答"语音问答,通过读者语音提出问题,音频回答的方式,涉及法律实务咨询、司法改革探讨、人生经验分享等不同话题,打造了"读编互动"的全新形式。

3. 探索漫画等新形式,生动传播法治观念

2016年4月,"法律读库"建立了自身Q版獬豸的卡通人物形象,并通过网络征求意见。同时,"法律读库"合作推出8格普法漫画《如何防范航班信息诈骗》《如何处置假币事件》数篇作品,合作推出单幅漫画《大辉熊之法谚法语》十余篇作品,

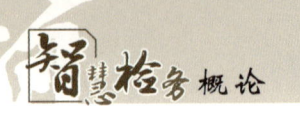

增加对未成年人新媒体的普法教育。2016 年 9 月，"法律读库"还合作推出了"读库英雄"益智小游戏，进一步增强用户粘性。

(三）坚持融合发展，完善平台，打造队伍，探索检察自媒体发展"三个联动"

1. 加强网络新兴平台联动，实现互联网"全覆盖"

2016 年，"法律读库"先后入驻今日头条、腾讯企鹅媒体、一点资讯等多家自媒体平台，已经搭建了"一统 N 分"的品牌建设格局雏形，形成了多媒体平台完整信息价值链，并整合已有用户群将其转化成为微信公众账号的忠实粉丝来源。此外，法律读库还牵头组建了法律类公众号"十万加俱乐部"，聚集了一批粉丝量过十万的大号。通过法律公号联盟的方式，一起推动法治新媒体发展，扩大法律公号的影响力。

2. 加强中央主流媒体联动，打通线上线下环节

2016 年"法律读库"受中央电视台法治在线《坐标》栏目邀请，代表新媒体连续四天对年度法治事件做专门评论，同时在《法制日报》法治文化版多次发表文章。2016 年 5 月，法律读库尝试线上线下联动传播，通过"众筹"方式在中国检察出版社出版《2016 法律读库春季号》，精选 100 多篇原创文章，利用二维码把纸质书和电子书给链接起来，完成一次新媒体出版实验。2017 年"法律读库"牵头组建"法治新闻素材共享群"，加大"法律读库"等新媒体平台原创稿件向中央主流媒体的供稿力度。

3. 加强原创团队培育，强化可持续发展

"法律读库"目前已组建一支 100 多人的原创作者团队，由优秀检察官、法官、律师、学者等组成，并通过"法律读库核心工作团队群""法律读库原创首发群"增强联系。2017 年，"法律读库"进一步探索作者激励制度，如评选"2016 年度十大原创作者"，推动作者群体的专业化分工和可持续发展。

4.1.2.4 优化涉检网络舆情信息监测引导

一、正义网舆情监测系统

2008 年 7 月，按照最高人民检察院党组关于"把涉检网络舆情办得更好，为党组决策服务，为维护社会和谐稳定服务，为加强和改进检察工作服务，为维护检察机关执法公信力和良好形象服务"的"四为"要求，检察日报社正义网成立舆情工作室，并陆续组建涉检网络舆情、政法网络舆情专职研究队伍。

正义网在考察多家监测技术企业的基础上，结合政法工作规律和新闻传播规律，自主研发了"正义网舆情监测系统"，并成为"十二五"国家科技支撑计划《科技强检电子信息系统研发与示范》项目的子课题，为协助地方政法机关前移舆情应对关口，提供了稳定的技术保障。与此同时，正义网注重效果导向，结合大量国内典型涉法案件，首次在业内推出《地方政法机关网络舆情应对能力排行榜》《政法网络舆情年度报告》《政法网络舆情案例库》等研究成果。2017年，正义网又研发出涉法网络舆情移动导控应用，将信息流、数据流、技术流和业务流深度融合，打造出一站式的舆情智能化管理平台，目前已进入测试推广阶段。

正义网舆情监测系统主要通过网络爬虫技术，搜集整理互联网信息中关于政法领域的热点、言论、动向、趋势。系统的主要功能包括：（1）实时监测各类网络舆情；（2）自动发现网络舆情热点；（3）按需自动预警网络舆情；（4）网络舆情的个性化追踪和专题报道；（5）精准和全面的网络舆情检索；（6）自动实现舆情分析和统计；（7）直观、可视化的舆情信息呈现。

图4-17　某舆情系统对最高人民检察院媒体报道的监测界面示意图

二、地方检察机关舆情监测应用

"检察通"是"红网"为湖南省检察系统开发的一款舆情监测软件，软件包括涉检舆情报告、舆情专题等栏目，并具有宣传资讯功能，使用者可以在此了解全国和全省检察工作动态。App包括"我的舆情""相关舆情""舆情智库""舆情搜索"等板块，内容主要为系统后台抓取的新浪微博以及各大网站的涉检舆情信息。

山东泰安智慧检务系统专门设置了"热度分析"模块，相关部门可以在系统预置的"关键词列表"中，选取热点案件相关的案件关键词，并提取到靶标数据库，分析案件舆情热度、辅助生成案件舆情报告，报送检察长参考，完成对重大、敏感、复杂案件的精准把握。目前，泰安市检察机关靶标数据库已预制了关键词一百余个，支持综合舆情、专题分析、简报生成、预警中心、热点追踪等功能。

图4-18 "检察通"涉检舆情App示意图

图4-19 山东省泰安市检察机关靶标数据库

舆情监测为检察机关办理刑事、民事、行政和公益诉讼案件提供了监督线索。例如，江苏省苏州市吴中区检察院开发了民行检察舆情监测系统。2017年，系统监测到一起泥浆倾倒的线索，检察官们迅速介入，进行实地调查取证，撰写了翔实的调查报告和检察建议。苏州市委高度重视，目前正在制定有关泥浆等大吨位建筑垃圾倾倒的规范性文件。

再如，河北省张家口市蔚县检察院开发了网络舆情监测助手，并实行监测内容登记备案制度。2017年蔚县检察院侦查监督部的检察官助理小郑，利用网络舆情监测助手监测到一起引发社会关注的驾驶员赵某冲撞交警事件，从监测到的网络视频看，驾驶员可能已经涉嫌妨害公务,于是将这起敏感案件登记备案。半个月后,小郑打开刑事司法与行政执法共享平台,发现该案仍定性为行政处罚案件。小郑马上将该情况告知检察官,检察官调取行政处罚案卷后,认为犯罪嫌疑人赵某存在以暴力阻碍国家机关工作人员依法执行公务的行为,建议县交警大队将该案以妨害公务罪移送办理。4月26日,犯罪嫌疑人赵某被依法逮捕。6月5日,该案移送审查起诉。

4.2 检察服务的智能应用

党的十九大报告明确提出,"新时代我国社会主要矛盾是人民日益增长的美好生活需要和不平衡不充分的发展之间的矛盾,必须坚持以人民为中心的发展思想",必须"坚持立党为公、执政为民,践行全心全意为人民服务的根本宗旨,把党的群众路线贯彻到治国理政全部活动之中,把人民对美好生活的向往作为奋斗目标"。同时鲜明指出,"人民美好生活需要日益广泛,不仅对物质文化生活提出了更高要求,而且在民主、法治、公平、正义、安全、环境等方面的要求日益增长"。[1]

习近平总书记在十八届中央政治局第四次集体学习时指出:"要努力让人民群众在每一个司法案件中都感受到公平正义,所有司法机关都要紧紧围绕这个目标来改进工作。""要坚持司法为民,改进司法工作作风,通过热情服务,切实解决好老百姓打官司难问题,特别是要加大对困难群众维护合法权益的法律援助。司法工作者要密切联系群众,规范司法行为,加大司法公开力度,回应人民群众对司法公正公开的关注和期待。"[2]

2018年3月以来,最高人民检察院多次强调:"为民服务没有止境"。"国家监察体制改革后,检察机关反贪转隶,12309职务犯罪举报电话也面临转型问题。着眼于落实以人民为中心的发展思想,最高检党组决定把它升级建设为12309检察服务中心,以网上平台和实体大厅集合检察服务、检务公开、接受监督等服务人民群众的功能,涵盖代表委员联络、人民监督员监督、控告、申诉、国家赔偿、法律咨询、案件

---

[1] 习近平:《决胜全面建成小康社会 夺取新时代中国特色社会主义伟大胜利——在中国共产党第十九次全国代表大会上的报告》,载《中国人力资源社会保障》2017年第11期。
[2] 习近平:《不断开创依法治国新局面——在中共中央政治局第四次集体学习时的讲话》,载《理论参考》2014年第5期。

信息公开、辩护与代理网上预约等多个事项。"①

"智慧检察服务"工作主要分为线下检察服务大厅的智能化改造和线上12309等网络平台的建设两个部分。

4.2.1 检察服务大厅的智能化改造

4.2.1.1 最高人民检察院12309实体大厅建设

2007年12月，经工业和信息化部（原信息产业部）批准（信部电函〔2007〕632号），检察机关开设12309受理职务犯罪举报电话。2009年初，最高人民检察院印发《关于开通12309全国检察机关统一举报电话的通知》（高检举发〔2009〕1号），要求分级建立最高人民检察院、省级检察院、地市级检察院三级举报系统平台，县级检察院单线接入。2009年5月31日前，实现全国各级检察院原有的尾号为"2000"举报电话统一切换到12309，统一全国检察机关举报电话号码。

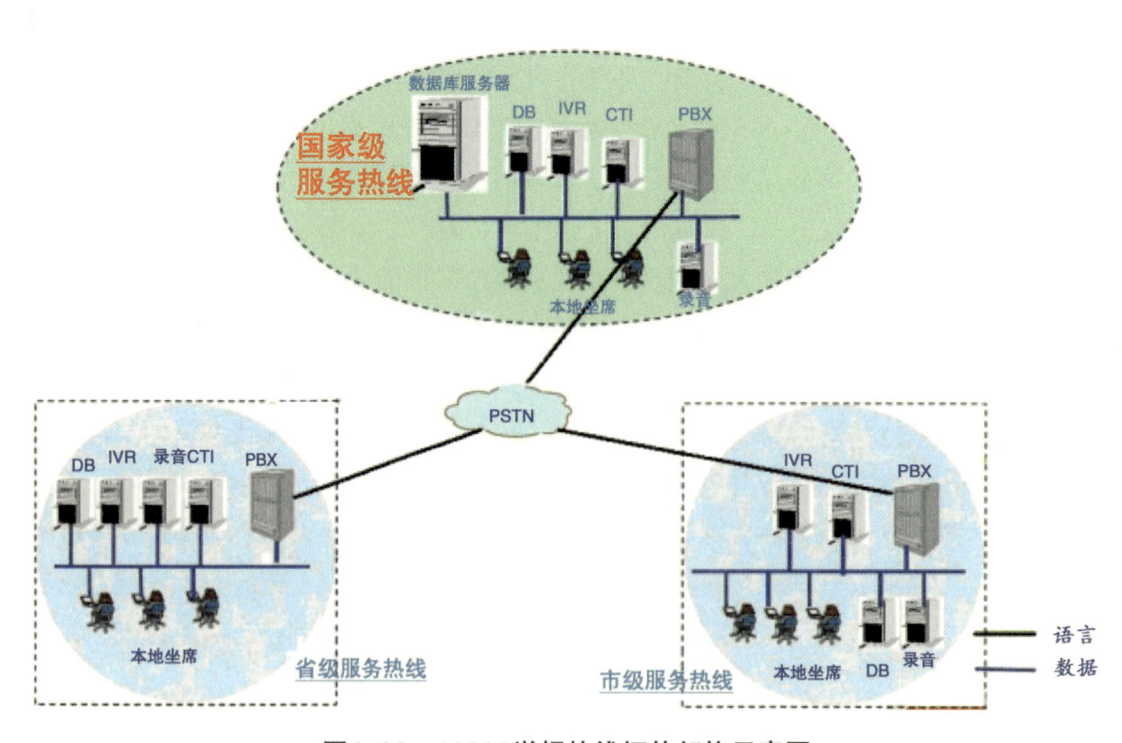

图4-20 12309举报热线拓扑架构示意图

---

① 姜洪：《重磅！"12309"升级为啥这么惹人关注？》，载检察日报官方微信，2018年6月28日。

2009年3月，最高人民检察院技术信息中心印发《12309检察机关受理职务犯罪举报电话系统技术方案》，要求最高人民检察院建成一个具有6个人工接听座席，具备自动语音应答、可监可控的举报受理等功能的举报系统平台。省级检察院设置3个人工接听座席，地市级检察院设置2个人工接听座。无论是本地呼叫还是异地呼叫，该呼叫均将被指向所在地电信运营商提供的IVR平台，通过IVR的一级语音导航选择单位，实现最高人民检察院、省级检察院、市级检察院和基层检察院间分流呼叫。

2016年9月，国务院印发《关于加快推进"互联网+政务服务"工作的指导意见》（国发〔2016〕55号）。2018年6月，国务院办公厅印发《进一步深化"互联网+政务服务"推进政务服务"一网、一门、一次"改革实施方案》（国办发〔2018〕45号），加快推进政务服务"一网通办"和企业群众办事"只进一扇门""最多跑一次"。

2017年8月，为适应监察体制改革，突出检察机关主责主业，实现检察机关"一个窗口"对外，为群众提供"一站式"检察服务，经最高人民检察院党组会审议通过，决定启动最高人民检察院本级的12309检察服务（举报）中心建设，并明确了《分工方案》（高检办发〔2017〕20号）。

2018年2月23日，最高人民检察院办公厅印发《关于12309检察服务中心建设的指导意见》（高检办发〔2018〕9号）。文件明确，12309检察服务中心实体大厅包括业务咨询、控告申诉、国家赔偿与国家司法救助、案件管理等四类工作区域，实体大厅中各工作区域可以相对独立和隔离。同时根据工作需要，可以设置接待区、等候区、安检区、配套区等功能区域。

表4-9　12309检察服务中心实体大厅四类工作区域

区域	区域职能
业务咨询	引导人民群众到相应窗口或者职能部门办理相关事项，提供法律咨询，宣传检察职能，承担综合协调工作等
控告申诉	受理控告、申诉等事项
国家赔偿与司法救助	受理国家赔偿及国家司法救助申请
案件管理	接待辩护人、诉讼代理人，提供案件信息公开服务，受理、审核案件等

此外，《关于12309检察服务中心建设的指导意见》还规定12309检察服务中心实体大厅一般应配备以下设施：（1）大厅内外安装全视角监控系统和安检系统。安装或者开通电子显示屏、电子触摸屏、查询一体机、视频接访系统、接访登记处理系统。（2）配备接访桌椅、接访电脑、身份证读卡器、高拍仪、档案资料柜。（3）配备饮水设备、防寒降温设施、应急药品、物品寄存、书写台及残疾人绿色通道等便民

服务设施。（4）开设检务公开宣传栏，放置检务公开手册、来访须知、文明接待公约、受案范围、受理标准、投诉指南、检察人员纪律等宣传资料供群众取阅，基层检察院公开检察长接待安排。

  本着亲民、服务宗旨，最高人民检察院统一设计了12309检察服务中心实体大厅名称、标识、字体、颜色等，各级检察院按统一要求进行建设。12309检察服务中心Logo以检察蓝和白色为主色调，其中数字"0"设计成电话听筒的形状，既展示了12309检察服务热线的基本功能，也体现出倾听人民意见、接受人民监督的宗旨。

  检察服务中心实体大厅原则上利用现有控申接待大厅进行改建。未纳入检察机关"两房"建设规划，但已完成控申接待大厅和案件管理大厅建设的单位，可保持现有场所功能不变，通过增加服务窗口、设置提示牌等方式，引导人民群众到相应工作区域办理相关事项，有效实现检察服务功能。

图4-21　12309检察服务中心实体大厅示例图

  2018年6月28日，最高人民检察院12309检察服务中心实体大厅正式启用，张军检察长和全国人大代表巩保雄等共同为最高人民检察院12309检察服务中心实体大厅揭牌，并强调："我们希望打造一个'一站式、综合性'的检察为民服务平台，人民群众可以通过门户网站、服务热线、移动客户端、微信公众号等多种方式，享受各级检察机关'一站式'服务，'让数据多跑路，让群众少跑腿'。""今天请大家来共同见证12309检察服务中心的诞生，也是想用最真诚的态度、最认真的形式，展示检察机关努力为人民群众提供更加优质检察服务的坚定决心。"[①]

---

① 姜洪：《重磅！"12309"升级为啥这么惹人关注？》，载检察日报官方微信，2018年6月28日。

4.2.1.2 地方检察机关服务大厅智能化改造

一、北京市检察院检察服务中心建设

2016年8月，北京市检察机关牢固树立首都意识、坚持首善标准、体现首都特色的"三首"定位，整合原控申、案管和部分研究室职能，在全国率先成立检察管理监督部，形成"一个窗口对外、一个闸门对内"的检察管理监督新模式。

2016年12月1日，北京市检察院检察服务中心正式挂牌成立，占地面积700多平方米，包括入口和安检区、引导区、等候区、接待区、监控区等8个基本功能区和12309检察服务呼叫中心、展示区、文化墙等3个功能分区。每天会有一位资深检察官和一名法警值班，称为值班主任和值班法警。值班主任主要负责协调、处理检察服务中心日常工作，引导来访人员分流、排号；值班法警主要负责维持检察服务中心秩序和处理突发事件。

检察服务大厅的接待区采用"窗口"接待形式，每个柜台上方设有LED显示屏，显示柜台服务项目。群众可根据自身诉求进行检察服务选择，排号机上配有身份证识别设备和人脸识别设备，可以自动收集来访人身份信息，进行人证比对。同时，每个接待柜台都配备了内外网电脑、语音识别设备、对讲设备、语言翻译设备、指纹扫描设备、高速扫描仪（高拍仪）和打印机等现代设备。此外还设置了律师接待窗口，由北京市公益法律服务促进会选派的律师和心理咨询师，免费为群众提供法律咨询等服务。

北京市12309检察服务呼叫中心，打破原来各院分别接听的三级呼叫模式，由北京市检察院统一接听、统一管理、统一回复，并且实现了7×24小时不间断人工接听，打造北京市检察系统的"110"。群众只要拨打12309便可随时向检察机关进行法律咨询、投诉建议、检察官约见、案件情况查询等。据统计，94%的群众首次来电，都能得到依法、准确处理，避免群众反复致电的劳累。对于需要进一步了解核实的，属于市检察院管辖的，由市检察院自行核实情况并答复群众；需交办下级检察院办理的，市检察院在3日内通过派单的方式将属于分院、区检察院办理的检察服务事项转交给各院办理，并进行全程管理督办，然后再由各院将办理情况反馈给市检察院，由市检察院检察管理监督部统一对外答复，竭力为群众提供统一、便捷、高效、同质的检察服务。

二、人脸识别技术在检察服务中心实体大厅的应用

人脸识别技术目前已相对成熟，在各地已得到广泛运用。上海铁路运输检察院以

来访数据平台为基础，应用人脸识别技术，能够实现实时监控、查询、人脸检索、智能比对、数据分析等功能，第一时间掌握来访动态。该院的迎宾智能玻璃基于动态人像识别系统，能够实时显示人像抓取状态，并在高清4K显示屏动态显示。在当事人来访时，系统通过面部识别系统来实时抓拍来访者的正面照片进行分析，并建立一个立体化的"数据人"，对来访者的基本信息、信访风险等级、历史记录及诉求、主要案件信息及法律文书等数据搜集归纳，有助于接访人员第一时间了解来访者的意图和诉求，更好地开展工作。

上海铁路运输检察院检察服务中心的人脸识别系统还自带报警和布防功能。当具有特殊情况的上访人被纳入黑名单后，其一旦出现在接访场所，系统会立即通过场所声光报警、短信报警等多种方式告知接访主管领导、接访人员，提示工作人员关注。人脸识别系统可以与安防系统联接，发挥轨迹式安防监控作用，监控成像视频可根据需要进行长时期保存，以用作资料留存或相关证据材料。

三、智能机器人技术在检察服务中心实体大厅的应用

2016年10月，江苏省苏州市吴中区检察院推出"吴小甪"法律服务机器人。"吴小甪"主要用于实体大厅的接待服务，当事人及其亲属，只要将被查询人的身份证号码告诉"吴小甪"，机器人就能脱口而出，迅速将案件的受理时间、进展情况、所处阶段告知来访者。在遇到办理业务的群众拥堵时，"吴小甪"会主动告知来访者耐心等候，并善意提醒周围人照顾老人弱者，注意现场秩序。此外，"吴小甪"还可以进行趣味普法，通过内置法律知识库，通过人机互动的方式回答一般的法律问题咨询。①

图4-22 苏州市吴中区检察院"吴小甪"法律服务机器人

---

① 沈寅飞、周珊：《"检察官助理"是个机器人》，载《方圆》2017年第14期。

2017年12月，四川省成都市都江堰检察院部署了"都灵儿"检务机器人，能够担任检察服务大厅"引导员"职责，根据群众不同需求进行窗口引导、答疑解惑、普法教育。能够通过自带的屏幕，滚动介绍检察机关的基本职能，检索查询案件进度、发布检察信息，并运用人脸识别技术对首次接访的信访人进行人脸注册并自动记忆。它具有自主学习的功能，随着信访人与机器人的互动越频繁，其收集的样本就越丰富，回答问题与提供服务的精准度将越高。同时，通过与信访人的互动，随时将信访人诉求导入信访档案，实现数据的实时更新。

2018年初，内蒙古包头市青山区检察院的服务机器人拥有拟人化的外表，搭载了自主接待模块，能主动亲切地询问群众需求，耐心地按照既定路线场景化讲解业务流程，并引导协助群众快速办理业务，为到访者提供身份验证、信息采集等服务。此外，机器人内置了民意评价系统、案件信息公开系统、新媒体平台二维码入口，可以满足群众的部分司法需求，多次参与"送法进校园"等未成年人法制教育等活动，取得良好普法宣传效果。

4.2.2 "互联网+"检察服务的创新与应用

4.2.2.1 12309网上检察服务中心建设

2015年1月6日，经中央政法委员会批准，最高人民检察院印发《关于全面推进检务公开工作的意见》（高检发〔2015〕1号），明确提出"推进检察服务大厅建设，整合控告申诉举报接收、来访接待、远程视频接访、案件信息查询、接待律师、律师阅卷、法律咨询、检务宣传、12309举报电话等工作，配置电子显示屏、电子触摸屏、查询电脑等硬件设施，为公众提供'一站式'服务。构建阳光检务网络平台，网上实现检察服务大厅各项服务功能"。

2017年，"12309检察服务中心"作为电子检务工程"六大平台"之一启动建设工作。2017年8月17日，《高检院12309检察服务（举报）中心建设分工方案》（高检办发〔2017〕20号）明确，新平台沿用最高人民检察院举报中心网址"www.12309.gov.cn"，并明确了检察服务、案件信息公开和接受监督3个模块10项具体功能的牵头部门。

2018年2月23日，最高人民检察院办公厅印发《关于12309检察服务中心建设的指导意见》，明确12309检察服务中心网络平台包括12309网站、12309移动客户端（手机App）、12309微信公众号和12309检察服务热线，具体承担检察服务、案

件信息公开和接受外部监督等服务功能。网络平台由最高人民检察院统一研发、统一管理、统一部署，各地按要求分级使用、分级维护。

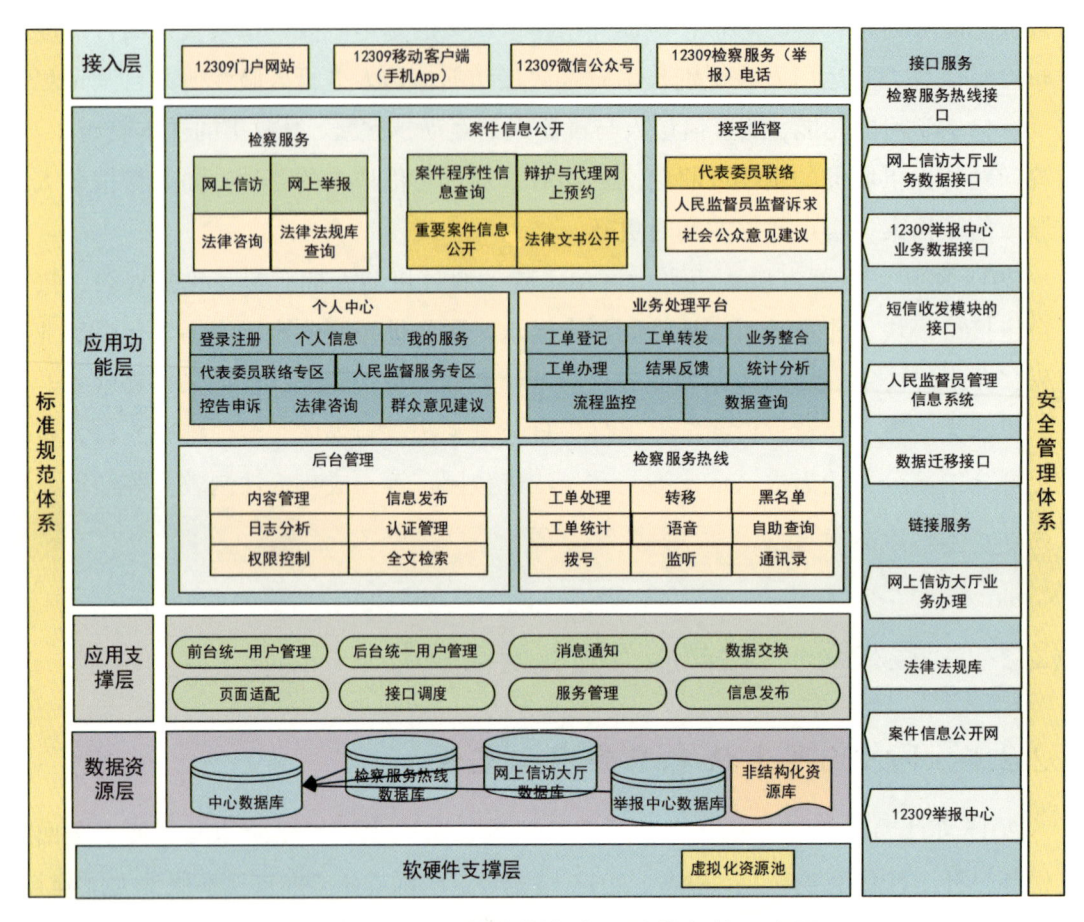

图4-23 12309检察服务中心总体架构示意图

2018年2月27日，最高人民检察院网上12309检察服务中心正式上线，向社会公众提供"一站式"综合性服务，将检察机关所有服务群众功能进行集中整合。各级人民检察院分别受理本级平台的诉求事项和办理案件信息公开，控告检察部门统一管理，案件管理、人民监督、技术信息等相关部门依照规定分工负责，各司其职。

一、检察服务模块

该模块由控告检察部门负责，包括业务办理和法律咨询两个功能。（1）业务办理，包括控告、刑事申诉、国家赔偿、国家司法救助、民事行政案件申诉和其他信访事项。人民群众可在线提交或者通过视频反映相应诉求，人民检察院在线反馈处理情况，实现网上受理、网上流转、网上反馈。（2）法律咨询，提供与检察工作有关的法律法规理解适用、办案标准、程序性规定等方面咨询，提供中国法律法规数据库互联网查询服务。

图4-24　12309检察服务中心的检察服务模块

二、案件信息公开模块

该模块由案件管理部门负责，无缝对接人民检察院案件信息公开网，提供四个功能。（1）案件程序性信息查询：为当事人及其法定代理人、近亲属、辩护人、诉讼代理人提供案件程序性信息在线查询服务。（2）辩护与代理网上预约：在线办理律师申请阅卷或者会见、申请收集（调取）证据材料、提供证据材料、申请自行收集证据材料、要求听取意见、申请变更（解除）强制措施等事项。（3）重要案件信息公开：及时在网络公开检察机关办理的重要案件信息。（4）法律文书公开：及时在网络公开生效的检察机关起诉书、不起诉书等法律文书。

图4-25　12309检察服务中心的案件信息公开模块

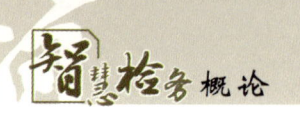

三、接受外部监督模块

该模块由办公厅（室）人民监督部门负责，包括三个功能。（1）接受代表委员意见建议。人大代表、政协委员通过网络平台提出检察工作的意见建议后，检察人员在线上或线下进行答复。（2）接受人民监督员监督诉求。人民监督员根据《最高人民检察院关于人民监督员监督工作的规定》在线向人民检察院提交案件监督诉求，人民检察院依照规定程序在线办理，适时答复。（3）接受人民群众意见建议。通过设置意见箱受理人民群众关于检察工作的意见建议，人民群众可以在网上查询处理情况。

图4-26 12309检察服务中心的接受监督模块

新研发的"12309"App是12309检察服务中心门户网站在手机端的延伸，目前有Android版和Iphone版两种版本。群众只要进入App客户端，进行实名注册后，就可以点击相应模块，完成相关操作，即可向指定检察院提出申请，工作人员会根据不同的申请进行答复，或转至相应检察院、相关职能部门办理，并将办理情况及时回复。让人民群众足不出户就能知晓检察工作，了解案件处理进度。

此外，"12309"检察服务热线也进行了升级，用户可以选择人工接听、录音留言、传真等方式反映诉求，获取检察服务。对于人工接听，能够当场处理的，当场予以答复；对于录音留言和传真，以及人工接听不能当场答复的，致电人可以获得系统自动生成的查询密码，通过该查询密码来查询诉求的办理情况。

4.2.2.2 地方互联网检察服务创新

一、山东民生检察服务热线

山东民生检察服务热线的前身是 2003 年 11 月 8 日开通的白云热线，以"全国模范检察官"聊城市东昌府区检察院副检察长白云名字命名。几年来，白云和热线工作人员接听全国各地的咨询、求助和举报电话近 3.4 万个，接待群众来访 4600 多起 12000 多人次，回复信函 1500 多封，解答网络咨询 7500 多个。

2008 年 6 月，山东省检察院在"白云热线"基础上开通"民生检察服务热线"，并在全省范围内内推广，上线一年之内，全省检察机关共受理热线电话 9980 个。其中，受理解决民生领域诉求 3223 件，占电话受理总数的 32.3%；解答法律咨询 9386 件；特困帮扶、紧急求助 466 件。截至 2016 年，共受理举报控告、提供法律咨询近 50 万件，为群众提供维权救助 3 万多件，解决了大量民生诉求，成为服务群众的"连心线"。

2012 年 1 月 17 日，山东省检察院在检察热线基础上开通了"山东省检察院检察热线"新浪微博，成为全国省级检察机关第一个"检察热线"微博。微博增强了信息发布、在线交流、咨询解答等功能，倾听群众呼声，维护群众合法权益，有效提升了检察形象。

二、广州市检察院远程提取意见平台

在实践中，辩护律师为了争取到最佳辩护效果，往往希望案件经办检察官能够当面听取意见，以提出案件可能存在的问题或其他建议，获得纠正和采纳。但是对远在外地或是离中心城区较远的律师来说，往返奔波，十分辛苦。

为解决这一问题，广州市检察院开发了"广州检察远程听取意见平台"微信小程序。该平台通过小程序视频功能，在全国检察机关首次实现了辩护代理服务与微信小程序视频技术的融合，可实现网上申请预约、网上视频听取意见。律师通过手机微信小程序，可实现"让律师少跑腿，让数据多跑路"。本地律师可轻松实现直接微信在线申请；外地律师可以通过电话或手机 App 预约，工作人员在后台提前录入个人相关信息后，也可实现异地律师申请远程视频听取意见。

图4-27　广州检察远程听取意见平台

此外，广州市检察院还开通了网上检察院移动版App，律师可以通过App进行案件查询、阅卷预约、申请听取意见、申请会见、申请变更强制措施、材料递交、注意事项、意见反馈等功能。案件当事人还可以通过App进行网络问检、控申预约接访、民行预约接访。人民群众也可以通过App了解穗检新闻（市院动态、检务公开、检察官札记、政法新闻、媒体新闻）以及羊城检察音频。

三、重庆市渝北区检察院"正义渝北"辅助系统

重庆市渝北区检察院建立了集实体、网上、掌上"三位一体"的检察服务体系，其中"正义渝北"微信服务号具有被害人文书微信告知、诉讼程序变更微信提醒、办案期限预警微信提示等功能。

系统菜单栏有"我是当事人""我是律师""我是检察官"三个栏目。以"我是当事人"为例，被害人微信关注"正义渝北"公众号后，可按照"认证—接收—查看"三步骤获取权利义务告知书：通过人脸识别系统完成实名认证；检察官建立案件档案后，会向被害人发送权利义务告知书；被害人只要查看了该电子文书，查看记录会自动反馈给检察官，检察官便可确认文书已送达。被害人利用该系统，随时随地接收权利义务告知书，不需要再到检察院进行文书签字确认，基本解决了群体性案件文书送达难、签字难等问题。此外，基于渝北区检察院"正义渝北"公众号平台发送信息的权威性和可信性，避免了检察官"给当事人打电话，有时还被当成诈骗电话挂掉"的尴尬。

图4-28 "正义渝北"当事人实名认证和文书送达功能

四、湖北省检察院"代表委员意见分析系统"

目前，湖北省检察院已将湖北团118名全国人大代表、41名全国政协委员以及700余名省级人大代表、700余名省级政协委员对检察工作的意见建议录入大数据分析系统，系统可以按照不同要求，通过关键词抓取，自动实现代表委员意见建议的分类。此外，系统还具有分组、记录、整理、导入、对比分析、分派、办理、提醒、预警、审批、反馈、归档、查询等15项功能。

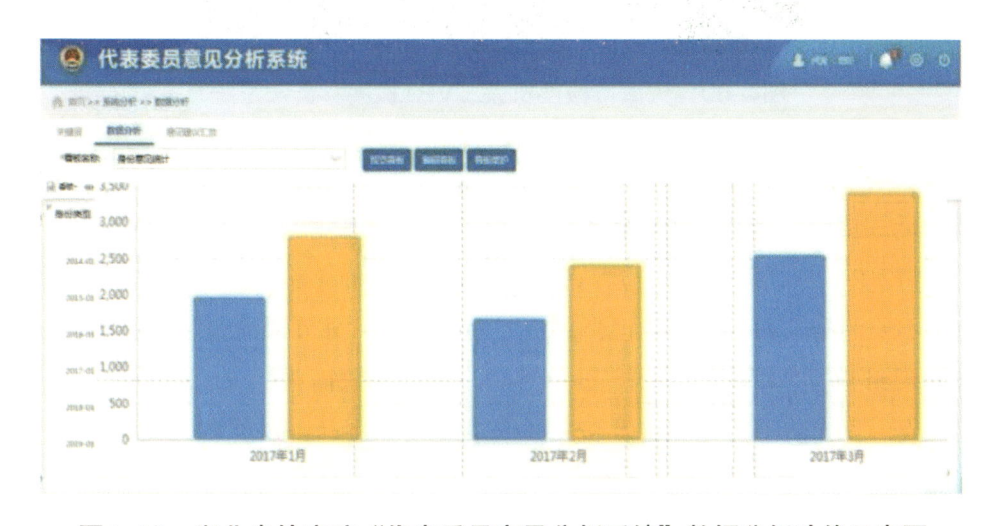

图4-29 湖北省检察院"代表委员意见分析系统"数据分析功能示意图

检察机关通过信息化软件能够对代表委员信息实现快速地收集、分类和分析，了解代表委员的专业领域和关心事项，为代表委员建立"个性化"的联络档案。湖北省检察院运用该系统探索开展线上线下相结合的办理方式，两年来已办理建议提案17件，实现了见面率、办结率和满意率等多项指标显著提升。2018年，湖北省检察院已启动系统二期研发工作，联通省内各个地市州，打通代表委员意见建议办理的全流程，系统可以把代表委员意见建议从交办到办理的各主要环节情况，以短信的方式自动发送到代表委员手机，代表委员也可以登录系统，查看更为详细的办理信息，便于代表委员了解监督检察工作。

五、天津市检察院"VR+检察"普法系统

2017年6月，天津市检察院技术部门成立了"VR+检察"专项工作组，积极探索虚拟现实技术在检察工作中的应用，具有高度还原检察业务场景、沉浸式检察官视角、深度融合强调互动等优势。

图4-30 天津市检察机关"VR+检察"普法系统
使用示意图

除了将VR用于接访、让检察院的"新人"近距离学习前辈的待人接物，天津市检察院还将VR用于普法，让参与者有一种"亲历式"的体验。在VR普法教学系统中，主要有"不要酒驾"和"什么是正当防卫"两节课程，每节课程包括"不要尝试犯罪""法律知识讲堂""我该怎么办"三个模块，体验者只需戴上VR眼镜就可身临其境地体验酒驾、正当防卫、紧急避险和交通肇事处理等情景。截至2018年4月，天津市"VR+检察"普法系统一共接待体验群众12批次，群众只需在天津市检察院的"两微一端"上进行预约，即可实地体验。

第 5 章
全领域智慧支撑

> 紧紧抓住信息化建设带来的机遇，大力加强智慧检务建设。高度重视专业化高端信息技术人才的引进、培养和使用，加强网络信息安全技术保障，确保检察网络安全运行。要打破信息孤岛，注重运用大数据等信息化手段提升检察工作质效。
> ——2018 年 4 月 25 日最高人民检察院张军检察长在主持召开党组会学习贯彻全国网络安全和信息化工作会议精神时的讲话

"全领域智慧支撑"是智慧检务的基础工作，基本目标是最大程度防止出现"网络不断、系统不瘫、数据不丢"，较高目标是实现由技术保障到技术支撑乃至技术引领，推进现代科技与检察工作的全面融合。

近年来，全国检察机关通过探索建立智能化检察支撑模式，以电子检务工程、智慧检务工程为载体，以检察机关大数据中心建设和人工智能试点创新为抓手，推进信息化基础设施建设，探索智慧运维和网络安全保密，加强检察科技创新，为检察工作的长远发展提供有力的科技支撑。本章从检察机关智慧网络建设、数据建设、安全运维、科技创新四个方面的顶层设计、地方探索、理论实践进行研究和阐述。

5.1 智慧网络建设

5.1.1 网络建设与升级改造

经过 20 多年的发展，全国检察机关根据业务需要和保密要求，建设了三条信息高速公路，分别是检察机关内网、工作网和互联网。

检察内网分为数据网和视频网两部分，均采用星型结构设计和部署，在"网络检务"阶段已基本实现全国四级检察院互联互通。截至2018年初，检察内网中承载了全国检察机关统一业务应用系统、检察办公、检务保障、队伍管理、决策支持等应用系统，在视频网中主要承载高清视频会议、远程接访等音视频业务系统。

检察工作网全网采用星形连接结构部署。一级网已全部实现互联互通，覆盖范围涵盖最高人民检察院、32个省级检察院和军事检察院。二级网目前开通范围占地市级检察院总数的85%，三级网占县区级检察院总数的60%。检察工作网最初用于反贪转隶前的侦查信息平台，现在主要用于"两法衔接"平台、远程讯问、远程庭审以及与外部门的信息共享和业务协同。部分地方还在检察工作网中开展了本地特色应用。

全国检察机关已全部接入互联网，开展了案件系统公开、12309检察为民服务平台、检察互联网站、两微一端等面向社会的检务公开方面的应用。

为适应智慧检务建设需要，全国检察机关持续加强基础网络建设，正在积极构建安全高效的检察网络传输体系，优化检察内网、工作网和互联网传输性能，网络质量和效率得到了明显提升。

5.1.1.1 专线网升速扩容

2000年1月，《最高人民检察院关于在大中城市加快科技强检步伐的决定》明确了开展检察信息化建设的工作目标，要求"今后三年（2000—2002年），大中城市检察院要紧密结合检察工作实际，以运用计算机技术为核心，加大现代科学技术在建设中的含量，提高办案水平和工作效率，初步实现办案现代化和办公自动化"。

2000年至2007年是全国检察机关专线网快速发展的时期，在具体工作推进中，检察机关相继启动了2001年的一级专线网数字化改造工程，2002年的"213工程"、2003年的"151工程"、2004年的"1521工程"，在全国范围内强力推进检察专线网和局域网建设。2004年下半年的《2003年—2007年检察信息化建设与发展规划（纲要）》将建设检察信息基础设施作为一项主要任务，提出具体工作推进安排。至2007年末，全国2981个（83.69%）检察机关联入涉密专线网，3095个（86.89%）检察机关建成计算机局域网，检察专线网的联网数量实现了"从无到有"。截至2018年上半年，全国各级检察机关联入专线网的单位达到3561个，建成局域网的检察机关达到3558个，实现了检察涉密专线网全国全覆盖。

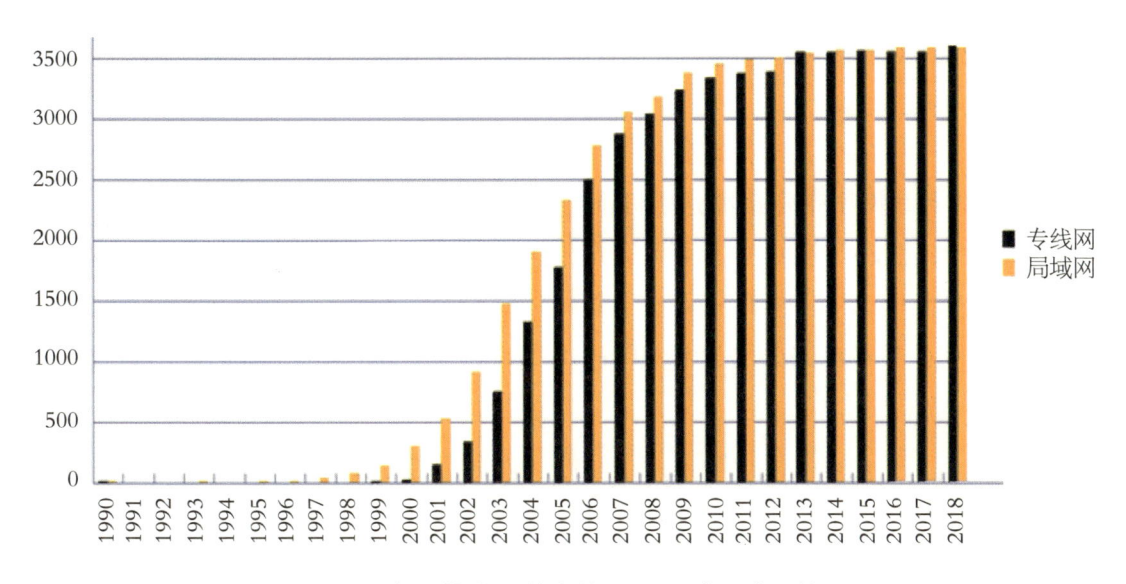

图5-1 全国检察机关专线网、局域网建设情况

一、一级网升速扩容

在检察专线网联网数量扩展的同时，检察机关也高度重视网络速度与质量问题。2004 年，最高人民检察院成立全国检察机关一级网升速扩容工程工作组，将最高人民检察院和各省级检察院之间的一级专线网带宽由 512K 提升至 2M，用以承载检察业务综合应用，并提供局域网用户接入，实现了数据、语音、视频"三网合一"。2013 年 11 月，根据全国检察机关统一业务应用软件部署运行需求，全国检察机关一级网数据网在继续沿用"双路由、双线路"的双星网络结构基础上，在已有线路和设备上平滑扩容，将带宽从 8M 扩至 12M。同时采取配备一级网双上行交换机、配置组播策略和 QOS 策略等措施，对一级网基础网络平台实施调整优化。

为适应智慧检务发展需要，进一步完善和强化网络基础设施，确保满足当前业务应用承载需求。2018 年 6 月，最高人民检察院再次组织实施全国一级网升速扩容工程。最高人民检察院至各省级检察院的数据网由原来的双线各 6M 升速扩容至双线各 80M，视频网由原来的 10M 升速扩容至双线各 20M，工作网由原先的 2M 升速扩容至 10M。在 32 个省级检察院节点的局域网边界分别部署路由器，通过运营商 MSTP 传输专线与最高人民检察院中心节点连接。

二、二三级专线网升速扩容

随着信息化建设和应用的持续深化，对高网速、高带宽的需求不断增加，对专

237

线网传输速度和传输质量提出了更高要求。2013年6月，最高人民检察院技术信息中心统计了除山东、广东、宁夏等统一业务应用系统3个试点院外的各省检察二级、三级专线网的带宽。统计发现，各省二级专线网带宽最高达209M，带宽最低为4M，三线专线网中带宽最高达100M，最低为2M。2013年12月12日、13日，最高人民检察院技术信息中心组织人员对省市两级检察院专线网站进行了两轮访问，在此次检测中，北京、江苏等7个省份可访问性为100%。三线网可访问性东部、中部、西部地区检察机关分别为92.30%、85.98%、46.07%，呈明显的"东高西低"趋势。

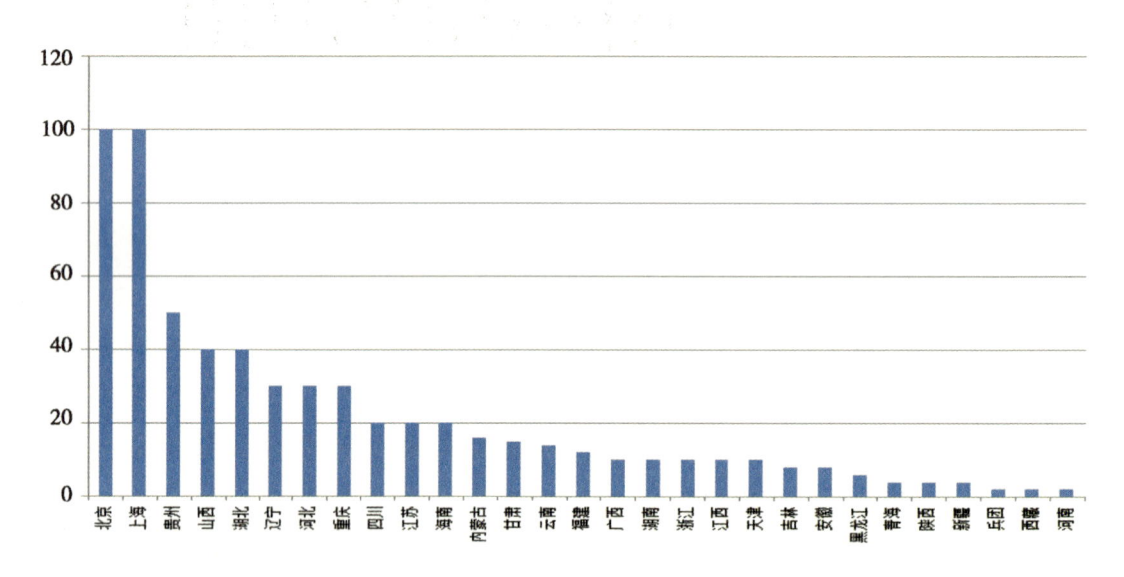

图5-2 2013年6月全国部分省市检察机关三级专线网平均带宽

2013年8月，最高人民检察院发布《全国检察机关统一业务应用软件平台建设指导方案》，按照系统部署模式、年办案数量、用户数量、并发数量等指标给出带宽测算公式，要求各地根据本地实际分析测算二、三级专线网带宽标准，对已有专线网带宽、软硬件系统配置进行对照检查，查漏补缺。之后，各地陆续组织开展二、三级专线网升速扩容工程。例如，湖北省检察机关在完成省检察院至市州检察院100M电路、市州检察院至县区检察院10M电路改造的基础上，将市州检察院至县区检察院的网络带宽扩容至30M以上。广东检察机关将二级网带宽增加至128M，三级网带宽增加至100M，为统一业务应用系统的高效稳定运行创造了良好网络环境。

三、局域网升级改造

各级检察机关结合涉密信息系统分级保护测评工作，配合开展了局域网升级改造工程，大幅度提高局域网络的可靠性和安全性。例如，云南省大理市检察院在严格遵循分级保护要求基础上，建成光纤到终端的千兆带宽检察专线局域网。同时配套建成集 IT 机柜、不间断电源、精密空调、动环监控等功能模块的一体化机房。内蒙古鄂尔多斯市检察院局域网主干采用万兆光纤，核心交换机采用万兆光传输模块。北京西城区检察院新办公楼建有完善的综合布线系统，各类信息点达到近 1900 个，人均信息点达到 6 个。

5.1.1.2 检察工作网建设

从 2011 年开始，全国检察机关大力推进侦查信息化工作，围绕建立完善涉案信息快速查询和部门协作执法的目标，启动检察工作网建设。随着国家监察体制改革和检察机关职务犯罪侦查和预防部门转隶工作的完成，检察工作网主要承载政法跨部门网上办案和信息资源共享、行政执法和刑事司法衔接、远程讯问、远程会商、移动办公等新型检察工作应用，支撑保障作用更加凸显。

为深入落实中央政法委关于推进政法网的建设部署，在年底实现政法机关设施联通、网络畅通、平台贯通、数据融通的"四通"要求。2018 年 6 月，最高人民检察院专门下发通知，要求到 2018 年底前，实现全国四级检察机关检察工作网全覆盖；各级检察院完成本地工作网的局域网建设。各省级检察院按照地方政法委的部署安排，积极主动完成检察工作网在省级层面与政法网的互联互通；逐步开通工作网分支网络；并基于《全国检察机关信息网络系统 IP 地址规范》《全国检察机关信息网络系统域名管理规范》完成检察工作网 IP 地址规范设置、迁移工作和域名解析系统建设。全国检察机关按照信息安全等级保护三级要求，同步完成检察工作网网络安全、边界防护、访问控制以及身份认证基础设施等网络安全防护体系建设，及时开展等级保护测评工作。

在网络建设全面提速的同时，最高人民检察院依据国家网络安全等级保护三级标准要求，按照统筹规划、同步建设、分级管理、逐级负责、属地管理、明确责任的原则，构建符合等保三级要求的纵深防御体系，建设协同防御、积极响应的安全管理中心，建设完善网络信任服务，规范跨网数据交换安全隔离与控制的检察机关安全管理体系。

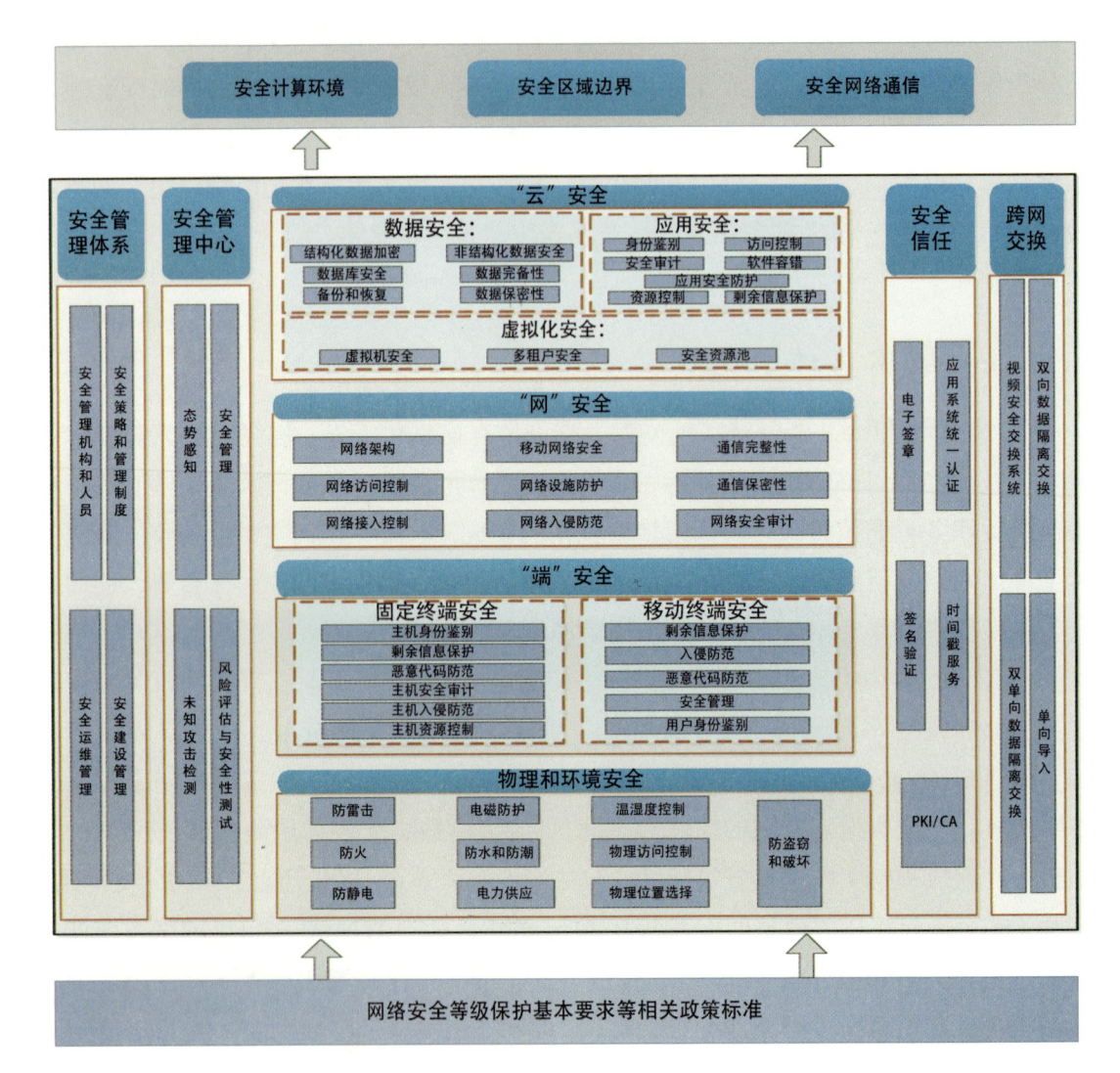

图5-3 检察工作网安全保障体系建设框架

根据《检察工作网安全保障系统指导意见》，检察工作网安全保障系统的总体框架从物理和环境安全、"端"安全、"网"安全、"云"安全、安全管理、跨网交换、网络信任等7个方面开展安全技术体系设计，从安全策略和管理制度、安全管理机构和人员、安全建设管理、安全运维管理4个方面开展安全管理体系设计，综合保障检察工作网的计算环境、区域边界和网络通信的安全。实现网络安全由边界防护、被动防御向全域联动、主动防御转变，提高检察工作网整体防护水平，形成与智慧检务相适应的智能化网络安全保障系统。

表5-1　检察工作网安全保障技术体系建设内容

建设内容	具体要求
1. 物理和环境安全	按照国家网络安全等级保护三级要求开展物理和环境安全设计
2. "端"安全	从身份鉴别、访问控制、安全审计、入侵防范、恶意代码防范、资源控制等方面开展"端"安全设计，保障服务器和计算机终端安全运行
3. "网"安全	从网络架构安全、通信传输安全、边界防护、访问控制、入侵防范、恶意代码防范、安全审计、集中管控等方面开展"网"安全设计，保障网络和通信安全
4. "云"安全	从身份鉴别、访问控制、安全审计、软件容错、资源控制等方面开展应用安全设计，保障应用安全运行，重要应用系统上线前应进行安全测评
5. 安全管理中心	在最高人民检察院和省级检察院分别建设安全管理平台，对入网设备、安全策略、安全日志、安全事件等进行有效安全监控和管理，实现检察工作网设备资源监控及安全管理。在最高人民检察院和省级检察院分别建设态势感知平台，进行安全风险评估和威胁感知，实现检察工作网安全事件的辅助决策和应急处置
6. 跨网交换	最高人民检察院和省级检察院建设本级网络安全接入和交换平台，实现检察工作网与政法网等外部专网之间的安全隔离与信息交换
7. 网络信任	建设完善网络信任服务体系，实现检察机关内部统一身份认证服务管理。最高人民检察院统筹规划身份认证基础设施架构和CA证书系统，负责全网数字证书签发、更新、撤销、验证等工作。各省级检察院负责管辖范围内证书申请者的信息录入、注册审核、证书发放等工作，关键敏感数据进行数字签名

2014年底，山东省检察机关已建成覆盖省、市、县三级检察机关和派驻检察室的全省检察工作网。按照等级保护三级的要求规划建设了全省检察工作网安全体系，将省级、市级检察院划分为专线接入域、数据共享交换域、核心交换域、业务应用服务域、安全管理域、终端域等六个安全域。基层派驻检察室主要以二层交换设备和PC为主划分为专线接入域和终端域两个安全域。建设山东省检察机关检察工作网安全管理平台，省检察院部署威胁感知分析系统，省、市两级部署终端安全管理系统、防病毒系统。建设山东省检察机关检察工作网CA认证系统，省检察院采用入根的方式接入最高人民检察院根CA，实现用户登录应用系统时"一次登录，多次使用"。

5.1.1.3　IP地址管理

合理的IP地址规划，可以减少路由表的扩大，减少网络控制信息流量，使各种信息走最短、最快捷的路径，由此减少网络设备投资，节约整个网络的成本和运营费用。可以说 IP 地址规划的好坏，不仅影响到网络路由协议算法效率、网络性能、网络管理、网络扩展，还直接影响到网络应用的进一步发展。在规划数据网络的 IP 地址时，要综合考虑网络的当前需求、未来发展、现有资源、管理维护等因素，一般来说应该遵守表 5-2 所示原则。

表5-2　检察工作网安全保障技术体系建设内容

规划原则	具体要求
1.唯一性	IP地址是区分网络主机的唯一标示，要求网络上任何两台主机IP 地址不同，否则无法相互通信
2.简单性	IP地址应该本着尽可能简单的原则设计，避免在网络主干中采用复杂的网络掩码
3.层次性	IP地址规划应尽可能和网络层次相对应，采用自顶向下的规划方式。每个子区域从上一级区域里获取 IP 地址段（子网段），减少网络中路由数目和地址维护数量
4.连续性	IP 地址规划要和网络层次规划、路由协议规划、流量规划统筹考虑
5.可扩展性	IP地址规划应充分考虑到未来一段时间内的网络发展和主机数量增加
6.灵活性	IP地址规划不应基于某个网络路由策略的优化方案，而要便于多数路由策略
7.安全性	网络内部应按照不同应用划分不同网段，以便实行不同的安全策略

早在全国检察机关专线网建设之初，最高人民检察院就下发了《全国检察机关信息网络系统 IP 地址规范》（高检信办发〔2003〕6 号），为全国各省规划了专线网 IP 地址方案。为满足国家电子政务内网互联互通要求和全国检察机关对信息网络系统 IP 地址日益增长的需要，2014 年 5 月，最高人民检察院又根据《国家电子政务网络地址和域名系统规划》（国信〔2007〕3 号），对原有文件进行修订，印发《全国检察机关信息网络系统 IP 地址规范》（高检信办〔2014〕2 号），要求全国检察机关信息网络系统内所有的网络设备、服务器、客户机、终端、视频设备和其他需要使用 IP 地址的设备都需要使用新 IP 地址。2017 年初，最高人民检察院已完成全国检察机关一级专线网路由器新 IP 地址路由设置。2017 年 4 月，最高人民检察院下发《关于做好全国检察机关信息网络系统新 IP 地址迁移工作的通知》（高检技〔2017〕18 号），要求各省加快本地区信息网络系统新 IP 地址规范的编制进度，在本辖区各级检察院局域网、二三级专线网中增加新 IP 地址策略，以便各省能够顺利访问新 IP 地址的信息系统。

全国检察机关积极贯彻最高人民检察院部署要求，组织编制本地区新 IP 地址规范并逐步实施迁移工作。截至 2018 年 6 月，贵州、云南、黑龙江三个省级检察院率先完成 IP 地址迁移工作，山东、江苏、内蒙古三个省基本完成 IP 地址迁移，其余大部分省也完成了规范拟制，并上报最高人民检察院审批。2018 年 6 月，最高人民检察院下发《关于全国检察机关信息网络系统新 IP 地址迁移工作进展情况的通报》（高检技〔2018〕44 号），要求已完成规划编制审批的省积极稳妥组织开展新 IP 地址迁移工作，于 2018 年 12 月底前完成全部地址迁移。

5.1.1.4 跨网安全交换

一、跨网安全交换的发展现状

在信息化发展过程中，为保护内部系统安全，部分政府部门、企事业单位采用物理隔离的方式将单位内网与外部网络进行隔离。但随着全社会信息化建设和应用的不断发展，业务协同、信息共享、数据交换的需求越来越旺盛，建立内外网边界接入平台，在网络隔离的基础上实现数据交换已成为当务之急。早在 2010 年 4 月，公安部科技信息化局就制定了《公安信息通信网边界接入平台安全规范（试行）》，通过公安信息网边界接入平台汇聚外部信息，提供公安信息资源共享和服务。2014 年 11 月，国家电子政务外网管理中心发布《国家电子政务外网跨网数据安全交换技术要求与实施指南》（GW0205-20141228），进一步明确了政务外网跨网数据安全交换技术框架、技术要求及实施指南。

目前，检察机关的外部接入网络有政务外网、政务内网、政法网、3G/4G 移动网络等。未来检察工作网将承载与公安、法院、司法等政法部门的业务协同，和与其他相关政务部门间的信息交换功能。根据等级保护要求，检察工作网与其他网络不能进行直接连接，因此，安全边界接入平台便成为实现跨网互联的可行性技术方案。根据最高人民检察院规划要求，最高人民检察院和省级检察院可以结合相关安全标准要求，各自制定针对性的跨网交换方案，建设本级网络安全接入和交换平台，实现检察工作网与政法网等外部专网之间的安全隔离与信息交换，有需要的地市级检察院在省级检察院统筹下建设网络安全接入和交换平台。同时同步在跨网边界采取访问控制、入侵防护、防病毒等安全防护措施。

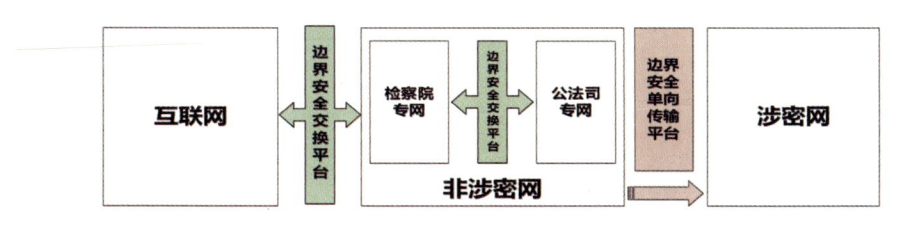

图5-4 检察机关跨网安全交换架构示意图

目前，广东省检察院已建立工作网数据安全交换系统，解决了检察机关与政府和政法部门接入、移动业务接入、互联网业务接入等业务数据交换及共享数据过程中的网络安全需求，由三重防护体系、两个基础设施构成平台安全体系，由业务接入区、路由接入网络、应用服务区、安全隔离区、安全监管区以及检察工作网组成安全防护体系。

山东省检察机关建立无线、有线两套安全边界接入平台，解决不同网络的数据只能通过人工导入、导出方式进行共享的问题。其中，无线边界接入平台采用"终端加固""信道加密""认证接入""访问控制""网闸隔离""级联监控"和"安全管理"等七大安全措施，共同构成独立完整的安全接入体系。检察人员可以使用手机、PAD、笔记本电脑等移动终端设备，通过终端安全卡和终端安全组件完成身份认证后进入VPDN专网，访问全省检察机关移动工作平台。

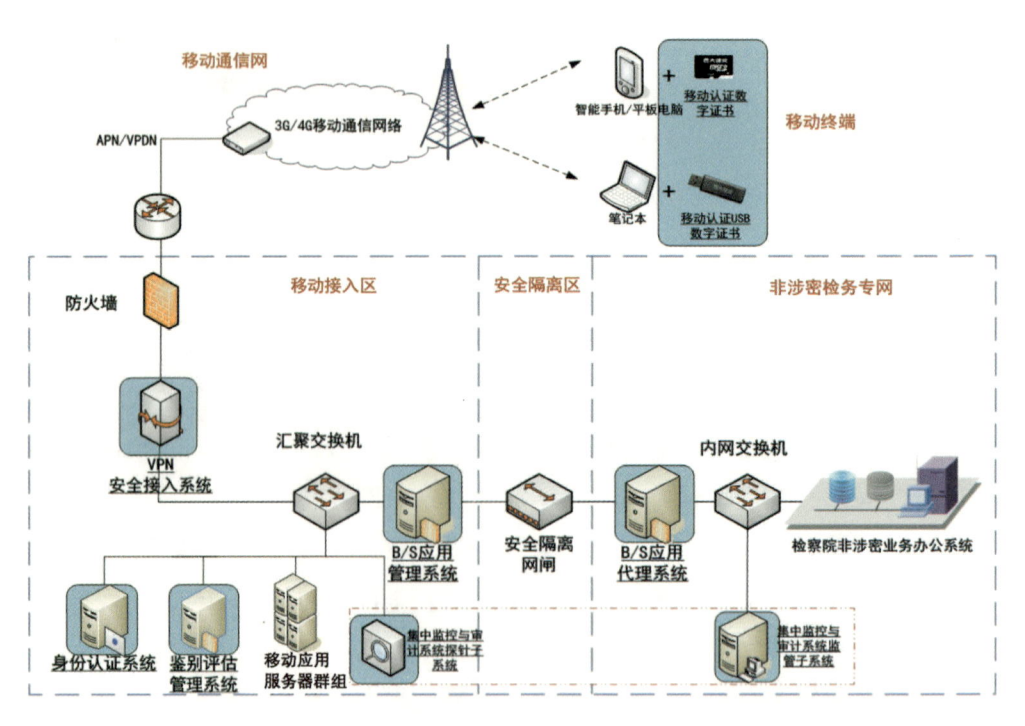

图5-5 山东省检察机关无线边界接入平台示意图

5.1.2 智能桌面云平台建设

5.1.2.1 桌面云平台的技术原理

智能桌面云技术是云计算时代的典型应用，它通过瘦客户端或者其他任何与网络相连的设备来访问跨平台的应用程序以及客户桌面，具有按需快捷、随处访问、简化运维、安全可靠等特点。

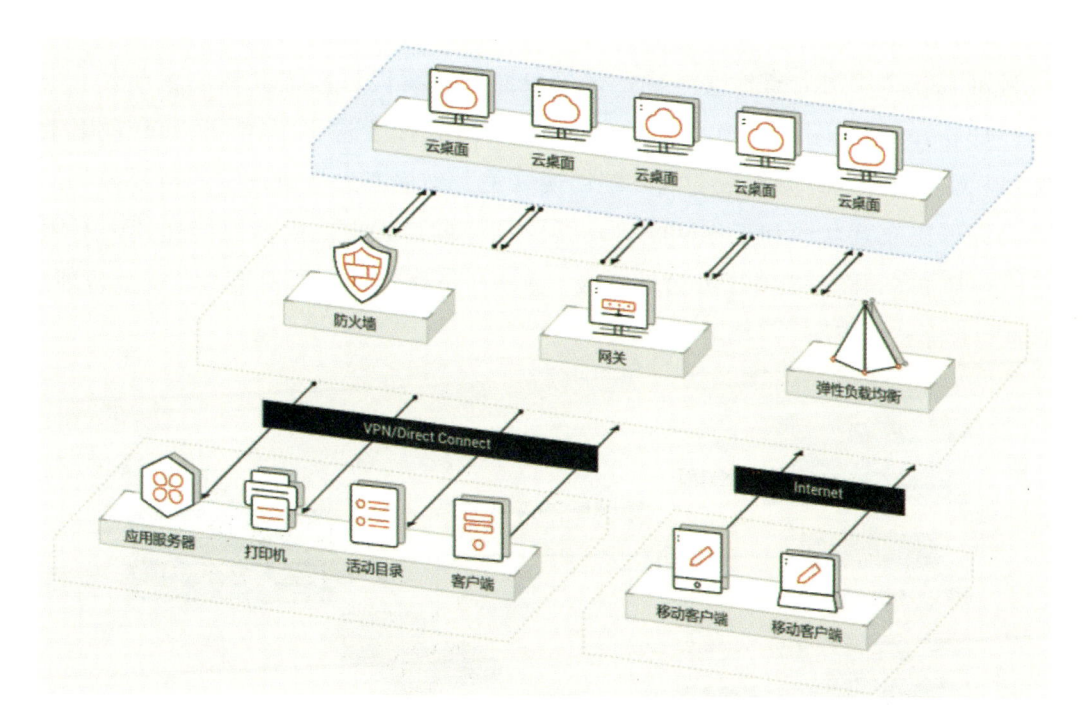

图5-6　云桌面解决方案示意图　　　　（数据来源：华为）

通常情况下，一个智能云桌面平台包含瘦终端（内嵌了独立嵌入式操作系统的桌面云设备）、网络接入（通过有线或者无线网络连接）、控制台（配置监控服务器资源）、身份认证（完成用户认证、密码设定、权限配置）、应用程序（基于云桌面架构提供共享服务）、服务器（将应用分发到虚拟桌面）等部分。在实际应用中，需要综合考虑工作需求、用户规模、工作负载来确定云桌面组成架构。

与传统方式相比，云桌面平台由于采用集中化运维方式，IT工程师只需通过控制中心就可以管理成百上千的虚拟桌面，完成应用升级、运维保障等工作，管理维护成本大幅下降；同时云桌面瘦客户端的功耗只有16W左右，只占到传统终端电脑主机的8%，更加环保节能，节省电费支出。根据Gartner公司的预计，云桌面的总成本相比传统方式可以减少40%。同时，由于数据持久化存储在数据中心，并存在多份拷贝，瘦客户端本身不存储数据，云桌面提供了比传统PC更好的安全性和可靠性。

5.1.2.2　检察机关桌面云技术的应用

早在2011年，广东省深圳市检察院已经开始使用云计算服务处理内部数据和流程管理，2013 年，内蒙古包头市检察院等已经开始探索应用桌面云技术。目前，广东、山东、江苏、河北、山西、内蒙古、贵州等地部分检察机关开始部署智能桌面云平台，并取得良好的应用效果。

例如，2017 年河北省检察院确定采用桌面云方案代替传统电脑。该方案采用了500 套双网隔离云终端，1000 台桌面虚拟机（500 台用于检察工作网、500 台用于互联网）。双网隔离云终端集成"内外网切换开关"，检务人员通过"切换开关"，在10 秒内即可完成互联网和工作网物理切换，切换前后，桌面内容保持连续，不用重新打开各类程序，极大提升了办公效率级，解决了长久以来运维难度大、安全管理难、使用体验差等"痛点"。

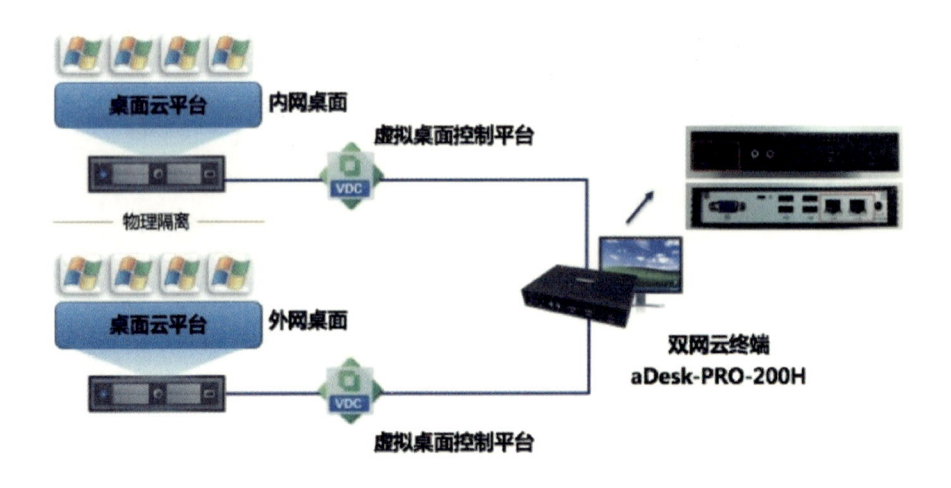

图5-7 河北省检察院桌面云方案示意图

2017 年，山东省莱芜市检察院也建立了面向市、区、派驻检察室三级检察机关的云桌面平台，云桌面虚拟机集中在市检察院数据中心服务器，每位干警通过桌面终端实现对检察工作网和互联网的访问。将接入基层检察院的网络带宽提升至千兆，调整了楼层接入交换机策略，使得网络响应速度提升至毫秒内。同时优化负载均衡，将工作量大、占用资源高的虚拟机平均分配到各服务器上，避免出现部分服务器资源利用过高问题。采用检务云以后，每名干警的办公桌上只需要放置一个跟电视机顶盒大小的桌面终端，即可以实现在一台显示器上对两个网络的访问，用 300 台桌面终端代替 600 台传统电脑，14 台服务器代替原有的 50 台服务器，使全市检察机关节约投资约 200 万元，每天节约电能 1000 余度。由于桌面云采取的是服务器对服务器的直接访问，不再受电脑主机配置影响，干警访问速度提升近两倍。技术运维人员不必再到各个终端去维护、安装和调试，"足不出户"在市检察院检务云数据中心，即可实现对市、区、派驻检察室所有桌面终端的部署、授权、管理，全市检察信息技术人员建立运维小组统一管理，工作量也大幅降低，实现了多赢、共赢效果。

5.1.3 智能音视频云平台建设

随着社会安防系统数据量不断增加，加上高清视频的快速普及、音视频系统联网和整合的不断推进、存储技术和容量不断提升，导致数据体量巨大，大数据的特征日益凸显，音视频数据已成为检察大数据的重要来源。

5.1.3.1 智能语音云平台

智能语音技术的核心是语音识别（Automatic Speech Recognition，ASR），其目标是将人类语音中的词汇内容转换为计算机可识别内容，主要包括特征提取技术、模式匹配准则及模型训练技术三个方面。语音识别的研究工作始于20世纪50年代，在20世纪90年代发展迅速，2009年以来，借助大数据、云计算、机器学习技术发展，语音识别技术取得重大突破，形成了苹果SIRI、谷歌Google Now、微软Cortana、讯飞听见等一批成熟产品。

2016年开始，最高人民检察院和安徽、江苏、浙江等地检察机关开始积极探索运用智能语音识别系统，自动生成检委会会议记录、讯问询问笔录，西藏、新疆等地还探索运用于双语检察教育培训。2016年9月，最高人民检察院出台《"十三五"时期科技强检规划纲要》，要求"在同步录音录像、远程接访、远程讯问、庭审监督等音视频系统中，积极探索应用语音识别、视频搜索、视频智能分析、微表情分析等智能化新技术应用"，安徽省检察院作为智能语音首家试点单位启动部署应用工作。

2017年7月，最高人民检察院发布《全国检察机关智能语音云平台建设指导方案》，要求2017年在最高人民检察院建设检务语音云基础服务平台，2018年至2019年，建设全面覆盖的检务语音应用体系，逐步将各试点语音应用向云平台迁移，构建以最高人民检察院为主中心、各省级检察院为分中心的两级分布的全国检务语音数据中心，实现各类检察语音数据向最高人民检察院和省级检察院集中，2020年最大化挖掘语音数据信息价值，提升实战化应用水平。该指导方案明确智能语音云平台系统体系架构，包括基础设施层、数据层、服务层及应用层，建设智能语音云基础服务系统、云处理引擎、应用系统和监控管理系统。把智能语音云平台作为跨领域、跨平台的连接枢纽，形成智能语音技术与电子检务工程"六大平台"的深度融合。

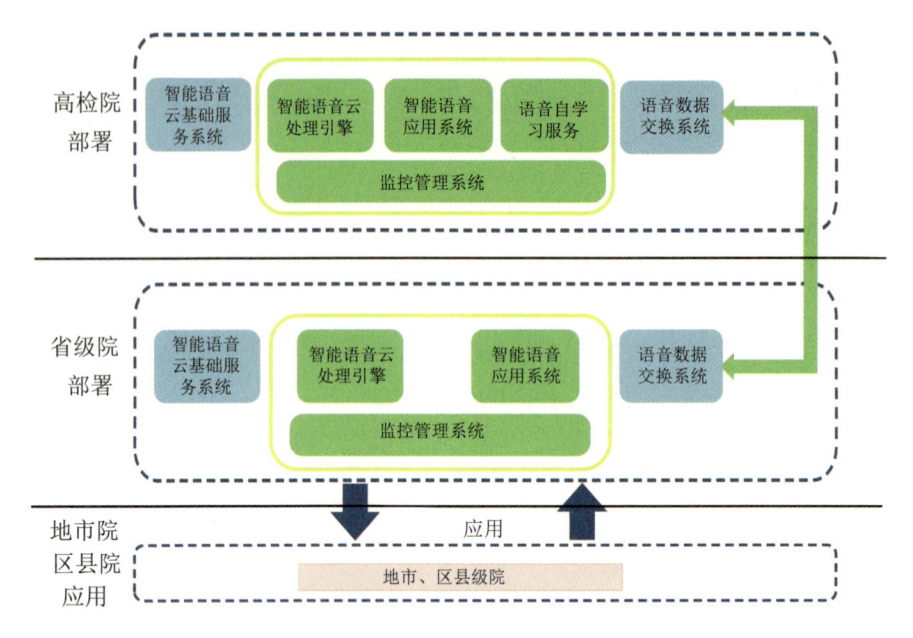

图5-8 智能语音云平台总体架构示意图

为解决民族地区因语言不通造成的沟通不畅、办案效率不高等问题的迫切需求，2017年底，最高人民检察院技术信息中心联合国家民委中国语文翻译中心、中国检察出版社开发了维汉智能文书翻译系统和法律法规对照查询系统，在新疆维吾尔自治区检察院、新疆生产建设兵团检察院组织了试用。维汉智能文书翻译系统支持对维语、汉语法律文书、新闻材料等文本内容的双向实时翻译，可在双语模式下开展审讯、会议办公等工作；维汉法律法规对照查询系统，包含200部现行法律和500部司法解释的双语对照翻译内容，可实现法律法规内容的对照查询。

截至2017年9月，以智能语音技术为核心的各项智能语音产品已覆盖最高人民检察院本级机关和全国18个省份的100余家检察院。各地在建设应用过程中不断创新，例如浙江省杭州市检察机关对语言系统进行优化，针对远程提审速裁案件通过格式化讯问模板，提高笔录制作效率，应用系统自带的录音功能，对个别需要回听录音的疑难复杂案件提供技术支持。四川省自贡市检察院针对语音识别系统对自贡方言的识别率较低的问题，委托建设方量身定做开发自贡语音包，目前自贡方言的识别准确率达到85%以上。

特别是安徽省检察机关，2015年以来累计部署智能语音系统近8000套，检务智能语音输入法的安装使用率超过85%，已形成以3项基础应用、2项拓展应用和1个语音云平台为主要内容的"3+2+1"智能语音应用系统布局。（1）智能语音输入法，应用于文字材料起草、案件信息录入、阅卷笔录、法律文书起草等场景，普通话录入每分钟达400余字，准确率可达95％以上。（2）智能语音会议系统，应用于检委会、党组会、办公会等场合，通过人机互动，可实现角色分离、文本分段、重点标记、音频延时播放、录音回放、快速生成会议记录等功能，识别准确率达90％以上；（3）智能语音讯（询）问系统，应用于侦查监督、公诉等部门讯（询）问过程，将讯（询）问双方语音按照问话笔录格式实时转写成文字，及时形成规范化讯（询）问笔录。安徽省检察机关应用系统后，案件办理效率提高了20％以上，受到一线办案人员的普遍欢迎和好评。（4）智能语音云监控管理平台，实现各项应用数据的贯通和全省应用情况的实时监控，有利于强化统筹调度，提高应用效能。

图5-9　智能语音在办案场景中的应用

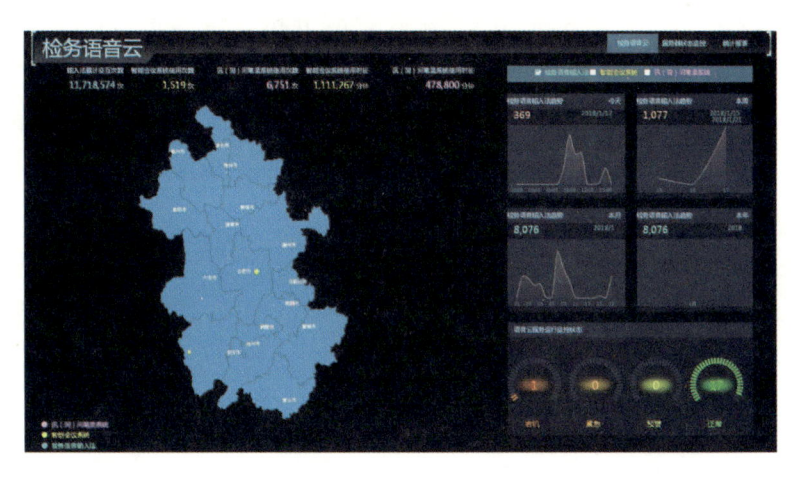

图5-10　安徽省检察机关智能语音云监控管理平台

5.1.3.2　智能视频综合平台

全国检察机关形成了以视频中心为基础的检察视频综合应用体系，全国总计

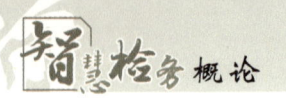

3536个检察院建成电视电话会议系统，1176个检察院建成远程提讯系统，1430个检察院建成了远程接访系统。各级检察院还积极探索建设了监控指挥系统、多媒体出庭示证系统、网上出庭指挥和监督系统、高仿真案件讨论系统等，全方位推进检察机关视频系统应用。

图5-11 最高人民检察院高仿真会议系统

2017年，山东省检察院建成检视通云服务平台，平台具有三个功能：（1）实现设备资源互联互通互控，解决全省检察机关不同类型、不同控制系统、不同格式资源之间的互联互通互控，能够灵活调整设备资源。（2）图像资源分析，建立图像资源池，获取全省视频联网的实时视频、历史视频和各类视频资源目录，实现设备资源复用，提高设备利用率。（3）视频智能分析，含人员智能分析（支持收集分析人员年龄、性别、着装特征等信息）、结构化智能分析（支持收集分析车辆方向、颜色、速度等信息）、行为智能分析（支持收集分析剧烈运动检测、警戒线设置、区域看防等信息）三部分。

图5-12 山东省检察院检视通云服务平台

2018年，黑龙江检察院建成业务视频融合系统，系统采用模块化管理，集中式部署，实现省、市、区县多级联网，三级检察机关工作人员均可按权限访问系统，调阅相关音视频数据。检察专线网上的同录审讯、远程提讯、远程接访、视频会议、安保监控、驻监驻所、远程公诉指挥等所有音视频图像资源均通过标准协议，整合接入检察业务视频融合系统上，通过统一平台完成对所有视频的集中管理和集中调阅，有效地解决了当前检察系统存在的各系统音视频数据分散、联动性差、信息孤岛等问题。通过统一操控管理平台，可以直接将领导需要的检察视频信号推送到领导办公室的显示器上，方便省级检察院对下级检察机关的管理、指挥、调度。同时，系统还具备智能运维功能，可通过智能分析服务器对各市、区、县检察院的全部设备以可视化形象展示，根据设备运行状态对设备进行评级，从而实现设备的智能化管理。

图5-13 黑龙江检察院业务视频融合系统界面图

2017年，宁波市检察机关依托检察工作网建设高清远程案件会商系统，主要服务于公诉、侦查监督、未成年人检察、民事行政检察等业务部门上下两级的案件请示、会商，部门会议汇报交流，业务培训等，可以通过触控显示屏同步进行案件数据的共享与互动。一体化视频会商系统使用简单，无须专人保障和提前预约，同时能够实现通过案件会商终端一边进行实时音视频沟通，一边通过触控显示屏同步进行案件数据的共享与互动，包括文档的阅览、批注、修改、涂画及传送等功能，减少两级院因案件请示讨论而产生的路途奔波。

图5-14　浙江省宁波市检察院高清远程案件会商系统

5.2 智慧数据建设

　　2015年8月，国务院印发《促进大数据发展行动纲要》（国发〔2015〕50号），要求"统筹政务数据资源和社会数据资源，布局国家大数据平台、数据中心等基础设施"，"运用云计算技术，整合规模小、效率低、能耗高的分散数据中心，构建形成布局合理、规模适度、保障有力、绿色集约的政务数据中心体系"。2015年10月，党的十八届五中全会公报提出实施"国家大数据战略"，标志着大数据上升为党和国家的重大战略之一。2016年10月9日，习近平总书记在中共中央政治局就实施网络强国战略进行第三十六次集体学习时强调，要以推行电子政务、建设新型智慧城市等为抓手，以数据集中和共享为途径，建设全国一体化的国家大数据中心，推进技术融合、业务融合、数据融合，实现跨层级、跨地域、跨系统、跨部门、跨业务的协同管理和服务。

　　检察机关高度重视检察大数据工作，2017年5月12日，最高人民检察院印发《检察大数据行动指南（2017—2020年）》（高检发技字〔2017〕2号），明确提出"三步走"战略。2017年底前，启动最高人民检察院本级和试点地区检察大数据中心建设；探索建立检察大数据管理机制。2018年底前，完成最高人民检察院本级和试点地区检察大数据中心建设；在最高人民检察院和试点地区推行检察大数据管理机制，探索创新大数据运维模式和大数据科研支撑模式；2019年至2020年，完成国家检察大数据中心建设；建立完善的检察大数据标准体系和资源共享机制；全面推进大数据在各项检察工作中的应用。

2018年7月，《全国检察机关智慧检务行动指南（2018—2020年）》对"全面构建以开放共享为导向的智慧检务数据层生态"作出具体部署，进一步明确加快建立数据资源体系，切实加强数据资源管理，科学开展大数据分析应用等三项重点任务。

5.2.1 数据中心机房环境建设

5.2.1.1 数据中心的概念与国家标准

数据中心是实施大数据战略的核心场所，传统意义上数据中心主要指"能容纳多个服务器以及通信设备的多功能建筑物"。目前，大数据中心建设一般包括数据中心的基础环境和支撑平台两部分。数据中心的基础环境主要指数据中心机房，包括建筑与结构、空调、电气、电磁屏蔽、网络系统与布线、给水排水、消防等设备。数据中心的基础支撑平台一般包括服务器、存储等硬件设备及运行环境配置、数据备份等基础支撑软件。随着信息技术的快速迭代，数据中心的基础环境和支撑平台也在快速发展。

DT时代，超过3/4的工作负载将在云中处理。数据中心的职能也在悄然扩展，包括但不限于大数据的生产采集、存储加工、交换共享、应用增值、安全防护等工作。目前数据中心的技术发展存在以下趋势：（1）从传统数据中心迁移到云环境，应用虚拟化、SOA、SaaS技术构建新型系统架构和统一计算平台。（2）在传统网络基础上，融合了SDN/NFV（软件定义型网络/网络功能虚拟化）等最新网络技术，实现控制与转发分离、业务集中控制、网络资源池化、业务大规模弹性自动部署和网络灵活自定义。（3）采用绿色环保技术，例如数据中心冷却设备中，采用变频电机取代恒速水泵与风机，探索智能化设备根据温湿度数据自动化配置运行。

目前，国家已颁布的数据中心基础环境建设规范标准包括：《数据中心设计规范》（GB50174-2017）、《数据中心基础设施施工及验收规范》（GB50462-2015）、《数据中心资源利用能效要求和测量方法》（GB/T 32910.3-2016）、《计算机场地通用规范》（GB/T 2887-2011）、《计算机场地安全要求》（GB/T 9361-2011）。在这些规范中将A级数据中心分为标准型、简化版、集群式三种型态。

表5-3 A级数据中心类型和部分配置要求

类型	配置要求
1. 标准型数据中心	基础设施应按容错系统配置，在信息系统运行期间，基础设施应在一次意外事故后或单系统设备维护或检修时仍能保证信息系统正常运行。数据中心应由双重电源供电，并应设置备用电源。备用电源宜采用独立于正常电源的柴油发电机组，也可采用供电网络中独立于正常电源的专用馈电线路
2. 简化版数据中心	电子信息设备的供电可采用不间断电源系统和市电电源系统相结合的供电方式
3. 集群式数据中心	两个或两个以上地处不同区域的数据中心同时建设，互为备份，数据中心的基础设施可按容错系统或冗余系统配置

上述标准规范中，还提出了对数据中心建设的其他硬性要求，例如数据中心内所有设备的金属外壳、各类金属管道、金属线槽、建筑物金属结构等必须进行等电位联结并接地。数据中心的耐火等级不应低于二级。当数据中心位于其他建筑物内时，数据中心与建筑内其他功能用房之间应采用防火隔墙和楼板隔开，隔墙上开门应采用甲级防火门。采用管网式气体灭火系统或细水雾灭火系统的主机房，应同时设置两组独立的火灾探测器，且火灾报警系统应与灭火系统和视频监控系统联动等。

5.2.1.2 检察大数据中心建设实践

国家检察大数据中心是《检察大数据行动指南》中"一中心、四体系"五大建设任务之一，于2017年7月建成并投入使用。截至2017年底，共有机柜361个，已安装部署各类网络、计算、存储等设备117台，网络信息点3300余个。

图5-15 国家检察大数据中心LOGO

按照物理空间发布，国家检察大数据中心分为四部分。（1）网管中心，作为国家检察大数据中心的控制中心占地 278 平方米，具有 16 个操作台工位，LED 大屏高 2 米宽 9 米，满足日常多媒体会议、系统功能展示、网络监控等多方面需求。（2）检察专线网机房，占地 550 平方米，分为局域网机房和屏蔽机房两个功能区域，存放最高人民检察院本级的统一业务应用系统、内网门户网站、检务保障系统等核心应用和数据。（3）非涉密机房，分为检察工作网机房和互联网机房两个不同功能区域，承载着最高人民检察院机关检察工作网和互联网的接入和应用。（4）UPS 电源，能够在断电后维持服务器、存储等各项设备持续工作 8 个小时以上。

图5-16　国家检察大数据中心的机房实景图

国家检察大数据中心高度重视安全建设。数据中心具有机房精密空调和新风换气系统以及消防报警系统、防雷接地系统、安防门禁和监控系统、动力环境监测系统等。内网应用建设遵循《涉及国家秘密的信息系统分级保护技术要求》机密级要求，互联网、工作网遵循《信息系统安全等级保护基本要求》第三级的安全保护要求。内网、工作网、互联网均采用万兆冗余、容错性设计，确保电子检务工程大数据中心运行的稳定性、可靠性。

5.2.2　检察基础支撑平台建设

5.2.2.1　检察机关运行支撑平台

检察机关运行支撑平台是电子检务工程项目的重要组成部分，承担着电子检务工

程中信息数据处理、存储、数据备份、数据应用保障等功能，为电子检务工程"六大平台"和相关系统提供软硬件基础平台。

目前，最高人民检察院本级运行支撑平台已于2017年6月通过初验并投入使用。该平台总体上分为检察业务网域和互联网域两个部分，通过应用云计算、虚拟化等先进技术，建设网络系统、数据处理系统、数据存储系统、数据备份系统和数据应用保障系统等子项目，为应用系统提供安全稳定、弹性扩展的运行支撑环境。

表5-4 电子检务运行支撑平台组成部分和建设要求

子项目	建设要求
1. 网络系统	结合VPN、VLAN技术实现用户接入的隔离和受控互访；构建虚拟交换网络提高网络交换可靠性；实现上联和业务服务器万兆接入
2. 数据处理系统	检察业务网核心业务、重要业务数据库服务器采用物理机部署；检察业务网一般业务数据库服务器、互联网数据库服务器、业务应用、应用支撑、数据交换及管理类应用采用虚拟化部署
3. 数据存储系统	采用iSCSI、NAS及SAN技术满足各类信息数据的分级集中存储；采用磁盘阵列构建业务网和互联网域的在线数据存储；利用VTL实现数据近线备份；数据存储系统采用云存储体系架构实现资源按需分配
4. 云平台管理系统	建设云平台管理系统，提供服务器、存储、网络的虚拟化功能，实现对虚拟化环境和物理环境的集中管理，实现对操作系统、中间件、数据库、计算、存储及网络设备的综合监控管理
5. 基础支撑软件	购置操作系统、应用服务器中间件、数据库等，为上层应用提供基础运行支撑
6. 数据应用保障系统	建设数据及应用保障系统主控中心、存储池、服务器端镜像代理、备份代理、业务仿真测试系统及业务迁移恢复系统

运行支撑平台的关键是采用虚拟化技术构建电子检务工程的基础设施层、数据存储层和数据处理层。首先将服务器、存储、交换机等物理资源进行虚拟化，实现计算环境虚拟化、网络虚拟化、存储虚拟化及安全虚拟化，运行支撑平台所有资源整合后在逻辑上以单一整体的形式呈现。通过虚拟化技术，增强运行支撑平台的可管理性，提高应用的兼容性和可用性，加速应用部署，提升硬件资源利用率，降低能源消耗。

在虚拟化层基础之上，部署软件支撑服务（如数据库管理服务、应用服务器中间件服务），为电子检务各业务应用提供软件运行支撑；在应用层各业务系统按需分配资源。

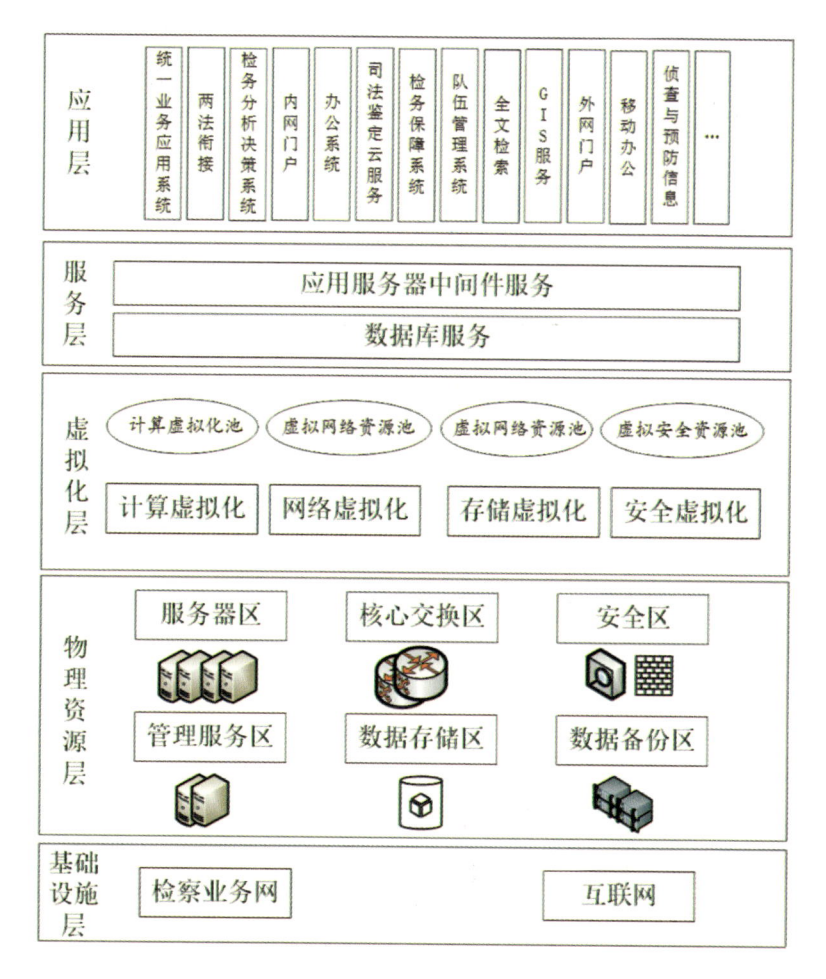

图5-17 电子检务运行支撑平台逻辑架构示意图

"虚拟化是云计算的基础"，通过虚拟化的搭建，为向云计算过渡提供一个稳定、可靠、易于扩展的基础平台。电子检务运行支撑平台虚拟化项目成功实施后，服务器数量、网络设备等会部分减少，总体拥有成本（TCO）大幅降低，服务器重建和应用加载时间明显改善，服务器作为统一资源池进行管理，资源调配、运行维护更加便捷。

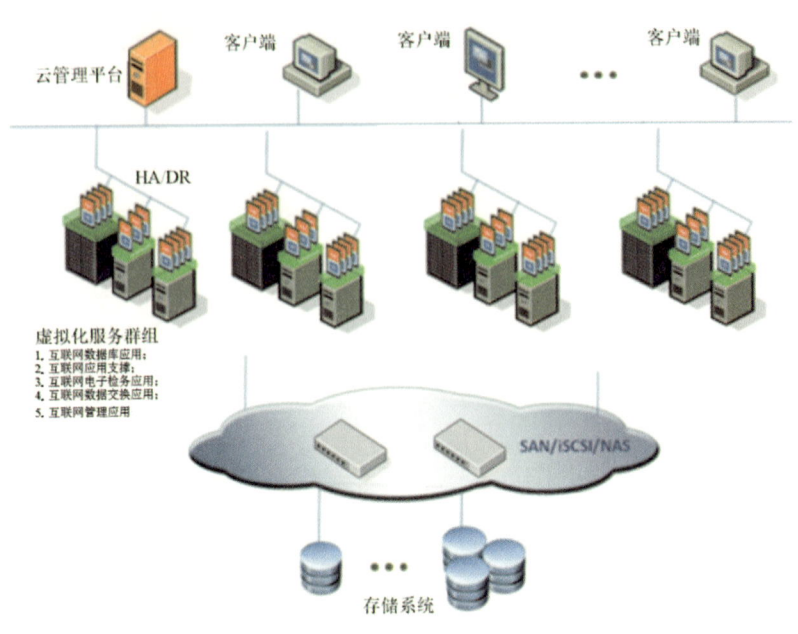

图5-18 互联网域数据处理系统虚拟化整合示意图

5.2.2.2 检察机关应用支撑平台

1996年，Gartner公司首次提出"面向服务的体系结构"（Service-Oriented Architecture，SOA）概念。在SOA架构中，可通过标准方式访问独立服务，提供给网络中的其他成员。SOA具有模块化、封装和松散耦合的特性，其将业务功能分解并打包成模块化服务，应用程序间的依赖关系得到最小化或完全消除。因此不同用户可以从多个位置进行访问，在新组合服务的构造过程中，服务可以共享甚至重用。[1]

支撑平台采用SOA体系结构，目前普遍应用于政府、企业和社会组织信息化建设之中。实质上是提供一个信息的集成环境，将分散、异构的应用和信息资源进行聚合，通过统一的访问入口，实现结构化数据资源、非结构化文档和互联网资源、各种应用系统跨数据库、跨系统平台的无缝接入和集成，实现业务应用的高效开发、集成、部署与管理。同时，通过应用支撑平台的"单点登录""信息集成""关键词搜索"等功能，可以极大地方便访问者获取信息。

最高人民检察院应用支撑平台是电子检务工程的重要项目之一。该平台在分析检察机关现有应用系统建设情况的基础上，抽取公有资源，构建一个基于检察信息业务与技术集成的公共支撑平台，按照统一标准，对各个已有业务应用系统进行有效整合，同时对未来应用系统的建设提供支撑，形成一个互联互通的业务协作平台。配合实现

---

[1] 凌晓东：《SOA综述》，载《计算机应用与软件》2007年第10期。

对电子检务工程（中央本级建设部分）各应用系统与应用支撑平台对接的集成工作。2018 年 9 月，该项目通过初步验收并投入使用。

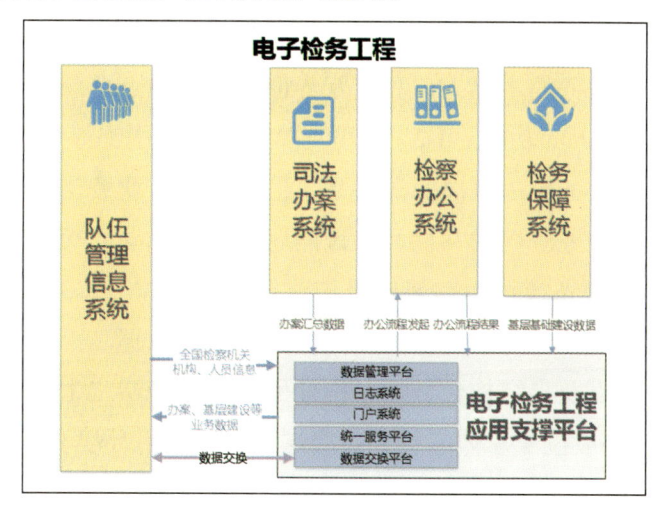

图5-19　电子检务工程应用支撑平台和其他系统关系

按照 2017 年 4 月《全国检察机关应用支撑平台应用软件建设指导方案》要求，应用支撑平台包括统一门户系统、统一服务平台、数据交换平台、数据管理平台、通用服务引擎等部分，即"一个门户、三个平台、一套引擎"。

表5-5　电子检务应用支撑平台组成部分和任务要求

子项目	任务要求
1. 统一门户系统	建立最高人民检察院本级统一门户系统，通过单点登录系统建立各应用系统（含已建、在建系统、规划待建系统）的统一登录入口，实现各应用系统登录整合、界面整合、任务消息整合及个性化应用界面（个人门户）
2. 统一服务平台	将通用应用的对外服务接口及应用系统间的调用接口统一进行服务注册、服务管理、服务发布、服务适配、服务调用、服务发现等应用，实现对资源"管、用"分离，实现应用系统跨区域、跨业务服务协同，实现应用系统之间的信息共享和业务协同
3. 数据交换平台	通过ETL、消息中间件、文件传输等方式实现不同部署点间、不同系统间、不同数据库间的数据交换及共享，为各系统提供统一的数据交换方式及传输路径，以满足应用系统各种数据交换需求
4. 数据管理平台	通过元数据管理、数据质量管理、数据标准管理实现对最高人民检察院本级各类数据的标准化管理，保证应用系统数据信息的标准化、可用性、可获取性和一致性
5. 通用服务引擎	为统一服务平台提供相关服务引擎支撑，包括单点登录系统、组织机构人员信息引擎（来源于队伍管理系统）、统一任务消息系统、日志管理系统、全文检索系统、地理信息系统、工作流组件等

应用支撑平台在整个电子检务工程中的定位是数据采集、信息共享、数据交换、业务协同、业务集成。按照逻辑结构，应用支撑平台自上而下分为展现层、应用支撑层、数据层、基础设施层四层结构。（1）展现层是最终用户访问应用系统的统一入口，是各类用户获取所需服务的主要入口和交互界面，包括单点登录、应用集成、界面整合、消息整合、集中任务等功能。（2）应用支撑层提供应用支撑组件、数据交换服务、业务集成服务，为各业务应用解决资源共享、信息交换、业务访问、业务集成、安全可信和可管理等电子检务应用的共性和关键问题。服务总线、交换平台、数据管理、服务引擎等工具产品为系统运行的架构级构建提供了支撑。（3）数据层存储和管理系统各类基础数据，包括元数据、基础数据、抽取主题数据、汇总数据，涵盖结构化数据、非结构化数据以及半结构化数据，构建于基础设施层之上，为支撑层提供数据支持。（4）基础设施层位于总体结构的最底层，提供网络环境和系统运行环境。

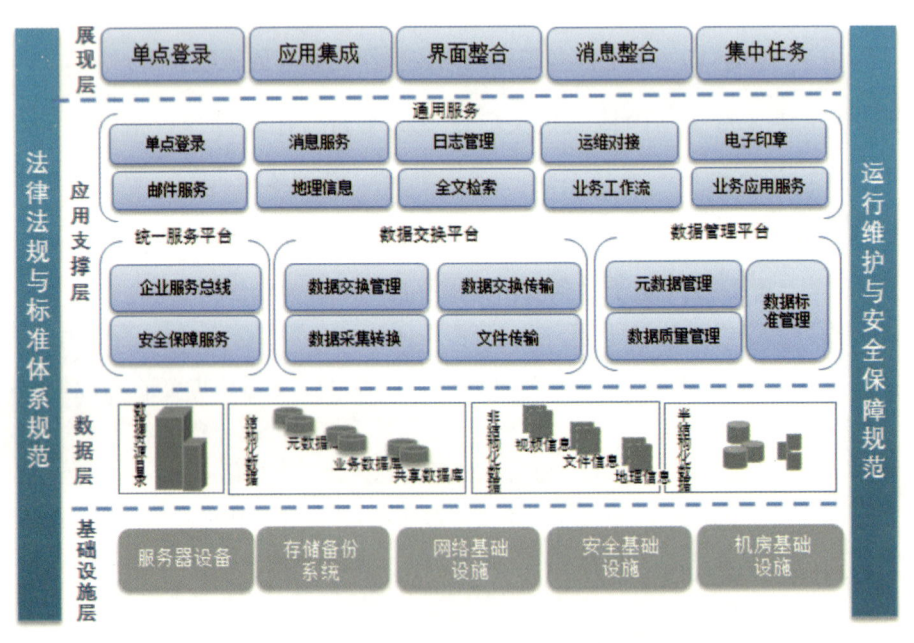

图5-20　电子检务应用支撑平台逻辑架构示意图

5.2.3　大数据分析平台建设

国务院《促进大数据发展行动纲要》（国发〔2015〕50号）指出："大数据应用能够揭示传统技术方式难以展现的关联关系，推动政府数据开放共享，促进社会事业数据融合和资源整合，将极大提升政府整体数据分析能力，为有效处理复杂社会问题提供新的手段。建立'用数据说话、用数据决策、用数据管理、用数据创新'的管理机制，实现基于数据的科学决策"，并支持大型通用海量数据存储与管理软件、大数据分析发掘软件、数据可视化软件等软件产品研发和技术攻关，"大力发展与重点行业领域业务流程及数据应用需求深度融合的大数据解决方案"。

随着"十二五"时期全国检察机关统一业务应用系统、案件信息公开系统、电子卷宗系统在各级检察机关上线运行，检察机关已经积累了较大数量的司法办案数据。2015年，电子检务工程实施以来，最高人民检察院陆续组织开发了检察办公、队伍管理、检务保障等各类应用系统并投入使用，使检察机关的数据资源种类更丰富、数据体量更庞大、数据来源更广泛。检察数据资源逐步具备了大数据的4V特征，即体量巨大（volume）、类型繁多（variety）、时效性高（velocity）以及价值高密度低（value）。2017年5月，最高人民检察院印发《检察大数据行动指南（2017—2020年）》，明确提出"扩展检察大数据应用体系"在支撑深化司法体制改革和检察改革、支撑检察职能作用发挥、支撑高效管理决策、支撑智慧检务基础类应用等五方面作用，要求基于检务大数据资源库建设大数据分析平台，支撑检察机关开展内、外部数据资源的融合、分析、挖掘和展现应用工作。

5.2.3.1 最高人民检察院大数据决策分析平台

大数据决策分析平台是电子检务工程"六大应用平台"之一，主要包括大数据基础支撑平台和大数据应用展现平台两个部分。其中，应用展示平台采用B/S模式，具备数据分析、数据检索、权限配置等功能，基本实现了与司法办案、检察办公、队伍管理和检务保障等基本数据的搜集工作，并针对各项工作的核心信息进行集中、多维、全面的分析展示，该项目已于2018年3月通过初步验收，并在最高人民检察院机关投入试运行。

表5-6 电子检务大数据决策支持平台组成部分和任务要求

子项目		任务要求
1. 大数据基础支撑平台	（1）数据资源采集子平台	将分散在检察机关各系统的内部数据、其他单位共享的外部数据以及互联网开放数据进行全面采集
	（2）数据融合分析子平台	实现数据资源的有机融合，并对融合数据进行深度挖掘和分析
	（3）硬件支撑子平台	实现对整个检察大数据决策支持平台的运行承载，并实现便捷、高效的运维管理
2. 大数据应用展现平台		针对各类实际应用需求，实现大数据的具体应用和可视化展现

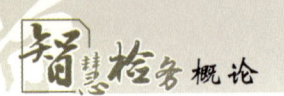

一、个人门户信息

主要提供了检察机关工作人员的基本信息（性别、年龄、民族、政治面貌、最高学历、工作单位、职务、职级、检察官等级等），以及一段时间以来的工作情况，包括司法办案情况（办结/在办案件数量）、检察办公情况（办文数量）、检务保障情况（经费使用）、队伍管理情况（年度考核）。使用者点选相关项目后可以进入二级界面详细展示。

二、司法办案模块

系统主要提供了首页数据展示、数据分析、数据检索、专题分析和司法改革五大功能。

（一）首页数据展示

地图展示四级检察机关案件的受理数、在办数和办结数三个指标。可以点选地图选择省、市、县区检察机关，实时查询观测四级检察机关办案情况。可以浏览受理数、在办数和办结数三项指标，根据用户权限查询相关案件列表和关联案件。

图5-21　大数据决策支持系统数据可视化示意图（图片数据为模拟数据）

（二）数据分析功能

可以对侦监、公诉、执行检察、民行、控告、申诉、未检、铁检、检察委员会办公室、检察技术、业务监督各业务条线进行详细的数据可视化分析。可视化分析结果以柱状图和折线图的方式展示，可按行政区划呈现各省市的案件数量、发展趋势。例如，侦查监督工作主要在总体态势、审查逮捕、立案监督、纠正违法四个方面进行分析。公诉工作主要在总体态势、起诉、不起诉、复议、二审五个方面进行分析。此外，用户可以根据个人需求对数据维度进行自定义分析。

（三）数据检索功能

主要对案件信息系统公开的起诉书、不起诉文书内容进行检索。模糊检索主要是对文本内容进行检索；精确检索主要是对数据标签进行精准搜索，同时提供对所搜结果数据标签的可视化分析。

（四）专题分析功能

在现有数据基础上，深度挖掘数据的价值。根据用户的需求定制分析报告模型，用户通过选择数据的范围来进行数据分析并形成报告。

图5-22 大数据决策支持系统专题分析功能示意图

（五）司改分析功能

根据司法改革、检察改革前后的指标数据变化情况展示改革成效。目前，主要在司法责任制改革、刑事诉讼制度改革、公益诉讼制度改革、司法活动监督改革、阳光司法机制改革、"智慧检务"建设六个方面展开分析。

三、检察办公模块

主要包括三个功能。（1）收文发文：对一段时间内发文情况、发文密级分布、发文缓急分布、收文情况、收文密级分布、来文单位、呈批件情况、呈批密级情况、呈批件缓急分布等进行分析展示。（2）信息发布：对各部门信息发布情况、各部门信息发布访问情况进行分析展示。（3）归档数据：对归档数据类型分布、归档密级、归档时间进行分析展示。

四、队伍管理模块

主要包括五个功能。（1）人员绩效：对队伍管理系统的人员分类、奖惩情况、教育培训、人员结构进行可视化数据分析。多维度分析干警的个人数据，形成干警图谱。（2）人员分类：对全国各级检察人员分类概况、编制类型分布等进行分析展示。（3）奖惩情况：对全国各级检察院、检察人员奖惩情况进行分析展示。（4）教育培训：对全国检察人员参与培训班情况、培训类型、培训形式概况等进行分析展示。（5）人员结构：对全国检察机关人员现状概况、年龄、工龄等进行分析展现。

图5-23　大数据决策支持系统个人画像

五、检务保障模块

主要包括五个功能。（1）预算数据：对最高人民检察院整体预算、各厅局预算情况、项目预算等进行分析展现。（2）决算数据：对最高人民检察院总体决算、各省市区总体决算两方面进行分析展现。（3）用款数据：从多个维度，对功能分类支出、经济分类支出情况、三公经费总体情况、全国项目支出趋势等13项指标进行分析展示。（4）办公用品：对最高人民检察院办公用品采购情况、各省市区办公用品采购情况进行分析展示。（5）办公设备：对最高人民检察院办公设备易损耗物品等进行分析展示。

六、权限管理模块

为做好数据访问安全问题，平台开发了数据访问权限，根据"先授权，后访问"的原则，做到所有未公开数据在明确授权后才可访问，同时，对用户进入系统后的任何操作都做了详细记录，确保准确溯源，全程留痕。

5.2.3.2 地方检察大数据分析平台实践案例

各地检察机关也积极探索检察大数据分析平台建设，服务本地党委、政府中心工作和检察机关各项业务。

2014年，北京市检察院建立"检立方C-139"大数据辅助决策平台，截至2017年初，"检立方"已经采集案件信息60万件，业务数据1.1亿项，整合四大资源数据库和160个系统功能，挖掘、分析765项指标和4300名人员信息。通过整合三级检察院案件信息和文书，形成一案一表和文书链，一个案件所有诉讼环节的信息均纵向贯通。通过梳理比对案件和流程的关系、信息项和文书之间的对应关系，形成数据质量检查体系。2018年4月，在"检立方"基础上，北京市检察院启动大数据检察管理监督平台系统1.0版研发工作，平台通过前端信息采集，汇聚检察机关群众诉求、案件、诉讼监督线索、人员信息等全量大数据，通过提供大数据决策分析能力，展示态势分析、业务分析、专题分析等各类报告，发挥数据分析和实时动态监督的优势，保障执法办案规范有序、统一高效。2018年7月，该项目获得法制日报评选的"智慧检务十大创新案例"。

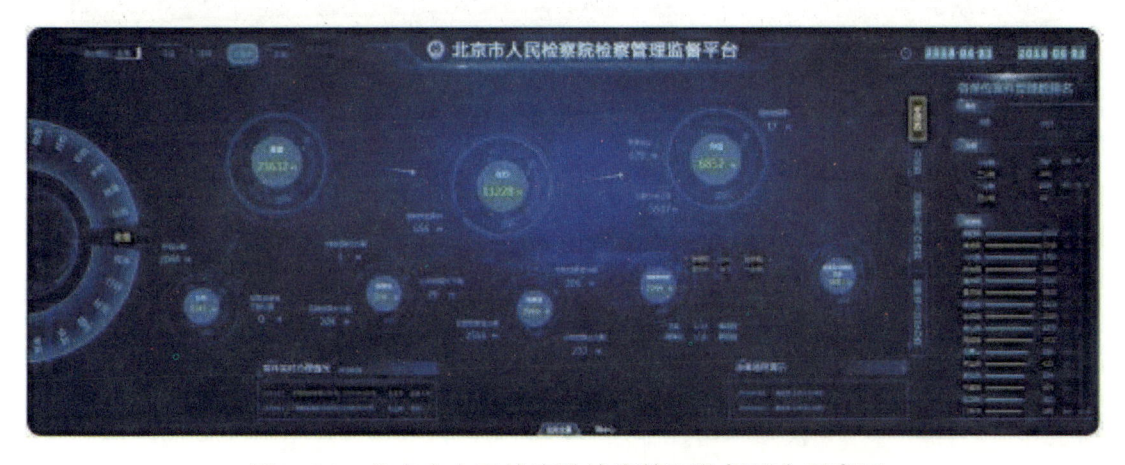

图5-24 北京市人民检察院检察管理监督平台示意图

2016年3月，浙江检察机关与阿里云加强合作，依托电子检务工程，同步建设"浙检云图""浙检云视""浙检云政"等平台。"浙检云图"大数据可视化应用平台分总屏和分屏两部分，总屏展示6大业务条线共27个核心指标项。各业务分屏展示侦监指标19项、公诉指标22项、未检指标19项、执检指标22项、控申指标14项。在全省地图展现数据地区分布情况和实时办案数据信息，为领导决策提供数据依据。可以实现数据分析结果随需查询、随需分析、随需展现和随需发布，通过业务全貌、重点评查、辅助决策和智能预判等可视化功能，提升数据价值和决策分析水平。此外,"浙检云图"围绕浙江省检察院促进非公经济发展和打击破坏污染环境、食品卫生和网络诈骗犯罪等重点工作,进行专题数据分析,助力提升重点检察业务分析决策和趋势预判的能力和水平。

图5-25 "浙检云图"大数据可视化应用平台示意图

2016年9月,贵州检察大数据应用中心建成投入使用,研发大数据分析服务等数据分析平台。首先,通过设立76个核心数据、173个常规数据实现基本业务指标全覆盖,综合反映全省检察工作情况,通过不同地区、不同时期的数据对比,各地可以全面、直观地发现工作中的短板,加以改进。其次,构建办案"强度、质量、效率、效果、规范"5个维度632项数据的评价指标,对办案工作进行数据评价,实现办案评价从"定性"单一评价到"定性加定量"综合评价的转变。截至2018年4月,检察大数据分析服务系统涵盖10余个业务条线,7336个数据指标,形成各类专题分析报告48个,产生并分析数据2.5亿条。每年形成近15万字的《贵州省检察机关司法办案年度报告》,为管理决策提供数据"智库意见",充分发挥大数据最核心的趋势预测、预判作用。

2017年,山东省检察院建成山东检察大数据智慧检务平台,通过构建检察工作全景视图,可以实时直观地了解全省检察机关司法办案、法律监督、检务公开、综合办公、队伍管理和检务保障情况。例如,在司法办案方面,针对侦监、公诉等5个业务类型和11个容易发生质量问题的环节进行特征分析、预警研判,并且可自动生成监控报告；同时根据《山东省检察机关入额领导干部直接办理案件指导意见（试行）》，平台研发了检察长办案视图，可以查看全省所有入额的市级检察院检察长和基层检察院检察长直接办理案件情况，并且可以跟踪查看案件列表及办理详情，为督促入额领导干部回归司法办案一线发挥了重要作用。

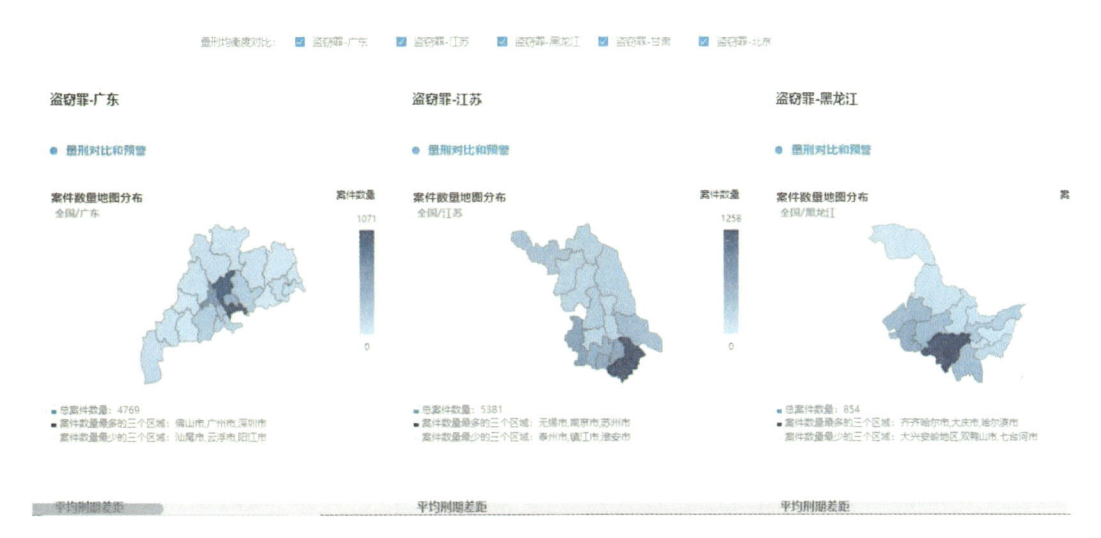

图5-26 案件数量可视化地图分布示意图

5.2.4 数据资源管理

数据资源管理是利用计算机硬件和软件技术对数据进行有效的收集、存储、处理和应用的过程。从技术手段来看，数据管理也可以分为人工管理、数据库管理、大数据资源管理三个阶段。人工管理阶段由人借助工具完成数据收集（笔）、存储（纸）、处理（算盘、计算器）、应用的过程。数据库管理阶段由人借助信息系统完成数据收集（人工录入、二维码扫描）、存储（计算机硬盘）、处理（数据库系统的结构化数据）、应用（简单数据分析和可视化）。大数据资源管理阶段则主要由机器来完成数据收集（采集传感器和获取其他信息系统数据资源）、存储（云存储）、处理（大数据分析系统的非结构化、半结构化、结构化数据）、应用（多维分析、定制分析）。因此也有专家认为数据产生经历了由被动、主动逐步到自动的阶段演化。[①]

2016年8月，经最高人民检察院院党组和政治部批准，技术信息中心成立检察

---

① 孟小峰、慈祥：《大数据管理：概念、技术与挑战》，载《计算机研究与发展》2013年第1期。

信息化三处（数据管理处），负责整合、开发、应用检察大数据资源。下文对数据资源管理的数据采集、数据治理、数据应用等工作展开介绍。

5.2.4.1 数据采集

数据采集，又称数据获取，是开展数据分析，挖掘数据价值的第一步。常用的数据采集方法包括人工录入、传感器、系统日志、网络爬虫等。一般而言，数据采集要符合全面性、多维性、高效性等要求。

目前，检察大数据资源可以分为内部数据和外部数据两部分。内部数据资源主要为检察机关分散在司法办案、检察办公、队伍管理、检务保障四大类平台或多个应用系统中的数据资源；外部数据资源包含公安机关、审判机关、司法行政机关共享的业务数据以及互联网开放的相关数据。

最高人民检察院的检察大数据决策支持平台中设置了大数据资源采集平台，以实现对不同来源、不同种类、不同格式数据的全面采集。数据采集平台包含两项内容：①实时数据采集：为满足检察工作的需要，数据采集平台在建设中突出了高实时、高吞吐量、扩展性高，容错能力强的技术特点，应用分布式架构，通过横向扩展实现高性能实时处理集群；灵活支持分布式文件系统、数据库等多种数据落地方案；可实现滑动窗口统计，实时热点统计，实时 ETL 等任务；并自带 WEB 监控平台，展示消息处理效率，集群负载情况。②可配置爬虫平台：提供可配置的爬虫抓取服务，支持全站，配置，文件等方式配置抓取任务，可分布式部署，多 IP 采集，支持仿浏览器采集互联网数据。全站爬虫可设置抓取深度，可定制抓取规则；提供配置任务在线编辑和可视化配置向导，简单配置即可完成数据采集；支持仿浏览器模式，可以解析含 JavaScript 交互的网页；支持云租用和独立部署。

山东省检察机关"检度"智能搜索平台通过网络爬虫获取法院裁判文书、法律期刊、专家论点、法律法规、典型案例等数据资源，以及全省三级检察院门户网站、内网及各应用系统等相关内部信息，将数据信息存入分布式搜索引擎，将文件数据存入分布式文件系统。"检度"智能搜索平台能够按照网页、文书、通知、图片、视频、法律法规、典型案例等不同数据来源对信息进行自动分类检索，并通过热度、相似度和发布时间等关联信息对检索结果进行多维度展现。截至 2017 年底，"检度"智能搜索平台投入运行以来，日均访问量已达 2 万余次，信息总量超过 2 亿条。

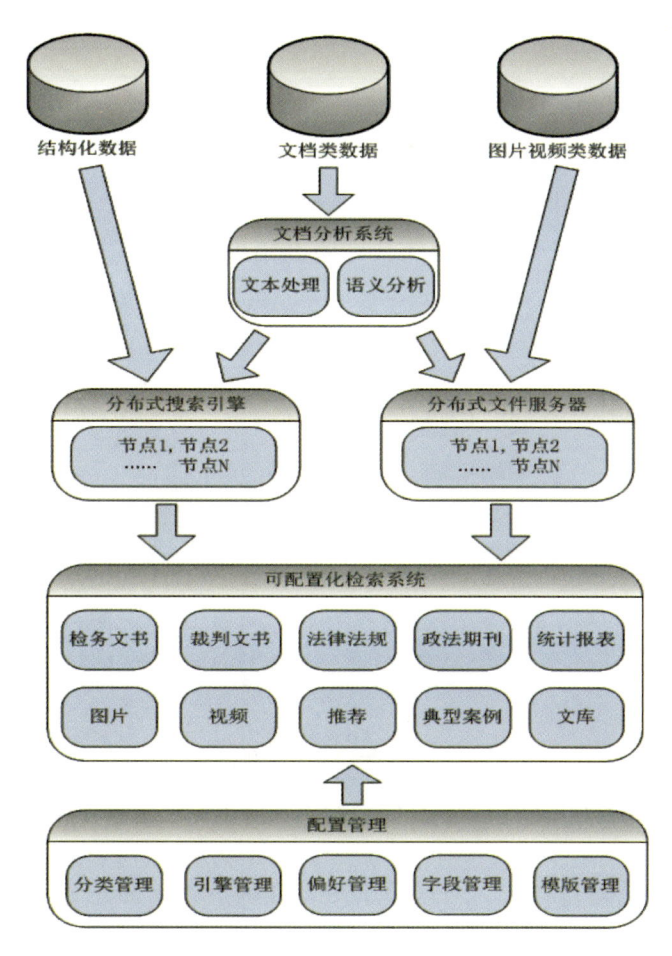

图5-27　山东省检察机关"检度"智能搜索平台结构示意图

5.2.4.2　数据治理

数据治理（Data Governance）是对数据资产管理行使权力和控制的活动集合，处于数据资产管理的核心地位，是将组织的零散、混乱的数据资源转化为统一主数据的数据资产的过程。[1]数据治理涉及的 IT 技术主题众多，包括元数据管理、主数据管理、数据质量、数据集成、监控与报告等。

建立数据标准体系是数据治理的重要内容。2009 年最高人民检察院就提出"统一规划、统一标准、统一设计、统一实施"的"四统一"原则。2013 年 8 月《国家发展改革委关于电子检务过程项目建议书的批复》将"标准规范建设"列为电子检务工程第一项任务。之后，最高人民检察院制定《电子检务工程标准体系整体框架》，

---

[1] DAMA Internation：《DAMA 数据管理知识体系指南》，马欢、刘晨等译，清华大学出版社 2012 年版，第 27 页。

分为基础标准分体系、应用系统标准分体系、应用支撑标准分体系、网络基础设施标准分体系、信息安全标准分体系和管理标准分体系6个部分87项标准。最高人民检察院按照"成熟一批、讨论一批、发布一批"的工作思路，在借鉴国家标准、行业标准和检察机关已发布标准的基础上，经过立项、起草、征求意见、评审、审批等过程，已于2018年9月完成标准体系建设任务并通过初步验收。

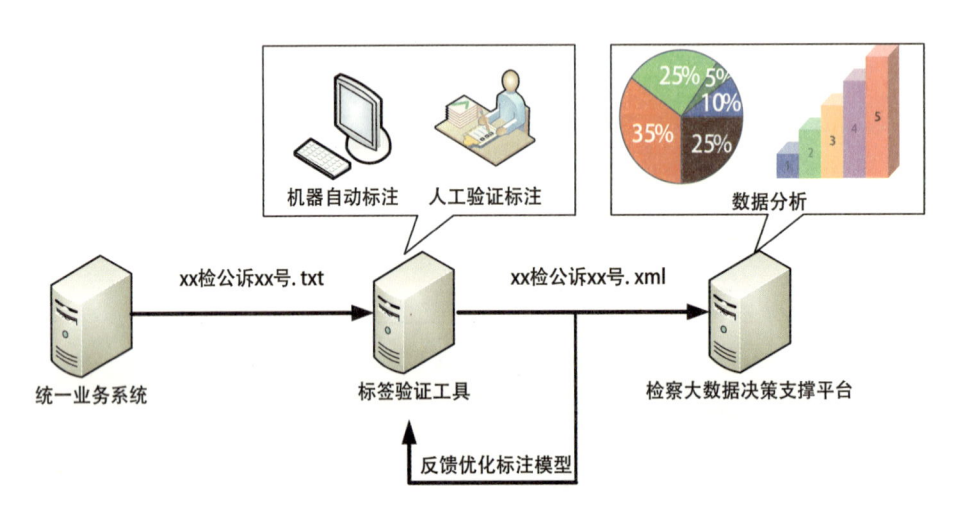

图5-28　智慧检务创新研究院"起诉书标签验证工具"架构示意图

在检察大数据治理过程中，对起诉书进行准确的数据标注是一项非常重要的基础工作。起诉书的格式较为固定，书写时要求对不同性质案件写出法律规定的犯罪特征和犯罪事实要素，叙述犯罪事实要求详细得当、主次分明，这些都为机器自动标注标签提供了便利条件。为了解决起诉书非结构化数据的分析难题，最高人民检察院智慧检务创新研究院自主开发了起诉书标签验证工具，引入人工验证数据标签方法，完善数据治理机制，确保起诉书数据标签的准确可用，使用验证后的人工标注数据，可以训练优化自动标签的机器学习系统模型，提高机器自动标注的准确率，最终目的是实现机器自主完成简单任务的准确标签。

"起诉书标签验证工具"如上图所示，首先将起诉书导出后转换成txt文本，导入标签验证工具，进行机器自动标注标签。用户登录工具后对机器自动标注标签结果进行人工查验，并修改保存，产生xml格式文件后提供给大数据决策支持平台进行展示应用。考虑到数据量大、同时登录用户多的因素，为不影响标签验证效率，减低用户等待时间，系统采用数据预处理模式，将全量的起诉书数据进行自动标注处理，在用户登录使用时直接调用处理结果。起诉书标签验证工具的设计完成，为其他类型检察文书的数据标注和内容分析提供了成功经验，除起诉书外，不起诉决定书、公诉案件审查报告、刑事抗诉书等均可采用标签验证工具进行文本标注以及自动标注模型训练。

5.2.4.3 数据服务

数据服务是在检察机关大数据采集、数据治理基础上，根据检察长和相关部门需求，进行的定制化大数据分析。其实现形式包括日常统计、专门工作、课题研究、服务外包等。

一、日常工作中的数据服务

最高人民检察院和部分地方检察机关案件管理部门，探索建立业务运行态势分析制度，从检察机关统一业务应用系统中提取数据，撰写检察业务数据报告。有研究者将这种机制分为四个步骤：（1）案件管理部门收集办案信息，将发现的问题提供给检察长；（2）检察长针对存在的问题提出改进的要求；（3）案件管理部门将检察长批示或要求分送给相关办案部门；（4）案件管理部门汇总办案部门整改情况反馈给检察长。通过不断地循环反馈，闭合交流，逐步发现和解决存在的问题。[①] 2012 年以来，河南省检察院探索形成了"四位一体"的业务运行态势分析研判体系，即统计分析月报、季度综合态势分析、专题分析报告、业务运行态势分析点评，各有侧重，互为补充，强调图表直观展示与观点提领结合，前后诉讼环节结合，案管部门研判与体现领导关注和业务部门认知结合，全省整体情况与市分院具体情况结合，综合态势分析与专项深度分析结合等"五个结合"。[②]

2018 年 6 月，为贯彻落实张军检察长关于"今后的业务工作情况报告，不能仅仅是简单的数据罗列，而要有对数据升降变化背后的原因分析；要建立业务部门会商机制，共同分析研究数据变化背后的问题"的指示精神，最高人民检察院成立业务数据分析研判会商工作小组，由邱学强副检察长任组长、案管办主任董桂文任副组长，成员为最高人民检察院业务部门副职领导和部分处长。

同时，经党组会审议通过，正式印发《最高人民检察院业务数据分析研判会商工作办法》（高检办发〔2018〕20 号），其中第 2 条明确规定，相关业务部门以及受邀的下级人民检察院或者专业研究机构围绕业务数据进行会商，共同分析研究检察业务数据反映的问题、原因或者值得关注的特点、规律、趋势、影响等。会商工作应当

---

① 唐会峰：《大数据与检察业务决策》，中国检察出版社 2017 年版。
② 《聚焦监管主责主业　强化案管职能作用》，载《检察日报》2017 年 12 月 22 日第 A3 版。

注重体现和运用大数据分析的理念与方法。第 7 条明确规定，业务数据分析研判会商的对象是季度、半年度、年度检察业务数据报告，重点围绕业务数据反映的规律、趋势、特点、影响、问题以及需要预警、提出对策的事项等进行。第 10 条明确规定，案件管理办公室应当根据会商情况，形成有事实有数据、有比较有分析、有建议有对策的检察业务数据报告，并区别情况分送院领导、相关业务部门和有关地方检察机关参阅。

二、专门工作中的数据服务

（一）《2018年上半年全国检察技术办案情况数据分析报告》

最高人民检察院技术信息中心针对 2018 年上半年全国检察技术办案情况制作了分析报告，分析数据来源于统一业务应用系统检察技术业务子系统。

整个报告分为六个部分：（1）总体办案情况，统计了检察技术部门 2018 年 1—6 月受理案件和办结案件的数量以及与 2017 年同期情况比较。（2）不同类型案件办理变化情况，给出了与 2017 年 1—6 月相比，各类案件变化情况统计。（3）检察技术办案地区分布，分为办案总量统计和与 2017 年 1—6 月同比变化分析。（4）检察技术办案工作类型，按照技术性证据审查、检验鉴定、技术协助等 3 种类型，从办案量、专业类型案件数量变化、结案率、开展较好的省份等 4 个维度进行了统计分析。（5）检察技术办案专业类型，按照法医、文检、电子证据、声像资料、司法会计、心理测试等 6 个专业，从办案量、工作类型占比、开展较好的省份等 3 个维度进行了统计分析。对 6 个专业在 2017、2018 年的结案率进行了比较。（6）检察技术案件来源部门，对检察机关内、外部案件委托部门占比进行统计，并与 2017 年的来源部门进行了同比变化比较。

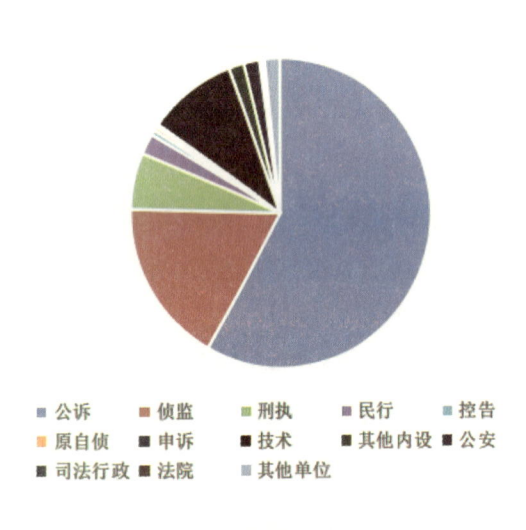

图5-29　检察机关技术案件来源部门饼状图

（二）《近年来全国危险驾驶罪公开法律文书大数据专题分析报告》

最高人民检察院公诉厅、技术信息中心联合应用案件信息公开网公开的起诉书数据，对近年来全国危险驾驶罪法律文书进行分析并形成专题报告。分析内容包括起诉书、不起诉书中的办案机关、案号、被告人信息、诉讼过程、强制措施情况、查明事实（时间、地点、人、物、行为、结果）、证据材料、审查结论、相关情节、法律依据、办案人员、起诉时间等。同时采取交叉验证、抽样验证等方式保证分析质量。

分析发现：醉酒驾驶类案件占整个危险驾驶罪的99.3%。被告人男性占比为98.3%，女性占比为1.7%，年龄主要集中在27—46岁最多。"醉驾"犯罪中所驾驶的机动车轿车占比为53.11%，摩托车占比为30.47%。查获时间峰值为20—22时和14时。血液酒精含量主要集中在80mg/100ml—160mg/100ml，约占50.8%；超过200mg/100ml的约占19.9%。全国范围内，强制措施以取保候审为主，北京地区以拘留为主。

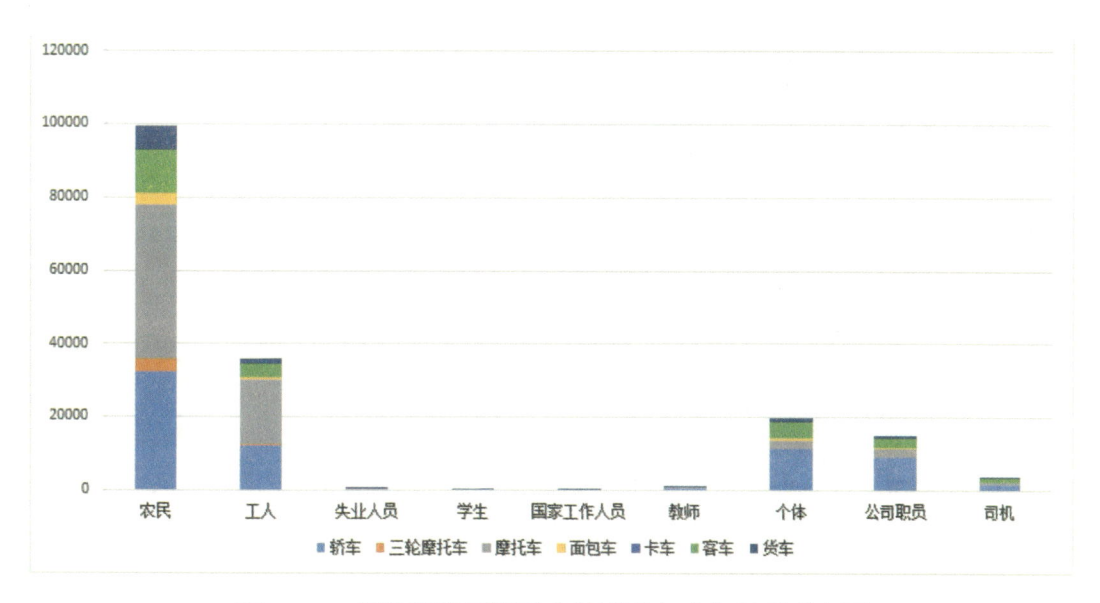

图5-30 危险驾驶罪犯罪主体职业与车辆相关分析图

（三）《2016年广东未成年人检察工作白皮书》

2017年6月，广东省人民检察院发布《2016年广东未成年人检察工作白皮书》。通过对统一业务应用系统中未成年案件进行数据分析，2016年广东省检察机关共起诉未成年人犯罪案件3801件5072人，案件总数占全年起诉刑事案件总数的3.49%。未成年人犯罪案件类型主要集中在暴力、侵财型犯罪，其中抢劫、盗窃犯罪案件占未成年人犯罪案件总数的51.85%，故意伤害、聚众斗殴等以暴力手段侵害人身权利犯罪的案件占17.92%。不起诉率同比提升70%。法院判处三年有期徒刑及以下刑罚的占91.43%，缓刑适用率为28.44%。

2016年，广东省检察机关共起诉侵害未成年人合法权益犯罪案件2617件3612人。案件类型主要集中在侵财（盗窃、抢劫、抢夺、诈骗）、性侵（强奸、猥亵儿童、强制猥亵、强迫卖淫)和暴力犯罪(故意伤害、故意杀人),分别占起诉侵害未成年人案件总数的 33.05%、25.79%、22.24%。白皮书还总结了广东省检察机关在加强未检工作专业化、规范化、社会化建设,严厉打击校园暴力犯罪,全面开展"法治进校园"活动等方面的做法。①

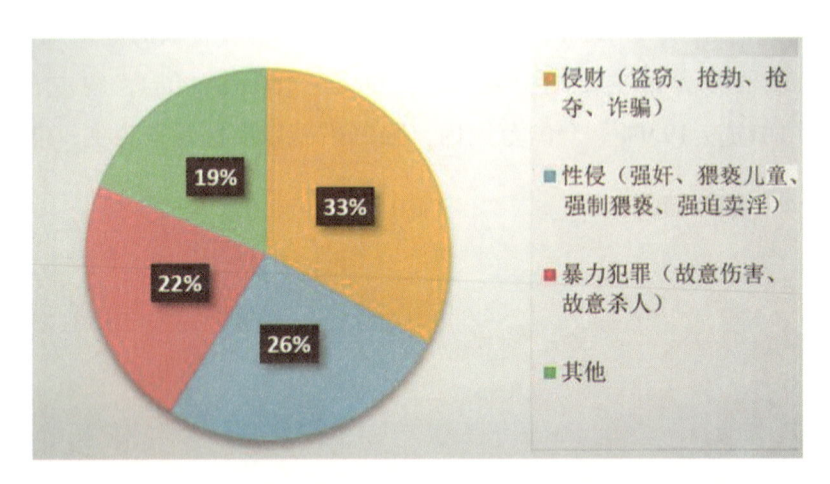

图5-31　广东检察机关2016年起诉侵害未成年人案件类型

(四)《2017年度上海金融检察白皮书》

2018年6月,上海市检察院发布《2017年度上海金融检察白皮书》,对上海地区金融犯罪案件进行梳理分析,剖析犯罪发展趋势和风险隐患,分析发现2013年以来辖区内金融犯罪人数有较大增长,2017年办理金融犯罪案件1662件3107人,相比2013年分别增长17.78%和93.10%。其中,2017年办理非法吸收公众存款案件54件和集资诈骗案件618件,分别是2013年的6.75倍和32.53倍。此外,2017年,上海检察机关共受理金融从业人员犯罪案件34件39人,犯罪日趋高管化、年轻化,2017年从业人员犯罪案件39名被告人中,21人担任金融机构高级管理等职务,20人在40岁以下,年龄最小的仅26岁。

分析发现:近年来,互联网金融领域法律规范供给不足,之前监管缺失的风险需要较长时间方能消化。经过近年来司法机关的打击处置,互联网金融行业发展正逐渐回归理性,但仍有存量风险尚待处置。金融犯罪主体泛化和牵涉领域进一步扩展,犯罪链条拉长,与网络黑产紧密结合。金融从业人员违法犯罪自查率低,机构风险内控措施不到位,市场中第三方机构不中立、严重不负责任,甚至故意参与造假。建议立法部门加快金融法律供给,填补法律空白;金融监管要跟上金融发展的步伐,补齐监

---

① 蒋佳伽、韦磊、王磊:《广东省检察院发布〈未成年人检察工作白皮书〉》,载《方圆》2017年第19期。

图5-32 上海检察机关2013—2017年金融金融犯罪案件办理情况

管短板，形成综合、系统、穿透、统筹的监管大格局；推进金融业公司治理改革，强化审慎合规经营理念，金融机构要切实承担起风险管理责任。[①]

三、课题研究中的数据服务

（一）北大法宝《最高人民检察院指导性案例司法应用报告（2017）》

2010年7月，最高人民检察院发布的《最高人民检察院关于案例指导工作的规定》，开始指导性案例编制工作。2018年，北大法律信息网（北大法宝）和中国法学会案例法学研究会，依托"北大法宝"数据库，针对截至2017年底由最高人民检察院发布的9批38例指导性案例的应用情况开展了统计分析。其中，2014年和2016年各发布两批，2010年、2012年、2013年、2015年、2017年各发布一批，每批发布数量3—6例不等。

分析发现，38个案例中，审结日期与发布日期二者间隔在3年之内的案例数量34例，总占比89%，整体时效性较强；案由为刑事类案件的33例，总占比约87%，行政、民事类案件均为环境、资源保护公益诉讼案件；检察机关提起公诉的20例，总占比约53%；检察机关指控罪名与法院判决罪名不一致的仅1例；案例仅涉及案件实体问题的有22例，仅涉及程序问题的有12例；指导性案例编写结构逐步规范化，包含"关键词、基本案情、诉讼过程和结果、要旨、指导意义、相关法律规定"等部分。

[①] 施坚轩：《2016年度上海金融检察白皮书发布 涉众类非法集资案多发 互联网金融刑事风险上升》，载《上海人大月刊》2017年第8期。

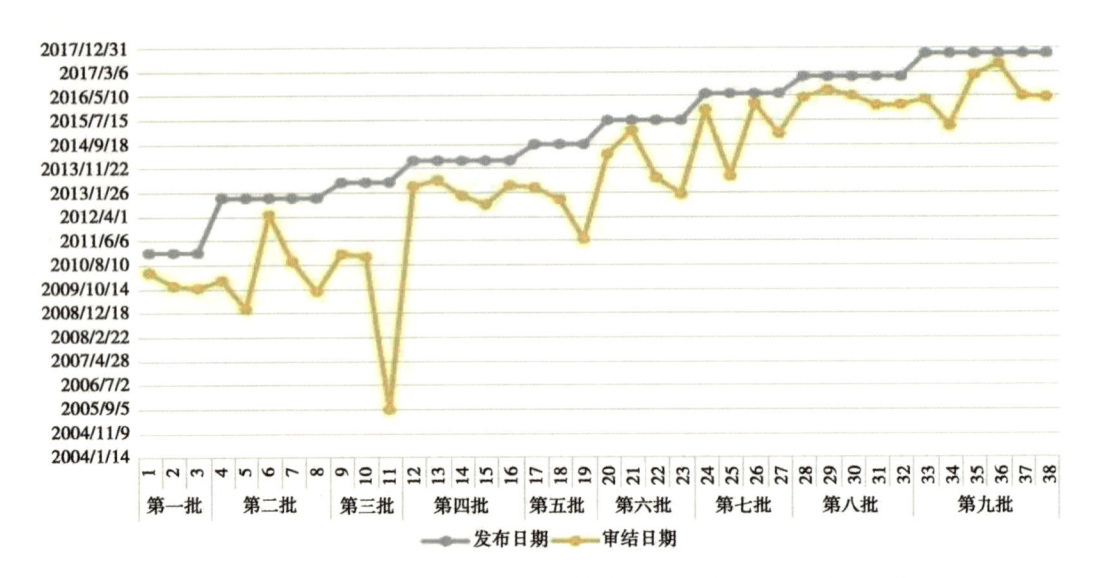

图5-33 最高人民检察院9批指导性案例的审结时间和发布时间

报告最后建议，司法实践中检察指导性案例存在4个不足，即案例发布数量及涵盖的检察业务范围有限，案例来源呈现出不均衡分布的特征，案例以重申规则和解释法律居多，案例仅具有"可以参照"效力而实践中应用较少，并提出了改进建议。①

（二）最高人民检察院课题组《2008年以来省级行政区法院院长、检察长的实证研究》

笔者主持的2018年最高人民检察院课题"智慧检务战略和检察科技创新应用研究"（项目编号：J2018D55）的阶段性成果《我国司法机关负责人正规化专业化职业化特征和趋势分析——基于2008年以来省级行政区法院院长、检察长的实证研究》于2018年8月获得中国法学会"第十三届中国法学家论坛"一等奖。

研究统计了2008年3月至2018年3月近三届省级司法机关共计164位负责人的基本信息和任职经历等2432个指标数据，其中高级人民法院院长83位、省级人民检察院检察长81位。数据搜集自地方省级人大任免文件、地方年鉴、中国检察年鉴、地方高级人民法院、人民检察院官方网站、《人民法院报》、《检察日报》等公开渠道。

研究发现，现任省级司法机关负责人中平均年龄54.75岁，89.06%具有法学学历，70.31%毕业于"五院四系"，77.42%有长期的政法系统工作经历，87.50%为非本地选拔，相较以往均有明显提升。与2010年3月相比，现任省级司法机关负责人以男性领导为主，女性负责人数量增长一倍；平均当选年龄增长1.73岁；受过法学专业

---

① 郭叶、孙妹、朱雨婷：《最高人民检察院指导性案例2017年度司法应用报告》，载北大法宝，http://weekly.pkulaw.cn/Admin/Content/Static/7a46b62a-fe3d-4417-9f29-362635929a9b.html，2018年7月10日。

教育人数增长26.67%,"五院四系"毕业比率增长66.67%,拥有博士学位人员增长137.5%。干部非本地选拔比例上升45.31%,本系统选拔比率上升10.95%。在比较分析中,高级法院院长的女性比例、少数民族比例、博士学历比例、"五院四系"比例、非本地选拔比例均高于省级检察院检察长。省级检察院检察长的平均任期略高于高级法院院长。最后,文章对司法机关负责人的素质能力、易地交流、管理监督、晋升空间等问题作了简要探讨并提出了政策建议。

(三)上海市检察机关罪名可视化分析课题研究

近年来,上海市检察机关积极探索建立本市刑事犯罪常见罪名的可视化数据分析模型,力图对该类犯罪的地区性、阶段性发展态势及犯罪行为模式、犯罪原因进行深度分析,并从打击犯罪、综合治理等方面提出建设性意见,形成可视化分析报告。

对2014—2016年上海市的交通肇事罪进行可视化分析,发现城郊接合部是本市交通肇事罪的案件高发地点,属于郊区的嘉定区(交通肇事罪141起)、浦东区(115起)、闵行区(114起)、奉贤区(111起),四个区的合计案件发生率达到全市51.7%,超过全市受案数的一半。若将此图像与上海的卡车限行区域叠加,进一步确认卡车在行驶过程中,往往更容易发生交通肇事案件。同时,若与交通违章监控分布叠加,也可以发现监管强度弱的区域也更容易发生交通肇事案件。

图5-34　2014—2016年上海市交通肇事罪案件地图可视化分析

对上海市2015—2017年度"文玩艺术品流通领域"合同诈骗案件进行地理可视化分析发现,2015年该类犯罪手法兴起之初高发于上海市中心城区和西南部的金山区等郊区。2016年上海市公安机关开展"文玩艺术品流通领域合同诈骗犯罪"专项打击行动后，该类犯罪的案发地域出现变化，有从中心城区向嘉定、宝山、闵行等城乡接合部的迁移趋势。从某种程度上，地域"数据热点"的变化，说明公安机关的此次专项打击行动并未能将该类犯罪真正"斩草除根"，只是迫使犯罪分子在地域上进行了迁移，全市政法机关对该类犯罪的打击力度及广度需要进一步强化。

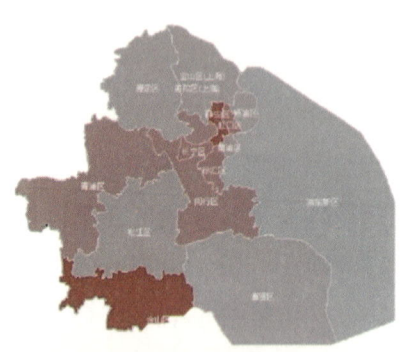

2015年7月—2016年12月　　　　2017年1月—2018年6月

图5-35　上海市"文玩艺术品流通领域"合同诈骗犯罪迁移趋势[①]

5.3 智慧安全运维

随着科技强检、智慧检务的持续深入，检察信息化涉及的先进设备越来越多，信息化应用系统越来越庞大，现代科技与检察工作的融合越来越紧密，对信息系统运行的安全性、可靠性要求也越来越高，传统的人工监控管理方式已不能满足安全高效运维管理的要求，一体化、可视化、专业化的"智慧型"运维管理和态势感知、容灾备份、应急处置于一体的安全防护成为未来检察信息化安全运维的发展目标。

5.3.1　智慧运维管理

IT服务管理（IT Service Management，ITSM）是国际通用的IT服务管理标准，该标准结合了高质量IT服务不可缺少的流程、人员和技术三大要素。标准流程负责监

---

① 陈洁婷：《罪名可视化数据分析模型构建与应用——基于上海检察机关"智慧检务"的实证研究》，载《检察技术与信息化》，中国检察出版社2018年第6期。

控 IT 服务的运行状况，人员素质关系到服务质量的高低，技术则保证服务的质量和效率。Gartner 和 IDC 等研究机构的调查数据表明，在 IT 部门实施 ITSM 标准后，事件处理延误时间减少了 79%，新服务的推出时间缩短一半。实施 ITSM 有三个根本目标：（1）以客户为中心提供 IT 服务；（2）提供高质量、低成本的 IT 服务；（3）服务方提供的 IT 服务是可准确计量的。

ITIL 最早是英国国家电脑局于 20 世纪 80 年代开发的一套 IT 服务管理标准库，目前已经经历了三个版本：ITIL V1 主要基于职能型的 IT 管理实践；ITIL V2 主要基于流程型的实践，并与 21 世纪初被作为全球广泛认可的最佳实践框架和部分厂商的强制标准；ITIL V3 提出服务生命周期的理念，包括服务战略、服务设计、服务转换、服务运营、服务改进五大生命周期阶段。2005 年，国际标准化组织推出了 ISO20000 "信息技术服务管理体系标准"，为任何向内外部客户提供 IT 服务的组织提供一个共同的参考标准。[①]2012 年 11 月，国家标准化管理委员会公布了 GB/T 28827《信息技术服务运行维护》的通用要求、交付规范、应急响应规范等三个标准。2017 年 11 月，质检总局、国家标准委批准发布了 GB/T 34960《信息技术服务治理》的通用要求、实施指南、绩效评价、审计导则等四个标准。

图5-36 信息技术服务管理标准

---

① ［荷］博恩主编：《IT 服务管理：基于 ITIL 的全球最佳实践》（第 2 版），章斌译，清华大学出版社 2007 年版。

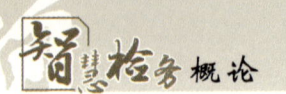

5.3.1.1 最高人民检察院运维管理平台

最高人民检察院运维管理平台是电子检务工程项目之一,是支撑最高人民检察院日常 IT 运维工作有效开展,实现运维一体化、可视化运维管理的技术平台。该平台基于 ITIL 统一运维技术标准和管理规范构建,建设内容涵盖了专项监控工具、集中监控管理、配置管理库、操作自动化、运维管理流程、统计分析、统一门户等核心模块,满足最高人民检察院 IT 监、控、管一体化运维需求。

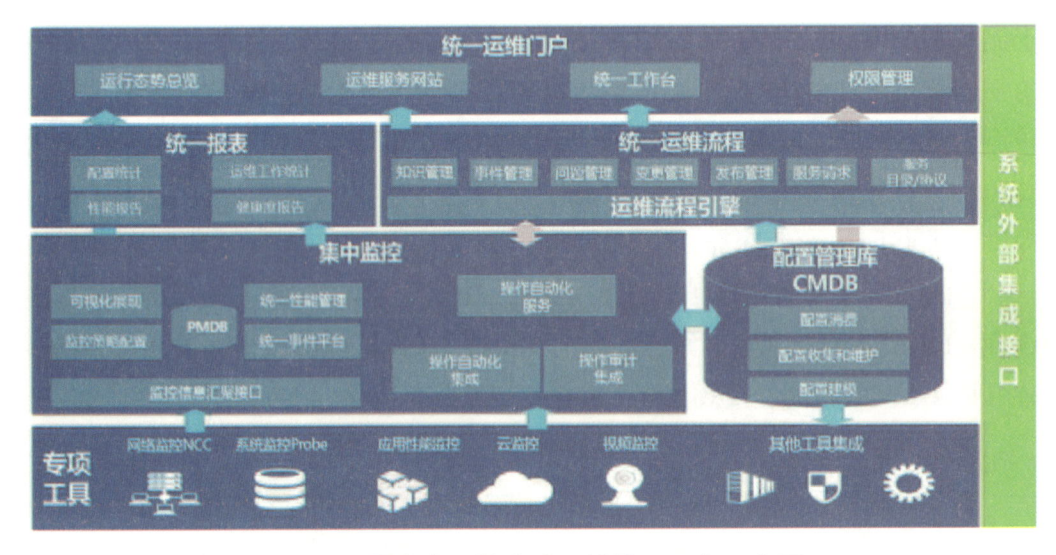

图5-37 最高人民检察院运维管理平台示意图

运维管理平台包括应用系统和应用支撑系统两部分,应用系统包括监控工具层、运维管理层和运维门户层三层六大模块;运维管理平台应用支撑系统采用 B/S 架构满足本项目的权限管理、数据备份与恢复、系统访问安全和数据安全。本节主要介绍运维管理平台应用系统的主要功能(如下表)。

表5-7 电子检务大数据运维管理平台应用系统组成部分和任务要求

子项目		任务要求
1. 监控工具层		主要包括各类专项监控工具,包括:基础网络监控、系统应用监控、业务应用监控、视频图像监控,提供全方位监控能力
2. 运维管理层	(1)集中监控模块	实现各类专业监控工具的数据汇聚、统一监控指标管理、性能阈值分析、统一告警事件处理和监控可视化呈现
	(2)配置管理模块	提供配置建模、配置自动发现、配置管理、配置可视化展现和业务影响分析功能,同时对外提供配置服务接口

续表

子项目		任务要求
2. 运维管理层	（3）统一运维流程	通过运维流程引擎，建设符合ITIL规范的基础服务流程和容量管理、运维知识管理、资产维护管理、常规运行管理、专项运维管理、运维信息管理等功能模块
	（4）统计报表模块	通过建设运维数据仓库、统一报表平台和运维指标管理功能，为运维统计分析提供技术支撑，实现运维绩效评估和决策支持
3. 运维门户层		主要实现面向运维的统一门户，包括统一访问认证和授权管理、运维门户管理、分角色分视角服务台、运维服务网站和移动门户的建设

监控工具层的专项监控工具独立部署、独立运行，专项监控工具通过汇聚接口上报专项监控数据。（1）网络监控管理工具：通过自动化发现，对各类检察网络资源进行持续跟踪和监控，自动识别出网络拓扑连接，并采集各类运行状态和性能参数，实现网络设备的配置收集、集中操作、性能监测、告警收集，提供网络链路质量的分析、监测。（2）系统监控管理工具：通过分布式部署策略，实现主机系统、存储设备、数据库系统、中间件、常用服务等的运行状态、性能指标和故障事件进行监测采集。（3）云资源监控管理工具：通过对接云管理平台，对虚拟化平台进行实时监控，采集虚拟平台、虚拟资源运行状态、运行性能情况，及时进行故障与性能分析和告警。（4）视频资源监控管理工具：通过对接视频基础平台或者前端设备SDK，实现对专用网络内各类视频设备状态的巡检。（5）业务应用监控管理工具：通过采用业务仿真的方式对B/S结构的业务系统进行模拟访问，对接应用日志收集分析系统的分析结果，对业务系统进行监控，在业务系统出现故障时及时通知运维人员。

运维管理层的集中监控模块主要通过开放数据汇聚接口，获取各类专项监控工具的运行数据，并对监控数据进行统一的存储、维护和分析处理。通过统一监控指标管理，集中收集阈值超标和运行状态异常事件，并将处理结果发送给管理人员或触发运维工单，帮助管理人员对各种事件告警进行有效的分析和解决处理。在可视化方面，集中监控模块实现IT基础架构的列表化和图形化展现，并集成GIS等第三方图形引擎，提供图形可视化展现设计器，满足不用的展现类型和效果的需要。

运维管理层的配置管理模块通过自动发现、手工录入和数据同步等方式完成对配置信息的发现和采集（其中，自动发现主要CMDB配置管理数据库相关机制对软硬件资源及其部件关系进行自动发现和采集；数据同步主要通过监控工具将配置数据同步到配置管理库中）。之后对收集上来的配置数据进行处理和管理，包括动态建模、关

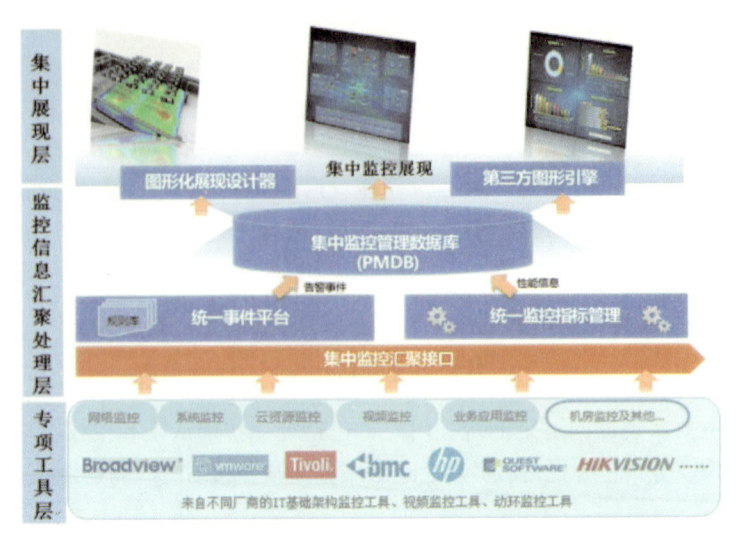

图5-38 运维管理平台集中监控模块示意图

系管理、跟踪和维护管理等。最后提供直观的关系列表和可视化视图，帮助管理人员快速了解该配置项与其他配置项之间的关联关系，当该配置项出现故障能够快速评判其影响范围及影响程度。

运维管理层的统一运维流程包括基础流程管理和日常运维管理，其中基础流程管理主要是基于ITIL的故障、问题、变更、服务请求等规范日常运维工作的流程；而日常运维管理则包含了和用户日常工作及业务处理的相关工作，如知识管理、资产管理、云资源交付管理、常规运行管理、专项运行管理等。目前主要的运维管理流程包括故障管理流程、服务请求流程、发布管理流程、变更管理流程等。

故障管理是指对影响用户和业务活动突发故障进行快速处理，通常为服务中断或失败导致的事故，或者某个设备或资源出现故障而不能正常工作

现场用户或业务部门发现业务系统出现故障，向技术部门提交报障请求，技术部门对报障请求进行受理、判断、处理和反馈，对于本级技术部门无法处理的故障，可通过运维单位协同来推动解决

发布管理通过发布计划并监视软件、硬件的发布，确保正在对其进行改动的硬件和软件是可跟踪的、安全的，且已安装的版本都是正确、经过授权并通过测试，来实现提高IT系统发布成功率与可用性的运维目标

对业务系统的组件、参数调整等变更需要发起变更流程，通过一系列变更管理活动来控制、降低变更风险，减少变更对业务系统的影响

图5-39 运维管理平台的四大运维流程

运维管理层的统计报表模块基于数据仓储实现对运维管理数据的抽取清洗、标准化处理和统计分析，能够对运维服务的各个环节、参与人、参与角色等属性进行查询。报表平台支持灵活的定制功能，能对各类资源的运行状况、性能数据、故障维护数据等自动生成相应的日报、周报、月报、年报，并能够结合系统权限管理将报告授权给不同的人，用户登录系统后只能查看自身权限范围内的统计报表。

图5-40　运维管理平台运维总览界面

运维门户层包括值班服务台和个人工作平台两部分。值班服务台是日常值班人员的工作平台，提供快速处理各类工单、告警的入口，并查询当日的带班领导和最高人民检察院北河沿、鲁谷、香山三个办公（办案）区运维值班人员及联系方式。个人工作台相当于系统的"桌面"，用户只要进入门户系统，可以处理所有未办事务，并提供拓扑展现、性能监控、告警台、配置管理、统计分析、个人资料等快捷入口。

由于检察机关目前存在内网（数据网和视频网）、工作网、互联网，且网络相互之间物理隔离，因此在四张网分别独立部署运维系统，最终每张网的监控数据将信号传输至大屏，实现最高人民检察院网管中心的统一大屏展示。

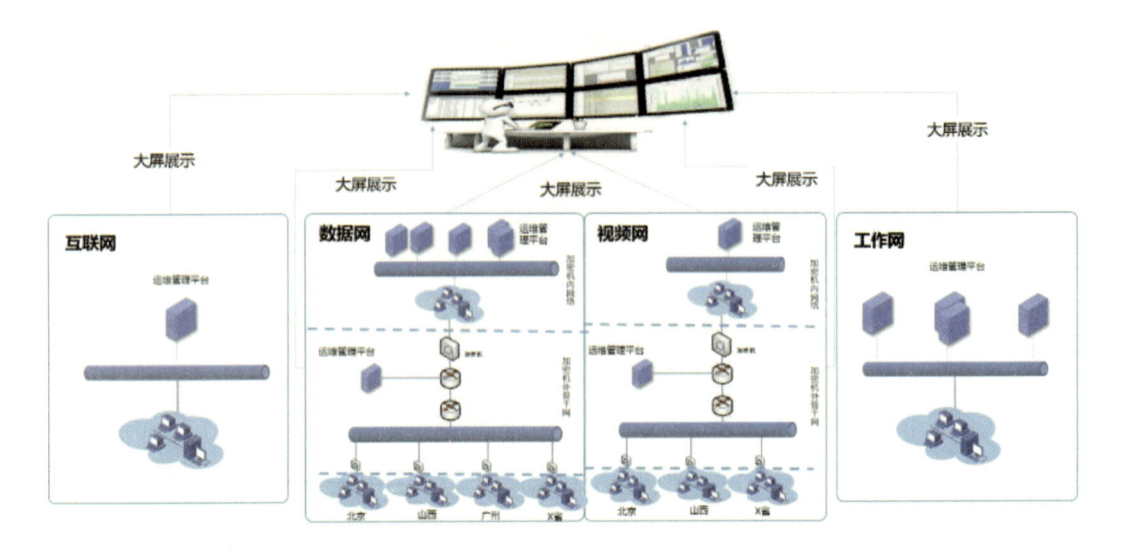

图5-41 运维管理平台的系统部署模式示意图

最高人民检察院采取 IT 运维外包服务模式开展工作。目前 IT 运维团队已在 16 个大方面、52 个小点分别建立了相应规范及输出物（如下表所示），以促使运维人员专业化、服务标准统一化，服务质量可量化，运维管理一体化。在 2017 年 5 月至 2018 年 5 月期间，最高人民检察院八大处办案区运维团队应用运维管理平台，结合运维规范，共完成 67 次会议保障工作、199 次技术维护和 449 次技术支持服务，每周组织开展设备巡检 1 次，取得了较为良好的运维效果。

表5-8 最高人民检察院八大处运维团队规范名称和输出物

规范名称	输出物
（一）服务台管理	1. 运维管理平台工单
（二）运维服务管理	2. 岗位职责表；3. 服务目录；4. 服务级别协议；5. 运维服务计划
（三）值班管理	6. 客户值班群汇报；7. 值班巡检登记本登记；8. 排班表
（四）报告管理	9. 服务周报；10. 服务月报；11. 服务年报；12. 例会会议纪要；13. 故障报告
（五）事件管理	14. 运维管理平台工单；15. 现场工作记录；16. 事件分析；17. 事件统计分析表；18. 事件分类、分级
（六）问题管理	19. 问题记录单；20. 问题分析报告；21. 问题统计分析表
（七）配置管理	22. 配置登记记录；23. 配置审计记录；24. 机房设备统计表；25. 网络拓扑图；26. 机房设备拓扑图

续表

规范名称	输出物
（八）变更管理	27. 变更申请表；28. 变更实施计划；29. 变更测试计划；30. 变更回退计划；31. 变更统计分析表
（九）发布管理	32. 发布版本记录单
（十）能力及可用性管理	33. 能力和可用性的监测指标和范围定义表；34. 日常巡检表；35. 能力和可用性能力月报
（十一）服务持续性管理	36. 备份计划及记录；37. 备品备件管理计划；38. 系统开关机方案；39. 服务灾难恢复计划及演练报告；39. 核心系统应急预案
（十二）服务信息安全	40. 信息安全红线；41. 服务人员保密协议；42. 信息安全自查记录；43. 网络安全操作审批表；44. 安全设备扫描报表
（十三）知识库管理	45. ITSM建立知识库；46. 知识库更新记录
（十四）工具的管理和应用	47. 工具登记和使用记录；48. 工具应用指导方法；49. 各套系统、应用白皮书
（十五）业务演示和保障	50. 演示流程和方案；51. 演示保障记录单
（十六）文档管理	52. 文档编号和指南

5.3.1.2 地方检察院运维管理应用

一、山东省检察机关智能运维管理平台

2017年，山东省检察院依托电子检务工程，建成面向涉密网和检察工作网的山东检察智能运维平台。平台包括运行监控系统、配置管理系统、IT服务管理系统、运维服务门户等模块，通过可视化界面、量化运行数据和运维绩效，实现了全省各级检察机关所有IT设备和应用系统的实时监测，最终达到保障全省检察机关IT基础架构稳定可靠运行、降低系统和业务应用宕机风险、提高运维支持和服务管理效率、降低控制运维成本、改进信息化建设决策过程的目标。

（一）运行监控系统

负责对网络设备、服务器、数据库、中间件、存储、视频设备以及云资源进行全方位的性能与状态监控，定期通过HTTP、SNMP、SSH、API、JDBC等方式采集IT基础设施以及应用系统数据，支持阈值预处理、智能告警、日志采集以及告警规则设

置，实现统一告警，实现故障快速定位，具体功能包括网络设备监管、物理服务器和存储管理、应用资源管理、业务管理、广域网流量分析、3D 机房管理、广域网专线链路管理等。

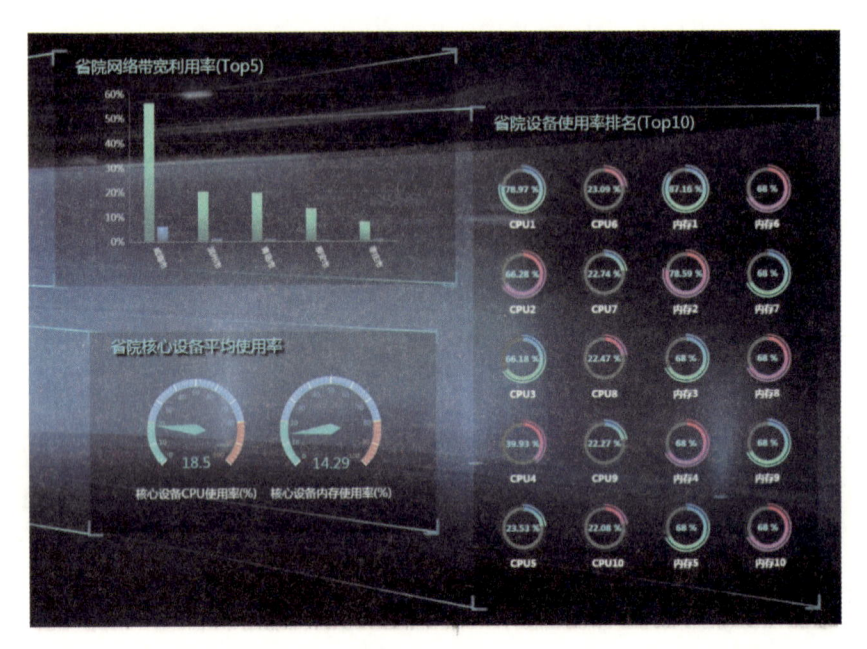

图 5-42　山东省检察机关智能运维管理平台网络和设备监测设计图

（二）IT 服务管理系统

支持标准的 ITIL 流程管理，可以根据业务具体要求，通过流程定义器进行自定义流程的开发和使用，总体设计思路是基于自动化工具，对事件、问题、变更、发布、知识库的服务过程进行管控。该管理系统设立服务台，同时设立一线、二线和三线运维支持级别。一线人员主要由服务台人员及桌面服务人员组成，二线人员主要由系统及应用维护负责人组成，三线人员主要由系统研发人员、外部专家与合约期内的外部维护商组成。各自负责本级别的系统事件或故障，由服务台统一协调服务运维资源，跟踪督促事件完成进度。

（三）配置管理系统

通过自动采集或手工维护的方式统计 IT 资产情况及资源使用情况，提供 IT 基础构架的逻辑模型，支持其他服务管理流程的运作，特别是变更管理。系统划分为 CMDB（配置管理数据库）设计、配置项识别和维护、配置管理流程化、关键衡量指标的制定、配置信息展示、资产全生命周期管理等方面。

（四）运维服务门户及大屏展示

为全省三级检察院信息化部门和运维团队提供个人工作门户，对每个使用者的账号进行访问权限设置，提供维护管理。大屏利用三维仿真技术直观展现数据中心或机房环境，将真实数据和形象化的虚拟场景相结合，形成机房设备、设施数据的3D直观可视图景。在三维环境中通过鼠标点击实现楼层、机房、机房子区域、机柜、设备的分级直接浏览，进行IT资产的可视化管理和机房可用性动态统计，包括空间可用性、用电量分布、温湿度分布情况和机房承重分布情况统计。当上架设备物理位置发生变化时，设备位置根据数据库变化会自动变更。

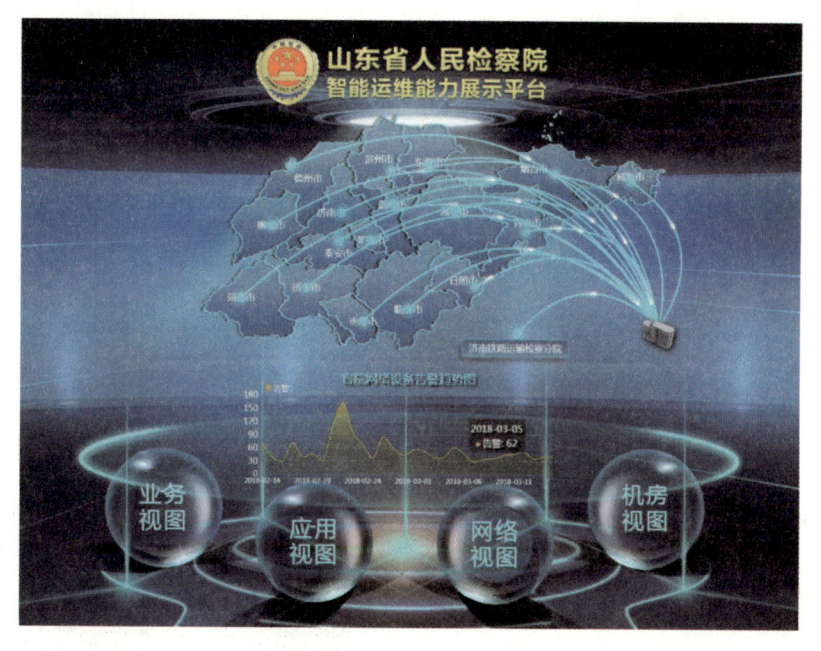

图5-43 山东省检察机关智能运维管理平台展示界面

二、黑龙江检察院可视化运维监控管理平台

黑龙江省人民检察院建设了可视化监控管理平台，采用3D虚拟仿真技术，对机房进行虚拟仿真，并以此为依托整合IT设备监控信息。可视化监控管理平台对数据中心模块化机柜和300多台设备的使用情况进行统计，并将数据中心机房内分散的多种专业监控系统、资产管理系统、运维流程管理系统融合在构建数据中心的3D全息图景中，将分散的多种信息和数据进行深度整合，提高信息的可读性和交互效率，以最大限度降低数据中心运营成本、提高信息化运维管理效能。

图5-44 可视化运维监控管理平台机柜剩余空间统计功能

平台通过与机房相应监控子系统对接，实现 UPS、配电柜、漏水检测、环境传感器等设备数据集成化展现，并提供数据统计、分析功能，实时查看设备性能数据，实现整个机房全局 3D 一屏把控，使运维人员能够及时了解到整个机房电力情况、室内云图以及环境实时监控状态。此外，平台还具有资产盘点、任务盘点以及告警盘点功能。资产盘点为机房日常资产管理维护提供辅助，在实际管理过程中可以采取线上管理以及线下排查相结合方式，为资产数据提供永久性记录保障；任务盘点让管理员可以统计查看机房每个时间段的任务派遣以及完成情况；告警盘点让管理人员可针对单个机房、设备类型、时间局域等条件组合统计，查看机房实际运维过程中发生的告警情况。

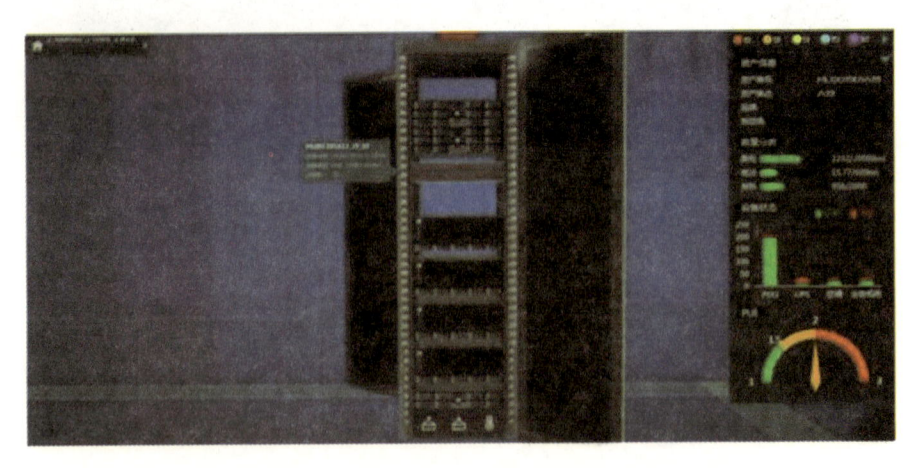

图5-45 可视化运维监控管理平台设备信息统计及运行状态示意图

三、其他检察机关3D可视化运维管理平台

2016年，山西省检察院开始探索信息化资源 3D 可视化管理，并获得当年"全国

检察机关信息化网上轻应用开发活动"三等奖。通过高仿真三维建模及动态信息自动建模技术，实现从院区、楼层、房间到各类监控设施、管理设备及各类信息点的多视角、多维度的数据洞察，将各类资产、资源、设备、设施之间的逻辑关系进行有效展现，为日常管理工作及应急指挥、故障预防提供便利。

表5-9　山西省检察院信息化资源3D可视化管理类型与内容[①]

可视化管理类型	任务
（一）院区可视化	对院区、道路、车辆、建筑群进行1∶1建模，特别是对接位于院区内的所有监控等信息化设备，形成全3D视图展现
（二）楼层可视化	将楼层进行3D建模，相邻房间以不同色块进行区分表示。重点是对楼层里的门禁、广播、视频监控等设备的相关属性信息进行3D可视化展示
（三）房间可视化	对房间进行3D建模，重点对主要机房、配线机房、重点会议室进行精细化建模。对房间内大到机柜、空调、UPS小到摄像机、温湿度传感器、信息面板进行3D可视化展示
（四）设备可视化	将机柜、机柜内的服务器（包括端口信息、板卡、电源、硬盘插槽等）、网络设备、配线架等设备信息进行可视化管理
（五）连线关系可视化	对基础设施的网络拓扑结构进行可视化展示。通过线路跟踪使网管人员快速地进行故障排查、准确定位故障设备
（六）容量可视化	对设备的空间容量、电力容量、制冷容量、承重容量等内容以不同颜色直观显示。为网管人员进行设备模拟上架提供依据

2018年，贵州省检察院通过建设3D可视化运维管理平台，整合现有的网管系统、主机监控系统、运维工单系统等，将资产信息、配置信息、运行状态以及变更情况以可视化方式进行实时、动态集中展示，实现所有信息资源状态的直观有效呈现，数据操作的实时联动，便于及时发现故障缺陷，进而保障业务的整体效率，让运维管理工作更直观、更智能、更高效。该项目曾参展"首届数字中国建设成果展览会"并获得好评。

5.3.2　智慧安全防护

2016年4月19日，习近平总书记在网络安全和信息化工作座谈会上指出：没有网络安全就没有国家安全，从世界范围看，网络安全威胁和风险日益突出，并日益向

[①] 山西省检察院：《信息化资源3D可视化管理》，载《检察技术与信息化》，中国检察出版社2016年第6期。

政治、经济、文化、社会、生态、国防等领域传导渗透。要树立正确的网络安全观，理念决定行动。网络安全是整体的而不是割裂的，是动态的而不是静态的，是开放的而不是封闭的，是相对的而不是绝对的，是共同的而不是孤立的。要加快构建关键信息基础设施安全保障体系，全天候全方位感知网络安全态势，增强网络安全防御能力和威慑能力。①

2017年6月1日，《中华人民共和国网络安全法》正式施行，开启了我国依法治网的新阶段。近年来，《国家网络空间安全战略》《通信网络安全防护管理办法》《电话用户真实身份信息登记规定》《公共互联网网络安全突发事件应急预案》《计算机软件保护条例》《信息网络传播权保护条例》等配套规章、规划和政策文件相继出台，网络安全审查、数据出境安全评估、个人信息安全保护等重要制度逐步建立，网络安全管理法治化、规范化程度显著提高。

目前，我国网络安全形势仍然较为严重，国家计算机网络应急技术处理协调中心《2017年中国互联网网络安全报告》显示，2017年我国境内感染计算机恶意程序的主机数量约1256万个（其中位于境外的约3.2万个计算机恶意程序控制服务器控制了我国境内约1101万个主机），收录安全漏洞数量15955个（其中高危漏洞收录数量高达5615个），发现移动互联网恶意程序数量达253万余，境内被篡改网站数量为20111个（其中境内政府网站被篡改数量为618个），仿冒我国境内网站的钓鱼页面49493个，接收境内外报告的网络安全事件103400起。②

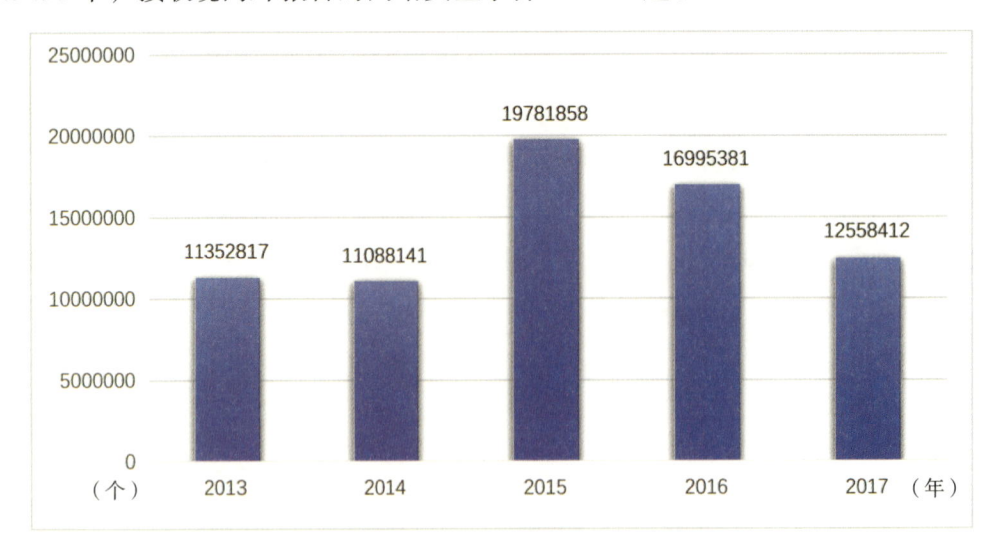

图5-46 境内感染计算机恶意程序主机数量变化（数据来源：CNCERT/CC）

---

① 习近平：《在网络安全和信息化工作座谈会上的讲话》，载《人民日报》2016年4月26日第2版。
② 国家计算机网络应急技术处理协调中心：《2017年中国互联网网络安全报告》，人民邮电出版社2017年版。

5.3.2.1 最高人民检察院网络安全建设

全国检察机关高度重视网络安全工作,党的十八大以来,最高人民检察院在党中央、国务院、中央网信办领导和支持下,从顶层设计、平台建设、安全检查、队伍培养等多方面,加强网络安全建设,取得了良好成效。

一、加强网络安全顶层设计

早在 2006 年 5 月,最高人民检察院就印发《关于明确检察机关信息网络安全和保密工作分工的通知》(高检信发〔2006〕3 号),明确"检察机关信息网络安全工作由各级检察院技术信息部门负责管理。高检院检察技术信息研究中心负责制定全国检察机关信息网络安全管理规范,指导地方各级检察院技术信息部门做好信息网络安全工作,并具体负责管理高检院机关局域网及一级专线网的信息网络安全工作。地方各级检察院技术信息部门负责本院信息网络安全系统及设备的建设、运行维护、安全检查等方面的管理工作"。同时规定,检察机关信息网络保密工作由各级检察院办公室保密部门负责管理。各级检察院技术信息部门与保密部门应各司其职、各负其责、密切配合,共同做好检察信息网络系统的安全和保密工作。

2014 年 6 月,最高人民检察院办公厅印发《关于加强检察机关互联网站安全管理的意见》,要求各级检察机关加强网络安全管理,切实加强组织领导、网站管理、安全防护、安全通报、培训检查等工作。

2014 年 7 月,最高人民检察院将原信息化领导小组更名为网络安全和信息化领导小组,进一步加强检察机关网络安全的顶层设计。2016 年 8 月,最高人民检察院技术信息中心新设检察信息化五处(信息安全处),专门负责全国检察机关信息安全工作,组织落实国家有关信息安全政策与法规。

2017 年 12 月 22 日,《最高人民检察院关于深化智慧检务建设的意见》(高检发〔2017〕15 号)明确要求,积极推进电子认证、网络监管等基础设施建设,打破"打补丁"式的安全技术研发惯性思维,持续提高关键信息基础设施安全保障能力,提升检察人员网络安全风险意识,构建分层级的检察机关信息化安全防护体系。

2018 年 4 月 25 日,最高人民检察院党组书记、检察长张军 4 月 25 日主持召开党组会,学习贯彻全国网络安全和信息化工作会议精神和习近平总书记重要讲话精神,研究检察机关贯彻落实措施。会议强调,要加强网络信息安全技术保障,确保检察网络安全运行。[1]

---

[1] 姜洪:《四方面推进检察机关网络安全和信息化工作》,载《检察日报》2018 年 4 月 27 日第 1 版。

2018年7月9日,《全国检察机关智慧检务行动指南(2018-2020年)》(高检发技字〔2018〕16号)要求:"加强信息网络安全体系建设。将信息安全贯穿智慧检务建设始终,升级检察涉密网安全防护设备,完善检察工作网物理安全、通信保障、入侵防御、边界防护等基础安全防护措施,提升检察网络信息基础设施安全防护能力。"

二、建设最高人民检察院安全平台

2016年,最高人民检察院依托电子检务工程,启动网络平台和安全平台项目建设,其中安全平台主要针对最高人民检察院三个办公(办案)区网络安全需求,升级部署满足国家分级保护和等级保护要求的防火墙、漏洞扫描系统、入侵检测系统、流量控制系统、网络安全审计系统、网络版杀毒软件等安全设备。2017年6月完成项目初验并投入使用。

2016年以来,全国检察机关核心关键应用和日常办公应用实现自主可控安全可靠设备全替代。在一年多的真实环境应用中,检察机关共组织进行12次系统升级、优化40余项功能、排除故障问题70余个,为国产化应用积累了大量的第一手资料,做到了"安全上敢用、性能上好用、管理上爱用"。2017年9月5日,最高人民检察院参与的"自主可控安全可靠应用项目"荣获国家保密科学技术一等奖。目前,检察机关分级保护建设全面完成,全国各级检察院全部完成国家保密局组织的现场测评,使检察机关信息化应用的保密防护体系得到巩固和加强,确保检察信息化向更高层次发展。[①]

三、强化检察系统安全检查

近年来,最高人民检察院网信办以网络安全检查工作为抓手,加强关键信息基础设施及重点网站网络安全风险排查。

一方面,做好最高人民检察院本级网络安全检查工作。以关键信息基础设施和大数据安全保护为重点,排查网络安全风险、隐患和突出问题,堵塞网络安全漏洞,进一步提高各单位网络安全防护意识和综合防护能力,坚决防范网络攻击窃密和重大网络安全事件事故。检查内容主要包括最高人民检察院各部门、直属事业单位主办或开设互联网信息系统情况、网络安全工作开展情况、网络安全责任制落实情况,关键岗位人员设置情况、等级保护制度落实情况,网站安全防护情况,安全管理制度制定和

---

① 高建密:《党的十八大以来最高人民检察院扎实开展保密工作综述》,载《检察日报》2017年10月30日。

落实情况，网站日常监测、预警和应急预案情况等。

另一方面，做好全国检察机关网络安全检查工作。早在2010年，最高人民检察院政治部、技术信息中心就印发《关于进一步加强互联网站信息安全工作的通知》（高检政发〔2010〕166号），组织进行全国检察机关互联网站及其相关应用安全的专项抽查，并对检查中发现的问题进行通报，对管理制度、技术措施存在重大安全隐患的，将责令先关停、后限期整改，待评测、验收合格后方可对外提供服务。近年来，最高人民检察院网信办每年印发《关于开展检察机关网络安全检查的通知》，重点对各级检察机关贯彻落实网络安全法情况，网络安全保障工作情况，网络安全工作经费保障情况，网络安全等级保护制度落实情况，网络安全管理制度制定和执行情况，网络安全检查工作开展情况，互联网信息系统安全防护情况，重要数据保护情况，开展网络安全监测和预警情况，网络安全应急预案和开展演练情况，信息技术产品、服务国产化情况，网络安全宣传培训情况十二个方面进行检查。

2017年8月至9月，最高人民检察院还组织开展了检察机关移动应用系统安全检测活动，对各级检察院移动应用系统进行安全评估（包括安全检测、风险评估和漏洞扫描3大类46项评估内容），排查安全隐患，提升各级检察院移动应用系统安全度。

表5-10　检察机关移动应用系统安全检测活动检测内容

测评类别	测评项目
安全检测	检测移动应用系统本身行为是否符合安全规范，是否存在信息泄露、权限混乱、带有敏感内容、带有病毒或者广告等安全问题，共包含以下7个测评项目：（1）基本信息；（2）权限检测；（3）行为检测；（4）敏感词检测；（5）病毒检测；（6）第三方SDK检测；（7）广告SDK检测
风险评估	检测移动应用系统可能面临的外部攻击风险，包含以下24个测评项目：（1）Java代码反编译风险；（2）So文件破解风险；（3）篡改和二次打包风险；（4）动态注入攻击风险；（5）界面劫持风险；（6）输入监听风险；（7）HTTP传输数据风险；（8）Webview明文存储密码风险；（9）明文数字证书风险；（10）调试日志函数调用风险；（11）资源文件泄露风险；（12）动态调试攻击风险；（13）Activity组件导出风险；（14）Service组件导出风险；（15）Broadcast Receiver组件导出风险；（16）Content Provider组件导出风险；（17）应用签名未校验风险；（18）应用数据任意备份风险；（19）敏感函数调用风险；（20）Java层动态调试风险；（21）从Sdcard加载dex风险；（22）Intent组件隐式调用风险；（23）使用调试证书应用发布风险；（24）PendingIntent错误使用Intent风险

续表

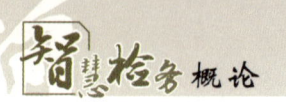

测评类别	测评项目
漏洞扫描	分析移动应用系统在代码实现中可能会被利用的技术漏洞，共包含以下15个测评项目：（1）Webview远程代码执行漏洞；（2）数据库注入漏洞；（3）Content Provider数据泄露漏洞；（4）加密方法不安全使用漏洞；（5）HTTPS未校验服务器证书漏洞；（6）下载任意APK漏洞；（7）全局可读写的内部文件漏洞；（8）拒绝服务攻击漏洞；（9）内网测试信息残留漏洞；（10）Webview绕过证书校验漏洞；（11）随机数不安全使用漏洞；（12）Intent Scheme URL攻击漏洞；（13）Fragment注入攻击漏洞；（14）Internal Storage数据全局可读写漏洞；（15）SharePrefs数据全局可读写漏洞

四、推进检察网络安全队伍培养

最高人民检察院高度重视网络安全人才培养，早在2007年9月，最高人民检察院技术信息中心就在黑龙江省哈尔滨市举办了首期全国检察机关网络安全管理培训班，主要结合检察专线网络的实际情况，培训信息安全基础理论、防病毒理论与实务、应用服务器安全防范技术、数据安全、密码技术、防火墙技术、入侵检测技术、漏洞扫描技术等理论知识和实务技能。近年来又多次在国家检察官学院及分院举办全国检察机关网络安全专项培训班，主要面向各省级检察院网络安全主管部门负责人、网络安全管理员，培训网络安全风险与形势、网络安全政策要求、管理标准和技术问题等知识。

2016年，根据《高检院机关业务竞赛组织办法（试行）》，最高人民检察院政治部和技术信息中心联合举办第一届全国检察机关网络安全业务竞赛，于2016年7月14日联合下发《关于举办第一届全国检察机关网络安全业务竞赛的通知》（高检政〔2016〕140号），各地检察机关通过业务竞赛、选拔赛、集中培训等多种形式，推荐选拔出124名选手参加全国竞赛。2016年11月，技术信息中心专门开通第一届全国检察机关网络安全业务竞赛网上练习平台，帮助提升网络攻防实战能力。12月5日至9日，经过理论考试和实际操作两个环节竞赛，经评委会评审，10名选手被评为"第一届全国检察机关网络安全业务竞赛标兵"，20名选手被评为"竞赛能手"，进一步加强了检察机关技术信息队伍专业化建设，促进网络安全工作持续健康发展。

5.3.2.2 地方检察机关网络安全管理

一、河南检察网络安全风险预警平台

2016年，河南省检察院建立了全国检察机关第一个基于全流量回溯分析的"网

络安全风险预警平台"。该平台集成了大容量存储的高性能数据包采集和智能分析功能，分布部署在检察网络的关键节点，可对网络通信数据包进行高性能实时智能分析，实现对全省三级检察机关涉密专线网网络安全风险的统一防控，通过集合分析省内和省外网络安全大数据，不但可以快速精确地发现已知安全威胁，而且可以对未知的网络安全威胁进行查控。通过丰富的可视化展示界面，从多个维度将全省检察机关总体网络安全态势形象直观、一览无余地展现出来，还原了网络安全的真实面貌。平台开通一个月时间内，就确定了多个终端违规使用和存在被控风险。河南省检察院信息化处对全省网络安全情况进行分析，定期生成年度、季度《网络安全报告》。

图5-47 河南检察网络安全风险预警平台示意图

全流量回溯分析技术是实现网络安全态势感知的关键技术，最大特点是对网络协议和网络应用进行识别，以异常检测为主的判断机制和原始流量的存储。通过梳理网内的正常流量，发现异常数据类型和流量，就能够通过对各类网络行为建模，实现对未知攻击行为的检测和与历史流量进行关联，最终实现完整的攻击溯源和取证分析。与传统的检测手段相比，传统安全靠检测发现已知问题，全流量回溯靠分析发现未知威胁，不仅补齐用户在未知威胁发现的短板，同时由于保留了全流量，全数据，在追踪溯源、定责取证方面发挥了重要作用。

二、贵州省检察院异地灾备中心建设

"两地三中心"是一种较高级别的容灾备份解决方案，"两地"是指同城、异地，三中心是指生产中心、同城容灾中心、异地容灾中心。如果发生机房或者楼宇级别的灾难，同城容灾中心可以保证生产系统在最短时间内恢复业务系统，而异地灾备可以保证发生区域性灾难时，生产的关键业务数据不丢失，通过重建生产系统仍然能够保证生产系统恢复到灾难发生之前的业务水平。同城双中心数据一般采用同步复制，在同城灾备中心建立一个在线更新的数据副本，异地灾备中心一般采用异步复制方式，

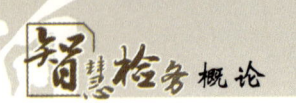

定期将数据进行复制备份。

2014年，为落实最高人民检察院提出的"系统不瘫、业务不停、网络不断、数据不丢"的工作要求，贵州省检察院经反复论证，在省检察院和遵义市检察院同步进行双中心建设，实现了"两地三中心"的运行模式，并建立了规范的应急响应机制，成为全国检察机关第一家完整实现系统容灾的单位。2014年6月，贵州省检察院按照国家《信息系统灾难恢复规范》组织进行了全国检察机关首次统一业务应用系统平台容灾演练，顺利实现省检察院、遵义市检察院双中心之间的业务切换。

三、陕西省检察院异地灾备中心建设

2017年11月，陕西省检察院异地灾备中心（榆林）正式启用，实现了陕西省检察院业务系统异地应用级容灾，确保信息化系统持续提供服务。省检察院与灾备中心直线距离约450公里，通过100M专线互联，项目总体从数据层、业务层、访问层均采用了国产化技术实现。灾备中心对省检察院的核心业务平台（办案系统）和非核心业务平台（门户、办公等）的业务应用服务器进行一对一的应用级容灾，即实现每个业务应用服务器都有一个对应的服务器进行应用级容灾，将所有应用进行监控和接管。当发生灾难时，系统可以根据策略进行自动、半自动或者手动的方式切换到容灾站点，即可直接接管所有应用，无须任何的恢复动作。

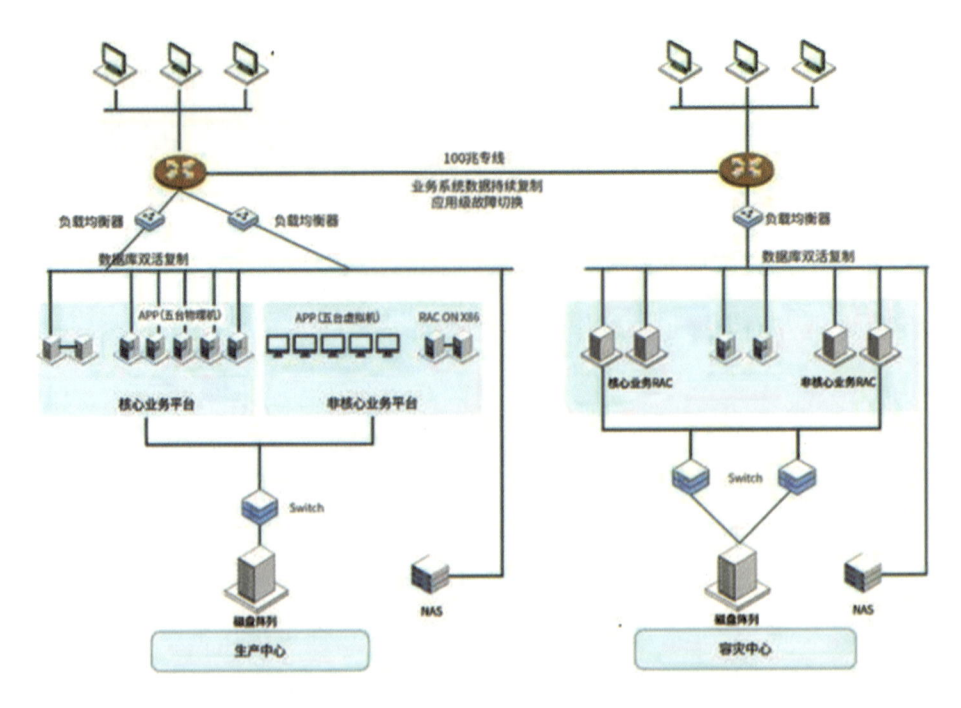

图5-48　陕西省检察机关业务系统容灾备份项目容灾架构示意图

该项目整体建设符合我国《信息系统灾难恢复规范》（GB-20988-2007）中国标5级相关要求，RTO（Recovery Time Object，即恢复时间目标，指灾难发生后，从IT系统宕机导致业务停顿到IT系统恢复之间的时间段）达到分钟级别，RPO（Recovery Point Object，即恢复点目标，是指灾难发生后，容灾系统把数据恢复到灾难发生前的时间段）达到秒级。2018年7月，该项目获得由《法制日报》评选的"智慧检务十大创新案例"。

5.4 智慧科技创新

21世纪初，全球科技创新进入空前密集活跃的时期，新一轮科技革命和产业变革正在重构全球创新版图、重塑全球经济结构。以人工智能、量子信息、移动通信、物联网、区块链为代表的新一代信息技术先后取得关键性突破。

党的十八大以来，中共中央、国务院先后印发《国家创新驱动发展战略纲要》、《关于深化体制机制改革加快实施创新驱动发展战略的若干意见》（中发〔2015〕8号）、《关于大力推进大众创业万众创新若干政策措施的意见》（国发〔2015〕32号）、《"十三五"国家科技创新规划》（国发〔2016〕43号）、《关于强化实施创新驱动发展战略　进一步推进大众创业万众创新深入发展的意见》（国发〔2017〕37号）等系列文件。2018年7月28日，国务院成立国家科技领导小组，研究、审议国家科技发展战略、规划及重大政策；讨论、审议国家重大科技任务和重大项目；协调国务院各部门之间及部门与地方之间涉及科技的重大事项，由李克强总理任组长，刘鹤副总理任副组长。

2018年5月28日，习近平总书记在中国科学院、中国工程院院士大会上发表重要讲话，指出："自然科学和人文社会科学之间日益呈现交叉融合趋势，科学技术从来没有像今天这样深刻影响着国家前途命运，从来没有像今天这样深刻影响着人民生活福祉。""中国要强盛、要复兴，就一定要大力发展科学技术，努力成为世界主要科学中心和创新高地。""世界正在进入以信息产业为主导的经济发展时期。我们要把握数字化、网络化、智能化融合发展的契机，以信息化、智能化为杠杆培育新动能。"[①]

[①] 习近平：《在中国科学院第十九次院士大会、中国工程院第十四次院士大会上的讲话》，载《人民日报》2018年5月29日第2版。

5.4.1 创新机制

5.4.1.1 智慧检务创新研究院

2017年6月,最高人民检察院党组会审议通过了技术信息中心《关于联合成立智慧检务创新研究院的报告》,明确探索建设非盈利性的非法人研究机构,并建立开放式的进入和退出机制,通过汇聚人才资源、技术资源、学术资源,提升检察机关科技创新与应用能力,助力智慧检务建设。

2017年9月21日,智慧检务创新研究院成立仪式和首次理事会会议在最高人民检察院机关举行。张雪樵副检察长、航天科工集团高红卫董事长、中国人民大学王利明常务副校长等出席成立仪式并致辞。张雪樵副检察长在致辞时指出:"最高人民检察院党组对智慧检务创新研究院的建立非常重视,在当前阶段对智慧检务创新研究院有三个定位,即国家级的'检察科技智库'、开放性的'产学研交流合作平台'和行业性的'应用实验孵化中心'。智慧检务创新研究院的创立要按照《'十三五'时期科技强检规划纲要》'智慧、融合、创新'的总体思路,不断深化智慧检务的理论体系、规划体系、应用体系'三大体系'建设。"[①]

图5-49 智慧检务创新研究院成立仪式

同日,智慧检务创新研究院召开首次理事会会议,研究通过了《智慧检务创新研究院章程(试行)》和《智慧检务创新研究院管理规定(试行)》(见附件),研究确定张雪樵副检察长任智慧检务创新研究院理事长,于洪滨任副理事长、赵志刚任副理事长兼院长。航天科工集团高红卫、马天辉,中国人民大学王利明、王轶等领导任联合理事长(副理事长)。智慧检务创新研究院设置综合管理中心、科研管理中心、

---

① 郑赫南:《最高检发起创立"智慧检务创新研究院"》,载《检察日报》2017年9月22日。

培训管理中心、实验管理中心等内设部门，加强智慧检务的行政管理、科研管理、培训管理和实验管理。

2017年10月30日，智慧检务创新研究院首次院长办公会在最高人民检察院八大处办公（案）区召开。院长办公会表决产生了智慧检务创新研究院首届专家委员会。倪光南院士、邬贺铨院士任专家委员会荣誉主任，李伯虎院士任专家委员会主任。汪东升、薛军、冯玉军等25名知名学者和检察技术信息化专家受聘为专家委员会委员。院长办公会审议通过《智慧检务创新研究院实验室遴选办法》《关于智慧检务创新研究院行政管理若干问题的建议》等文件。

图5-50 智慧检务创新研究院LOGO[①]

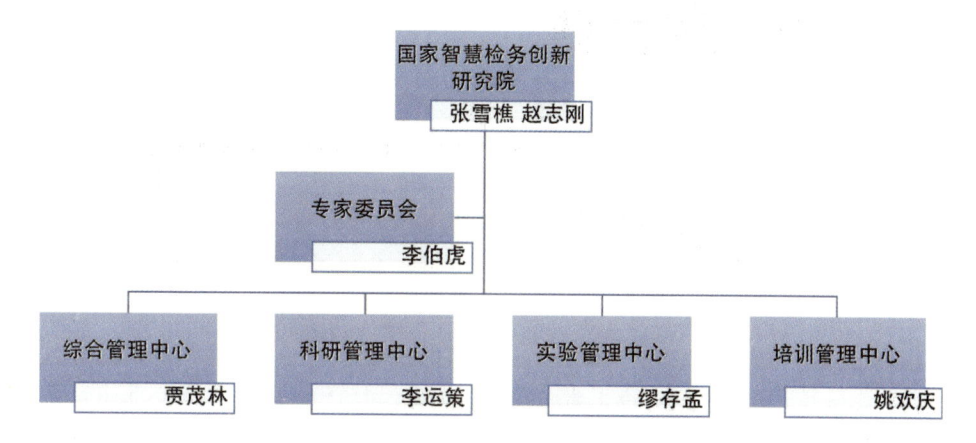

图5-51 智慧检务创新研究院组织机构

2018年5月21日，智慧检务创新研究院和清华大学达成初步合作协议，清华大学拟申请以理事长单位身份加入智慧检务创新研究院建设，根据《智慧检务创新研究院章程》和有关协议开展工作，推进新一代信息技术与检察工作深入融合。双方共同创新"计算法学"学科建设模式，培养符合新时代法治发展需求的优秀人才；共同开展检察科研项目研究，重点加强法学与信息技术交叉前沿研究领域合作交流。

2018年6月4日，张军检察长在最高人民检察院召开检察机关智能辅助办案系统建设工作座谈会上指出："智慧检务建设离不开队伍、人才、机制的保障。要研究设立智慧检务研究机构，依托最高检相关职能部门，由专人开展研究工作，同时吸收

---

① 智慧检务创新研究院LOGO标识外观整体形似检徽，突出检察元素；图案中心"SP"为智慧检务（Smart Procuratorate）的英文简称；图案中融入科技、开放等元素，整体图像由内而外发散，代表检察机关面向未来、开放创新。

299

检察业务、检察技术都精通的、能提出科学需求的检察业务人才参与。"[①] 智慧检务研究院实体化工作正在稳步推进。

5.4.1.2 地方检察科技创新机构

2017年11月，北京市检察院开始筹建北京检察科技信息中心，作为全国首家省级检察科技信息研究基地，同年12月7日开始试运行。2018年4月20日，北京市编办正式批复成立北京检察科技信息中心，作为北京市检察院直属事业单位。

图5-52　北京检察科技信息中心成立仪式

北京检察科技信息中心整合了北京市检察院、4个分院、16个区院的71名检察技术人员，按照"门类齐全、人才齐备、设备高端"的目标，目前设立信息化和大数据应用实验室、人工智能应用实验室、法医病理实验室、法医临床实验室、文件检验实验室、痕迹检验实验室、声像资料检验实验室、电子数据实验室、环境损害实验室、司法会计实验室、司法心理实验室、音视频技术应用实验室、网络运行维护室、综合室等14个实验室，覆盖了法医、司法会计、痕迹检验等传统鉴定项目和电子数据、司法心理、环境损害等新兴鉴定项目。

北京检察科技信息中心在实践中逐步建立健全了五项基本工作机制：（1）人员统筹调配机制，集中优势力量，实现全市协同工作；（2）技术性证据科学审查机制，开展专业同步辅助审查，全方位排除检察办案中的技术壁垒，做好检察官的"科技外脑"；（3）"建用结合"机制，促进需求与研发分工协作，提升技术应用的实效性、适用性；（4）分工协作机制，设立"总部"与"前端"，点面结合，提升科技保障水平；

[①] 姜洪：《智慧检务建设要聚焦科学化智能化人性化》，载《检察日报》2018年6月5日第1版。

（5）科研转化机制，立足首都区位特点，推进检察技术科研攻关与检察技术应用转化成熟定型。

其他省份也开展了信息化机制创新，例如江苏省检察院于2017年4月，从江苏省检察院机关、基层检察院抽调12名业务骨干组成实体化网信办，省检察院网信办负责牵头抓总，统筹推进各项目研发和应用。省检察院成立了23个项目组，组织核心研发人员128人和40多名软件公司工程师，全力推进项目建设，同时各项目组共编发网信日报761期，对项目中存在的问题及时发现和跟踪解决，对好的经验做法及时相互学习借鉴。2017年，江苏省检察院网信办共收到江苏检察机关网信项目立项申请56个。其中，硬件项目38个，软件项目18个。经审查批准立项50个，不批准立项6个。同时鼓励基层创新，在内网开通"金点子"平台。截至目前，已收集各类意见建议1876条，涵盖了检察业务、检察事务、队伍建设等七个方面。为构建全新的检察机关网信建设管理模式，实现可持续、滚动叠加发展开辟了新路径。

再如，2017年12月，上海市检察院成立上海检察大数据中心，通过建立各类符合检察实务需求的数据模型，实现公益诉讼线索交互、检察官业绩考评等数据分析功能，进一步梳理各业务条线不同渠道、不同用途产生的数据和需求，研究司法改革对增量数据的需求。对数据进行集中处理、统一标准和有效整合，推动检察办案数据的"中央厨房化"，逐步实现对检察全业务的数据支撑。

5.4.2 科研管理

5.4.2.1 国家科技重大专项

2015年8月至2016年3月，最高人民法院、最高人民检察院和司法部联合召开"两高一部"信息中心负责人会议，讨论确定由三家单位共同组织开展国家司法信息化相关科研课题工作。会后编制完成《公正司法与司法公开科技创新工程重点项目建议书》，经"两高一部"领导会签后，报科技部审批立项。之后，科技部召开专题评审会，对《项目建议书》进行初步评审。

2017年8月，科技部社会发展科技司组织公共安全专项2018年指南编制，发布了国家重点研发计划《"公共安全风险防控与应急技术装备"新增任务申报指南（征求意见稿）》。2018年1月9日，科技部《"公共安全风险防控与应急技术装备"重点专项（司法专题任务）2018年度第一批项目申报指南》（国科发资〔2018〕9号）正式发布，标志着"两高一部"重点专项启动正式立项工作。

2017年11月14日，最高人民检察院技术信息中心组织召开"公正司法与司法为民"重点专项检察项目内部评审会议，最高人民检察院7个业务厅局派代表参加。2018年1月至3月，技术信息中心组织专人分别对4个项目牵头单位"航天信息股份有限公司""航天科工智慧产业发展有限公司""哈尔滨工业大学""东软集团"以及国家检察官学院和大连理工大学进行调研。2018年5月至6月，技术信息中心组织两次模拟答辩，5月17日各项目完成科技部视频答辩。最高人民检察院推荐的申报项目全部通过答辩评审，申报取得圆满成功。

在已答辩通过的"两高一部"项目第一批重点课题中，涉及检察工作的有4个项目24个课题任务，分别由东软公司、哈尔滨工业大学、航天信息股份有限公司、航天科工智慧产业发展有限公司负责（详见下表）。

表5-11 国家科技重点专项司法专题任务（检察研究项目）

项目	课题	承担单位
智能辅助检察办案关键技术研究	课题研究内容包括：（1）多源异构数据的案件特征与业务态势分析；（2）基于知识图谱的案例特征匹配检索及法律法规推荐；（3）公诉案件证据关联分析与案情辅助研判；（4）基于控辩焦点识别的庭审应对策略及出庭预案组建；（5）面向控申信息的过滤、校核、分类与集中管控；（6）未成年人犯罪风险评估体系与预警	东软公司牵头（负责人：闻英友），哈尔滨工业大学、大连理工大学、北京计算机技术及应用研究所、华北电力大学、国家检察官学院等单位参与
基于案件集中管理的办案多维评估及检务公开技术研究	课题研究内容包括：（1）案件与检察办案人员能力匹配模型研究；（2）检察办案质量保障、办案监督风险评估、办案过程控制模型与辅助决策技术；（3）基于法律法规的司法解释核查；（4）检察公开信息的风险识别、预警与处置、检察公开信息范围的评估；（5）基于多种人机交互模式的检务公开一体化智能装备；（6）检察办案质量保障和监督平台应用示范、检察院一站式服务应用示范	哈尔滨工业大学牵头（负责人：赵铁军），中国人民大学、东北大学、山东省检察院信息中心、航天706所、浪潮软件集团有限公司等单位参与
重点领域公益诉讼案件动态监督关键技术研究	课题研究内容包括：（1）基于分类规范的公益诉讼业务知识体系构建和案件分类技术研究；（2）环境和食药侵权领域损害分析模型与评估技术研究；（3）重点领域公益诉讼信息获取与动态监督技术研究；（4）检察建议的决策模型和效果跟踪与分析技术研究；（5）重点领域案件分类评估与趋势分析技术研究；（6）构建原型系统并开展示范应用	航天信息股份有限公司牵头（负责人：马振洲），西南政法大学、国家检察官学院、北京计算机技术及应用研究所等单位参与

续表

项目	课题	承担单位
以案件为中心的检察业务协同支撑技术研究	课题研究内容包括：（1）检察机关内部和公检法司业务数据标准、协同标准及集成技术；（2）案件驱动的跨时空域通用检察业务协同及数据供应链建模方法；（3）以案件为中心的检察业务服务封装及系统监控、审计与轨迹分析技术；（4）检察业务协同信息栅格的资源集成、服务动态发现和数据管理技术；（5）检察专网跨网交换的安全风险识别与可视化方法；（6）面向省级检察机关的以案件为中心的检务协同关键技术综合应用示范	航天科工智慧产业发展有限公司牵头（负责人：周翔），复旦大学、上海交通大学、同方赛威讯信息技术有限公司、浪潮软件集团有限公司等单位参与

2018年7月6日，科技部公布《"公共安全风险防控与应急技术装备"重点专项（司法专题任务）2018年度第二批项目申报指南》，其中涉及检察工作的有"侦查与审判活动全过程监督支撑技术研究""平台化检察业务技术支撑体系研究"等课题，目前正在组织申报过程中。

5.4.2.2 最高人民检察院理论科研课题

根据《最高人民检察院检察理论研究课题管理办法》，最高人民检察院检察理论研究领导小组领导和管理检察理论研究课题，日常工作由检察理论研究所具体负责。最高人民检察院检察理论研究课题面向全国，高等院校、科研机构、检察机关和其他国家机关工作人员均可申报；实行公开竞争，择优立项。

2014年以来，最高人民检察院检察理论研究课题中中标的智慧检务项目逐年增多，其中2014年1项、2015年2项、2016年3项、2017年3项、2018年5项，涵盖了检察信息化规划、大数据应用、智能辅助办案、监督线索发现等多个领域。

表5-12 2014年以来最高人民检察院检察理论研究课题（智慧检务项目）

序号	课题编号和名称	课题编号
1	〔GJ2014D08〕职务犯罪侦查信息化研究	朱庆安
2	〔GJ2015C29〕信息技术条件下检察技术和检察业务深度融合研究	吴竟忠
3	〔GJ2015D13〕基于地理信息系统的检察机关犯罪风险评估研究	单　勇
4	〔GJ2016B14〕大数据在检察工作中的运用及风险防范	吕盛昌
5	〔GJ2016C47〕大数据在检察工作中的运用及风险防范——职务犯罪侦查视角	俞波涛　刘品新
6	〔GJ2016D48〕大数据技术在金融检察工作中的应用	高扬捷

续表

序号	课题编号和名称	课题编号
7	〔GJ2017B13〕大数据运用与检察工作创新	陶建平
8	〔GJ2017C09〕大数据视角下"智慧检务"建设基本理论与实施规划研究	王禄生　缪存孟
9	〔GJ2017D05〕大数据+检察监督管理运行创新机制探索	马晓怡
10	〔GJ2018B02〕检察官业绩考核大数据创新机制研究	孙佑海
11	〔GJ2018B09〕智能办案辅助系统在检察环节的应用	杨承志
12	〔GJ2018D53〕互联网中检察监督线索自动发现研究	黄宝跃
13	〔GJ2018D54〕智能办案辅助系统在检察环节的应用	冯　姣
14	〔GJ2018D55〕智慧检务战略和检察科技创新应用研究	金鸿浩

此外，最高人民检察院其他直属事业单位也高度重视智慧检务研究。2016年以来，国家检察官学院科研基金资助项目先后立项"电子证据分析与应用实证研究"（GJY2016C12）、"大数据在检察工作中的应用"（GJY2017C08）、"大数据在毒品犯罪案件公诉证明中的应用"（GJY2018C06）、"大数据背景下司法办案质效评价研究"（GJY2018C20）等课题。2018年，最高人民检察院检察理论研究所互联网刑事法律研究中心立项"大数据开发利用的合理界限研究"（GJ2018HX11）等课题。

5.4.2.3　基本科研业务费课题

2006年8月，《国务院办公厅转发财政部、科技部关于改进和加强中央财政科技经费管理若干意见的通知》（国办发〔2006〕56号），明确提出设立"基本科研业务费，主要用于支持公益性科研机构等的优秀人才或团队开展自主选题研究"。2006年12月，财政部设立"公益性科研院所基本科研业务费专项资金"，并制定试行《管理办法》（财教〔2006〕288号）。2016年7月，财政部正式印发《中央级公益性科研院所基本科研业务费专项资金管理办法》（财教〔2016〕268号），明确"基本科研业务费用于支持科研院所开展符合公益职能定位，代表学科发展方向，体现前瞻布局的自主选题研究工作。基本科研业务费的使用方向包括：由科研院所自主选题开展的科研工作；所属行业基础性、支撑性、应急性科研工作；团队建设及人才培养；开展国际科技合作与交流；科技基础性工作等其他工作"。

为规范基本科研业务费专项资金使用，加强专项资金课题管理，2014年起最高人民检察院技术信息中心陆续制定完善《基本科研业务费专项资金课题管理办法》《检察技术信息研究中心学术委员会议事规则》等，成立"中心"学术委员会，开展专项资金课题申报立项实施管理工作。课题管理共分为课题申报、"中心"学术委员会评议、"中心"审议立项、课题实施、课题结题评审五个阶段。

2014年以来检察技术信息研究中心共立项课题135个（2014年27个，2015年53个，2016年7个，2017年24个，2018年24个），立项课题研究内容主要涉及大数据云计算、移动互联网应用等热点问题，法医、文痕检、电子证据、司法会计等技术难点问题，电子检务工程、统一软件运维管理、视频应用、网络安全等重点工作等。截至2017年7月，共结题61个，形成37篇研究报告，40份建设指南、制度规范文件，31篇论文，程序设计文档13篇，相关代码数据库3份，过程文档53份等科研成果。

表5-13　2018年度检察技术信息研究中心基本科研业务费专项资金课题表

序号	课题名称	课题编号
1	检务保障信息平台智慧化发展研究	任安营　刘晓明
2	刑事司法案件疑点事实三维现场还原应用技术研究	秦　巍
3	智慧检务之智慧办公应用研究	朱修阳　苏庆国
4	第二代检察业务应用平台设计与实现研究	侯建刚
5	基于Hadoop架构的赣南苏区生态检察构建公益诉讼信息化平台的研究	黄　珠　杜文玉
6	智慧检务理论体系研究	金鸿浩　童庆庆
7	基于无线专网的智慧检务综合指挥平台研究及示范	吴圣杰　李　伟
8	行政执法与刑事司法衔接机制和技术的研究	吴圣杰　刘德平
9	提高检察机关控申接访场景下语音识别鲁棒性的应用研究	刘　澍
10	检察系统知识库设计与实现研究	贾茂林
11	文痕检验中可视化技术研究	周颂东　秦　晔
12	基于区块链技术的电子数据存证等相关应用研究——以公益诉讼为视角	穆书芹　赵宪伟
13	基于自动识别和云服务的技术性证据快速审查协助平台	程剑峰
14	法医病理数字图片大数据检索应用系统研究（一期）	高　冲
15	应激性脑损伤的分子影像学和代谢组学研究	高　冲
16	强制医疗执行与检察监督中问题和对策研究	史天涛　陈梦琪
17	检察机关汉文-藏文法律文书机器翻译系统建设研究	何燕龙　李　佳
18	检察机关汉文-蒙古文法律文书机器翻译系统建设研究	何燕龙　李　佳
19	基于人工智能和云平台的打印机暗记追踪信息分析系统	刘　烁
20	电子证据大数据智慧推送应用技术研究	连儒东
21	微信中音视频证据鉴定与审查方法研究	李　佳
22	视频行为分析在侦查监督和刑事执行检察监督中的应用技术研究	季　芳　高　峰

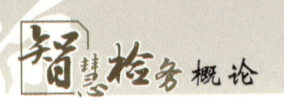

5.4.2.4 检察科技管理系统

为更好地辅助科研管理部门对申报科研课题进行管理，并形成科研项目全局信息库，为后续各级领导决策提供数据支撑，最高人民检察院技术信息中心依托电子检务工程，建设了检察科技管理系统，可实现对基础科研课题及国家科技部申报项目的全生命周期的管理。该项目已于2017年11月通过初步验收并投入使用。

检察科技管理系统包括课题管理和项目管理两部分。其中，课题管理部分主要针对检察专线网内的基础科研课题，从课题征集、申报、审批、执行、变更、验收等全生命周期的每一个阶段进行管理，记录进度、文件、审批流程、执行结果、通知等信息，并对课题的研究过程结果进行分析、统计和归档。项目管理部分主要针对来自互联网的申报项目，提供项目全生命周期的管理与查询、维护功能。

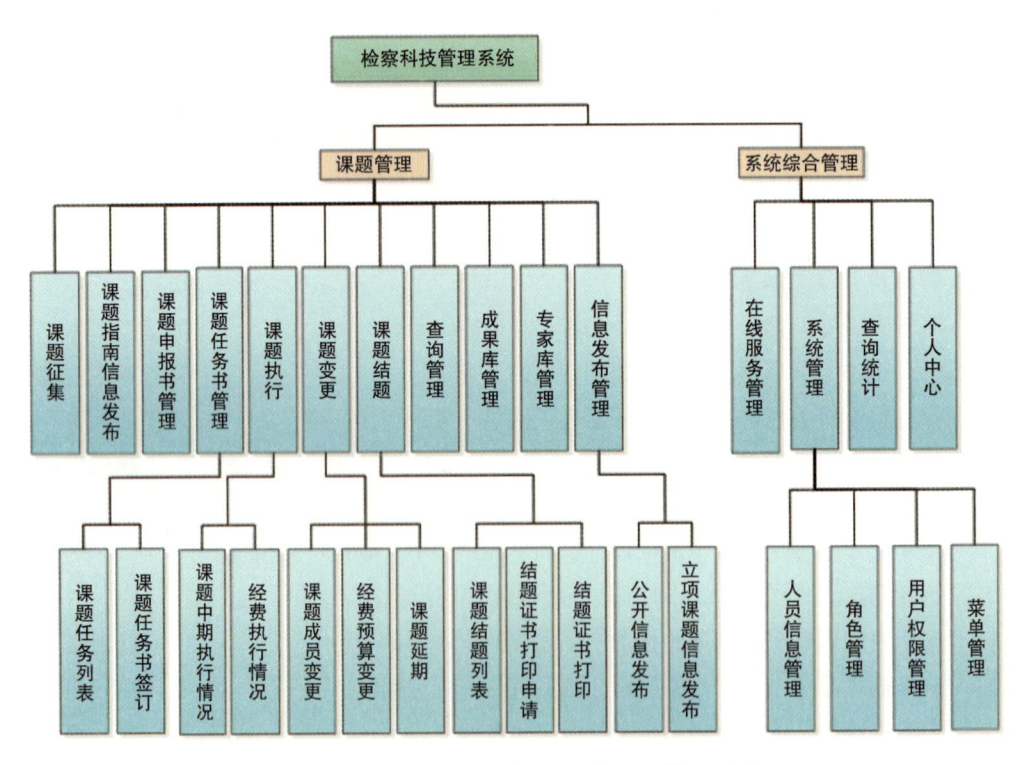

图5-53 检察科技管理系统课题管理功能

检察科技管理系统结合工作实际，充分考虑了检察专线网内各系统之间的关联、检察专线网和互联网之间数据的关联，设计了多个接口，以满足各系统间数据交换的需要。例如，互联网版检察科技管理系统可以自动导出自身的项目数据，通过光盘介质导入检察专线网内，便于专线网内的用户查询到来自互联网的项目申报情况。再如，专线网版检察科技管理系统可以与应用支撑平台、办公系统和电子签章系统对接，通过应用支撑平台接口进行用户身份认证,通过办公系统接口进行信息发布和审批,通过电子签章系统接口申请用章。

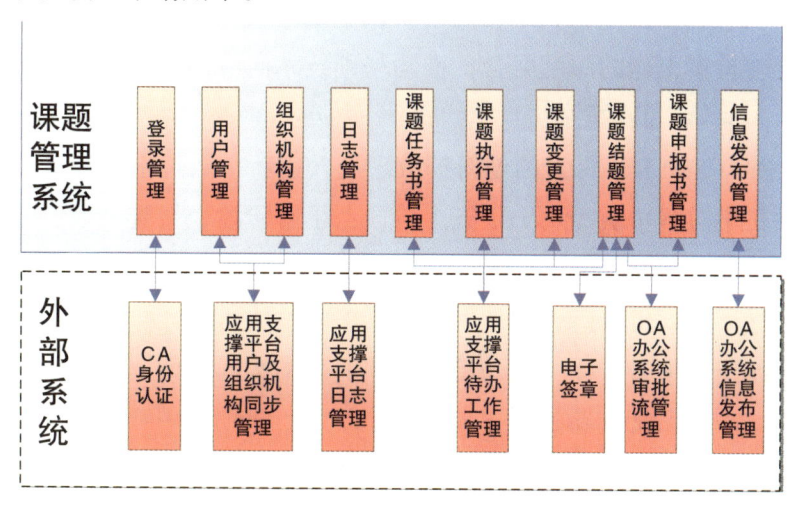

图5-54 检察科技管理系统课题管理接口示意图

同时,系统注重对科研成果的数据管理和深度应用,提供查询管理功能、成果库管理功能、专家库管理功能。其中:(1)查询管理功能,提供项目数据的查询,用户可以根据各自所需自行定义查询统计条件,灵活展现查询统计结果,且查询统计结果支持通过生成统计数据的导出。(2)成果库管理功能,可实现对课题成果(包括专利、专著,论文、软件著作权等)的管理,对课题结题后的成果进行归类存储,供课题申报用户、科研处、申报部门领导后期进行查看。(3)专家库管理功能,可以收集课题立项或评审过程中积累的各领域专家信息,逐步为检察机关建立一个科技专家信息库,为今后课题评审有针对性地聘请相关领域权威专家提供参考。

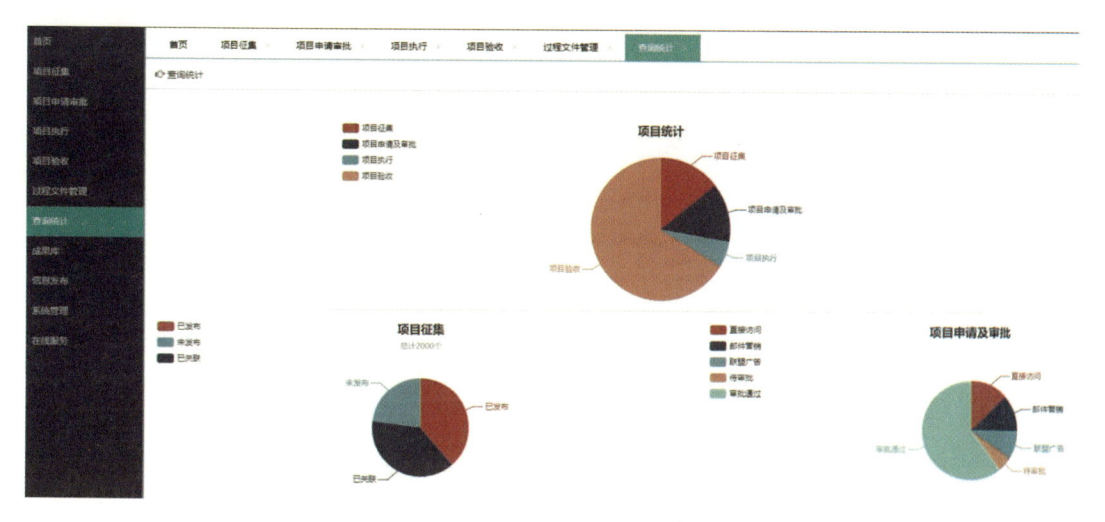

图5-55 检察科技管理系统的查询管理功能示意图

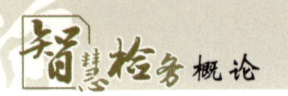

5.4.3 实验管理

检察机关科技创新的基本目的是通过科研课题、实验孵化、试点应用等培育方式推动现代科技与检察工作的深度融合，推动基础技术向应用原型、应用原型向初期产品、初期产品向成熟产品的转化。

按照罗杰斯（E.M.Rogers）的创新扩散理论，创新扩散是指一种基本社会过程，一个新产品在扩散过程中会经历一下五个阶段：了解阶段、兴趣阶段、评估阶段、试验阶段和采纳阶段。创新扩散的传播过程可以用一条"S"形曲线来描述。在扩散早期，采用者很少，进展速度也很慢；当采用者人数扩大到预期用户的10%—25%时，进展突然加快，曲线迅速上升并保持这一趋势，即所谓的"起飞期"；在接近饱和点时，进展又会减缓。罗杰斯把创新的采用者分为革新者、早期采用者、早期追随者、晚期追随者和落后者。

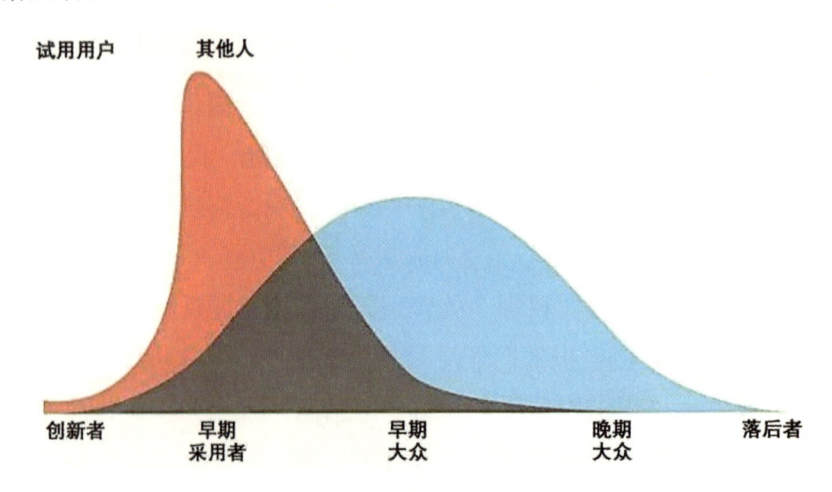

图5-56 罗杰斯创新扩散理论"S曲线"

（数据来源：Harvard Business Review）

检察机关在科技创新中应当坚持"有所为有所不为"原则。"有所为"指的是检察机关要争做新兴技术的"早期采用者"，从而在科学准确地了解评估新科技的基础上，通过智慧检务实验室在检察一线场景中进行试验，决定是否采纳和大范围推广，通过科学应用抢占先机。"有所不为"指的是检察院作为国家机关，一方面主要针对的是应用技术研究而非基础技术研究，另一方面要联合高等院校、科研院所、高科技公司而非单打独斗。

5.4.3.1 智慧检务创新研究院实验室遴选

为缩短检察应用技术的孵化周期，2017年10月30日，智慧检务创新研究院召开院长办公会，审议通过了《智慧检务创新研究院实验室遴选办法》，明确联合实验室的申报主体、申报要求、研究方向和申报程序，并通过了先期试点的《智能语音与人工智能联合实验室筹备方案》《自主可控联合实验室筹备方案》。

2017年11月24日，智慧检务创新研究院下发《关于开展智慧检务创新研究院联合实验室申报工作的通知》，正式启动联合实验室申报工作。同年12月，智慧检务创新研究院实验管理中心按照相关规定对申报材料、数据的真实性、规范性等进行审核，完成了联合实验室初评工作；邀请业界专家组成专家组，以函评方式完成了专家评审工作；并结合电子检务工程督查活动，对拟成立实验室的检察院进行实地考察，重点考察实验室现场环境和前期研究基础。2018年2月，经报最高人民检察院院领导同意，最终确定首批联合实验室；同年6月，根据工作需要，经过初审、专家评审、实地考察等环节，又增设3个联合实验室。目前，实验室均处于试运行阶段，预计在2019年第二季度对现有实验室进行评估，分为A、B、C三类。A类实验室具备条件的升格为智慧检务创新研究院分中心；C类实验室取消其资格，同时3年内不得再次申报。

目前，智慧检务创新研究院共设置有联合实验室15个，覆盖全国东中西部14个省（自治区、直辖市）。通过联合清华大学、浙江大学、复旦大学、上海交通大学、中国人民大学、武汉大学、吉林大学、山东大学、哈尔滨工业大学等知名高校，阿里巴巴、华为、航天科工、科大讯飞、东软、浪潮、华宇软件、同方赛威讯等高科技公司，共同推进大数据、云计算、智能语音、自然语言识别、虚拟现实、区块链等现代科技与检察工作的深度融合。

表5-14 智慧检务创新研究院联合实验室情况一览表（按照各省顺序排列）

实验室名称	实验室管理主体和研究方向
1. 智能语音与人工智能联合实验室（2017年10月成立）	由最高人民检察院技术信息中心负责管理。本实验室下设三个子研究方向：智能语音识别（由安徽省检察院牵头）；维汉双语翻译（由新疆维吾尔自治区检察院牵头）；智能语音前沿技术研究（由理事单位科大讯飞公司牵头）
2. 自主可控联合实验室（2017年10月成立）	由最高人民检察院技术信息中心负责管理。本实验室聚焦自主可控技术，围绕检察机关的国产替代以及业务系统迁移工作开展论证和研究工作（由理事长单位航天科工集团牵头）
3. 检察公益诉讼和计算法学联合实验室（2018年7月成立）	由最高人民检察院技术信息中心负责管理。本实验室下设两个研究方向：公益诉讼检察大数据线索挖掘研究（由研究院牵头）；计算法学和智慧检务第三方评估（由清华大学牵头）

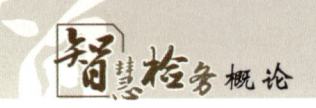

续表

实验室名称	实验室管理主体和研究方向
4. 智慧司法鉴定联合实验室（2018年2月成立）	由辽宁省人民检察院负责管理。本实验室聚焦检察技术基础理论和法医等司法鉴定专业技术门类的智能化应用研究，推进检察技术和信息化"两个融合"工作取得突破性进展
5. 智慧检务基础技术应用研究联合实验室（2018年2月成立）	由吉林省人民检察院负责管理。本实验室聚焦云计算、数据仓库、数据可视化等基础技术在检察机关的应用，积极推进新技术与检察工作有效"嫁接"，实现从认识、需求、项目到应用的转化
6. 智慧检务信息处理与共享联合实验室（2018年2月成立）	由黑龙江省人民检察院负责管理。本实验室下设两个子研究方向：检察机关自然语言与多模态信息处理（由黑龙江省检察院牵头）；刑事案件数据智慧共享（由大庆市检察院牵头）
7. 检察大数据融合创新联合实验室（2018年2月成立）	由上海市人民检察院负责管理。本实验室聚焦司法体制综合配套相关的大数据系统研发、基于大数据决策的证据标准、定罪要素体系开展检察应用研究
8. 检察人工智能应用联合实验室（2018年2月成立）	由浙江省人民检察院负责管理。本实验室下设四个子研究方向：大数据与云计算研究（由浙江省检察院牵头）；网络犯罪与智能辅助办案研究（由杭州市检察院牵头）；自然语言处理与机器学习研究（由宁波市检察院牵头）；检察大数据、区块链研究（由绍兴市检察院牵头）
9. 检察办公和智慧支撑生态联合实验室（2018年7月成立）	由福建省人民检察院负责管理。本实验室设两个子研究方向：检察智慧支撑生态架构研究（由福建省检察院牵头、福州市检察院具体负责）；检察公文智能辅助生成和公文数据库建设（由福州市鼓楼区检察院牵头）
10. 智慧检务一体化研究联合实验室（2018年2月成立）	由山东省人民检察院负责管理。本实验室下设四个子研究方向：基层检察院智慧检务一体化建设研究（由济南市检察院牵头）；智能视频分析（由青岛市检察院牵头）；检察大数据应用创新研究（由东营市检察院牵头）；多源多模态数据空间下数据特征感知技术（由烟台市检察院牵头）；深度学习工程化研究（由泰安市检察院牵头）
11. 智慧检务前沿交叉学科联合实验室（2018年2月成立）	由河南省人民检察院负责管理。本实验室下设四个子研究方向：交叉科学研究与模拟仿真（由理事长单位航天科工集团牵头）；法学交叉学科研究（由理事长单位中国人民大学牵头）；智慧检务前沿技术融合应用研究（由河南省检察院牵头）；检察虚拟现实和视频技术应用研究（由新乡市检察院牵头）

续表

实验室名称	实验室管理主体和研究方向
12. 检察区块链联合实验室（2018年2月成立）	由湖北省人民检察院负责管理。本实验室下设两个子研究方向：检察区块链存证和卫星影像应用研究（由武汉市检察院牵头）；检察大数据中心建设与管理研究（由湖北省检察院牵头）
13. 检察自然语言处理与机器学习联合实验室（2018年2月成立）	由广东省人民检察院负责管理。本实验室聚焦检察智能辅助办案中自然语言处理与机器学习关键技术，并进行试点探索
14. 未检智能辅助和视频分析联合实验室（2018年7月成立）	由重庆市人民检察院负责管理。本实验室设四个子研究方向：未成年人犯罪风险评估预警与捕诉监防一体化研究；智能视频分析；公益诉讼案件分类评估与趋势分析（由重庆市检察院牵头）；微信端智慧检务与检察服务研究（由渝北区检察院牵头）
15. 检察智能辅助办案应用联合实验室（2018年2月成立）	由贵州省人民检察院负责管理。本实验室聚焦检察智能辅助办案研究和大数据应用工作，基于贵州智慧检务前期探索情况和积累的大数据资源进行应用技术攻关

5.4.3.2 联合实验室应用研究典型案例

目前，智慧检务创新研究院大部分联合实验室已经投入实际运营，并涌现出部分实际成果，提高检察工作质效。

以卫星遥感技术在检察工作中的应用为例。在智慧检务创新研究院指导下，由湖北省检察院和武汉市检察院牵头的"检察区块链联合实验室"的"检察区块链存证和卫星影像应用研究"取得重大突破。通过与国家测绘地理信息局卫星应用中心的战略合作，免费借助卫星遥感数据，解决生态环境和资源保护类公益诉讼案件中取证难问题。目前实验成果已对湖北、广东等省试点检察院开放。

2018年1月24日，广东省广州市南沙区检察院委托实验室核实土地改变用途的时间节点和现状。经核实，案件区域内满足案件需求的卫星影像12期，2017年1月卫星遥感影像显示，案件区域内明显出现农用地用途被改变的情况，2017年9月变化区域呈缩小态势。

2018年1月29日，广东省广州市南沙区检察院委托实验室核实2016年某湖面被倾倒垃圾污染的状况。经核实，案件区域内满足案件监测需求的卫星影像共10期，湖泊区域监测的这10期卫星影像均发现疑似非法垃圾倾倒情况，为公益诉讼案件办理提供了有力的客观证据。

图5-57 实验室调取的案件区域2016年5月16日高分一号卫星遥感数据

2018年2月26日，湖北省咸宁市嘉鱼县检察院委托实验室核实2015年9月至2017年8月期间白云山和狮子山的土地和林地被毁损情况，勾勒卫星遥感图像上被毁损土地和被砍伐林地区域，并计算被毁损土地和被砍伐林地区域的面积。经核实，案件区域内满足案件监测需求的卫星影像共11期，卫星影像监测结果分析可知，案件区域监测的11期卫星影像均发现疑似非法占地情况，疑似非法占地面积约80.57万平方米。

图5-58 实验室调取的案件区域2015年9月1日高分一号卫星遥感数据

5.4.3.3　检察机关信息化网上轻应用作品征集活动

2015年10月至2016年6月，最高人民检察院技术信息中心举办首届"全国检察机关信息化网上轻应用作品征集活动"。此次活动共征集到28个省、自治区、直辖市人民检察院以及新疆生产建设兵团人民检察院共117个团队的124个作品，经过书面初评、当面复评两轮的专家评审，2016年6月完成了全部作品的评审工作。对"检察数据宝系统"等50个作品分别授予一、二、三等奖和最佳创意奖、最佳应用奖、最佳展示奖。

表5-15 首届全国检察机关信息化网上轻应用作品征集活动（一等奖）

序号	轻应用名称	报送单位
1	检察数据宝系统	内蒙古区检察院信息化建设管理处
2	"督学记"App	辽宁省检察院检察信息处
3	监视居住综合管理系统	黑龙江省检察院检察技术处
4	检察网远程温度自动检测报警系统	江苏南京市玄武区检察院
5	检察为民服务管理应用平台	江苏省苏州市虎丘区检察院
6	环保领域行政执法检察监督与信息共享平台	山东省检察院信息中心
7	检察专线网信息订阅系统	河南省开封市检察院
8	行贿犯罪档案查询App	广东省检察院技术处
9	每月要情和报表软件	重庆市检察院技术处
10	云检IP设置助手	云南省检察院信息网络处

2018年7月2日，最高人民检察院技术信息中心印发《关于开展第二届全国检察机关信息化网上轻应用作品征集活动的通知》（高检技〔2018〕54号），定于2018年7月至2019年1月开展第二届征集活动。本次活动围绕检察信息化App应用开展，参加人员仅限于检察机关工作人员或者以此组建的团队。截至2018年8月底，已有来自26个省（自治区、直辖市）的43支团队参赛，团队成员来自办公室、政工、案管、计财、技术、信息化等部门，参赛的App应用覆盖司法办案、检察办公、队伍管理、检务保障、检察服务等各个领域。

5.4.4 培训管理

5.4.4.1 检察技术信息岗位素能基本标准

为加快推动检察队伍专业化职业化建设，2013年5月，最高人民检察院政治部下发《关于制定检察机关岗位素能基本标准 进一步完善检察教育培训体系的意见》（高检发政字〔2013〕51号），2014年3月，制定《检察机关岗位素能基本标准研制方案》。最高人民检察院成立检察机关岗位素能基本标准研制领导小组，领导小组办公室设在政治部。

2016年1月，检察机关岗位素能基本标准研制工作基本完成，包括：（1）检察机关岗位素能通用标准，包括通用素养和通用能力两部分；（2）检察业务条线专业标准，包括侦查监督、公诉、反贪污贿赂、渎职侵权检察、刑事执行检察、民事行政检察、控告检察、刑事申诉检察、职务犯罪预防、案件管理10个业务条线227个素能项目。（3）检察岗位素能标准词典，对研制过程中曾经出现的、具有独立意义词条进行汇总。

2017年2月，最高人民检察院政治部印发《检察机关岗位素能基本标准第二期研制方案》，要求尚未制定岗位素能基本标准的各条线（政工、办公室、铁路运输检察、法律政策研究、监察、计财装备、机关党务、离退休干部管理、新闻宣传、未成年人检察、检察技术信息）分组集中研制，力争用半年的时间，研究制定出本条线（部门）核心岗位的素能基本标准。

2018年2月，最高人民检察院技术信息中心向政治部提交了《检察技术和信息化岗位素能专业标准（送审稿）》，2018年6月14日，最高人民检察院政治部部务会议研究通过，组织出版了《检察机关岗位素能基本标准（续编）》，确定检察技术和信息化岗位素能"五岗、四级、十九项"的体例结构。"五岗"是指本条线共设置五个岗位，分别为领导决策岗、技术办案岗、信息化岗、科技创新岗和综合事务管理岗。"四级"是指各素能项目根据能力水平划分为四个等级，层层递进。"十九项"是指根据五个岗位共设置了19个素能项目。[①]

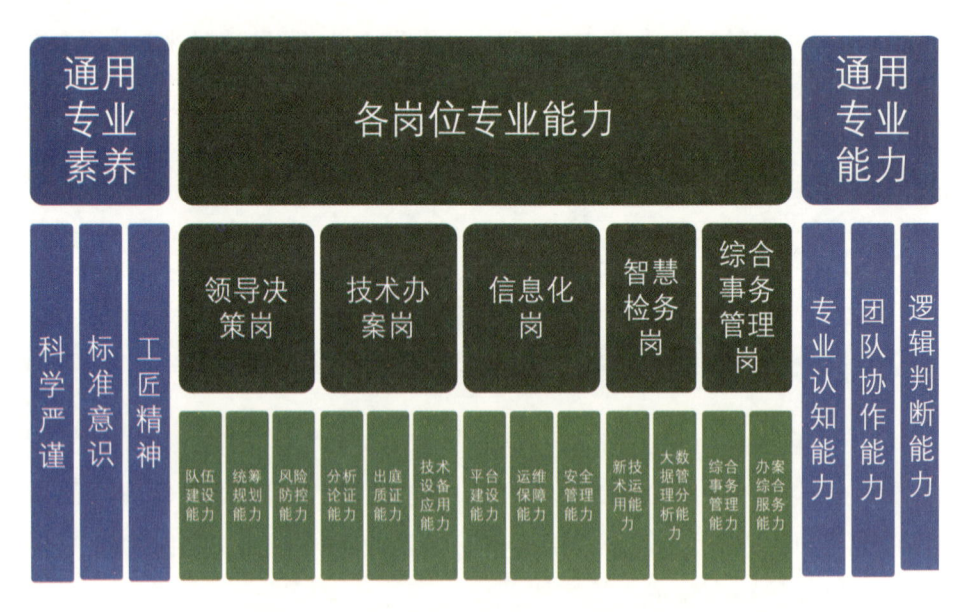

图5-59 检察技术和信息化业务（送审稿）专业标准结构图

领导决策岗，主要对应各级检察技术和信息化部门正副职管理人员。该岗位共

---

① 最高人民检察院编：《检察机关岗位素能基本标准（续编）》，中国检察出版社2018年版。

设置三项专业能力：（1）队伍建设能力是通过各种管理手段提升检察技术和信息化队伍的整体素质，推动人才培养和队伍建设，建立高素质、专业化、规范化检察技术和信息化队伍的能力。（2）统筹协调能力是指合理规划、配置和利用本地区、本部门资源，统筹协调、科学部署、合理安排、整体规划检察技术和信息化工作的能力。（3）风险防控能力是指识别可能发生的检察技术和信息化工作风险，通过评定风险等级、制定风险防控预案、采取有效的风险防控措施、建立健全风险监管制度，消除和减少风险的能力。

技术办案岗，主要对应检察技术各门类承办检察技术案件的人员。该岗位共设置三项岗位专业能力：（1）分析论证能力是在检察技术案件办理过程中，案件承办人采用科学的技术方法，对案件检验结果以及相关信息等进行系统分析，运用严谨的方法进行论证，得出客观准确结论的能力。（2）出庭质证能力是以鉴定人或专家辅助人的身份出席法庭，参与质证，就相关技术性问题进行说明或接受质询的能力。（3）技术设备应用能力是在检察技术办案中，运用各类软、硬件设备，提高检验效果，提升工作效能，保障工作质量的能力。

信息化岗，主要对应从事日常信息化建设、保障、管理的工作人员。该岗位共设置三项专业能力：（1）平台建设能力是利用信息技术知识，按照平台建设业务需求和建设规范，调研、设计、论证、实施检察信息化平台的能力。（2）安全管理能力是利用信息技术知识，按照平台建设业务需求和建设规范，调研、设计、论证、实施检察信息化平台的能力。（3）运维保障能力是根据信息化工作需要，主动适应技术进步，保障系统安全、稳定运行的能力。

智慧检务岗，主要对应从事智慧检务理论建设、规划建设、应用建设等创新任务的工作人员。该岗位设置两项岗位专业能力：（1）新技术运用能力是指了解各类新兴技术的发展趋势，对新兴技术的原理进行分析研究，促进新技术与检察工作融合、运用的能力。（2）数据分析能力是指对检察工作各业务条线提供的数据进行整理和分析研究，并作出数据展示和评估预测的能力。

综合事务管理岗，主要对应从事部门日常事务性工作、内外沟通的内勤人员。该岗位要求具备综合事务管理能力，即在日常事务性工作中，在其职权范围内或领导授权下，协调部门之间、工作之间、人员之间的关系，使各岗位人员配合协作，共同实现工作目标的能力。

5.4.4.2 智慧检务沙龙

在最高人民检察院技术信息中心、智慧检务创新研究院指导下，检察日报社正义网自2016年11月起承办开展了"智慧检务沙龙"系列主题活动,沙龙参与者主要来自最高人民检察院各厅局代表以及地方检察机关技术信息化部门和业务部门代表、高校专家学者以及部分企业技术代表。

截至2018年9月,沙龙活动共举办12场,在已经举办的12场沙龙活动中,共有1500人次参与,随着主题的不断深入,沙龙的影响力也显著增长,现已成为检察机关智慧检务建设的"品牌项目"和检察新科技宣传推介、培训交流的全新平台。

第一场沙龙:大数据在检察机关的应用畅想

2016年11月25日,沙龙活动在北京举办。最高人民检察院技术信息中心副主任钟福雄和检察日报社党委委员、正义网总裁覃匡龙致辞,从此两家单位领导致辞成为惯例。本次沙龙围绕检察数据资源的潜在价值、应用方向、推进机制和实现方式等相关问题展开讨论,分享交流检察工作过程中大数据应用探索和实践成果,探讨大数据时代背景下检察工作与科学技术融合、创新、发展的路径和措施,推进检察机关信息化建设和应用的智慧升级。

图5-60 首场智慧检务沙龙在北京召开影像资料

第二场沙龙:大数据在检察机关的实务应用

2016年12月23日,沙龙活动在北京举办。最高人民检察院技术信息中心主任赵志刚作主旨发言。本次沙龙对照《"十三五"时期科技强检规划纲要》的要求,围绕"大数据在检察机关的实务应用"这一主题展开激烈而充分的讨论,围绕大数据与检察工作实务探讨、技术实现探究等议题畅所欲言。大家针对检察机关的案情辅助研判、量刑建议以及检察大数据和司法大数据的关联分析等相关实务应用问题，提出了意见建议。

第三场沙龙：聚焦智慧公诉

2017年1月24日，沙龙活动在北京举办。这是第一次由最高人民检察院业务厅局领导参与的智慧检务沙龙。时任最高人民检察院检察委员会委员、公诉厅厅长陈国庆（现最高人民检察院党组成员、副检察长）作主旨发言。本次沙龙围绕大数据如何为检察机关公诉工作提供科技支撑等问题，探讨如何将更多更好的新技术运用在审查起诉、出庭公诉、诉讼监督、参与社会治理等方面，不断提升公诉工作现代化水平，加快推进大数据在检察机关公诉业务的实际应用。

第四场沙龙：大数据与检察视频应用

2017年3月1日，沙龙活动在北京举办。最高人民检察院技术信息中心主任赵志刚、检察日报社党委委员覃匡龙致辞，最高人民检察院刑事执行检察厅、控告检察厅等部门参与。本次沙龙围绕"大数据与检察视频应用"的主题展开讨论，与会人员就如何使用好视频技术、让大数据和视频技术助力检察工作进行了热烈的讨论，同时交流了视频技术在检察机关应用的经验做法。

第五场沙龙：智慧检务4.0畅想

2017年6月30日，沙龙活动在上海举办，这是第一次在京外举办智慧检务沙龙。最高人民检察院技术信息中心主任赵志刚、上海市检察院副检察长王光贤、江苏省检察院副检察长王方林致辞。本次沙龙以"智慧检务4.0"为主题，与会人员就实践中如何运用大数据更好地服务检察工作，打造智慧检务进行了主题发言，同时，来自各地检察机关的代表就各地具体工作中，使用智能化技术为检察机关服务的经验和做法进行了交流。

第六场沙龙：大数据促进检察监督与业务协同

2017年8月31日，沙龙活动在北京大学举办，这是第一次在高校举办智慧检务沙龙，最高人民检察院技术信息中心副主任钟福雄、检察日报社党委委员覃匡龙、北京市检察院副检察长黄宝跃、北京大学法学院党委书记潘剑峰致辞。本次沙龙以"大数据促进检察监督与业务协同"为主题。与会嘉宾就强化检察监督、大力推进大数据和人工智能在侦查监督、审判监督、执行监督、公益诉讼等检察监督类业务应用中的

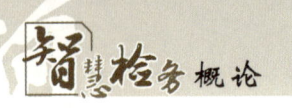

需求"痛点"作了主旨发言,探讨了检察监督信息化的理论与实务问题。

第七场沙龙:"人工智能+检察工作"公诉领域前瞻

2017年11月9日,沙龙活动在贵州贵阳举办。最高人民检察院公诉厅副厅长张相军、技术信息中心副主任幸生、检察日报社副总编辑王守泉、贵州省检察院副检察长肖振猛等作主旨发言。与会嘉宾共同探讨了人工智能在公诉领域的应用需求、"智慧公诉"解决方案和人工智能应用思路,以及如何提升公诉工作的质量和效率。

第八场沙龙:"人工智能+检察工作"网络安全发展新方向

2017年12月11日,沙龙活动在广东佛山举办。最高人民检察院技术信息中心副主任钟福雄、检察日报社党委委员覃匡龙、中央网信办网络安全协调局相关领导作主旨发言。本次沙龙探讨了智慧检务和网络安全如何实现齐头并进、如何在大数据与人工智能背景下创新技术确保网络安全等问题,分享了各地检察机关在网络安全构建、网络应用等方面的亮点及经验。

第九场沙龙:科技创新与智慧检务

2017年12月22日,沙龙活动在河南新乡举办。最高人民检察院技术信息中心主任赵志刚、民事行政检察厅副厅长(挂职)刘艺、河南省检察院副检察长田效录、新乡市政法委书记李跃勇致辞。同时,来自各地的检察官结合检察工作探讨了大数据时代的法律监督问题。部分高校专家学者及科技企业与会代表就实际操作中如何运用大数据和人工智能更好地服务检察业务工作展开了热烈讨论。

第十场沙龙:智能语音+检察工作

2018年1月18日,沙龙活动在安徽合肥举办,最高人民检察院法律政策研究室副主任缐杰、技术信息中心副主任钟福雄、刑事申诉检察厅副厅级检察员肖亚军、安徽省检察院常务副检察长高宗祥、浙江省检察院副检察长陈海鹰等分别致辞或作主旨发言。本次沙龙以"智能语音+检察工作"为主题,200余名与会代表围绕包括智能语音系统在内的人工智能技术在检察工作中的深度应用进行研讨。与会代表还集体到本场沙龙协办方的"认知智能国家重点实验室"参观学习。

第十一场沙龙:以办案为中心深化检察智能化建设

2018年7月6日,沙龙活动在北京举行,最高人民检察院副检察长张雪樵作主旨发言，技术信息中心主任赵志刚主持，这是目前智慧检务沙龙中层次最高、影响力最大的一场沙龙活动。江苏省检察院副检察长王方林、贵州省检察院副检察长杨承志、中央党校政法部主任卓泽渊、中国人民大学法学院院长王轶、北京大学法学院副院长杨晓雷、清华大学法学院教授张建伟、北京师范大学法学院院长卢建平、北京航空航天大学法学院院长龙卫球、天津大学法学院院长孙佑海、武汉大学法学院院长冯果、北京交通大学法学院副院长李巍涛、中央财经大学法学院副院长李伟等参加会议，并围绕"深化检察智能化建设""现代科技助力司法改革"召开圆桌论坛，共商智慧检务。

图5-61　最高人民检察院张雪樵副检察长在第11场智慧检务沙龙作主旨发言

第十二场沙龙：以办案为中心深化检察工作网应用建设

2018年8月19日，沙龙活动在黑龙江大庆举办，最高人民检察院技术信息中心副主任钟福雄、大庆市检察院检察长姜廉作主旨发言，检察日报社副总编辑王守泉、黑龙江省检察院巡视员徐军、福建省检察院巡视员吴超英等出席沙龙活动。本场沙龙以"政法数据共享和检察工作网应用建设"为主题，来自黑龙江、上海、江苏、浙江、山东、贵州等地检察机关的参会人员介绍了各自检察工作网建设情况，中国政法大学、哈尔滨工业大学的专家学者结合法律法规、网络技术进行主题交流和自由讨论。

5.4.4.3　智慧检务培训

一、特色培训基地建设

根据《全国检察机关特色培训基地建设意见》，2017年6月至11月，最高人民检察院政治部、技术信息中心、国家检察官学院组成联合考察组对全国检察机关检察技术与信息特色培训基地申报单位进行实地考察。2017年12月，最高人民检察院下发了《关于确定国家检察官学院江苏、福建、山东、广西分院为全国检察机关特色培训基地的通知》，山东省检察官培训学院（国家检察官学院山东分院）被确定为全国检察机关检察技术与信息特色培训基地，是目前全国检察机关唯一以检察技术与信息为特色的培训基地。

图5-62　全国检察机关检察技术与信息特色培训基地

山东省检察官培训学院建有检察技术信息专业师资库，包括检察技术师资库22人、检察信息化师资库24人，其中有2名全国检察业务专家、3名全省检察业务专家、12名全国检察技术信息人才库成员、5名外聘专家教授。自2014年以来，学院举办检察技术、检察信息培训班21期，培训2123人次，曾先后四次圆满完成全国信息技术培训任务。针对检察技术与信息专业工作重点和难点问题，学院共开发57门特色课程，包括检察技术7个门类31门课程、检察信息化4个门类26门课程，涵盖所有检察技术和检察信息业务。整理编辑《司法会计实务》《云计算大数据理论与应用实践创新》《手印检验简明教程》《电子数据业务教材》《检察信息培训教程》《检察技术信息制度汇编》等教材6本。

二、专业化智慧检务培训

2017年12月10日至12月15日，智慧检务创新研究院培训管理中心举办"首届全国检察机关智慧检务前沿科技应用培训班"，来自全国近百个检察院的分管领导、处室负责人和技术骨干共计165人参加培训。

本次培训班面向各省级检察院和全国检察机关科技强检示范院的检察技术信息化

骨干，邀请中国工程院倪光南院士，国家"千人计划"特聘专家、中国人民大学信息学院文继荣院长等专家学者以及最高人民检察院技术信息中心、部分地方检察机关信息化负责同志、腾讯、阿里、讯飞等高科技公司专家参与授课，重点讲授智慧检务4.0和检察大数据发展顶层规划；大数据、人工智能等前沿技术及发展趋势；网络犯罪最新动向；各级检察机关在大数据、人工智能等现代科技应用方面的探索成果和实践经验等内容。

图5-63　中国工程院院士倪光南为智慧检务创新研究院培训班授课

在本次培训交流中，中国工程院院士倪光南讲述了自主可控方面的情况和发展，国产信息安全装备面临的困境，信息保护的艰难历程，提醒广大检察系统的同志们要重视国产信息设备的使用。除了丰富的理论知识学习外，学员们还到最高人民检察院国家检察大数据中心进行了参观，体验了检察大数据、电子证据鉴定、虚拟现实等技术应用，每晚进行小组讨论，极大地促进了学习成果的转化以及各个地区智慧检务的工作的成果交流。

三、智慧检务培训教材研发

理论是认识的基础，是实践的先导。近年来，最高人民检察院技术信息中心高度重视智慧检务培训教材编制工作。

一是加强理论专著出版，推进智慧检务理论建设。2017年《智慧检务初论——从理论构建到实践方法的科学思维》作为第一部智慧检务专著问世，从历史思维、理论思维、系统思维、管理思维、创新思维、发展思维入手，为智慧检务理论体系建设打下良好基础，原创提出了"智慧检务4.0"概念和四个阶段划分。2018年又结合顶层设计和地方实践出版《智慧检务概论——检察机关法律监督的科技智慧》，对"全业务智慧办案、全要素智慧管理、全方位智慧服务、全领域智慧支撑"的智慧检务总体架构进行深度剖析，并充分借鉴公安、法院、司法行政信息化建设的有益经验，以电子政务建设审计和办案中发现的问题为戒，为全面深化智慧检务提供理论指引。

二是加强系列教材编制，规范智慧检务培训内容。在最高人民检察院检察技术信息研究中心基本科研业务费资助下，中国检察出版社陆续出版了《检察实务中的大数据》《科技强检人才讲演录》《智慧检务言与思：检察大数据应用沙龙精萃》等书籍，目前，正在启动《检察信息化应知应会问题》的编写工作。最高人民检察院技术信息中心研究人员先后在《人民检察》《电子政务》《中国应用法学》等国家期刊发表《智慧检务的演化与变迁：顶层设计与实践探索》《智慧检务的认知导向、问题导向、实践导向》《检察智能化建设的战略转型和发展趋势》《检察机关信息化发展史研究概要》《电子政务项目风险评估与治理研究》《电子检务顶层设计的发展目标与总体架构研究》《"互联网+检察工作"模式的建设环境与路径》《探索构建"互联网+检察工作"模式提升检察工作现代化水平》等论文，为智慧检务日常培训提供专业知识。

三是加强专业期刊建设，搭建智慧检务交流平台。经院领导批准，2013年最高人民检察院技术信息中心与中国检察出版社合作，每两个月出版一期《检察技术与信息化》连续出版物，截至2018年8月，已发行连续出版物30期。目前，《检察技术与信息化》编委会总主编为最高人民检察院张雪樵副检察长、执行主编为技术信息中心赵志刚主任，顾问包括中国工程院院士丛斌和倪光南、中国刑事检警察学院院长余新民、公安部鉴定中心主任赵启明等。连续出版物主要面向全国检察机关技术和信息化条线，以及其他关注智慧检务、科技强检理论研究的检察人员、政法干警、学者专家。读者可以从《检察技术与信息化》获取最高人民检察院和各地检察机关智慧检务建设最新成果、交流经验、取长补短。

第 6 章
智慧检察院探索和风险防范

要坚持高共享发展,打破信息孤岛,为法律监督插上信息化翅膀,不断提高法律监督能力和水平,努力为人民群众提供更丰富、更亲和的法治产品、检察产品。要加强党风廉政建设,坚决反围猎,建设廉洁工程。

——2018 年 5 月 24 日最高人民检察院张军检察长在技术信息中心调研时的讲话

6.1 智慧检察院的基层探索

"十二五"期间,检察机关科技管理水平、科技保障能力、科技队伍专业化水平明显提高,科技强检评价体系基本形成,144 家"全国检察机关科技强检示范院"示范效应显著。

2016 年以来,全国部分检察机关已经开始探索建设新时代"智慧检察院"。由于东部沿海地区和中西部地区地域差异较大,地市级检察院和基层检察院任务也有所差异,下文选取了东部沿海地区的上海市铁路运输检察院、浙江省杭州市余杭区检察院、山东省泰安市检察院,中西部地区的黑龙江省大庆市让胡路区检察院、四川省江油市人民检察院、内蒙古呼和浩特市赛罕区检察院为例,介绍上述检察机关立足本地市(区)情院情,根据办案需求,探索出一条具有本地特色、符合基层实际的"智慧检察院"创建之路的有益经验。

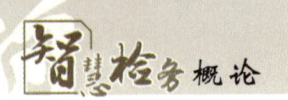

6.1.1 东部地区检察院探索案例

6.1.1.1 上海铁路运输检察院"智慧检察院"建设的探索实践

一、市情院情

上海地处长江入海口,是长江经济带的龙头城市,国际经济、金融、贸易、航运、科技创新中心,也是全球人口规模和面积最大的都会区之一。下辖16个市辖区,总面积6340平方公里,常住人口2418.33万,2017年地区生产总值3.01万亿元。已开通轨道交通线路16条,运营线路总长673公里,日均客流达1000万人次。境内河道(湖泊)面积约500多平方公里,河道长度2万余公里。

上海铁路运输检察院于1957年建院,1982年恢复重建,2012年7月正式移交上海市人民检察院,实行属地管理。目前内设6个检察业务部和1个综合保障部,在编干警80余人,集中管辖上海市轨道交通运营区域内一审刑事案件,以及全市破坏环境资源保护、危害食品药品安全一审刑事案件,年均办理各类案件800余件。近年来,该院贯彻"智慧检务"建设要求,坚持以提升检察办案"生产力"为立足点,推动信息化平台、大数据、人工智能和检察工作深度融合,为特殊案件和铁检转型发展插上了信息化翅膀。

二、信息化建设回顾

从20世纪80年代到90年代,上海铁路运输检察院先后购置了第一台486电脑、第一台DELL塔式服务器,1999年组建了院内局域网联通上海铁路局网、上海铁检分院网。2000年开始探索多媒体出庭示证,2006年开发了本院第一个自主软件"提审笔录模版系统"、第一个大数据库"职务犯罪数据库"。

2012年与铁路企业分离后,通过改造公务网、政务网、检察内网、铁路网、INTER网五大网络,纳入上海市检察系统网络体系。2016年9月,结合特殊案件集中管辖和搬迁新办公大楼的契机,上海铁路运输检察院启动"智慧检务建设"规划,在全院开展"智慧检务"需求大摸底,召开智慧检务建设头脑风暴会议,形成了"聚焦办案、立项规划""探索新平台、积累大数据、融合办案一体化"等思路。

通过两年多来与科技公司的合作建设,上海铁路运输检察院信息化又上了一个新台阶。硬件上,建设了有环控的屏蔽机房和两间汇聚机房,增添了华为机柜和刀片组、EMC存储等,另有路由器6台、交换机约30台、服务器33台、防火墙6台等,全楼光纤到桌面安全高效。软件上,搭建了智能人像识别平台、卷宗智能流转管理平台、智能辅助量刑决策系统、环资食药执法监督社情监控平台、检法零距离协商平台。同时尝试人工智能技术应用，运用人工智能智能机器人"小法"提供便民服务，在公益诉讼调查中运用无人机参与办案。这些实用、易用的"智慧检务"产品，有效地服务一线办案、提升办案效率，走出一条具有上海铁路运输检察院特色的"智慧检务"建设之路。

三、智慧检务探索项目

2016年9月，上海铁路运输检察院开始集中受理上海市破坏环境资源保护一审刑事案件，案件专业性强、管辖区域覆盖整个上海地区，加之案多人少、新增加人员办案经验缺乏等现状，急需利用信息化手段辅助办案，实现以机器换人力、以智能促效能。

（一）研发卷宗智能流转管理平台

"卷宗智能流转系统"是全院案件卷宗统一的智能化管理流转平台，也是全院办案业务数据的集中汇聚平台，系统关联案管、文印中心、控申、公诉等多个业务部门。基本流程主要包括：（1）案管大厅工作人员接收公安移交的纸质卷宗后，将案卷基本信息录入系统，系统针对案卷信息会自动生成一个二维码，以此作为案卷的标识和走向记录。在生成二维码的同时，案管大厅工作人员通过内网消息推送，通知文印中心相关人员来领取卷宗，以进行下一步的数字化处理。（2）文印中心人员收取卷宗后，利用高速扫描仪将纸质卷宗扫描生成PDF格式文档，然后系统会自动将扫描生成的PDF文档上传至系统云盘，通过后台OCR识别引擎（理论速度每2秒可以识别一页）进行转换以生成WORD文档。对于生成的WORD文档，工作人员会和PDF原稿进行准确性校对，确保卷宗数字化转化结果的准确性。（3）案管部门对经过数字化处理的案卷进行登记后，将案件电子案卷分发给相应办案部门，案件承办人可以对案卷进行调取和编辑处理，节省了办案人员对案件信息进行重复录入、编辑、摘抄的时间，提升了办案效率。一个上级检察院的复杂案件有140本卷宗，运用这套技术可以半天内把卷宗全部扫描完并识别完，极大提升了检

图6-1 上海铁路运输检察院案卷智能收发柜

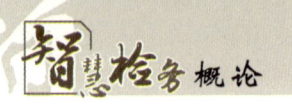

察官办案组工作效率。

案件纸质卷宗放在智能档案柜特定存储格位，承办人需调取纸质卷宗，可凭全院一卡通IC卡刷卡取卷。同时，案件办理过程中生成的办案文书（起诉书、审结意见书等）在办案结束后也通过对应的二维码进行纸质卷宗归档留存，电子稿办案文书则可通过与统一软件的数据接口进行调用归档。这套系统的作用不仅为上海铁路运输检察院智慧检务大数据平台的构建提供了基础数据，同时也起到了办案过程全程留痕的作用，通过对案卷流转过程的全程记录，可对检察办案人员的办案时长、办案数量、办案类型、文书质量进行进一步的数据分析及关联比对，进而构建上海铁路运输检察院检察官数字画像及案件质量评查的系统平台。

（二）研发案件智能量刑辅助工具

上海铁路运输检察院受理上海市破坏环境资源保护、危害食品药品安全一审刑事案件，针对这些特定案件，承办检察官有三个需求："同类案件判决书和起诉书推送""司法解释法律法规的推送""基于案件量刑建议的对比考量"。据此，上海铁路运输检察院基于卷宗智能流转系统建立的数据库，再对这些特殊类型案件证据标准、法律文书、庭审判例进行分析，利用大数据及深度学习的技术，构建了这些特殊案由案件的智能定罪量刑的数据模型和决策智能平台，为办案部门实际办理这类案件提供智能量刑建议及偏差分析，并能进行案件相关法律法规、司法解释、相关案例、案件舆情信息的智能推送。

（三）建设检法零距离协商云平台

随着上海铁路运输法院搬迁，与上海铁路运输检察院距离十几公里，开庭成了一件耗时耗力的"麻烦事"。2017年初，上海铁路运输检察院与上海铁路运输法院、上海市人民检察院第二分院、上海市第二看守所共同协商形成了《三地远程审判合作会议纪要》。在此基础上，三地探索运用远程视频庭审系统，对适用简易程序案件、认罪认罚案件进行远程庭审，公诉人、法官、被告人分处检察院、法院、看守所三地，"足不出户"，"面对面"地参加庭审，从距离、空间等多方面提高诉讼、审判效率，节约了司法成本。预计1年240个同类案件可以节省10000公里的路程，约700小时的往返时间。该院还部署了语音自动识别笔录系统，实现了开庭四方自动采集语音和文字转化，提高了办案效率。

（四）建立公益诉讼执法监督监控平台

针对上海铁路运输检察院铁路轨交、环资、食药专项领域案件受理及跨地域检察院的特点，该院规划建立了一套案件线索舆情智能推送分析平台，通过及时收集分析专项案件领域的涉案涉检舆情，可以为办案人员提供参考材料，也可以预测涉案舆情热点、进行舆情风险预警分析。同时，还将"两法衔接平台"信息一并通过联动手机小程序，进行涉案涉检舆情的智能分析推送，变被动为主动，切实把舆情数据更有效地运用于案情的线索分析，为公益诉讼提供线索来源。

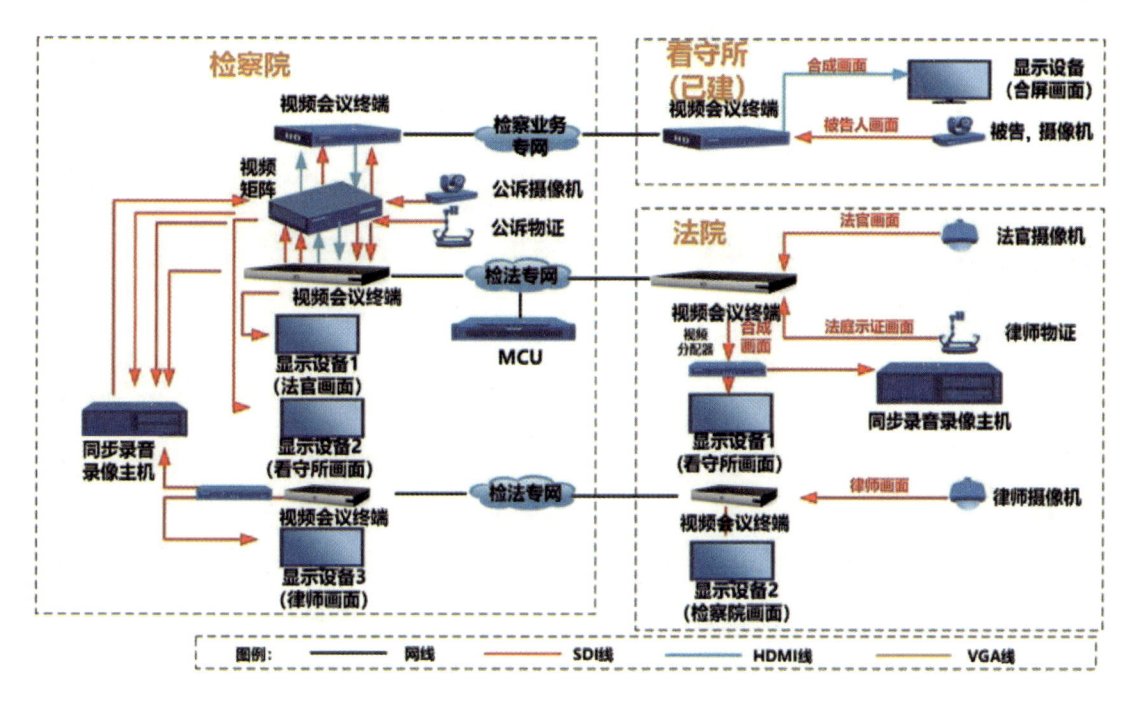

图6-2 上海铁路运输检察院、法院零距离协商云平台架构示意图

（五）建立司法办案区智能人像平台

针对上海铁路运输检察院租赁的办公大楼环境和进出人员复杂的实际情况，在大楼周边、主要通道及二楼司法办案区部署了智能人像门禁布控及轨迹记录分析系统。系统采用了人工智能人像识别分析技术，对楼内进出及来往人员进行智能人像抓拍、跟踪、判断和报警，前端人像识别摄像头抓拍到通道口人像之后，系统会将拍到的人像照片与预存的工作人员照片进行比对，人像比对确认之后会联动门禁系统让该人员通过，否则会禁止通过。同时，对系统黑名单报警库中设置的重点关注人员，进行人像识别认证的报警提示。此外，在人像抓拍识别的基础上，系统还扩展实现了主要会议室的人像签到功能，通过人像抓拍，即可对与会人员参会情况进行签到记录，实现了检察院工作人员的会议智能签到及工作轨迹留痕。

（六）建立检察委员会无纸化会议系统

系统由集中控制主机及多媒体触控会议终端组成。通过系统部署，实现了检察委员会与会材料的集中分发及查阅、批注、同屏显示、一键投屏、会议表决、大统一数据调取、语音识别转换、音视频记录等功能，切实保障了公诉部门疑难案件的检察委员会无纸化会商讨论和会议过程全程智能记录，为院领导会商决策提供了技术支撑。

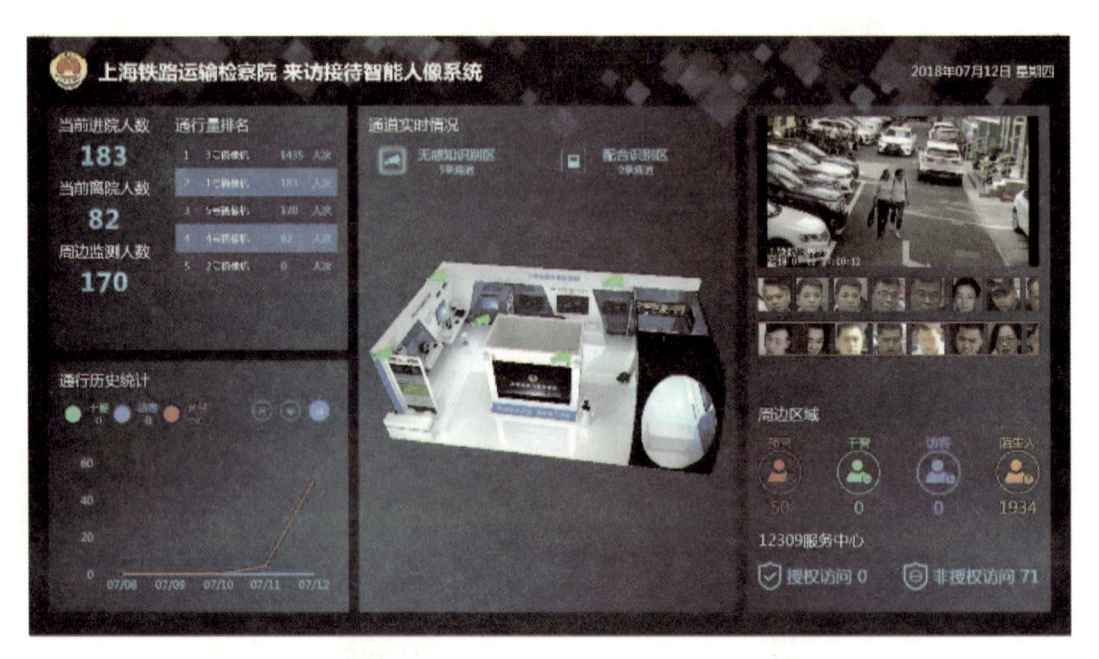

图6-3　上海铁路运输检察院来访接待智能人像系统示意图

图6-4　上海铁路运输检察院"小法"服务机器人

（七）引入控申接待、便民服务的人工智能机器人

智能机器人"小法"是一个智能化、口语化和标准化的控申接待、咨询服务的机器人产品。"小法"可通过智能筛选匹配结构化问题输入AI问答系统，并借助自然语言处理和法律大数据来进行法律问题的智能解答，其问题库收录了包含检察院控申接待常见问题在内的4万多个程序法律问题以及3万多个常见实体法律问题，法律法规库中收录了7000多部法律、6万多法条、500万个案例、4万多个法律文书模板。依托科技前沿的人工智能技术可以为老百姓提供包括法规查询、司法业务指引以及实体问题解答在内的专业法律咨询服务。

"科技改变铁检，效率始于创新"。上海铁路运输检察院以最高人民检察院、上海市检察院的规划要求为指导,坚持"聚焦办案需求,一切为了办案服务"的建设原则,在"智慧检务"建设道路上不断摸索、实践和积累,取得了一定成效。下一步,上海铁路运输检察院将运用智能手段规范流程、精准管理,不断提高法律监督能力和水平,努力打造具有上海特色的专业化"智慧检察院"。

6.1.1.2 浙江省杭州市余杭区检察院"智慧检察院"建设的探索实践

一、区情院情

杭州市余杭区位于浙江省北部,从东、西、北三面拱卫杭州主城区,总面积1228平方公里,户籍人口97万,外来人口约153万。近年来,余杭经济社会发展迅速,产业结构不断优化,"双创"活动不断激发,与浙江大学、阿里巴巴集团签订新一轮战略合作协议,之江实验室正式挂牌,阿里达摩院成功落户,引进菜鸟网络中国智能骨干网、阿里巴巴云数据中心等项目,建设了未来科技城、人工智能小镇等一批国内有影响力的科技创新园区。

余杭检察机关始建于1951年,单位名称经历了由"余杭县人民检察署""余杭县人民检察院""余杭市人民检察院"到"杭州市余杭区人民检察院"的数次更迭。1995年6月成立浙江省余杭临平地区人民检察院(系浙江省人民检察院的派出院),承担对辖区内省属监狱、看守所的刑罚执行和监管执行法律监督工作。两个院由同一个党组领导,现两院共有内设部门22个,司法改革后设立公诉一部、公诉二部、侦查监督部、民事行政检察部、案件管理部、办公室、政治部、检务保障部等8个部门。近年来,余杭区检察院和临平地区检察院先后荣获全国检察机关集体一等功、全国先进基层检察院、全国检察机关派驻监管场所示范检察室、全国检察机关司法警察编队管理示范单位等荣誉;3人获得全国"业务标兵"和"先进个人"称号,6名检察官入选全国检察人才库。自2009年省检察院直接对基层检察院开展分类考评后,余杭区检察院已连续六次获评全省先进基层检察院。

二、信息化建设回顾

余杭区检察院的检察信息化和技术建设应用情况总体良好,近几年每年投入信息化建设资金约300万元,在省检察院年度技术条线考核中名列前茅。目前,余杭区检察院已完成局域网、专线网、工作网和互联网等四套网络系统建设,配置两套高清视频会议系统,研发使用包含公文处理、人事管理、外出管理、执法档案管理、廉政教育电子管理、派车管理、派警管理、赃款赃物管理、办公用品管理、值班管理等功能的桌面管理系统和办公 OA 系统。

为进一步加快"智慧检务"建设，余杭区检察院根据最高人民检察院、省检察院、市检察院的要求，主要在四个方面取得突破性进展。

（一）服务高质高效的司法办案

利用智能语音、自然语言处理和数据可视化等大数据分析技术，推动建设智慧侦监、智慧公诉、智慧执检，实现智能取证、智能证据审查、智能信息推送、智能辅助出庭、智能执检监督和智能评查督查。目前已为所有业务部门和部分综合部门干警配备语音输入系统，组织开展"动手还是动口"输入法竞赛，在干警中全面推广普及语音输入。同时建立电子数据实验室，全面提升该院打击和防范计算机网络犯罪的水平。

（二）服务公开透明的为民服务

打造网上网下一体化检务中心，建成律师电子阅卷室，开发并使用律师电子阅卷系统，方便律师阅卷。推进"智慧案管"建设，自主研发案件质量评查系统，建设案件信息主动公开、信息查询、预约申请、材料递送、意见反馈等智能化服务模块，在"余杭检察"微信公众号中建成案件信息查询、行贿犯罪档案查询、律师预约阅卷等功能模块，满足法律工作者和人民群众个性化司法需求。

（三）完善先进完善的基础设施

建立"感、传、知、用、管"五维一体的智慧检务基础环境，建立数据治理、运维监控与信息安全智能监管体系，构建异地容灾备份系统，目前已建成内网信息机房、外网信息机房、附楼信息机房、机要通道及加密机房，对重点部位加装监控，对密码机房和原线路加装屏蔽器等物理环境改造。

（四）完善智慧检务的保障体系

成立院科技强检领导小组，统筹推进智慧检务建设，以十大重点专项为抓手，技术科及各部门科技强检联络员负责做好各条业务线的需求分析、平台测试、应用培训、推广部署等工作。积极引进招录信息技术专业人员，建立信息技术人员到办案部门轮岗学习制度，打破检察业务人才和检察技术人才的壁垒。选派干警赴阿里巴巴等一流网络技术企业学习交流，培养基层检察院自己的大数据分析团队。加强信息技术培训，将大数据、人工智能相关技能纳入各业务部门培训内容。建立奖励机制，对智慧检务建设作出贡献的部门和干警予以表彰。对投资大、周期长的重大项目，主动向区委、人大、政府请示汇报，积极与有关部门沟通，力争将智慧检务专项工作经费纳入财政预算，提供长效的经费保障。

三、智慧检务探索项目

当前，余杭区检察院逐步建成以检察数据为核心，以政法一体化平台为基础，以服务保障检察工作为导向的"余检魔方"基层检察智能辅助工具。目前已经开发完成针对侦查监督、公诉、未成年人检察等刑检办案部门研发的"刑智魔方"辅助工具，针对案件管理研发的"数智魔方"辅助工具，针对刑事执行检察研发的"督智魔方"辅助工具，针对检察大数据辅助办案的"云智魔方"辅助工具。目前正在开发针对民行部门和控告申诉部门的"民智魔方""申智魔方"等辅助工具，并不断研发相应配套辅助软件，全面推进余杭检察智慧化进程。

图6-5 "余检魔方"基层检察智能辅助工具

（一）"刑智魔方"侦监公诉辅助工具

1. 积极探索"通、用、融、析"工作法

2017年7月，浙江省政法信息化建设工作领导小组决定在余杭区开展"浙江省一体化办案系统"试点工作，该院积极响应建立工作专班，探索新的工作模式。（1）以"通"字为基础，通过一体化办案系统使公安、检察、法院、司法、监狱互联互通，统一数据标准，实现文书、信息、电子卷宗共享。目前，该院审查逮捕阶段90%以上，审查起诉阶段80%以上的案件均通过"一体化办案系统"办理。（2）以"用"字为要义，研发"实体审查辅助工具"，实现利用电子卷宗智能辅助阅卷；案件要素自动关联，案件事实与结构化要素智能关联和可视化展现；证据辅助分析,提供清单式、嵌入式证据标准指引和风险预警,实现文书自动比对、自动纠错、自动排版,提高法律文书规范、质量。(3)以"融"字为纲领,实现一体化平台与检察办案系统的全面融合。在审查逮捕、审查起诉阶段,"侦监案件实体审查辅助工具"将公安通过一体化平台移送的案件文书、信息、电子笔录自动进入检察机关统一业务系统,实现案卡回填和侦监、公诉部门协同办案。(4)以"析"字为重点,实现办案信息的大数据分析。通过一体化办案平台将政法各家的办案信息全面整合,形成案件大数据库,为量刑建议、类案推送等提供有力数据支持,为社会综合治理提供科学依据。

2. 研发出庭一体化系统

该院以证据数据化、犯罪过程图谱化、庭审质证实质化理念为指引,与软件开发公司紧密合作,研发了出庭一体化平台系统。系统可以直接从统一业务系统中获取案件电子卷宗等数据,承办人只需选择要在庭上出示的内容,系统便能自动从电子卷宗中提取相应的文字、图片、音视频等数据,一键生成出庭预案。出庭时只需将出庭一体化系统的移动终端与法庭外部显示器连接,即可完成出庭前准备工作。庭审中可以根据需要随时通过操作界面临时抽取证据材料、调整举证顺序、现场标注、凸显重点证据,大大增强了举证、质证的灵活性。公诉人在法庭上展示证据照片时,可以根据实际需要,通过触屏电脑对证据照片放大缩小、对视频画面进行锁定、放大、重点区域标识,让证据展示更加有的放矢、清晰明了。并且单独操作区域,公诉人可在操作区域内通过关键字段模糊查询,对全案证据进行查询,及时找出相应证据材料,再通过演示功能将证据投射到终端显示器,灵活应对各种庭审突发状况。

图6-6 杭州检察机关刑事检察辅助工具

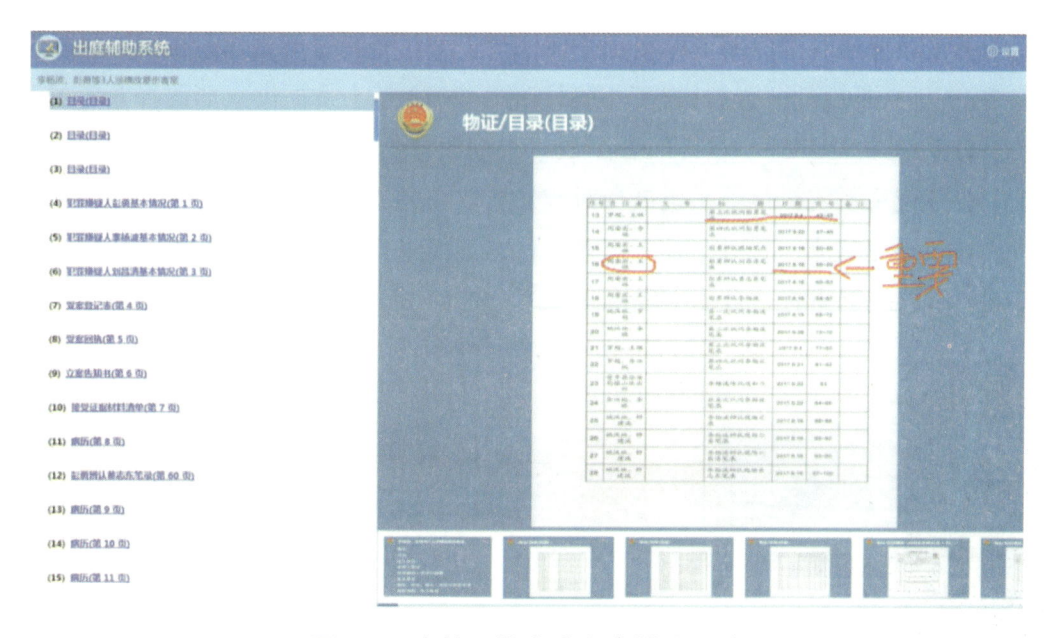

图6-7 余杭区检察院出庭辅助系统

3. 研发"危险驾驶案件一键化"办案工具

近年来，余杭区危险驾驶、交通肇事等道路交通刑事案件数量增多，仅2017年该院共受理危险驾驶案件408件，交通肇事案件108件，占全年受案总数的28%，给司法办案带来了很大压力，同时由于危险驾驶类案件一般要求7日内办结，承办人在受案后必须停止其他工作开始办理案件。针对这一情况，该院于2017年12月成立了道路交通案件办理小组，指派员额检察官专门负责办理道路交通案件，并联合软件公司研发了"危险驾驶案件一键化"办案工具，通过与一体化办案系统对接，自动提取犯罪嫌疑人身份信息、强制措施、基本事实等数据，自动生成审查报告、起诉书等法律文书，承办人核对修改后即可使用，法律文书制作时间缩短到5—10分钟。同时充分利用"远程提审、远程庭审、远程送达"的"三远一网"工作模式，协助承办人办理案件。目前该院危险驾驶案件平均办结时间为1个工作日，交通肇事案件平均办结时间为2.5个工作日。

（二）"督智魔方"刑事执行辅助工具

1. 研发减刑假释智能审查辅助工具

2017年5月，最高人民法院、最高人民检察院、司法部共同下发了《关于共同开展减刑假释信息化办案平台建设的通知》，就共同开展减刑假释信息化办案平台建设有关事项作出部署，要求在2018年底前，全国减刑假释信息化办案平台全面建成，

333

做到全面互联互通、全面网上办案、全面依法公开、全面智能支撑。杭州市余杭区检察院 2017 年 9 月启动"智慧执检"项目工作，2018 年 1 月提供减刑假释业务的智能辅助审查系统方案，7 月 10 日部署测试。减刑假释智能审查系统部署于检察专网，与统一业务应用系统执检子系统进行对接，抓取在办的减刑假释业务案件，提供审查项目的导入补充功能，并对已补充审查项目的案件进行智能化辅助审查，可以自动提案分案，智能辅助审查，自动生成审查文书，推动了该院执检工作效率的大幅提升。

图6-8　余杭区检察院减刑假释智能审查辅助工具

2. 研发刑事执行检察社区矫正系统

系统将所有需要监督的问题细化为具体可操作的监督点，在此基础上以覆盖所有监督点、按一定权重比例抽查、不得重复检查为原则自动生成任务清单，由检察工作人员按清单进行社区矫正监督检查工作。通过海量数据比对，能自动发现应收监人员、未及时入矫或不请假外出人员、违反信息化核查人员。系统投入运行后，监督效果十分明显，人均日检查司法所效率提高 3.5 倍，人均日检查档案数提高近 10 倍，受到干警好评。

（三）"数智魔方"案件管理辅助工具

2017 年 8 月，余杭区检察院提出建设集案件质量评查和三书比对于一体的三书审查平台，2017 年 9 月开始系统研发，2018 年 3 月在余杭区检察院进行试点应用。

通过对案件的质量评查和对起诉书、量刑建议书、判决书之间的智能比对，从而以流程驱动，完成整个案件的质量评查工作，实现对办结案件数据的筛选、存储、检索、分析功能。系统上线运行一个月来，共评查各类案件120余件，平均评查时间缩短60%以上。在实体评查方面采用条目化的可勾选方式，对于六大类问题分别设置准确、优秀、瑕疵、错误、分歧等73项具体情况，供评查员勾选，同时留有备注项供评查员填写。评查过程可以全程留痕，自动生成报告。

（四）"云智魔方"信息化辅助工具

余杭区检察院以检察大数据运用为核心，全面强化"三远一网"建设，在2016年就制定出台了《杭州市余杭区人民检察院"三远一网"实施办法（试行）》。目前，余杭区检察院本院已建成远程视频提审室、远程视频庭审室各两间，每间远程视频提审室各配备电脑一台、远程提审设备一套、远程示证设备一套；每间远程视频庭审室各配备远程庭审设备一套。看守所的远程视频提审室位于看守所第十六、十七号讯问室，法院的远程视频庭审室位于法院第一、九号法庭。对于符合刑事速裁程序适用条件并且案件事实清楚、证据充分、犯罪嫌疑人对指控事实和法律适用无异议的案件，一般通过远程提审和开庭，节约办案人员往返法院的时间。

同时该院还探索应用信息化手段办理网络电商领域犯罪案件，与阿里巴巴集团合作，充分利用一线办案数据和阿里巴巴专业技术优势，共同研发"云证"网络犯罪电子数据可视化演示系统，从直观角度还原犯罪流程，为案件办理提供便利。编发《网络犯罪案件技术语言汇编》，收录该院近年来办理的各类网络犯罪案件中出现的专业术语，从法律角度阐述其内涵特征、作案流程和作用机制，实现了网络技术语言和法律语言的深入融合。

下一步，余杭区检察院还将加大"智慧检务"投入力度，研发"民智魔方""申智魔方"。"申智魔方"辅助工具将以人脸识别系统、语音识别系统、身份证识别器等为技术引擎，以智能摄像机、接访自助一体机、接访机器人、高速翻拍扫描仪等为硬件支撑，提升服务为民水平，真正做到信息化和大数据在余杭检察工作中的全覆盖。

6.1.1.3 山东省泰安市检察院"智慧检察院"建设的探索实践

一、市情院情

泰安市，位于山东省中部，因泰山而得名，城市位于泰山脚下，依山而建，山城一体，是鲁中地区中心城市之一，国家历史文化名城。1985年5月撤销泰安地区行政公署，原县级泰安市升为地级市。目前，泰安市下辖2区、2县级市、2县，总人口563.74万人，2017年泰安市生产总值3585.3亿元。

山东省泰安市检察院下辖泰山、岱岳、新泰、肥城、宁阳、东平6个县（市、区）检察院和高新区检察院1个派出检察院。近年来，全市检察机关有38个集体，71人（次）受到省级以上记功表彰；其中市检察院多次被省检察院记集体一等功，连年被评为"文明机关"。2017年以来，全市检察机关共批准逮捕各类刑事犯罪嫌疑人948人，起诉3587人。泰安市检察技术研究所是泰安市检察院下属的二级预算单位，是全国地市级检察机关中唯一具有独立法人资格的检察信息化研究机构，为智慧检务建设提供人才支持和技术保障。

二、信息化建设回顾

泰安市检察技术研究所自创建以来，创新投资建设模式，着力解决系统建设的保障难题。一是采取BOT模式，变自建为租用。传统的自建模式投入大、更新升级缓慢，泰安市检察机关引入"建设、经营、转让"BOT模式，依托社会资源进行重大项目建设，然后通过租赁方式有偿使用，解决了资金短缺的难题。由泰安电信公司投资建成现代化的大容量中心机房，并负责后期运维和升级改造，摆脱了"先投入、后建设、再应用"的资金压力。二是对外引资，变开发为合作。泰安市检察院经过与浪潮集团、华为集团、北大方正、科沃斯、海康威视等知名IT企业进行多次深入探讨交流，达成合作协议，利用检察技术研究所这一平台，以架构设计和实务经验入股，相关IT企业以专业技术和研发力量入股这种合作模式，变购买服务为量身定制，变项目投资为互利共赢，探索走出一条"平台+合作+收益"的新路子。三是对上争取，变课题为预研。先后参与和承担了国家级、最高人民检察院和省检察院的三项重点课题，并与北京大学、中国人民大学、中国科技大学等14个单位联合，成功中标科技部国家级重点课题"人工智能在职务犯罪评估与预防中的应用"，2700万元的国家级课题研究经费已经拨付到位。成功申报最高人民检察院"改革背景下法律监督实体化相关技术研究"课题和山东省检察院年度唯一重点课题"检察官司法成熟度研究"，已形成初步成果。

为了解决检察信息化建设的人才难题，泰安市检察机关采取整合内部力量、搭建联盟平台、广泛联络人才方式创新人才使用模式。打破检察信息化、检察技术、情报等内设机构各自为战的局面，成立信通情报中心，对人力物力资源进行统一调配。搭建创客联盟平台，吸引全国200余家检察院的1800余名检察科技人才的参与，与合作企业联合设立创意基金，对提出金点子、金需求的干警进行奖励激励。此外，通过"走出去、请进来"，主动访问知名高校、IT企业，广泛联络信息化领军人物、拔尖人才、知名教授，深入探讨智慧检务发展趋势和自身发展路径；2017年9月1日，以检察技术研究所为平台，发起主办首届"泰山高峰论坛"，邀请中科院、北大、人大、南开、北师大、华为、浪潮等单位的专家学者，专题研讨智慧检务建设，就扩大合作领域、加深合作深度达成共识。

三、智慧检务探索项目

2018年1月24日，泰安市检察机关"业务办案智能辅助系统"和"检察官综合业绩智慧评价系统"在全国检察长会议上进行专题演示，受到与会大检察官好评。

（一）业务办案智能辅助系统

泰安检察机关业务办案智能辅助系统，分为案管、侦监、公诉、未检、执检、民行、控申、补侦、检察室、数据中心10个模块。系统无缝对接全国统一业务应用系统，成为统一业务应用系统的有力补充。

例如：（1）智慧案管模块，包括案件热度分析、卷宗管理、信息联动、信息公开、案管动态、法律法规、文库检索等功能。其中，热度分析功能，能够分析案件舆情热度，为检察长指定分案、员额检察官承办案件提供参考；卷宗管理功能，能够将侦查机关移送的电子卷宗上传至统一业务应用系统，自动分案后向案件承办人推送电子卷宗；案管动态功能，以直观的形式显示各类办案数据，方便领导掌控全院业务开展情况；信息公开功能，能够将需要公开的法律文书、程序性信息和重要信息自动、及时、全面地向社会公开。

（2）智慧侦监模块，具有审查批捕、分身排查、数据分析等功能。审查批捕功能能够辅助检察官对事实进行认定及证据审查，智能辅助生成侦监工作常用的询问笔录、讯问笔录、逮捕案件继续侦查取证意见书、应当逮捕犯罪嫌疑人建议书、执法办案风险评估预警表等法律文书。分身排查功能可以通过自动识别卷宗笔录内容，对同一侦查人员在相同时间、不同地点询问或讯问的情况进行排查，并自动预警。数据分析功能能够实现审查逮捕案件基本情况对比、类罪分析、个罪分析、波动幅度较大犯罪统计、犯罪嫌疑人情况分析、刑事犯罪审查逮捕统计、检察官承办刑事案件审查逮捕有关数据情况表等分析功能。

（3）智慧公诉模块，具有审查起诉、预约听庭、数据分析等功能。审查起诉功能能够辅助承办人在阅卷时对罪名、事实进行维护，对分笔证据逐一摘录，标注完成后可一键生成阅卷笔录和举证提纲，同时生成全案证据关系图，可视化呈现证据体系。预约听庭功能可发布出庭信息，对即将出庭或预约听庭案件进行消息提醒。展示未来一周出庭案件名称，可选择预约，对庭审难度和庭审强度进行评价，由此生成月度、年度最佳公诉人。数据分析功能可以实现案件数量统计、抗诉统计、罪名统计、预约听庭及发布听庭统计、办案效率统计等分析功能。

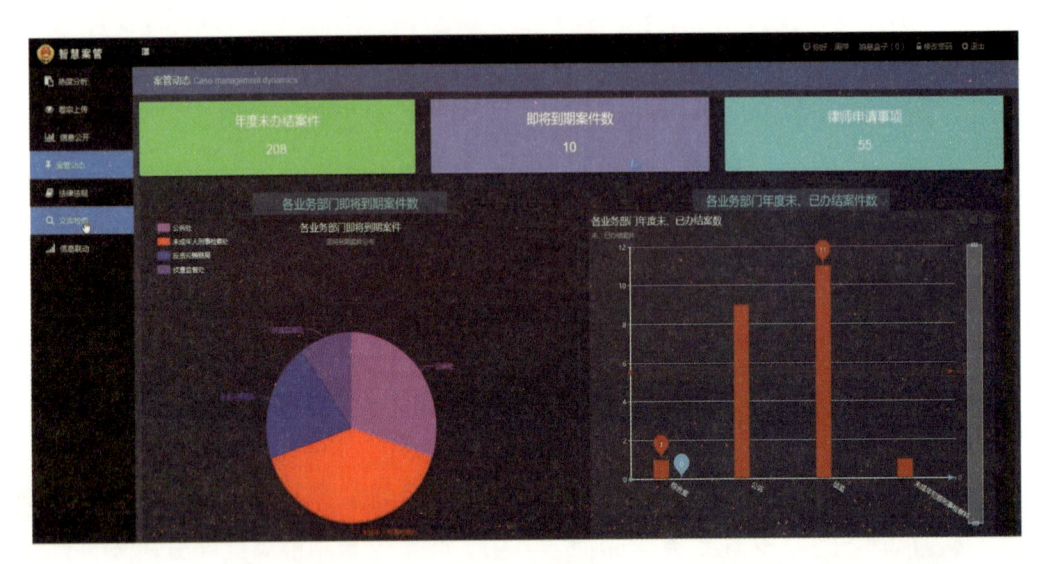

图6-9 泰安检察机关业务办案智能辅助系统"智慧案管"模块示意图

（二）检察官综合业绩智慧评价系统

该系统改变了传统干部考核模式，将主观性、随意性较大的干部考核升级为客观化、标准化的综合业绩客观评价。系统通过预留多元数据接口，对接全国统一业务应用系统、检察队伍管理系统、案件质量评查系统，初步实现平台贯通、数据融通。系统设置四个模块，每个模块设定相应权重，生成检察官综合业绩智慧评价得分，形成全员覆盖、全程留痕的评价等级体系。

（1）个人素养模块。导入业务经历和个人荣誉，量化计分，体现司法经验积累和社会评价反馈的正向效应。

（2）业务数量模块。在统一业务应用系统和统计系统中抓取数据，自动生成办案数量，折算成相应分值，包括办案总数以及工作量比重、办案效率、办案成效等指标，作为平时绩效考核的重要参考。通过纵向比较，呈现工作量变化，为衡量年度工作目标提供依据；通过横向比较，直观反映个人相对工作负荷，为落实激励机制提供参考。

（3）业务质量模块。采取定期抽查和随机抽查相结合的方式，组织开展案件质量评查活动。根据案件质量评查标准统一计分，自动归结到办案人名下，形成业务质量分数。对评查发现的问题进行个性化诊断，对每名员额检察官量身定做包含评查结果、原因分析、整改建议在内的办案质量诊断报告，指明症结，为实战实训明确方向。

（4）司法能力模块。综合评估全市统一业务应用系统17000余件案件相关数据，研究创设司法能力基本指标，包括追捕追诉、改变侦查机关定性获得法院支持等正面指标，以及捕后轻刑、诉判不一等负面指标，形成完整的司法能力指标数据库，由评价系统逐一筛查，全程自动抓取、自动比对、自动计分，自动生成包含检察官优势技能、弱势技能的个性化司法能力评估报告，实现办案数据向员额检察官个体精准投影。

图6-10　泰安检察官综合业绩智慧评价系统"业务质量"模块示意图

两个系统运行以来，泰安检察机关共收集各类数据信息65065条，发现有价值线索1604条，辅助办理案件918件，形成综合评价报告200余份。下一步，泰安市检察院将继续推进两个系统提档升级，进一步完善检察数据中心，在做好保密工作的基础上，充分发挥无线终端等信息应用技术，打破时空局限，让检察人员随时、随地处理各项检察工作，最大限度发挥检察技术服务保障业务的效能。

6.1.2　中西部地区检察院探索案例

6.1.2.1　内蒙古自治区呼和浩特市赛罕区检察院"智慧检察院"建设的探索实践

一、区情院情

"赛罕"蒙古语意为"美丽、富饶的地方"，赛罕区是内蒙古自治区呼和浩特的市辖区，位于呼和浩特市区东南，辖区总面积1025.2km^2，也是呼和浩特市区中面积最大的市辖区、首府行政中心和科技文化教育聚集区。下辖1个自治区级开发区，3个镇、101个行政村、8个街道、81个社区，总人口63.56万人。2017年赛罕区生产总值GDP超过700亿元，近5年来年平均经济增速10.8%，2017年被评为"全国综合实力百强区"。

赛罕区检察院原称郊区检察院，2000年5月改为现名。2017年司法改革后，进行了部门整合，现内设侦查监督部、公诉部、诉讼监督部、案件管理部、检务保障部、政治部、纪检监察部7部和4个派驻检察室，在岗在编干警69人。近年来，连续两届被最高人民检察院评为"全国先进基层检察院"，授予"集体一等功"。先后获得"第四届全国文明单位""全国检察机关四化建设示范院""全国检察文化建设示范院""全国青少年维权岗""全国青年文明号""全国文明接待室""全国检察宣传先进单位"等荣誉。

二、信息化建设现状

赛罕区检察院党组将信息化建设和应用作为检察工作"枢纽工程"，因地制宜，开拓创新。目前，该院已建成布局合理、设备完善、管理规范、应用广泛的检察技术体系，有力地促进了检察工作的有序发展。

在基础设施建设方面，该院于2009年建成技侦业务办公大楼，2011年建成600余平方米的多功能大厅；2012年启用170余平方米的案管服务大厅，并配有涉案财物管理系统、案件管理软件和高清扫描仪等软硬件；2014年完成高清视频会议室、控申接访大厅和检委会会议室升级改造，实现高清视频传送、控申接待分区办理和检察委员会议室网上流转及无纸化办公；2015年完成警务区和侦查指挥中心升级改造，新增法警监控室、心理测谎室等功能区，借助信息化增强办案质效；同年，700余平方米的派驻黄合少镇检察室新办公楼建设完成并正式启用，内设接待服务大厅、远程接访室等区域；2016年新建电子数据中心和新闻发布中心；2017年完成数据中心机房、机要机房升级改造。同时，赛罕区检察院检察专网和检察工作网不断完善升级，网络带宽逐步扩容。检察专网于2015年完成IP地址改造，2016年完成分级保护建设，并通过保密测评。2017年完成检察工作网网络设备和安全设备升级改造。

在信息化应用方面，该院全面部署检察信息化"六大平台"。其中，司法办案平台、队伍管理平台、检务保障平台等按要求应用最高人民检察院统一研发版本并已上线运行，截至2018年6月，累计在统一业务应用系统中办理各类案件7444余件。检察决策支持平台由自治区检察院统一研发、部署。检察办公平台和检务公开服务平台早在2014年就开始应用，实现了院机关文件草拟、审阅、签发、收文等电子化流程管理。

2016年开展移动检务应用，包括检察业务和政务事务等应用功能，探索移动端办公模式。建设"两微一端、一站、一头条"和移动在线警示教育平台，助力打造全方位检察宣传格局；12309及电话传真受理系统实现24小时受理控告举报，力争实现"信、访、网、电、视频"全面融合。

三、智慧检务探索项目

（一）检察"智慧案管"机器人

赛罕区检察院案管办和技术部门与科技公司合作，2018年上半年联合定制深化检察需求，坚持实用性、整体性、安全性、实时性、可扩展性原则，2018年6月部署应用"智慧案管"机器人。机器人主要由头部、颈部、躯干及底盘组成，高140cm、宽60cm。

目前，"智慧案管机器人"具备以下功能：（1）迎宾唤醒。机器人日常处于睡眠状态，当用户走近机器人时，机器人通过3D传感器和摄像头进行人体躯干和五官识别，切换至迎宾唤醒状态。（2）辅助接待。机器人辅助接待讲解功能集播音、场所移动接待于一体，配有标准语音及丰富定制化讲解内容，支持图片、视频、文本等多媒体展现，机器人可按照语音指令自主介绍相关信息。（3）业务咨询。机器人对用户通过语音或触屏提交的业务咨询进行回答，可咨询的业务主要有法

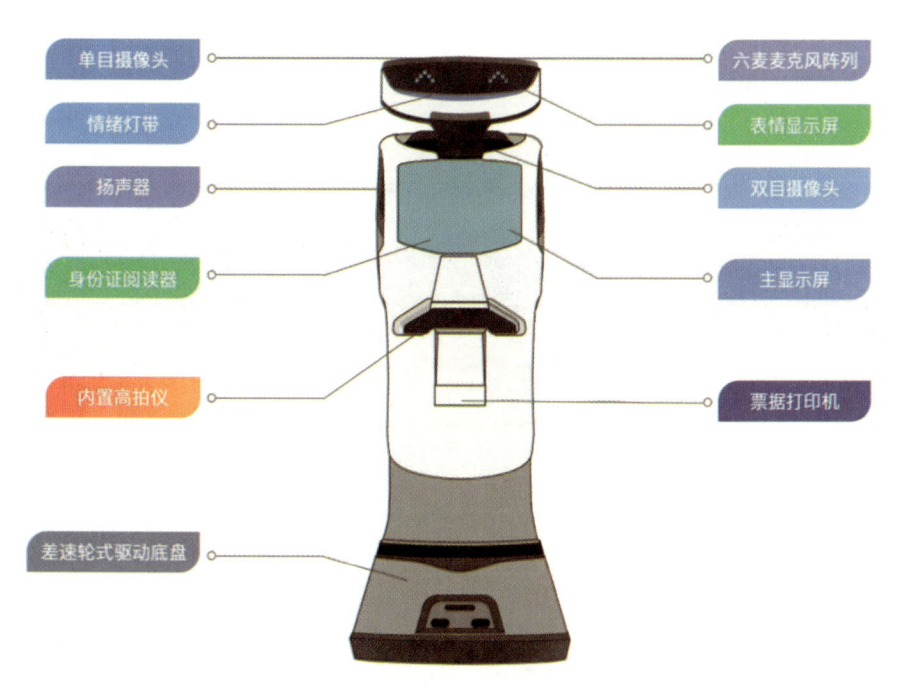

图6-11 通用智能服务机器人原型示意图

律法规、司法解释知识库、业务流程和诉讼指导（含民事诉讼、刑事诉讼和行政诉讼等）等，同时具有人性化的"交流对话"功能。（4）业务办理。机器人依据律师申请事项接待条件，对律师执业资格证、律师事务所函、授权委托书等材料进行拍照和在线审核，审核通过后，律师可以申请阅卷，并通过机器人进行刻录或打印。（5）法律文书与案件信息公开。在案件信息核查准确的基础上将案件程序信息、法律文书、重要案件信息在机器人显示器上进行展示。切实做到以公开为常态，以不公开为例外的办案工作模式。

（二）探索完善案件质量预检系统

2018年初，赛罕区检察院技术部门与科技公司对接，在该院部署案件质量预检系统。主要包含基础数据平台（含取数模块、数据管理模块、预检规则库模块、组织机构管理模块、角色权限管理、操作日志管理等）、案件预检、文书预检、到期提醒、工作量统计和流程监控等模块，内置纠错规则2000余条。系统涵盖公诉、侦查监督、民事行政检察、控告申诉检察、刑事执行检察和未成年人检察6大业务条线70多个类别。在使用过程中，发现预检系统存在因内置纠错规则不够准确、不完备的"误纠错"和"漏纠错"现象。该院案管办与预检系统研发团队，进行多次系统升级完善，定义一个月的纠错周期，每个办案干警每遇到一个"误纠错"，就及时以文字、截图等方式移交至案管办，案管办汇总后每周发送给系统研发团队，直至修改完善。由应用到提升应用，现在案件质量预检系统在该院已经得到良好应用。目前发现，预检问题中常见问题为"审结日期""工作单位""审结处理情况""审结案由""提起公诉日期"等（参见图6-12）。

图6-12 赛罕区检察院"智慧案管"机器人功能图

图6-13 案件质量预检系统预检问题统计表

在"智慧检察院"建设过程中，除了以上应用系统外，赛罕区检察院还部署应用了智慧公诉、智慧侦监辅助办案系统、电子档案管理系统、智慧党建信息系统等，同时将无人机应用于环境保护公益诉讼案件的调查取证。该院相关负责人提出，辅助应用系统在工作中发挥的"辅助性"作用，而非"决定性"作用。所谓"亮点"和"创新"型应用，一定要有吸引办案人员进行主动应用的特点，真正做到让业务人员主宰系统的实际应用。

6.1.2.2 黑龙江省大庆市让胡路区检察院："智慧检察院"建设的探索实践

一、区情院情

黑龙江省大庆市让胡路区地处松嫩平原中部，面积1394平方公里，占大庆市区总面积的27%，辖1镇12个社区，人口43万人，2017年生产总值229亿元。让胡路区油气资源丰富，有大庆油田有限责任公司、大庆炼化公司等各类石油化工企业94家，是全国最大的石油石化生产基地之一。

让胡路区检察院位于大庆油田核心区，1980年建院，内设9个科室和1个检察室，在编干警50余人，年均办理各类案件800余件。曾获得"全国模范检察院""全国先进基层党组织""全国科技强检示范院""全国文明单位"等荣誉。

二、信息化建设现状

近年来，该院将信息化建设作为检察工作科学发展的新引擎。2012年，与哈工大合作研发软件系统；2013年，建设跨部门网上办案平台，实现辖区内公检法、看

守所千兆光纤联网，网上流转案件、远程提审、庭审；2014年，升级检察综合应用系统，实现网上无纸化办案，建设规范化办案工作区，增加队伍、院务管理功能，完善跨部门网上办案平台建设；2015年，接入最高人民检察院电子数据云平台，开展移动办公，实现对民事、行政案件法庭审理活动远程监督，对公安机关立案提前介入监督；2016年，筹建电子证据侦查实验室，规范电子卷宗制作标准；2017年，依托远程提审、庭审、送达功能，建立简易程序、认罪认罚刑事案件网上快速办理机制；2018年在简易刑事案件网上快速办理基础上，探索建立"捕诉合一"办案机制，案件办理质效得到较大提高。

三、智慧检务探索项目

（一）政法跨部门办案平台建设

2013年，该院与辖区6个公安分局、法院、看守所实现千兆光纤联网，联合制定了《电子卷宗目录制作标准》《电子卷宗制作标准》，统一辖区公安机关电子卷宗制作规范。6个公安分局网上移送电子卷宗，减少公安干警往返检察院报送卷宗、法律文书送达的工作量。在案件受理环节，检察院案管办受理案件后，将案件发送给刑检部门，办案人发出远程指令，在看守所的打印机输出带有电子印章的换押证和权利义务告知书，完成远程换押和权利义务告知，此项功能解决了容易出现的超期换押和迟延告知情况。根据案情需要，利用系统的议案功能可以召开网上检委会，检察委员会各委员3日内完成网上阅卷并发表意见，检察长认为意见分歧不大可直接作出结论，如意见分歧较大检察长再提议召开线下会议进行讨论。通过网上检委会功能，各委员可在网上认真阅卷充分发表意见，不必受开会统一时间的限制，提高议案质量与效率。刑事案件在检察机关办结后直接向法院进行网上电子卷宗报送，公检法跨部门网上办案平台极大提高了刑事案件办理效率。3年来该院依法批准逮捕各类刑事犯罪664件889人，不批准逮捕134件196人，批捕率为82.4%；提起公诉1226件1544人，不起诉31件43人，起诉准确率为100%。

网上办案平台专门开辟案件快速办理"绿色通道"，建立简易程序案件快速办理机制。加盖快速办理专用章的案件，实行快速处置，在遵循法定程序和期限、确保当事人权益的前提下，借助远程提审、庭审系统，确保1个月内办结案件，减少案外因素介入时间，提高公检法机关的办案质效。截至目前，已通过刑事简易程序案件快速办理案件62件。

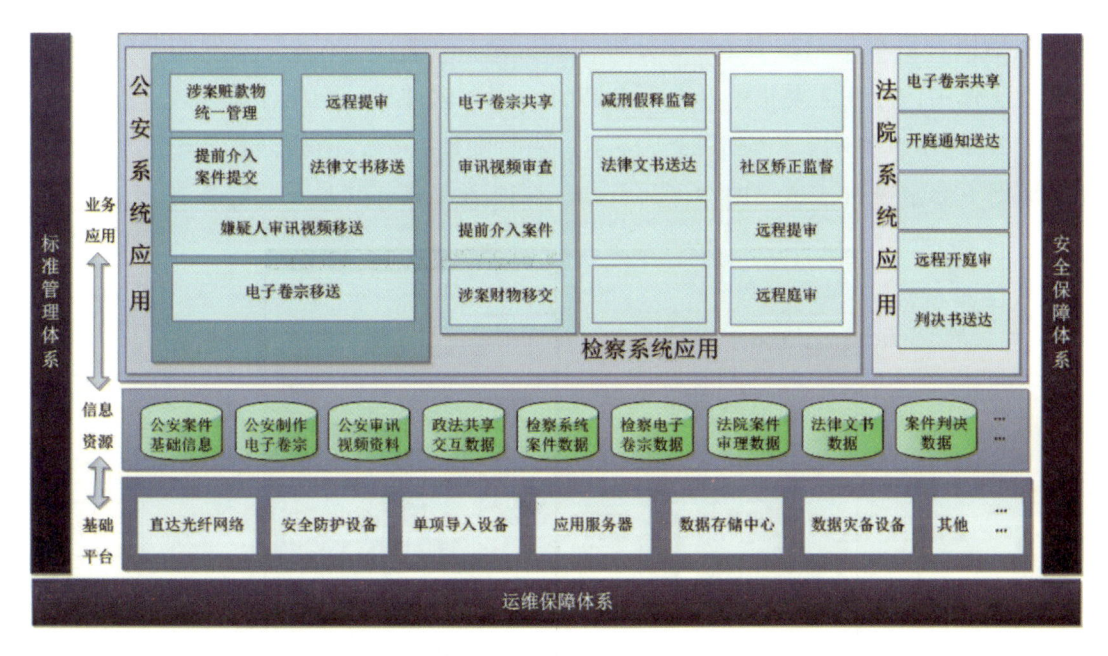

图6-14　让胡路区政法跨部门网上办案平台

此外，网上办案平台还建立了网上侦查监督子系统，以龙岗公安分局为试点，通过平台可远程监控公安办案区。通过刑事立案信息共享，对（不）批准逮捕案件的后续侦查活动实现同步监督，同时加强对证据的把关引导，进一步规范公安机关的侦查行为，充分发挥宪法赋予检察机关的法律监督职能，真正体现相互配合、相互制约宗旨。

2017年全市看守所统一管理后，让胡路区公检法三机关距市看守所约25公里，往返提审以及法院押送犯罪嫌疑人开庭都耗费大量的时间、人力和物力。该院2013年启用的远程提审、庭审功能，2017年重点完善提审模板和庭审示证系统，将语音软件转写系统运用到日常办案。2017年远程提审436件583人，使用率79.9%，远程开庭292件363人，使用率90%。原来送达与换押需要路途时间、到看守所登记、提押犯罪嫌疑人时间约半个工作日，现在仅需10分钟即可完成，目前正与大庆市看守所协调网上完成换押及预约提审等功能，效率将进一步提高。

（二）基于"钉钉"开发检察移动办公系统

2015年初，让胡路区检察院基于"钉钉"软件进行轻应用开发，成功推出该院移动办公系统，功能包括会务通知、故障报修、办公保障、值班记录、文件传阅、提审用警申请、晚餐报名等模块，充分利用手机实现无纸化办公。在软件开发中，该院学习互联网+思维模式，坚持省时、高效、便利。（1）"省时"，反映在软件的每一个功能中。例如工作通知原来需要十几分钟，现在通知的内容语音录入一遍后系统

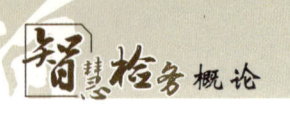

通过电话语音直接打给所有人，2分钟通知完成。（2）"高效"，例如会务组织在协调性工作中，原来需要集中开协调会布置，现在软件里分配工作到完成进度可以一目了然。（3）"便利"，突破时空限制，随时随地办公。例如，办公用品申请，原来需要楼上楼下送申请单，现在任何时间、任何地点都可以通过手机申请。

图6-15 让胡路区检察院原移动办公应用

在推广中，该院仿照互联网公司软件推广的模式，将填鸭式培训改变润物无声的"渗透式推广"。可能推广需要的周期稍长，但根基牢固。一是由少到多：先推出简单的功能（如用餐申请），再推出复杂的功能（如维修申请），符合用户接受事物的递进过程。二是由小分散到大集中：先推出于小群体使用的功能（如办公用品申请），最后推出全院人使用的功能（如值班记录）。三是由兴趣到习惯：在钉钉办公软件群内答题赠书等方式吸引大家使用，借此熟悉软件、熟练使用方法。使用习惯养成后，再有新功能推出，大家更加容易接受和上手。

2018年初，智慧检务创新研究院批准黑龙江省检察院成立"智慧检务信息处理与共享联合实验室"，让胡路区检察院是实验室的示范试点，正在研究把移动办公和办案软件对接，更好地服务办案。考虑探索在移动手机端实现视频接访，嵌入法律法规查询，证据标准指引等功能。

6.1.2.3 四川省江油市检察院"智慧检察院"建设的探索实践

一、市情院情

江油市为四川省绵阳市代管的县级市，位于四川盆地西北部，涪江上游，龙门山脉东南。全市面积2719平方千米，辖25个镇、15个乡、4个街道，户籍人口88.87万人，地区生产总值（GDP）384.60亿元。同时该市还是中国优秀旅游城市、四川历史文化名城和川西北重要的工业城市。

江油市检察院内设12个机构和3个派驻检察室，编制72人，平均年龄43.35岁，本科以上学历占全院干警总人数的88%，年均办理各类案件1100余件。近年来，该院先后获得过"第五届全国文明单位"、"全国检察宣传先进单位"、全国检察机关"人民满意的检察院"、全省政法系统"先进集体"、全省基层检察院"四化"建设示范院等荣誉称号，连续多年获得绵阳市检察机关基层院绩效管理考评一等奖。

二、信息化建设回顾

自1995年该院积极争取当地财政拨款，配置第一批计算机开始，江油市检察院就不断更新和迭代信息化设备。2000年该院首次建成了局域网，实现每人一台计算机进行现代化办公，并建设了微机监控系统，是川北地区首家建成同步录音录像系统的单位。2002年按最高人民检察院的要求，80%的年轻干警取得国家计算机等级考试。2006年建立了江油市检察院的门户网站。2008年同全国检察机关一同建成了检察三级专线网，实现网上办公和信息流转。

2008年"5·12汶川大地震"中，该院办公大楼损毁，所有信息化设备毁于地震，一切都需从零开始。从2008年5月至2011年，全院坚持板房办公，但院信息技术部门，仍然利用现有条件在办公区搭建起了临时办公局域网，组建了同步录音录像系统。2009年江油市检察院首次引进计算机专业人才，负责该院信息化系统管理相关工作，从此开启了信息化建设专业队伍建设。江油市检察院新办公大楼于2011年11月正式投入使用，新办公大楼的信息化弱电项目，严格按照保密要求进行设计和施工。2012年至2014年期间，该院为全面落实刑事诉讼法，利用电子证据手段侦破自侦案件，着力培养电子证据检验鉴定人才。在该院办理的具有全国影响力的盘江大桥垮塌案等案中，该院通过专业技术手段为案件突破，固定了关键性证据。

三、智慧检务探索项目

（一）电子杂志《江油检察》

江油市检察院采用ZMAKER软件制作了当时检察系统第一份电子杂志《江油检察》，力求打造具有江油特色的检察文化，集视频、图片、文字、音乐为一体，同时也节省了纸质刊物的印刷经费。

图6-16 《江油检察》电子杂志

首期《江油检察》设置了检察情感、队伍建设、理论探讨、检察文学、检察艺术、经典案例等六个板块。时任该院党组书记、检察长杨育正撰写了以《〈江油检察〉我们自己的电子刊物》为题的创刊词，希望把《江油检察》打造成联系人民群众的纽带，通过这条纽带让人民群众更加了解人民检察工作，从而大力推进"恪守检察职业道德，促进公正廉洁执法"主题实践活动。该电子刊物为网络季刊，在互联网、检察系统内部网络上广为流传，受到广大青年干警好评，被正义网、法制网先后报道。

（二）智慧公诉建设

该院于2017年8月被确定为智慧公诉应用试点单位，主要建设如下项目：（1）"三远一网"平台，包括远程多方庭审、远程提讯、远程送达以及一体化网络融合，审判人员、公诉人、被告人等人员在不同的空间，可通过远程视频方式参与庭审活动。（2）出庭一体化平台，与检察机关现有统一业务系统深度融合，通过多媒体技术展示文书和证据材料，实现了智能辅助出庭功能。新增一键式生成示证功能，并通过云平台的独立账号等管理应用，解决示证资料制作、传输过程中的涉密问题。（3）智能语音识别系统，进一步解放检察人员的双手，提升了检察官文字录入效率。（4）视频集成指挥系统，基于网呈系统进行二次开发，通过集成中心可以实现远程出庭公诉指挥、案件质量评查、庭审远程观摩、案件数据可视化、多媒体视频会议、视频远程接访、看守所视频监控联网以及公安审讯监督等功能，最大限度整合视频资源，实现资源共享。

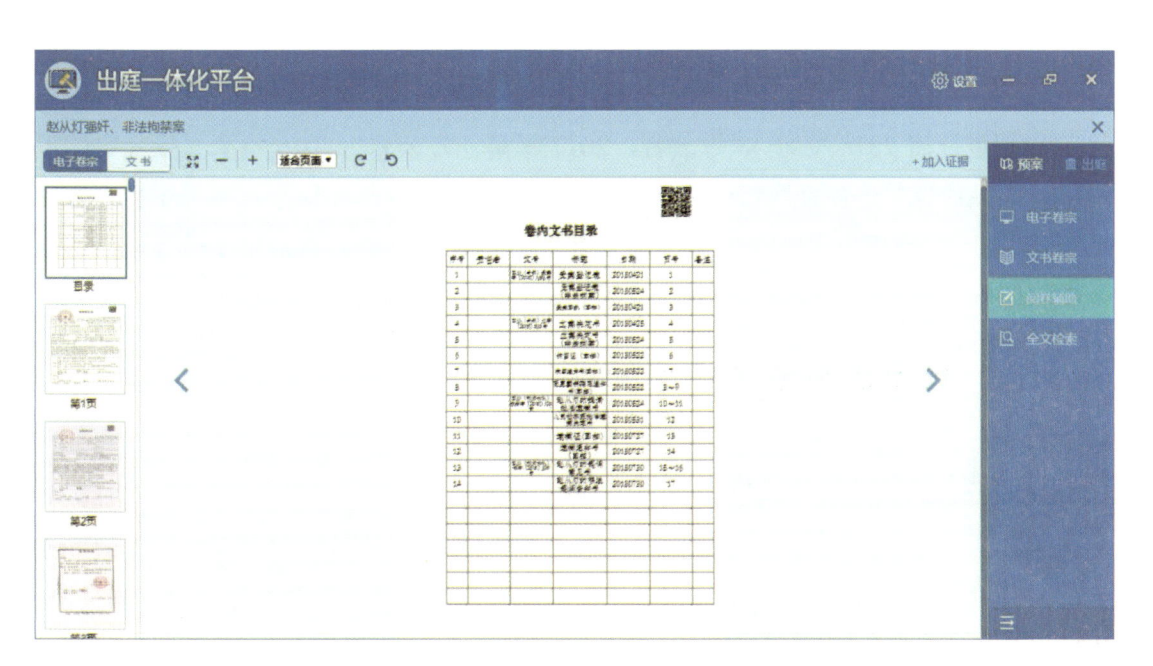

图6-17 江油检察机关出庭一体化平台

下一步，该院将进一步健全智慧检务工作领导小组，匠心打造检察信息化精品工程，积极探索一体化网络以及大数据辅助办案技术。严格对照《江油市人民检察院业务建设规范化管理手册》，产生真实详尽的一线需求报告，顺利转换成接地气的应用系统，借助现代科技实现管理精细化、智能化，有效提升司法质效和公信力。

6.2 电子政务廉洁建设

张军检察长多次强调：要注重信息化项目的廉政风险防控。在建设过程中，遭遇公关、围猎等不可避免，要严守党的纪律、工作纪律，切实增强政治定力、纪律定力、道德定力、抵腐定力。技术信息中心党总支的书记、专职副书记要把主体责任、监督责任真正抓在手里、放到心中，一刻不能疏忽，爱护我们的干部，始终坚持严管就是爱护。

近年来，全国电子政务建设中出现的工作瑕疵、腐败案件屡有发生，需要我们认真研究，引以为戒，继续发挥检察系统的优良传统，建设质量工程、绿色工程、廉洁工程。

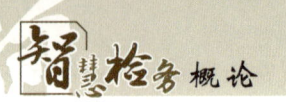

6.2.1 审计中发现的电子政务工作瑕疵与预防

根据审计署 2018 年第 43 号公告、2017 年第 4 号公告、2016 年第 5 号公告的近三年《中央预算单位预算执行等情况审计结果》，发现各部委信息化项目中普遍存在系统建设、工程管理、财务管理等问题。下文选取了审计中发现的电子政务建设中的十个问题点，希望在智慧检务建设中对照检查、加强预防。

6.2.1.1 电子政务系统建设问题与防范

问题点1：系统整合工作不到位、存在重复建设

2017 年 5 月，国务院办公厅印发《政务信息系统整合共享实施方案》（国办发〔2017〕39 号），要求 2017 年 6 月底前，国务院各部门根据自身信息化建设实际情况，制定本部门政务信息系统整合共享清单。2017 年 12 月底前，各部门原则上将分散的、独立的信息系统整合为一个互联互通、业务协同、信息共享的"大系统"，对以司局和处室名义存在的独立政务信息系统原则上必须整合。

2017 年 7 月至 9 月，审计署对 71 家中央部门 3188 个政务信息系统（总投资 375.19 亿元）审计发现，4 个部门信息系统存在重复开发问题，416 个系统仅在司局甚至处室内部应用。2018 年 6 月 20 日，审计署公布《中央预算单位 2017 年度预算执行等情况审计结果》，发现至 2018 年初，海关总署上报国务院已整合完成的 171 个海关政务信息系统仍在独立运行，原安全监管总局以司局和处室名义存在的独立政务信息系统 60 个，其中 27 个未按要求完成清理整合工作。原质检总局仍有 59 个分散独立的信息系统未整合，科技部 8 个政务信息系统整合工作尚未完成，公安部 8 个司局的信息系统未纳入整合范围，2 个独立信息系统仍以司局名义存在，住房和城乡建设部有 2 个信息系统尚未完成整合。此外，国家民委、原文化部、体育总局等也存在政务信息系统整合不到位问题。审计建议"要求责成相关单位尽快完成政务信息系统整合工作"。[①]

此外，审计署审计发现，团中央本级建设的网络平台"青少年维权在线"与"青年之声"部分功能重复，国家税务总局金税三期系统与财产行为税税源监控平台部分功能重复开发，审计建议"对信息系统重复开发问题，要求加强信息系统建设的顶层设计和统筹规划，采取有效措施整合网络平台功能，提高财政资金使用绩效"。

---

① 审计署：《中央预算单位 2017 年度预算执行等情况审计结果》，载审计署网站，http://www.audit.gov.cn/n5/n25/c123559/content.html，2018 年 6 月 20 日。

问题点2：未严格进行信息安全管理

早在 2015 年，《国务院关于 2014 年度中央预算执行和其他财政收支的审计工作报告》就指出："信息系统建设统筹规划不够。有 24 个部门尚未制定信息化发展总体规划，16 个部门的 578 个信息系统未进行安全等级保护定级，22 个部门的 124 个行业性或敏感信息系统数据存放在有业务往来的企业。"

审计发现：2017 年海关系统在用的 71 个信息系统中，有 51 个未按规定进行安全等级定级备案。2014 年至 2017 年，原安全监管总局 67 个各类信息系统中，40 个安全保护等级第二级以上的信息系统未取得公安机关颁发的信息系统安全等级保护备案证明，22 个信息系统未按要求进行安全保护等级定级，6 个信息系统运营以来，原安全监管总局未开展对信息系统的信息安全等级测评工作。2016 年水利部水利信息中心在部分业务数据使用过程中，未设置相应的安全等级保护制度，存在信息安全隐患。

审计建议："对信息安全问题，要求加强信息系统安全管理，确保数据信息安全。""信息系统未按要求备案测评的情况下运行使用、未按要求停止安全评价服务以及未按要求完成项目支出定额标准体系建设等问题，要求严格执行相关规定。"

问题点3：未完成建设目标

审计发现：2017 年，住房和城乡建设部本级住房信息系统未完成建设目标，无法发挥相应效益，涉及 2017 年度预算资金 1521.30 万元。水利部全国水库移民后期扶持管理信息系统运行管理至 2017 年底尚未实现预期目标，水利部所属项目建设办公室 2009 年投入 155.40 万元开发完成的信息系统至 2016 年 3 月尚未投入使用。金税三期工程建设统筹规划不够，未整合部分地税部门的信息系统；未经批准调整数据架构，造成第一批试点省市数据与后期试点省市数据难以互通，工程已逾期 5 年未能全部完成。审计建议"对于未完成建设目标问题，要求尽快向国家发展改革委报告，并研究制定解决办法"。

6.2.1.2　电子政务项目程序问题与防范

问题点4：未严格进行公开招标

根据法律和相关规定，除集中采购项目外，各部门自行采购单项或批量金额达到 50 万元以上的货物和服务的项目、60 万元以上的工程项目应按《政府采购法》和《招标投标法》有关规定执行。电子政务项目中政府采购问题较多。主要集中以下方面：

（一）未公开招标直接委托建设

审计发现：2017年原质检总局所属国家认监委未履行政府采购程序，直接委托其所属信息中心承担信息化档案管理服务等工作，涉及金额1140.67万元。2016年，安全监管总局本级未按规定实施招标，将国家油气输送管道地理信息系统项目直接委托给所属安科院，涉及金额2546.64万元。2016年，商务部所属电子商务中心未履行政府采购程序，将信息系统运行维护等项目直接委托给2家企业实施，涉及金额188.50万元。2016年，国家铁路局本级及所属成都铁路监督管理局等3个单位，未按规定及时向社会公开9个项目的政府购买服务信息，涉及合同金额1012万元。民政部信息中心未公开招标，将民政高清卫星视频会议系统建设项目委托企业实施，2013年至2017年共支付费用958.91万元。

（二）擅自变更招标方式

审计发现：2016年，银监会本级违规以单一来源采购方式采购网络存储等设备，涉及合同金额180.61万元；在金税三期工程建设管理中，国家税务总局未严格执行招投标规定，存在违规将6个项目招标方式由公开招标调整为竞争性磋商问题。

（三）设置倾向性条款

审计发现：2015年，国家信息中心在公开招标中设置倾向性条件，使所属企业中标运维服务项目，涉及合同金额1455万元。国资委信息中心在对国资委国有企业大数据综合监测分析系统项目进行公开招标时，设定了与项目建设实际需要关系不密切的条款。

（四）存在虚假招标

审计发现：2015年至2017年，原质监总局信息中心及其下属公司虚假招投标，涉及合同金额2290万元。2015年至2016年，国家信息中心所属北京国信宏大科技有限公司通过使用虚假资料等方式，违规中标国家信息中心4个监理项目，涉及合同金额425.36万元，其中2016年268.36万元。

（五）下属单位违规参与

审计发现：2016年和2017年，原质检总局所属中国标准化研究院下属公司违规参与本院采购项目投标并中标，涉及合同金额576.20万元。2014年至2015年，海关总署所属全国海关信息中心等单位违规参与金关工程（二期）项目投标，中标金额7860.7万元，其中2015年2459万元。

（六）其他政府采购问题

审计发现：2016年，科技部所属信息中心将承接的科技部本级2项政府购买服务事项全额转包给2家公司，涉及金额41万元。2015年，国家发展改革委本级在宏观经济信息资源库先导工程采购过程中，同中标方签订的10份服务合同金额与中标金额不符，涉及金额329.13万元；有17份合同签订时间晚于规定时间。2015年，中国科协本级在编制19个向社会公众提供网络科普服务的信息化建设事项政府采购文件时，未按规定征求社会公众对采购需求的意见，涉及金额18599.7万元。

审计建议：对未履行政府采购程序、虚假招投标、招投标不规范问题，要求严格执行相关规定。单位财务管理部门要严格按照法律规定进行政府采购，并加强内部审计和对下监管。

问题点5：未履行立项审批程序

根据2007年《国家电子政务工程建设项目管理暂行办法》，"项目建设单位应依据中央和国务院的有关文件规定和国家电子政务建设规划，研究提出电子政务项目的立项申请"，"项目审批部门委托专门评审机构评审后审核批复"。

审计发现：2012年至2015年，国土资源部所属环境监测院开展的全国地质环境信息平台建设项目，未按规定履行电子政务建设项目审批程序，涉及金额1310万元。2012年至2015年，海关总署在实施金关工程（二期）项目中，未批先建部分项目，涉及资金1563.34万元；2016年和2017年，工业和信息化部本级未履行立项审批程序，建设8个电子政务信息系统，涉及金额6020.95万元。审计建议"对于未履行审批程序项目，要求尽快向国家发展改革委报告，并研究制定解决办法"。

问题点6：提前验收

根据2007年《国家电子政务工程建设项目管理暂行办法》，"项目建设单位应在完成项目建设任务后的半年内，组织完成建设项目的信息安全风险评估和初步验收工作。初步验收合格后，项目建设单位应向项目审批部门提交竣工验收申请报告"。

审计发现：2015年，中国科协本级在委托相关单位承担的19个科普信息化建设事项尚未完成的情况下，提前开展终期考核，并在考核指标未完全实现的情况下提前验收，违规超进度支付合同尾款1859.97万元。目前，提前验收问题相对较少，但是项目延期问题、验收滞后问题仍然普遍存在。

6.2.1.3　电子政务财务管理问题与防范

问题点7：未纳入资产核算管理、多计少计支出

根据《政府会计准则第4号：无形资产》（财会〔2016〕12号）规定，"无形资产，是指政府会计主体控制的没有实物形态的可辨认非货币性资产，如专利权、商标权、著作权、土地使用权、非专利技术等"，"政府会计主体购入的不构成相关硬件不可缺少组成部分的软件，应当确认为无形资产"。

审计发现：2017年，商务部部分信息系统进行建设、采购和升级，支出249.82万元未纳入商务部资产核算管理。2017年底，教育部本级7个信息系统未按规定登记资产账和会计账。2017年底，司法部信息中心对支出1014.17万元，开发或升级形成的44个软件资产，未纳入无形资产管理。2017年，国务院扶贫办信息中心未按规定，将用于软件采购和系统建设的财政资金支出957.47万元计入无形资产。2017年原质检总局少计"电子检验检疫主干系统信息交换平台"资产1083.20万元。2016年底，财政部信息网络中心委托开发的132项软件未及时登记著作权，涉及账面原值9061.4万元。2014年至2016年，国资委本级信息系统开发和升级支出206万元，未计入无形资产。

审计建议，"对部分信息系统未纳入资产核算管理问题，要求将购买、建设的软件纳入部门资产核算管理，调整会计账目和决算草案"，"加强对知识产权的保护管理"。

问题点8：财政资金使用效率不高

审计发现：2017年，原质检总局本级"质检服务与监管信息化保障专项"的预算编制不科学，年底结转15002.39万元，占项目当年预算的93.9%，影响财政资金使用效益。2017年，所属国家认监委、总局信息中心，开展绩效目标自评的项目绩效指标不科学不完整，自我评价的结果与实际不符，存在夸大预算执行率等情况。审计建议，加大预算执行力度，完成项目建设进度要求。

问题点9：违规收取费用问题

审计发现违规收取费用问题相对较多，主要包括：

（一）违规收取信息、网络、设备服务费用

审计发现：2016年至2017年，海关系统所属企业和下属单位对外提供信息并收费563.18万元；向各进出口企业提供企业自身进出口统计信息并收费1131.37万元；所属企业向进出口企业销售系统身份认证安全产品及服务收费15598万元。2013年，工商总局经济信息中心在"企业信息对比查询收费"项目取消后，改由下属企业提供查询服务并收费768.32万元。

（二）违规办会、评奖收取费用

审计发现：2016年至2017年，教育部教育管理信息中心组织举办2个论坛，向参加论坛的人员违规收取费用197.66万元。2016年，住房和城乡建设部信息中心违规向参会企业收取会议注册费74.83万元。2015年至2016年，国家测绘局主管的中国测绘地理信息学会等3家单位，违规向相关科学技术奖项申报单位收费544.7万元。

（三）违规办自行收取费用

审计发现：2012年至2015年，交通运输部所属中国交通通信信息中心未经报批自行收费25184.31万元。2014年至2016年，国家文物局信息中心下属1家企业，在3项行政审批事项相关的咨询评估服务中，自编自审并向相关主体收费，涉及合同金额1698.9万元。

审计建议：应进一步强化预算和财务管理，加大对所属单位的监督管理力度，杜绝违规收费问题，禁止违规办会评奖。

问题点10：违规支出

审计发现：2016年，国家信息中心在2个财政拨款科技重大专项中，违规向有工资性收入的项目组成员发放劳务费37.80万元；未完成项目财务验收即提前列支项目收益，向项目组成员发放奖金77.62万元。2015年，财政部所属社会保障能力建设中心违规组织双跨（跨地区、跨部门）出国（境）团组2个，并由参与地方社保业务信息系统开发的相关企业等单位承担出国（境）费用7.21万元。国土资源部信息中心在参会人员均为京内人员情况下，违规在外部酒店召开会议，会议费支出3.6万元。2015年，海关总署在金关工程（二期）项目支出中列支与项目无关经费409.22万元；2014年至2015年，最高人民法院违规在部门机动经费中，列支补助地方法院信息化建设项目、研究项目等款项844.59万元。

审计建议：对预算编制不科学问题，要求合理编制预算并严格执行相关规定；对少计支出、少计资产、未及时调减资产以及固定资产账账不符账实不符问题，要求调整有关会计账目和决算草案。

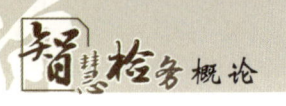

6.2.2　办案中发现的电子政务腐败案件与预防

党的十八大以来，把反腐败斗争作为全面从严治党的重要内容，反腐惩恶，正风肃纪，着力构建不敢腐、不能腐、不想腐的体制机制。在纪检监察系统和检察机关查办的职务犯罪案件中，电子政务相关腐败案件多发频发，"围猎"问题较为突出，主要集中在电子政务项目招投标、资格评审等环节。下文选取了中国裁判文书网中电子政务受贿、贪污等十个典型案例，作为智慧检务建设的廉政教育参考资料。

6.2.2.1　电子政务项目中的受贿案件与预防

电子政务相关腐败案件以受贿案为主，涉案主体从厅局级干部、处级干部、科级干部到聘用制人员，在"金盾""金税"等重大工程建设中也时有发生。究其原因：一是与近年来电子政务快速发展，各级政府均加大了信息化投入力度，电子政务项目数量和规模均有所提升有关。二是信息技术领域属于高科技专业领域，由于学科差异和信息不对称，增加了监督难度。三是电子政务项目特别是软件项目，成本计量相对困难，如果是创新产品，研发费用高，但如果是成熟产品则可以复用，对于软件企业成本较低，产生了较大的寻租空间。

下文选取了公安部科技信息化局原副局长受贿案等 8 个案例，从中不难发现：有的案件持续时间长，如安徽省地方税务局电子信息税务管理中心原主任谈某从 1998 年起即开始受贿，腐败潜伏期达 13 年。有的案件呈现集体腐败，如北京市公安局科技信息化部原副主任呼某伙同下属付某、刘某、张某受贿，金额累计近千万元。有的案件出现"权力掮客"，如大连市行政服务中心原主任刘某受贿案中，陈某请托刘某帮助 D 集团项目中标，陈某从 D 集团获得 220 万元，行贿刘某 20 万元。有的案件出现"小微腐败"，如深圳市龙岗区教育局聘用人员曾某非国家工作人员受贿案中，曾某利用评标机会帮助 A 公司中标受贿 10 万元。建议在电子政务项目建设中，加大纪委、派驻纪检组对工程项目建设的监督，特别是对项目政府采购环节的监督。

案例一：公安部科技信息化局原副局长受贿案

马某系公安部科技信息化局原副局长（副厅级），2008 年 12 月起马某分管标准规范工作处、网络和信息安全处、无线通信管理处工作，具体职责为组织公安信息通信标准的拟定、修订、宣传和检查；组织实施重大网络与信息安全技术系统建设；拟定警用无线电通信系统技术规范；指导协调公安无线电通信系统建设和应用。

2008 年"5·12"地震抗震救灾通信恢复工作中，四川省公安厅与四川 W 公司签订合同，购置 500 万元设备款，马某帮助 W 公司负责人崔某催要了设备款项，2008 年底崔某送给马某5万元感谢费。2009年,公安部决定建立公安无线通信数字集群系统标准,成立了中国公安无线通信数字化改造技术咨询委员会(简称PDT),马某兼任咨询委员会负责人。崔某知情后找马某帮助其公司加入PDT委员会,2009年底崔某送给马某30万元感谢费。

2012年,崔某为了和马某保持良好的关系,商议共同出资1000万元注册公司收购欧冠公司股份,崔某占公司60%的股份,马某占公司40%的股份,其中马某应出资的400万元由崔某提供。2013年二三月份,崔某先后分两次送给马某人民币共计400万元,马某收受后安排将该款转入指定账户。2014年5月,崔某宴请马某向A省、B省公安厅推介该公司PDT产品,饭后崔某送给马某100万元。

2013年,福建A公司、上海B公司、深圳C公司为加入PDT联盟,分别送给马某2万元美元、15万元人民币和20万元人民币,后上述公司均顺利加入PDT联盟。某杂志社为以后继续承办PDT联盟会议,先后送给马某15万元人民币。此外,马某还分别收取了郑州K公司、北京J公司、福建L公司、成都O公司的感谢费20万元、5万元、2万元、15万元。

2016年4月19日,陕西省商洛市人民法院认定马某犯受贿罪,判处有期徒刑10年6个月,并处罚金人民币100万元。违法所得人民币627万元、美元2万元均依法予以没收,上缴国库。[①]

案例二:辽宁省大连市行政服务中心原主任受贿案

刘某系大连市行政服务中心原主任(副厅级),该单位负责组织、指导、协调和考核大连市政务公开、行政审批服务、电子政务、行政投诉受理及《大连市人民政府公报》中英文编审等工作,履行市政府服务型政府建设领导小组办公室职能。

2010年7月,大连市政府行政服务中心要建立网上审批平台系统,通过政府采购网面向社会公开招标。大连B公司法定代表人陈某(另案处理)在与刘某打高尔夫球时表示自己公司与著名软件公司D集团有合作关系希望中标,实际双方并无合作关系。刘某答应后,陈某找到D集团负责人表示可以帮助中标,约定D集团向陈某支付服务费人民币220万元。刘某知会市行政服务中心电子政务处处长在对该项目评标时对D集团予以照顾。后D集团中标,合同价款为人民币637万元。2011年6月,陈某在高尔夫球场附近向刘某行贿人民币20万元。

2013年11月,市行政服务中心新办公大楼准备铺设弱电网络,拟通过公开招标的方式选择服务商。张某(另案处理)通过市行政服务中心副主任(另案处理)找到

---

① 参见裁判文书网,(2015)商中刑二初字第00002号。

刘某，希望得到刘某帮助。刘某让下属在工程招标之前将工程的技术方案、施工要求等透露给张某，并知会在评标时对该公司予以照顾。竞标结果公布后，T公司中标该弱电项目，工程价款为人民币4201万元。事后，张某在刘某办公室内行贿人民币80万元。此外，刘某还收受建设工程交易中心主任的季某（另案处理）行贿款50万元。

2016年11月22日，大连经济技术开发区人民法院认定刘某犯受贿罪，判处有期徒刑4年，并处罚金人民币25万元。①

案例三：海南省党政信息中心原主任受贿案

陈某系海南省党政信息中心主任（正处级），该单位为省工业经济和信息化厅下属事业单位，为全省电子政务提供技术支持，承担省政务内网、外网、省政府门户网站、省政府数据中心的建设、管理、运行维护和安全保密等工作；受委托负责省直其他部门局域网和应用系统的运行维护工作；对省直各部门和市县电子政务建设、运行、维护提供技术指导和技术咨询服务。

2012年6月，海南某计算机网络有限公司总经理林某得知"海南省政府数据中心软硬件扩容项目"的招标信息后，请求陈某帮助其公司中标该项目。陈某利用其审核招标文件的职务便利，设置有利于该公司的部分指标参数和评分项，使该公司顺利中标。2012年6月26日，省工信厅和该公司签订合同，总金额247.729万元。合同签订后，林某为感谢陈某帮助，于2012年6月底和2012年底分别送给陈某现金16万元、8万元。2013年，陈某以同样方式帮助林某公司中标海南省政府外网链路建设项目，合同金额106.9万元，事后林某送给陈某现金8万元。2010年至2014年，陈某在任海南省党政信息中心主任期间，利用职务上的便利，非法收受林某在内的6人贿赂款共计57万元人民币。

2015年6月10日，海南省第一中级法院判处陈某犯受贿罪，有期徒刑10年，并处没收个人财产5万元。②

案例四：安徽省地方税务局电子信息税务管理中心原主任受贿案

谈某系安徽省地方税务局电子信息税务管理中心原主任（正处级），该部门为省地方税务局所属事业单位，负责全省地税系统数据库和信息网络建设，制定全省地税系统计算机开发应用规划并指导实施；承担全省地税信息的收集、分析、整理和利用工作；负责全省地税系统计算机信息管理工作的业务指导和人员培训工作。

1998年至2004年期间，谈某帮助F公司承接安徽省地方税务局中心机房工程项

---

① 参见裁判文书网，（2016）辽0291刑初356号。
② 参见裁判文书网，（2015）海南一中刑一初字第1号。

目，此后每年春节F公司负责人均到谈某家中送其红包，谈某先后7次收受F公司人民币7万元"感谢费"。2001年，H公司销售经理李某某在安徽省地税广域骨干网一期工程项目招投标过程中，找到被告人谈某，请求给予帮忙，后谈某以该项目招标评委的身份参与该项目评标，H公司中标。2002年上半年的一天，李某某对此为表示感谢，送给谈某现金人民币6万元。

此后，H公司又通过谈某以类似方式中标安徽省地方税务局"广域骨干网二期工程项目""视频会议系统采购项目""数据处理中心机房工程项目""个人所得税管理系统硬件采购及软件原厂维保服务项目"，马鞍山市"地方税务局城域网项目"等。2001年至2011年，谈某先后9次收受H公司销售经理李某某人民币60万元、美元3000元贿赂。

此外，谈某还以类似方式收取A公司、B公司、C公司、D公司、E公司、F公司等贿赂款项、礼品卡等，合计收受财物共计人民币113万元、美元7000元。

2016年5月4日，安徽省九华山风景区人民法院认定谈某犯受贿罪，判处有期徒刑5年，罚金人民币38万元，赃款予以追缴。2016年8月9日，安徽省池州市中级人民法院二审维持原判。[①]

案例五：北京市公安局科技信息化部原副主任受贿案

呼某系北京市公安局科技信息化部原副主任（正处级），付某系北京市公安局信通处信息通信维护服务中心主任，刘某、张某为信息通信维护服务中心干部。该部门负责北京市公安局公安金盾网光缆规划、建设、运维管理工作，北京市电子政务网城区光缆建设、运维管理等工作。

2004年，呼某称可以让X公司承接北京市公安局图像系统维护项目，但是需要其拿出项目金额的30%，由他协调关系。X公司同意后，X公司与北京市公安局就该项目签订了合同。2007年春节前，呼某称该续签合同了，需要协调关系。2004年至2010年间，呼某共收受北京X公司负责人罗某给予的钱款共计人民币90万元。2005年，Y公司与北京市公安局签订了电视电话会议系统维护合同，此后每年国庆节前后，Y公司都会给呼某送好处费，每次用公文包装几万元现金送到呼某办公室。2006年至2014年间呼某非法收受Y公司法定代表人李某给予的钱款共计人民币40万元。

2006年至2014年间，呼某伙同付某，接受北京A公司请托，为该公司2005年至2014年承揽北京市电子政务网和北京市公安局内网的光缆维护和施工项目提供帮助，二人先后收受该公司总经理王某给予的贿赂款共计人民币500万元，呼某与付

---

① 参见裁判文书网，（2016）皖17刑终43号。

某约定六四分成。2006年至2012年间,付某伙同信息通信维护服务中心干部刘某、张某,接受北京A公司请托,收受该公司总经理王某给予的贿赂款共计人民币210万元。

2015年12月23日,北京市第二中级人民法院认定呼某犯受贿罪,判处有期徒刑11年,并处罚金人民币11万元。①2016年5月30日,北京市高级人民法院二审认定付某犯受贿罪,判处有期徒刑11年,并处罚金人民币11万元;刘某犯受贿罪,判处有期徒刑6年,并处罚金人民币6万元;张某犯受贿罪,判处有期徒刑6年,并处罚金人民币6万元。②

案例六:吉林省人社厅信息中心原副主任受贿案

王某系吉林省人力资源和社会保障厅信息中心副主任(副处级)、中心"一卡通"工程筹建小组组长,主管全省社会保障卡有关的信息化工程项目建设,负责与"一卡通"工程相关的规划、方案制定、设备采购等工作。

2012年6月至2014年2月,王某在担任吉林省人社厅社会保障卡管理科科长期间,为吉林某科技有限公司经理吴某某(另案处理)提供承揽"一卡通"信息化工程招投标等方面相关的信息。2013年,该公司与吉林省人社厅就"一卡通"管理平台配套设备项目(1100万余元)、数据采集设备项目(550万余元)签订合同。2013年11月初,合同签订后,公司将150万元的提成款转到了公司经理吴某指定的银行卡上,吴某先后7次送给王某人民币78万元。2014年12月初,王某因得知吴某等人正在接受相关部门调查,恐事情败露,将38万元存入另一账户内,欲交还给吴某。

2016年4月25日,吉林省长春市中级人民法院判处王某犯受贿罪,有期徒刑6年,并处罚金人民币30万元。③

案例七:山西省运城市财政局采购管理办公室原主任受贿案

文某系山西省运城市财政局采购管理办公室主任(正科级)。根据《运城市市级2012政府集中采购目录》(运财购〔2011〕5号)规定:"各部门、各单位实施投资额在100万元人民币及以上的信息工程项目时,必须经具有相关专业监理资质,且在市财政局政府采购管理办公室备案的监理机构对项目进行专业监理。"

文某帮助向某的Z信息监理公司在运城市财政局政府采购办网上进行了备案。之后文某在市直单位申报审批信息工程采购项目时,向项目采购单位工作人员推荐、

---

① 参见裁判文书网,(2015)二中刑初字第1396号。
② 参见裁判文书网,(2016)京刑终64号。
③ (2015)长刑二初字第11号。

介绍Z信息工程监理公司，并将其科室承办的大部分政府采购信息工程建设论证业务交给Z公司。之后部分市直单位的信息工程采购项目也先后与Z公司签订了信息工程招标代理合同和工程监理合同。据统计，Z信息监理公司等产业的监理合同已达3000余万元，已付款1000余万元。

事后，文某以高出实际价值的价格将自己的车辆、房产出卖给向某。2012年下半年，文某将其2004年以14万元购入的一辆丰田威驰轿车（鉴定评估价格2.89万元）以15万元卖给向某。2014年上半年，文某将其房屋（鉴定评估价格98.31万元）以145万元卖给向某，并办理过户手续，合计非法收受他人财物58.7898万元。

2017年8月18日，运城市万荣县人民法院判决文某犯受贿罪，判处有期徒刑2年，并处罚金20万元。[①]2017年11月7日，运城市人民法院二审维持原判。

案例八：深圳市龙岗区教育局信息中心聘用人员非国家工作人员受贿罪案

曾某系深圳市龙岗区教育局聘用人员，在教育信息中心负责与市教育局电教馆对接、新学校前期筹建、中高考考场建设等工作。2012年4月开始，被告人曾某参与了教育系统招投标评标委员会的评标工作。

深圳市A科技公司总经理周某宴请曾某，提出让其帮助A公司在龙岗区某学校的学校电脑室、多媒体教学平台、网络设备采购项目中中标，在招标文件中增加对投标公司的资质要求等条款，曾某表示"他和单位的领导比较熟悉，应该没有问题"，但需要一定的好处费。2012年7月底，A科技公司中标后，曾某在龙岗区教育局门口收受了周某所送的10万元人民币。

2014年5月22日，深圳市龙岗区人民法院以非国家工作人员受贿罪判处被告人曾某有期徒刑1年3个月。[②]2014年12月19日，深圳市中级人民法院二审维持原判。

6.2.2.2　电子政务项目中的贪污案件与预防

电子政务相关腐败案件中也有部分贪污案件，如成都市信息化技术应用发展中心原主任李某贪污案，伙同下属注册公司将单位资产租用给社会企业使用；再如，玉溪市农业局财务科原科长冯某贪污案，要求信息化承建企业返款私设"小金库"。建议在信息化建设和运维管理中，加强对现有国有资产及其使用情况的管理，定期调查抽查；对财务等重点岗位加强监督管理和不定期内部审计。

---

① （2017）晋0822刑初54号。
② （2013）深龙法刑初字第1849号刑事判决书。

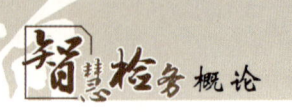

案例九：成都市信息化技术应用发展中心原主任贪污案

李某系成都市信息化技术应用发展中心主任，该单位为独立法人的事业单位，承担成都市信息化技术的推广和成果转化的推进工作，开展信息化技术的学术交流活动及咨询服务；对信息化工程的招标投标活动进行法律、法规咨询，并受委托对招标投标活动和中标后的信息化工程建设实施全程监督检查。

2013年初，李某和其下属信息中心政务服务部副主任吴某二人分别以朋友名义成立了成都Y科技有限公司，二人为该公司的实际控制人。李某安排吴某将信息中心管理维护的闲置机房与机柜，以Y公司名义交给大华公司（化名）使用，并与大华公司签订设备托管服务合同，大华公司按每台机柜每年2.5万元付款给Y公司，2013年6月至2014年4月，大华公司分5次转款至Y公司账户37.5万元。

2016年5月23日，成都市中级人民法院二审认定李某犯贪污罪，判处有期徒刑3年，并处罚金人民币20万元；认定吴某犯贪污罪，判处有期徒刑2年，并处罚金人民币10万元。[①]

案例十：玉溪市农业局财务科原科长贪污案

冯某系云南省玉溪市农业局助理调研员、财务科原科长。

2007年6月25日，玉溪市农业局与Y软件公司签订了《财务集中管理信息化项目合同》。2008年中秋节前，Y公司按照冯某要求返还人民币24000元给农业局，交由会计郭某某保管。2010年5月，冯某在办公室召集财务科的人商量处理这笔钱，因意见不统一，冯某决定由财务科6名干部平分，每人4000元。

2008年12月，玉溪市农业局与X公司签订《玉溪市农业建设项目管理系统开发协议》，在签订合同前，冯某与该公司宋某某讲"价格有点偏高"，X公司同意将公司利润返一部分给市农业局，后商定好合同价15万元。2009年3月，冯某让X公司经理购买2台价值5000元的数码相机，一台送给该科室在工作中使用，一台送给其朋友使用。2009年10月，其让X公司经理处理6000元购烟款。2010年4月，其让X公司经理购买2台价值33000元IBM和苹果笔记本电脑，IBM电脑其自己使用，另外一台送给该局领导使用。2011年5月，其让X公司处理其购买苹果手机两部、苹果MP3一部的费用，该公司给其人民币26000元。

2013年7月1日，云南省高级人民法院二审维持原判，认定冯某犯贪污罪，判处有期徒刑5年，并处没收财产人民币5万元；涉案款92975元，没收上缴国库。[②]

---

① 参见裁判文书网，（2015）成刑终字第834号。
② 参见裁判文书网，（2013）云高刑终字第39号。

目前，检察机关检察信息化工程项目尚未发生腐败问题，但仍然要引起高度重视，引以为戒，早抓齐管、防微杜渐，坚决把检察信息化工程项目建设成廉洁工程、绿色工程。

6.3 电子政务项目风险管理

电子政务项目风险涵盖电子政务项目的各要素，如项目范围风险、项目成本风险、项目进度风险、项目质量风险、项目团队风险等，并且各类项目风险相互关联、相互叠加。例如，如果电子政务的项目需求风险管理缺失，容易导致需求不稳定、需求变更进而导致项目范围失控，随之而来的是电子政务项目成本无法控制，同时导致项目进度滞后、无法按时验收，最终导致项目失败。

据各类统计数据表明，我国电子政务项目一直属于高风险技术项目。有资料显示，在20世纪90年代，我国政府的信息技术应用达到项目预期的不足10%，大部分项目要经过修补才能达到原来的设想，有1/3的项目是完全失败的。[1]一些国外研究也表明，发展中国家的电子政务项目失败率高达60%—80%，即便是像美国这样发达的国家，其2000年政府和工业部门的IT项目合格率也仅为49%。[2]而综观国家审计署通报，电子政务项目审计问题频出，如国家审计署2013年通报，某中央国家机关本级及所属单位建设的5个信息系统项目，均不同程度存在部分功能无法使用、建设目标未完全实现等问题；某金字工程签订的88份采购合同中，有27份合同未约定明确的执行时间和完成时间，有47份合同未按照约定供货时间供货，存在隐性的合同风险等。

准确识别和分析电子政务项目风险，已经成为电子政务项目管理的重要内容之一，这既是增强树立"以项目为中心"的电子政务项目管理的内在要求，也是保障和维护信息化安全，保护纳税人利益，提升财政投入效益的必然之举。[3]

风险的定义是多样的，在不同的领域被赋予了不同含义。例如，国际电气和电子工程师协会（Institute of Electrical and Electronics Engineers，IEEE）认为风险是一种事件或者状态发生的可能性，这种可能性会带来严重的后果或者潜在的问题。美国项

---

[1] 薛志强：《论电子政务建设中的项目管理》，载《北方经济》2013年第18期。
[2] 刘永玉：《电子政务的项目管理》，载《软件工程》2004年第11期。
[3] 张成福、唐钧：《信息化风险管理：基本战略与政策选择》，载《中国行政管理》2007年第2期。

目管理协会（Project Management Institute，PMI）将项目风险定义为：一种不确定事件或状况，一旦发生，会对至少一个项目目标产生积极或消极的影响。[①]我国专家提出，风险就是不确定性对目标实现的影响（effect of uncertainty on objectives），这一定义也在2007年召开的国际标准化组织（ISO）技术管理局的一次会议上被采纳。

风险管理是针对风险事件采取的管理措施，就其管理过程而言，美国系统工程研究所把风险管理的过程分为6部分，即风险识别、风险分析、风险计划、风险跟踪、风险控制、风险管理沟通。美国项目管理协会将项目风险管理过程分为6部分，即风险管理规划、风险识别、定性风险分析、定量风险分析、风险应对规划、风险监控。国家发展改革委《重大固定资产投资项目社会稳定风险分析篇章和评估报告编制大纲（试行）》（发改办投资〔2013〕428号）中，主要分为风险调查、风险识别、风险估计、风险防范和化解措施、风险等级和风险分析结论等内容。在电子政务建设中，风险管理也基本适用上述方法。[②]

本研究以国家发展改革委《国家电子政务工程建设项目管理暂行办法》《重大固定资产投资项目社会稳定风险评估暂行办法》等对项目风险管理的要求为基础，结合PMBOK国际项目风险管理的共识，就检察信息化工程项目案例进行项目风险分析与防范措施编制，希望找到一种易操作的实用电子政务项目风险分析应对方法。

检察信息化工程的项目风险具有如下特征：一是风险承受程度较低。电子检务工程、智慧检务工程是检察机关信息化的系统工程，作为宪法规定的国家法律监督机关，检察院的各项业务工作、综合管理职能都将依托检察信息化工程项目的信息系统运行，部分系统涉及国家机密、秘密和工作秘密，一旦项目失败或是运行过程中发生重大问题，其后果难以估量，极有可能直接影响司法机关的工作秩序，甚至影响国家和社会稳定，造成恶劣影响。二是风险突发概率较高。检察信息化工程项目涉及全国三千余检察机关、数十万工作人员，用户遍布全国，各地区、各条线、各级别检察机关基础设施、应用水平等均有较大程度差异，给项目管理工作带来很大挑战。三是风险控制过程较长。电子检务一期工程建设期为3年，未来还会根据条件开展二期、三期工程。如果计算入项目立项准备时间与收尾验收时间，电子检务一期工程历时近10年，这也意味着项目风险管理周期也接近10年，风险控制的过程较长，需要有一支稳定、高素质的风险管理团队。四是风险要素类别多样。检察信息化工程项目的质量风险和

---

① Project Management Institute. A guide to the project management body of knowledge（PMBOK Guide）. Fifth edition. Project Management Institute，Inc，2013.
② Evangelidis A，Akomode J，Taleb-Bendiab A，et al. Risk Assessment & Success Factors for e-Government in a UK Establishment. Electronic Government. Springer Berlin Heidelberg，2002：395-402.

进度风险都十分敏感，质量是检察信息化工程项目的生命线，这就要求检察信息化工程各子项目的所有关键里程碑要加强质量保证和质量控制。同时，项目进度风险问题突出，全国各地检察机关项目进度的同步推进尤为关键。为确保风险管理的有效性，必须贯穿于整个项目的各阶段，从而形成一个动态的循环过程，同时不断将风险控制从被动管理变为主动管理。[①]

6.3.1 检察信息化工程项目风险的识别与定性分析

项目风险是系统风险，因此需要对项目风险的各组成部分进行分析。笔者根据检察信息化工程项目风险管理经验，同时征集了数名信息化管理者的建议，制定了检察信息化工程项目风险指标，根据风险性质不同，检察信息化工程项目风险分为组织管理风险、业务需求风险、技术安全风险、其他综合风险四大类。

表6-1 检察信息化工程项目风险指标

一级指标	序号	二级指标
组织管理风险	A1	组织架构风险
	A2	管理机制风险
	A3	人力资源风险
业务需求风险	B1	法律政策风险
	B2	需求稳定性风险
	B3	需求准确性风险
技术安全风险	C1	技术方案成熟度风险
	C2	产品性能可靠性风险
	C3	信息系统安全性风险
其他综合风险	D1	资金管理风险
	D2	进度管理风险
	D3	社会稳定风险

6.3.1.1 组织管理风险的定性分析

组织管理风险主要是指业主单位、设计单位、施工单位、监理单位的组织架构、

---

① 金鸿浩：《电子政务项目风险评估与治理研究——基于电子检务工程的案例分析》，载《电子政务》2017年第10期。

管理机制、项目团队是否胜任检察信息化工程项目建设。在这里以业主单位为例进行说明。

  A1 组织架构风险现状评估：组织架构是检察信息化工程项目管理的组织基础，其中领导机构是电子政务管理的决策部门，应具备足够的权力来指挥、协调各部门开展电子检务工作，同时还应是一个综合性议事机构，提高电子检务建设资源统筹配置的效率。1999年，最高人民检察院成立信息化领导小组，由分管副检察长担任组长。2000年起领导小组办公室设在检察技术信息研究中心。2014年，信息化领导小组更名为"最高人民检察院网络安全和信息化领导小组"，由最高人民检察院党组副书记、常务副检察长担任组长。检察技术信息研究中心为了增强检察信息化工程项目管理，2014年专门设立了检察信息化工程项目管理处，负责电子检务的战略规划与项目管理工作，其行政指导与管理力度进一步加强。但是，在全国检察机关大部门改革中，部分地方检察机关取消了信息化处、技术处的设置，个别检察机关网络安全和信息化领导小组虽然设立但并没有实际开展工作，存在组织架构上传下达"中梗堵"的风险隐患。

  A2 管理机制风险现状评估：管理机制是检察信息化工程项目管理的制度基础，特别是业主单位的负责部门，需要建立起与电子政务大型工程项目管理相适应的项目审核、资金管理、统筹协调、监督评价、运维保障等工作机制，强化电子政务管理机构的监管权力，使电子政务管理机构能够坚决执行领导机构的决策。2010年，最高人民检察院制定了《最高人民检察院机关信息化工作管理办法》（高检办字〔2010〕28号），2014年以来又先后制定了检察信息化工程项目管理的相关配套文件，同时《检察信息化工程项目初设方案》对项目管理有关计划也进行了规约，成为检察信息化工程项目管理的主要依据。但是，电子政务建设管理模式有三种：第一种是业务主导，第二种是技术主导，第三种是混合型。目前检察信息化工程项目建设中主要是第一种和第三种，业务部门主导、技术部门辅助，需要在业务需求和技术需求的沟通中找到平衡，特别是相对弱势的信息化部门需要协调好各业务部门难度较大。纵向对下管理机制中，一般性面上要求居多，强制性、具体性要求较少，对下的绩效考核机制没有完全打通。因此电子检务管理机制在横向、纵向上还存在一定的风险隐患。

  A3 人力资源风险现状评估：人力资源是检察信息化工程项目管理的人力基础，对于绝大多数电子政务业主单位而言，大多缺乏信息化专家型人才和项目管理人才，少数的信息技术工作人员一般主要负责单位信息化运维与日常管理工作。在检察信息化工程项目建设过程中，管理者对项目不重视、项目团队内部成员对目标未达成一致、工作压力大、工程参与人员知识与技能欠缺等因素均可能导致建设队伍不稳定，从而影响项目进度、质量和各项工作。另外，在检察机关人员分类改革之中，检察技术信息化专业人员岗位的设置和作为司法辅助人员的相关待遇的落实也对电子检务人力资源风险存在直接或间接影响，存在人力资源管理风险隐患。

6.3.1.2 业务需求风险的定性分析

业务需求风险是指因业主单位对检察信息化工程的项目需求发生变化而直接或间接导致项目范围变化，从而带来的项目风险。

B1 法律政策风险现状评估：近年来，国家立法提速，电子政务管理相关的法律、行政法规陆续出台，相关政策也与时俱进，法律政策变更可能影响项目的申报、验收与管理。例如，在检察信息化工程项目的早期申报过程中，2006年最高人民检察院初次申报项目建议书，2007年由于国家发展改革委55号令《国家电子政务工程建设项目管理暂行办法》出台，检察机关重新调整内容并于3年后再次申报，一定程度延误了立项时间。再如，近年来《国务院办公厅关于促进电子政务协调发展的指导意见》（国办发〔2014〕66号）等相关文件明确要求，"实现各地区各部门电子政务内网全面接入"，"各地区各部门对现有业务专网应用进行合理分类，分别向国家电子政务内网或外网迁移"。因此，检察信息化工程项目2013年项目建议书虽已经通过，但在2015年可行性研究报告和初步设计方案中又增加了电子政务内网的检察专线网络迁移子项目，并调整因此增加的预算。当前电子政务法律政策风险仍然存在，需要业主单位密切关注。

B2 需求稳定性风险现状评估：需求稳定性受到诸多因素影响，特别是在新一轮司法改革期间，项目立项阶段和项目实施、项目收尾阶段可能存在较大变化。例如，2016年底开始启动的国家监察体制改革，明确2018年3月前检察机关的反贪、反渎、预防等部门转隶至监察委员会。检察信息化工程项目中原有的职务犯罪侦查和预防信息系统和综合查询平台的业主单位在未来也将发生变化。再如，检察官办案责任制改革以来，为突出主任检察官主体地位，许多信息系统的业务流程、审批权限均需要重构，如重庆市三个试点检察院将案件受理、证据复核、许可会见、办案延期、决定起诉等60多项职权授予主任检察官行使，相关软件操作流程和配置需要更新，项目范围、需求的不稳定和不可控将会影响项目的成本风险和进度风险。

B3 需求准确性风险现状评估：在项目立项阶段，需求获取的不准确、不完全可能导致开发出的软件不能满足业主单位需要。业主单位需求、需求报告、技术需求的三者转换过程中，信号的编码与解码将会导致语意不同程度存在"失真"现象，特别是检察机关业务需求的法律专业性较强，而通常技术部门和外包公司需求工程师是计

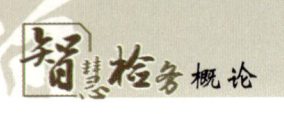

算机专业背景，缺乏对法律知识和司法实务的了解。学科背景的差异加剧了需求获取的准确性偏差。个别新增的基于网络平台与信息系统的功能，由于之前无参照物，需求准确描述的难度和技术转换的难度都非常大，进一步加剧了检察信息化工程项目的需求获取准确性风险，而在项目初步设计方案批准之后，修改需求将会导致成本等其他要素变更，难度激增，风险加大。

6.3.1.3 技术安全风险的定性分析

技术安全风险主要指项目设计阶段的成熟度、项目采购产品的可靠性以及信息系统的安全保密性，技术安全风险是检察信息化工程项目中最基础的风险因素。

C1 技术方案成熟风险现状评估：技术方案的成熟度包含多种影响因子。其一，技术的先进性，是技术被采用的前提，检察信息化工程项目只有基于先进的技术，才能显著提高管理效率，改善网络服务能力；而落后的技术在建成后可能就即将面临被淘汰的风险。其二，技术的成熟性，在项目设计之前必须确认其配套的工程技术、网络技术、软件技术和系统安全技术等已经完善，达到可靠性标准。其三，技术的实用性，描述了信息技术使用的难易程度和广泛性。当一项技术可以广泛应用时，技术的风险必然降低；反之，如果技术的使用面狭窄，适用条件苛刻，那么风险必然加大。

C2 产品性能可靠风险现状评估：检察信息化工程项目需要购置大量的软硬件设备、软件产品，产品性能的可靠性将直接影响整个检察信息化工程项目质量。检察信息化工程项目业务应用系统等项目，特点是跨地域、跨空间和时间的访问或应用，对系统并发能力要求较高，特别是每天上班时间全国3000多检察机关数十万计算机同时打开登录系统，开始网上办公、办案的时段，访问量集中，很容易造成网络拥堵，此时段系统响应速度和能力等比较其他时段具有较大的风险。

C3 信息系统安全风险现状评估：现有的安全产品可以对目前的软件系统、硬件系统等各种资源进行有效保护，但是随着新的技术的不断发展，网络攻击方式不断更新，检察信息化工程项目还存在安全类的风险和隐患。此前，检察机关特别是基于互联网的检察门户网站曾出现过被篡改网页源代码，为其他网站提升搜索排名率，达到谋取利益目的的案件，还有过基层检察官方网站被黑客攻击刊登"赌博"内容的舆情事件。检察信息化工程项目涉密性高，网络安全风险高，需要格外注重安全防范与管理。①

---

① 王欢喜：《电子政务信息安全风险分析与防范策略》，载《中国图书馆学报》2003年第5期。

6.3.1.4 其他综合风险的定性分析

检察信息化工程项目的其他风险包括资金管理风险、进度管理风险、社会稳定风险等,很多情况下检察信息化工程项目"风险链"牵一发而动全身,各项风险要素相互传递,风险影响经过叠加而倍增。

D1 资金管理风险现状评估:检察信息化工程项目特别需要注意防范可能出现的资金风险。资金不到位或缺口过大,都会导致项目建设周期延长或无法实施。一是资金筹措的风险。有些年度信息化建设需要在固定时间进行申报,超期则只能在下一年申报经费。二是资金使用的风险。项目要按照成本基准执行,合理安排资金使用方式与时间,避免资金浪费。三是资金管理的风险。电子政务工程资金总量大,应该严格按照有关规定进行,加强廉政风险防范。

D2 进度管理风险现状评估:项目各类风险要素均会直接或间接影响项目进度,最终导致项目进度延期。特别是项目协调性风险,如业主单位业务部门和信息化部门的协作能力,业务单位与建设单位的沟通能力,业主单位与审批单位、财政单位的合作能力等,对于项目进度的影响尤为关键。在检察信息化工程项目管理工程中,各地方检察机关的进度管理能力相差较大,部分中西部检察机关检察信息化工程项目审批进度滞后,又进一步增加了检察信息化工程项目整体的进度管理风险。

D3 社会稳定风险现状评估:近年来,电子政务建设引发的网络舆情也屡见不鲜,既包括实体风险,如电子政务工程在噪音污染、辐射污染等方面对周围居住人员的影响;也包括其他并发风险,如资金管理不当、超标采购等可能引发的舆情风险,信息安全管理缺乏、出现重大漏洞或者被入侵等可能引发的舆情风险等。需要密切关注检察信息化工程项目建设中引发的实体和舆情风险并及时处置。

6.3.2 检察信息化工程项目风险的定量分析与应对

6.3.2.1 检察信息化工程项目风险的定量分析

在定性风险分析的同时,还可以进行项目定量风险分析,主要有以下三种方法。

一、检察信息化工程项目技术风险的TRL评估

TRL(Technology Readiness Levels)即技术实用水平,是评估技术成熟度的

一种度量结构,最初由美国国家航空和宇宙航行局(National Aeronauticsand Space Administration, NASA)在 1995 年采用,2001 年开始由美国国防部、英国国防部逐渐应用于所有采办项目。技术实用水平由低级向高级通过 TRL1 至 TRL9 九个层次进行描述。[1] 经过专家评估等方法和测算,检察信息化工程项目整个系统的技术风险为 4.125,对应 TRL6 "在相关环境中演示系统/系统技术模型或原型"等级,整个系统技术风险处于中等水平。

表6-2 TRL技术实用水平度量表

TRL等级		定义	风险系数
初级	TRL1	掌握或报道技术的基本原理	9
	TRL2	已经明确技术概念或应用	8
	TRL3	分析或试验研究的方法验证预先分析的结果	7
中级	TRL4	在实验室环境中验证技术模块或基本子系统技术	6
	TRL5	在相关环境中验证技术模块或基本子系统技术	5
	TRL6	在相关环境中演示系统/系统技术模型或原型	4
高级	TRL7	运行环境中演示系统技术原型	3
	TRL8	通过试验和验证确认系统技术符合要求	2
	TRL9	通过成功的任务运行确认系统技术符合要求	1

二、检察信息化工程项目风险的风险系数评估

风险可以表示为事件发生的概率及其后果的函数 R=f(P,L),其中 R 表示风险系数,P 表示概率,L 表示风险影响。采用该方法对检察信息化工程项目风险指标进行定量评估,由专家采用主观测评法在 0—1 范围内预测二级指标的风险概率与风险影响,计算得到其风险系数并进行排序(见表 6-3)。研究发现,在检察信息化工程项目的各类风险中,业务需求风险中 B2 指标"需求稳定性风险"风险系数最大,为 0.64;其次是其他综合风险中 D2 指标"进度管理风险",风险系数为 0.35;最后是技术安全风险中 C3 指标"信息系统安全性风险",风险系数为 0.32,提示检察信息化工程项目管理团队要格外重视上述工作的风险防控。

---

[1] 郭伟:《技术就绪水平在信息技术领域科研项目管理中的应用》,载《信息通信》2012 年第 6 期。

表6-3　检察信息化工程项目风险系数评估表（示例）

一级指标	序号	二级指标	P 风险概率	L 风险影响	R=P x L 风险系数	风险排序
组织管理风险	A1	组织架构风险	0.5	0.5	0.25	6
组织管理风险	A2	管理机制风险	0.3	0.5	0.15	10
组织管理风险	A3	人力资源风险	0.5	0.4	0.20	7
业务需求风险	B1	法律政策风险	0.3	0.5	0.15	10
业务需求风险	B2	需求稳定性风险	0.8	0.8	0.64	1
业务需求风险	B3	需求准确性风险	0.5	0.6	0.30	4
技术安全风险	C1	技术方案成熟度风险	0.2	0.8	0.16	8
技术安全风险	C2	产品性能可靠性风险	0.2	0.5	0.10	12
技术安全风险	C3	信息系统安全性风险	0.4	0.8	0.32	3
其他综合风险	D1	资金管理风险	0.6	0.5	0.30	4
其他综合风险	D2	进度管理风险	0.7	0.5	0.35	2
其他综合风险	D3	社会稳定风险	0.2	0.8	0.16	8

三、检察信息化工程项目社会稳定风险的对照评估

按照国家发展改革委于2012年8月16日印发的《重大固定资产投资项目社会稳定风险评估暂行办法》，应当对检察信息化工程项目社会稳定风险进行评估，参考附件中的风险因素对照表，可以识别出本项目的社会稳定风险因素。检察信息化工程项目为信息化项目，只涉及设备安装和运行过程中所带来的噪声和震动影响以及信息化设备的电磁辐射影响。按照相关文件综合风险指数评判标准，风险程度R>0.64的社会稳定风险等级为高（重大负面影响）、风险程度0.36<R<0.64的社会稳定风险等级为中（较大负面影响）、风险程度R<0.36的社会稳定风险等级为低（一般负面影响），本项目综合风险指数为0.015，小于0.36，风险程度为微小，风险等级为低。

表6-4 电子检务社会稳定风险因素识别及其风险程度汇总表

风险类型	发生阶段	风险因素	备注	风险概率 P	影响程度 q	风险程度 R
工程风险	实施运维	噪声震动影响	设备安装和运行产生的噪声和震动	很低 15%	可忽略 10%	微小 0.015
		电磁辐射影响	设备运行时在机房内产生的电磁辐射	很低 10%	可忽略 15%	微小 0.015

6.3.2.2 检察信息化工程的项目风险应对策略

综合检察信息化工程项目的风险特征、定性定量风险分析结果，可以制定分类的项目风险应对策略。只有选择出的风险应对方法与对应的风险优先级层次相匹配，才能成功解除风险威胁，降低风险影响，实现项目风险控制的目标。

一、在组织管理风险应对上，可以采取项目风险开拓措施

为了给检察信息化工程项目的组织建设、制度建设分配更多和更好的资源，以便缩短完成时间或实现超过最初预期的好质量。一是应当积极构建适应检察信息化工程项目的组织架构，强化各级检察机关网络安全和信息化领导小组职责，定期召开业务部门、技术部门、项目公司参加的项目协调会，建设以领导小组为核心、项目协调会为辅助的决策机制，明确组织层面对项目建设和管理的共识。二是制定完善检察信息化工程项目管理机制。一方面要在项目建议书、可行性研究报告、初步设计方案和投资概算的基础上，科学制定并落实严格项目管理计划；另一方面要加强检察信息化标准规范建设，优先完成最高人民检察院检察信息化工程项目7大类37项标准。三是加强检察信息化工程项目人力资源统筹管理，参照公安部科学技术委员会的设置，组建检察信息化专家组。分级确定专职工程负责人并充分授权，制定多个层次的RAM责任矩阵，确保任何一项任务都只有一个人负责，并配套制定绩效奖惩措施。

二、在业务需求风险应对上，可以采取项目风险化解措施

当该风险无法被规避时，需要从项目风险源头进行分析，去控制和消除项目具体风险的引发原因。一是积极获取应用法律政策的变更，在项目初期全面分析政策环境，法律政策发展趋势，项目建设周期不宜过长。二是科学处理需求稳定性风险，强化项目范围和需求变更管理流程，做好项目干系人沟通。一方面项目应用系统建设应当采用可扩展性原则。项目对未来业务需求的变更进行充分的考虑，注重模块化总体设计，

在系统设计策略和系统架构设计中采用系统间松耦合的设计原则，把系统的可扩展性放在重要地位；另一方面应区分新需求的紧迫程度，如紧迫性不强可在二期、三期工程设计时予以满足。三是最大限度减少需求准确性风险。由业务部门、技术部门、外包公司联合制定项目需求报告，强化需求确认环节，严格进行需求审核与确认、修改工作。在业务流程设计的过程中，开展业务差异分析，充分了解各地检察机关业务需要，设计某些可灵活配置的业务流程。

三、在技术安全风险应对上，可以采取项目风险分担措施

在技术安全管理上，设计单位、施工单位、监理单位的能力和经验一般要高于业主单位。因此，可以通过签订合同等方式，根据项目风险的大小和项目相关利益者承担风险的能力，分别由不同的项目相关利益主体合理分担项目技术安全风险。一是减少技术方案成熟度风险，设计单位应当平衡技术方案的先进性、可靠性、可替代性、应用性等，选择满足当前和未来一段时间需求的稳定成熟的先进技术方案；在系统建设中，采取必要的技术措施，确保电子检务项目能够可靠运行，如关键设备采用必要冗余设计等。二是减少产品性能可靠性风险，政府采购部门应增强项目采购管理，加强购置产品质量抽检工作，强化产品质量的监理责任。三是减弱信息系统安全性风险，检察信息化工程项目安全系统承建管理单位应当全面组织落实电子检务项目安全体系方案，加强安全记录和审计。同时强化安全管理和保密教育，按照要求由第三方在项目竣工后展开信息系统安全风险评估。

四、在其他综合风险应对上，可以选择项目风险遏制措施

对于无法规避与化解的风险，从项目风险引发原因的角度出发进行遏制，从而降低该风险发生概率。一是降低资金管理风险，积极筹措项目资金，注重项目严格合理的成本管控，建立完整系统的财务制度，推动电子政务廉洁工程。二是降低进度管理风险，明确各部门、各级检察院检察信息化工程项目进度责任，同时借鉴金字工程经验，合理估算项目工作量，使每个里程碑阶段均应有工作量估算、时间进度，以及可操作、可管理和可检查的交付物。最高人民检察院网信办应提高进度计划的管理、跟踪水平，加强阶段性里程碑进度评查，每月向上级领导和各省级院通报各省检察信息化工程项目完成进度。三是预防社会稳定风险，在项目立项阶段进行社会稳定风险评估，采用合理的规避和减弱手段控制稳定风险，注重倾听民意与网络舆情监测应对。所采购的信息化设备要满足TCO99、FCC-B低电磁辐射标准；严格进行防火、防水、供电、扰民、环境影响等方面的预防措施；合理安排施工时间，避免在工作时间对办公造成不良影响。

附录　智慧检务常用参考文件

1　2014年《国务院办公厅关于促进电子政务协调发展的指导意见》

国办发〔2014〕66号

为进一步推动政府系统电子政务科学、可持续发展，逐步建立与政府履职相适应的电子政务体系，有效服务于创新政府、廉洁政府、法治政府建设，不断提升信息化条件下政府治理能力，经国务院同意，现提出以下指导意见。

一、发展现状

经过多年发展，电子政务已经深入到我国经济社会发展的各个领域，成为各级政府平稳运转和高效履职不可或缺的手段。随着信息化的深入发展，电子政务正在由业务办公的支撑工具，逐步成为促进重大改革措施贯彻实施、支撑重大问题决策研判、推动重点工作督查落实、提高服务人民群众水平的有效抓手，是提升政府治理能力必不可少的创新手段。

但是，电子政务工作也存在一些突出矛盾和问题。一是顶层设计不够完善。统一规范的国家电子政务网络尚未形成，各类政务网络不能有效联通，信息孤岛大量存在，网络信息安全形势严峻，法律法规和标准规范滞后，造成了互联互通难、信息共享难、业务协同难，严重制约了电子政务作用的有效发挥。二是应用潜力没有充分发挥。应用的深度和广度不足，特别是对政府管理创新的支撑作用较弱，对科学决策的支持水平有限，对社会公众的服务能力较低，与领导同志的期望和人民群众的需求相比，还存在较大差距。三是保障措施不够健全。绩效评估开展不到位，国产软硬件和新技术的应用不足、创新发展不够，人才队伍现状不能适应电子政务发展需要，管理体制机制有待进一步理顺。

二、目标和原则

（一）主要目标。利用5年左右时间，统一规范的国家电子政务网络全面建成；网络信息安全保障能力显著增强；信息共享、业务协同和数据开放水平大幅提升；服务政府决策和管理的信息化能力明显提高；政府公共服务网上运行全面普及；电子政务协调发展环境更加优化。经过努力，电子政务在国家治理体系和治理能力现代化建设中发挥重要作用。

（二）基本原则。坚持需求导向，围绕政府履职需求和服务人民群众需要，引导电子政务的发展方向和重点，不断提高电子政务的支撑作用和应用效能；坚持统筹整合，以提高现有电子政务基础设施利用效率、推动信息资源开放共享为主要手段，促进电子政务集约化发展；坚持创新驱动，准确把握信息化发展趋势，不断创新理念，探索电子政务创新发展的新思路、新应用、新模式；坚持安全可控，围绕国家信息网络设施安全可控战略，加强监督检查、落实安全责任，确保重要网络、应用和数据安全，确保国家秘密安全；坚持协调发展，加强统筹规划，理顺体制机制，建立完善各级政府横向协同、纵向联动，政府主导、社会参与的电子政务协调发展机制，推动统一网络平台、统一安全体系、统一运维管理的一体化建设和业务应用协调发展。

三、加强顶层设计，统筹电子政务协调发展

电子政务是复杂的系统工程，需要从推动网络整合、促进信息共享、强化安全保密、健全法律法规、完善标准规范等方面加强顶层设计和统筹协调，为电子政务健康发展创造良好条件。

（一）加快国家电子政务内网建设。按照国家统一规划和部署，2015年底前完成中央和省（区、市）两级电子政务内网网络平台和安全体系建设；加快推进网络安全保密测评审批，实现各地区各部门电子政务内网全面接入；加强网络整体化运维管理和运维队伍的专业化能力建设，确保跨地区跨部门业务应用稳定可靠运行。

（二）加强国家电子政务外网建设和管理。进一步理顺国家电子政务外网建设和管理工作机制；充分利用各地区现有电子政务基础网络资源，加强电子政务外网网络平台和安全体系建设，加快推动地方部门接入网络平台，实现外网横向纵向联通；重点加强外网应用建设，促进外网信息资源整合利用和数据共享。

（三）积极推动各地区各部门业务专网应用迁移和网络对接。各地区各部门对现有业务专网应用进行合理分类，分别向国家电子政务内网或外网迁移；国务院各部门同步整合内部业务专网和向下延伸的业务应用；各地区各部门现有业务专网要理清边界，逐步实现与统一国家电子政务网络的网络对接和业务融合，推动数据交换和共享安全可控。

（四）强化国家基础信息资源开发利用。进一步加快人口、法人单位、空间地理、宏观经济等国家基础信息资源库共建共享；推动基础信息资源库分别在国家电子政务内网、外网平台上部署；围绕重点应用领域，开展基础信息资源应用试点，不断总结经验，积极创造条件，逐步扩大应用范围。

（五）推进信息资源共享共用和数据开放利用。促进各地区各部门可开放的信息资源分别在国家电子政务内网、外网平台上普遍共享；研究建设国家公共信息资源开放平台，有序推进政府数据开放和社会化利用；对于涉及国家安全、商业秘密、个人隐私等不宜开放的业务信息，政府部门按照职责分工，梳理履职所需信息共享需求，明确共享信息的有效需求和提供方式，逐步建立信息共享监督检查、考核通报、安全和保密审查等制度，推动部门信息资源按需共享。

（六）切实加强安全保密。加强对分级保护和等级保护工作的指导，确保相关管理规范、技术要求、实施策略、测评标准在不同地区的一致性；建立安全保密持续监管和运维系统，提升信息安全管控和运维管理水平；加强网络安全监测和通报预警，及时处置重大网络安全事故；强化安全保密意识，加强日常安全管理，进一步落实涉密信息系统分级保护和非涉密信息系统等级保护相关主体责任。

（七）完善法律法规和标准规范。研究制定政府信息资源管理办法，及时总结经验，建立信息共享制度，为持续稳步推进信息共享提供制度保障；研究制定政务活动中使用电子签名的具体办法，积极推动电子证照、电子文件、电子印章、电子档案等在政务工作中的应用；加强现有成熟标准规范在电子政务中的运用，研究制定网络、安全、应用、信息资源等方面的技术和业务标准规范，促进电子政务健康持续发展。

四、深化应用，提升支撑保障政府决策和管理的水平

电子政务的成效在于应用，各地区各部门要把提高应用成效摆在突出位置。国务院各部门要围绕国务院中心工作，带头推进应用深化，重点提升电子政务对政府决策和管理的信息化支撑保障水平。各地方政府要结合实际，因地制宜推动电子政务在重点领域的应用，着力提升社会管理和公共服务水平。

（一）提高决策信息服务水平。围绕国务院决策需要，以建设决策支持信息系统为抓手，充分整合各地区各部门现有办公应用和业务系统信息资源，采集利用有关行业、企业、研究机构的重要信息数据，逐步建立支撑领导决策研判的决策信息资源库，提供更加及时高效的信息获取方式，丰富展现形式，为政府决策提供全面准确便捷的信息服务。充分利用职能部门各类专业系统和智能分析模型，开展统计分析、预测预警和评估研判，使国务院领导同志能够及时掌握经济运行与社会发展的实际状况和发展趋势，不断提升信息保障和辅助决策能力。

（二）为深入推进国务院重点工作提供有力支撑。围绕经济社会重大问题和政府工作目标，在社会保障、公共安全、社会信用、市场监管、食品药品安全、医疗卫生、国民教育、劳动就业、养老服务等方面，促进职能部门在业务创新的基础上，深入开展跨地区跨部

门协同应用；围绕简政放权，梳理权力清单，强化权力全流程网上运行，有效规范和监督行使权力的主体、依据、程序，明确责任，切实提高行政效能和依法行政水平；围绕服务型政府建设，逐步形成网上服务与实体大厅服务、线上服务与线下服务相结合的一体化新型政府服务模式，不断提升政府网上公共服务水平。

（三）提升国务院重点工作督查落实的信息化水平。加强国务院重点工作督查督办，通过对重点工作的任务分解、进展过程、完成情况的网络化信息化管理，实现工作落实全过程动态跟踪、实时督查、及时反馈、绩效考核，形成事前事中事后管理机制，切实提高督查督办水平。

（四）为应对突发事件的决策指挥等工作提供技术支撑。按照国家突发事件应急体系建设规划要求，进一步健全以国务院应急平台为中心、以省级和部门应急平台为节点的国家应急平台体系，完善日常监测与风险识别、信息收集与灾情统计、趋势分析与综合研判、指挥调度与辅助决策、场景模拟与总结评估等功能，满足应急管理工作需要；推进基层和企业应急信息管理系统建设，提高突发事件现场图像采集和应急通信保障能力；健全应急平台标准规范和运行机制，加强各级应急平台之间的互联互通和资源共享，充分利用物联网等新技术，推进风险隐患、防护目标、救援队伍、物资装备等信息数据库建设。

（五）完善办公业务应用。围绕优化再造政务流程、提高行政效能，进一步拓展深化网上办公，运用电子印章、电子签名、电子文件密级标志等技术，实现公文、信息、简报等电子文件的上传下达和横向传递，以及公文办理、信息采编、会议组织、值班管理等日常工作的信息化；积极开展视频会议、移动办公等应用。

五、保障措施和实施落实

（一）开展电子政务绩效评估。切实发挥绩效评估的导向作用，引导电子政务健康发展。推动建立考核评价体系，由发展改革、财政、审计等部门对相关电子政务项目进行专项评估，并与现有项目管理手段相衔接，作为系统运维和后期建设投资的重要参考，避免重复建设和盲目投资；各地区各部门从成本效益、应用效果、协同共享、安全保密、创新服务等方面提出评估指南，开展电子政务绩效自我评估；探索开展第三方评估。

（二）加强新技术和安全可靠产品应用。制定促进云计算、大数据在电子政务应用服务中的发展规划和政策制度；研究制定云计算、大数据、物联网、移动互联网等在电子政务应用中的技术规范，积极推进新技术在行政办公、辅助决策、社会治理、公共服务等方面的应用；加强安全可靠技术产品的研发和推广应用，国家电子政务网络及关键业务系统优先采用国产软硬件产品，推动试点推广。

（三）加强人才队伍建设。强化政府工作人员信息化意识，提高其信息技术运用能力；

培养和建设一支业务熟、技术精、素质高的专业化电子政务管理和服务队伍；加强培训交流，建立政府系统电子政务培训机制，将信息化能力纳入公务员培训体系。

（四）做好工程配套。国务院有关部门在研究编制"十三五"国家政务信息化工程建设规划时，要充分做好与本意见的衔接，加强顶层设计，加大统筹力度，对各项任务进行专题研究和具体部署，着力推动各类信息平台和信息系统整合，强化信息资源共享利用，确保任务落地。

（五）强化实施落实。各地区各部门要从战略高度充分认识加快推进电子政务的现实意义和深远影响，切实增强紧迫感和责任感。国务院有关部门要按照分工，制定政策措施和标准规范做好本意见与国家有关信息化规划的衔接。各省（区、市）要照本意见要求，结合实际提出落实方案，充分发挥政府办公厅等协调优势，探索理顺本地区管理体制和工作机制，切实推动子政务协调发展。国务院办公厅负责对本意见落实工作的统筹调、跟踪了解、督促检查。各地区各部门要加强领导，切实负责任，确保各项任务和措施落实到位。

2 《"十三五"国家政务信息化工程建设规划》

2017年

发改高技〔2017〕1449号

一、现状和形势

当前，新一轮信息革命正引领人类从工业文明加速向信息文明转型，全面影响和重塑经济运行、社会发展、国家治理、人民生活等各个领域，政务信息化已成为通往现代治理之路必不可少的重要依托。全面加快政务信息化创新发展，已成为推进国家治理体系和治理能力现代化建设的重要手段，对于深化行政体制改革，建设法治政府、创新政府、廉洁政府和服务型政府具有重要意义。新世纪以来，我国政务信息化经过"十一五"全面建设、"十二五"转型发展，基本实现部门办公自动化、重点业务信息化、政府网站普及化，跨部门、跨地区共建工程逐步成为政务信息化工程建设的主要形态，成为支撑"放管服"改革的重要平台。信息共享、绩效评估等一批创新性制度和办法颁布实施，一定程度上改善了部门系统分割、资源分散的局面，政务信息化日益成为政府高效履职行政的重要手段。

"十三五"时期是全面建成小康社会的决胜阶段，政务信息化工作需面向时代发展主题、面向改革治理需要、面向社会公众期望，贯彻以人民为中心的发展思想，聚焦"放管服"改革创新、纵横联动协同治理、"互联网+政务服务"、促进创新创业等任务，增强发展能力，提升服务水平，优化发展环境，推动政务信息化建设迈入"集约整合、全面互联、协同共治、共享开放、安全可信"的新阶段。在此背景下，《中华人民共和国国民经济和社会发展第十三个五年规划纲要》、《国家信息化发展战略纲要》、《"十三五"国家信息化规划》等文件对政务信息化工作提出了明确要求。为贯彻落实上述战略和规划，推动政务信息化建设集约创新和高效发展，构建形成满足国家治理体系与治理能力现代化要求的政务信息化体系，特制定本规划。

本规划将作为"十三五"期间统筹安排国家政务信息化工程投资的重要依据。

二、总体要求

（一）指导思想。高举中国特色社会主义伟大旗帜，全面贯彻落实党的十八大和十八届三中、四中、五中、六中全会精神，深入学习贯彻习近平总书记系列重要讲话精神，紧紧围绕"五位一体"总体布局和"四个全面"战略布局，坚持把推进国家治理体系和治理能力现代化作为政务信息化工作的总目标，大力加强统筹整合和共享共用，统筹构建一体整合大平台、共享共用大数据、协同联动大系统，推进解决互联互通难、信息共享难、业务协同难的问题，将"大平台、大数据、大系统"作为较长一个时期指导我国政务信息化建设的发展蓝图，构建一体化政务治理体系，促进治理机制协调化和治理手段高效化，形成部门联动的协同治理新局面，为全面建成小康社会奠定坚实基础。

（二）基本原则。按照政务信息化工作的发展共识，着力打破传统工程项目建设管理的思维惯性和路径依赖，实现发展动力、发展机制、发展重心、发展模式的转变，推动政务信息化创新集约高效发展。

——坚持创新思维、实现动力转变。打破思维惯性，充分利用新技术、新模式、新理念优化工作流程、创新业务模式、改革管理制度、强化纵横联动协同治理，强化技术供给侧创新，以制度创新＋技术创新推进"放管服"改革任务，助力政务治理，实现由项目驱动向创新驱动的动力转变。

——坚持开放思维、强化机制转变。打破理念束缚，充分发挥市场主体作用，鼓励采用委托代建、以租代建、BOT、服务外包等新模式，促进工程建设主体和服务方式的多元化；形成政务公开、数据开放、社会参与的常态化机制，实现由政府投资建设为主向政府与社会投资双轮驱动的机制转变。

——坚持服务思维、实现重心转变。打破服务瓶颈，紧密围绕民生保障、扶贫脱贫、惠民服务等社会公众的切身难题，大力实施"互联网＋政务服务"，构建公平、普惠、便捷、高效的公共服务信息体系，切实方便群众办事创业，实现由行政办公需求为主向以服务公众需求为主的重心转变。

——坚持系统思维、加快模式转变。打破路径依赖，采用系统工程思维，大力加强工程建设的统筹整合和共享共用，统筹共建电子政务公共基础设施，统筹强化网络信息安全保障，统筹协调政务业务纵横联动，统筹推动增量资产和存量资产的衔接配套，大力推进政务信息资源共享利用和有效汇聚，促进政务信息系统快速迭代开发和集约发展，实现由分散建设向共建共享的模式转变。

（三）主要目标。到"十三五"末期，政务信息化工程建设总体实现以下目标：基本形成满足国家治理体系与治理能力现代化要求的政务信息化体系，构建形成大平台共享、大数据慧治、大系统共治的顶层架构，建成全国一体化的国家大数据中心，有力促进网络强国建设，显著提升宏观调控科学化、政府治理精准化、公共服务便捷化、基础设施集约化水平，总体满足国家治理创新需要和社会公众服务期望。

——大平台共享新设施。深入推进政务信息化建设的集约整合和共享共用，加大平台整合创新力度，一体化推进国家电子政务网络、国家政务数据中心、国家数据共享交换工程和国家公共数据开放网站的融合建设，打造"覆盖全国、统筹利用、统一接入"的大平台，形成存储数据、交换数据、共享数据、使用数据、开放数据的核心枢纽，系统性打破信息孤岛，有力促进政务信息系统整合，为构建全国一体化的国家大数据中心奠定基础。

——大数据慧治新能力。形成国家政务信息资源管理和服务体系，实现80%以上政务数据资源的高效采集、有效整合，政务数据共享开放及社会大数据融合应用取得突破性进展，形成以数据为支撑的治理能力，提升宏观调控、市场监管、社会治理和公共服务的精准性和有效性。

——大系统共治新格局。以跨部门、跨地区协同治理大系统为工程建设主要形态，建成执政能力、民主法治、综合调控、市场监管、公共服务、公共安全等6个大系统工程，形成协同治理新格局，满足跨部门、跨地区综合调控、协同治理、一体服务需要，在支撑国家治理创新上取得突破性进展。

——大服务惠民新模式。形成线上线下相融合的公共服务模式，依托综合政务服务平台有效汇聚各行业领域政务服务资源，"五证合一"、"证照分离"等取得显著进展，以"一号、一窗、一网"为核心的政务服务模式得到全面推广，社会公众办事创业便捷度明显提升，在便民利民上取得突破性进展。

——工程建设管理新局面。形成"政府＋市场、平台＋系统"的工程管理新模式，大幅减少系统分散建设和信息孤岛，集约化程度明显提升，工程规模得到显著控制，建设进度得到明显加快，绩效评价发挥约束引导实效；相关立法工作取得进展，标准规范体系、安全保障体系进一步完善，形成长效、可持续的发展环境。

三、主要任务

根据"十三五"时期国民经济和社会发展相关重大战略、重大任务、重大工程，以及相关法律法规和政策文件精神，按照"大平台、大数据、大系统"总体框架，建设以下重点工程。

（一）构建一体化政务数据平台

按照"数、云、网、端"融合创新趋势及电子政务集约化建设需求，依托统一的国家电子政务网络加快建设综合性公共基础设施平台，形成互联互通、安全防护、共享交换、云计算、数据分析、容灾备份等综合服务能力，实现电子政务关键公共基础设施的统建共用，支撑政务业务协同和数据共享汇聚。

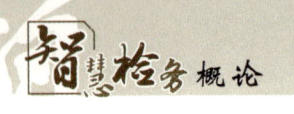

1. 国家电子政务网络

建设目标：全面建成统一的国家电子政务网络，基本实现各类政务专网的整合迁移和融合互联，政务信息安全防护能力得到显著强化，支撑各级政务部门纵横联动和协同治理。

建设内容：加快建设国家电子政务内网。完善顶层互联互通平台建设，按需拓展网络覆盖范围，形成统一的国家电子政务内网网络；有序组织涉密专网向内网的迁移工作；构建内网综合安全保障体系，完善内网密钥管理、电子认证基础设施和相关密码保障系统，形成全国统一的政务内网信任服务体系；强化网络综合运维管理，提高内网网络安全管控和综合支撑能力。

建设完善国家电子政务外网。优化骨干网络结构，加快非涉密政务专网迁移整合或融合互联，指导和支持中西部、东北及少数民族地区全面升级电子政务外网，实现中央、省、市、县各级政务部门的四级覆盖，加快向乡镇、街道、社区、农村延伸；统一互联网出口、拓展互联网区服务能力、加强移动接入平台建设，建设综合安全管理系统，完善统一的电子政务外网信任服务体系，全面加强全网等级保护建设，提升政务外网承载服务和安全保障能力。

2. 国家政务数据中心

建设目标：依托国家电子政务网络和互联网，建成数据中心和云计算一体融合的国家政务数据中心，为中央部门提供多层次、专业化云服务，支撑政务业务协同和数据共享汇聚，为构建全国一体化的国家大数据中心奠定基础。

建设内容：建设统一的国家政务数据中心，形成安全可控、集成创新、分类服务的政务云，承载国家数据共享交换枢纽、国家公共数据开放网站、国家基础信息资源库以及跨部门重大信息化工程；面向各部门提供专业化的系统托管、数据交换、业务协同、容灾备份服务；推广办公系统、政务信息公开、政民互动、调查系统、邮件系统等通用软件云服务。按照全局统筹、部门统一、市场服务、央地互补的原则，以统筹整合、整体采购、授权服务方式相结合，以国家政务数据中心整合盘活政府已有数据中心和社会化数据中心资源，构建形成符合政务信息化需求及安全保密要求的政务数据中心体系；推动部门存量基础设施资源的整合利用，依托国家政务数据中心构建部门私有云，推动不具备规模效应的部门数据中心逐步向国家政务数据中心迁移，促进全国一体化国家大数据中心建设。

3. 国家数据共享交换工程

建设目标：建成统一的国家数据共享交换枢纽，全面贯通省级数据共享交换枢纽节点，形成全国政务信息共享体系，实现重要信息系统通过统一平台进行数据共享交换，政务数据共享率大幅提升。

建设内容：依托政务内网和政务外网，分别建设涉密和非涉密数据共享交换枢纽，构建国家政务信息资源共享目录服务系统和标准规范体系，规范各部门共享交换数据的内容、质量和方式。推动地方数据共享交换枢纽建设，实现国家数据共享交换枢纽与地方数据共享交换枢纽的对接，形成统一的全国政务信息共享枢纽体系，支撑国家基础信息库、重大体系工程及部门重要信息系统跨部门、跨地区、跨领域数据共享交换。建设全国政务信息共享网站，汇聚政务信息，监测共享情况，加强政务数据关联分析利用。

4. 国家公共数据开放网站

建设目标：在依法加强安全保障和隐私保护的前提下，重点围绕民生服务需求，实现可开放政务数据向社会公众集中、有序开放和规范利用，提升开放数据的数量、质量、时效性和易用性，显著提升公共数据的有效利用和深度开发水平，促进社会创新和信息经济发展。

建设内容：建设国家公共数据开放网站，形成统一的门户服务、数据开放管理、安全脱敏、可控流通等功能；在政务信息资源目录基础上，形成政务数据资源开放目录，编制政务数据开放共享标准规范；结合社会公众需求，以可机读批量下载方式，分级、分类重点开放企业登记、信用、交通、医疗、卫生、就业、社保、地理、文化、教育、科技、知识产权、自然资源、农业、林业、环境、安监、质量、统计、气象等公共服务相关领域的非涉密公共数据；加强对经济社会重要领域社会化数据的采集汇聚，促进政务数据与社会数据的关联融合创新。

（二）共建共享国家基础信息资源

以国家基础信息库共建共享为推进抓手，打破信息壁垒和"数据孤岛"，逐步实现与业务信息以及社会大数据的关联汇聚，构建统一高效、互联互通、安全可靠的国家信息资源体系，打通各部门信息系统，推动信息跨部门跨层级共享共用，依托国家公共数据开放网站，加快推进基础信息资源向社会开放。

1. 人口基础信息库

建设目标：依托统一的国家电子政务网络，建成人口基础信息库，在所有政务部门间实时共享，为各级政务部门开展相关业务和政务服务提供基础信息支持。

建设内容：加快建设完善人口基础信息库，形成数据及时更新校核机制；将人口基础信息库的交换平台向统一的国家数据共享交换枢纽迁移，实现分散于部门专网的人口基础信息向国家电子政务网络实时共享汇聚；促进相关部门信息系统有关人口业务信息的采集汇聚，扩展健康、收入、婚姻、社保、救助、贫困、残疾、流动、死亡等信息，逐渐丰富人口基础信息资源条目，深化人口信息资源的分布查询和应用；通过国家公共数据开放网站安全可控的数据接口，面向社会提供脱敏人口信息资源，促进相关领域业务创新。

2. 法人单位基础信息库

建设目标：依托统一的国家电子政务网络，建成法人单位信息资源库，实现机关法人、

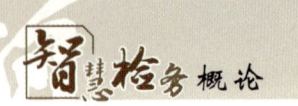

事业法人、企业法人、社会组织法人和其他法人基础信息的实时共享。实现基础信息的有序开放，促进法人单位信息资源的社会化利用。

建设内容：建设完善法人单位基础信息库，形成数据及时更新校核机制，在统一的国家电子政务网络环境下，依托国家数据共享交换枢纽实现法人单位基础信息在所有政务部门间实时共享。在此基础上扩展各类法人单位的组织结构、股权结构、经营范围、资产规模、税源税收、销售收入、就业人数、人才构成、产品服务等信息，促进相关部门有关法人单位业务信息的关联汇聚，丰富法人单位信息资源。支撑法人单位信息资源的分布查询和深化应用。通过国家公共数据开放网站，分级、分类安全有序开放法人单位基础信息，促进社会化创新应用。

3. 自然资源和地理空间基础信息库

建设目标：依托统一的国家电子政务网络，建成自然资源和地理空间基础信息库，面向各级政务部门实时共享，有序向社会开放数据，为政务治理决策和社会化创新利用提供数据支持。

建设内容：建设完善自然资源和地理空间基础信息库，扩展政务部门和社会普遍需要的自然资源和空间地理基础信息，依托国家数据共享交换枢纽加快土地矿产资源、生态环境状态、地质地震构造、耕地草原渔业、农作物种植情况、森林湿地荒漠、生物物种分布、河湖水系分布、城乡规划布局、地下设施管网、水域空域航线等空间地理业务信息的采集汇聚，并与空间地理基础信息库进行关联，实现遥感数据服务、自然资源和地理信息公共服务的结合；加强在国土资源、城乡规划与建设、区域规划、农业、林业、水利、气象、海洋、环境、减灾、统计、交通、教育等领域的共享应用；通过国家公共数据开放网站安全可控的数据接口向社会开放，促进自然资源和空间地理信息的公益性服务和市场化创新应用。

4. 社会信用信息库

建设目标：构建基于统一社会信用代码的社会信用基础信息库，实现社会信用基础信息的跨部门跨地区共享和面向社会开放，为相关领域开展守信联合激励和失信联合惩戒及社会征信市场发展提供统一基础信息支撑服务。

建设内容：依托国家数据共享交换枢纽，加快统一社会信用代码信息的集中汇聚，实现增量及时公开、存量转换到位，抓紧建立统一社会信用代码及其与现有各类管理代码的映射关系。在此基础上实现行政许可信息、行政处罚信息、联合惩戒信息的归集，通过国家企业信用信息公示系统依法向社会公示，通过"信用中国"门户和国家公共数据开放网站面向社会开放，加大守信联合激励和失信联合惩戒力度，推动社会征信市场发展，方便社会公众查阅。

（三）协同共建纵横联动业务系统

紧密围绕"十三五"经济社会发展的重大任务，聚焦深化"放管服"改革的主要需求，按照统一标准规范、统一信息资源目录、统一协同汇聚平台和多个业务系统的工程架构，推动各部门联合构建充分共享、协同治理、界限清晰、分工有序的大系统工程。

1. 党的执政能力信息化工程

建设目标：围绕党中央总揽全局、统筹各方、决策指挥和日常运转的需求，构建覆盖党中央各部门核心业务的应用系统，支撑党的执政资源配置优化和全面从严治党，提高党科学执政、民主执政、依法执政的能力和水平。

建设内容：建设和完善覆盖党中央各部门的核心业务系统，整合构建党中央决策部署贯彻落实综合协调与保障信息化平台，形成"抓落实"的信息化合力。加强党委信息资源的按需汇聚，推动政府部门相关信息与党中央各部门的数据共享，支撑党的执政资源配置优化和全面从严治党，提高党的执政能力。深化全国纪检监察信息系统工程应用，建设完善监督执纪问责信息平台，整合信息资源，加强大数据分析利用，提高执纪审查、内部监督等能力，为深入推进党风廉政建设和反腐败工作提供科技支撑。建设全国干部（公务员）管理信息系统，支撑对各级干部教育培养、选拔任用、考核评价、管理监督、离退休管理和公务员管理中进、管、出各环节的业务管理需要。围绕统一战线、党际外交、网络安全和信息化统筹协调、舆论宣传、机构编制、群团工作、中央和国家机关党建、电子文件管理等重点业务。开展以党委系统大数据治理与服务模式创新为重点的信息系统建设，为提升党的执政能力、推进国家治理体系和治理能力现代化提供有力支撑。

2. 民主法治信息化工程

建设目标：围绕"法治中国"建设，优化人大立法和监督的信息保障，强化政协参政议政的信息机制，提高审判、检察和刑罚执行业务信息化水平，全面增强支撑民主法治建设的信息能力。

建设内容：以提高人大依法履职水平为核心，围绕人大及其常委会立法、监督、代表、外事等重点工作，加强人大业务系统建设，为充分发挥人民代表大会根本政治制度提供有关支撑。针对经济社会发展的重大决策，完善政协业务系统和信息资源库，提高政治协商和民主监督的信息能力。加强国家法律法规信息库建设，提升立法信息保障及业务信息化水平。深化电子检务、天平工程、金盾工程等现有业务系统应用，构建以案件为主线的公安机关、检察机关、审判机关、司法行政机关各司其职的行为留痕机制，依法实现过程透明，强化侦查权、检察权、审判权、执行权相互配合和制约的信息能力，全面提高司法公信和司法公正水平。

3. 综合调控信息化工程

建设目标：立足创新和完善宏观调控，通过综合调控治理体系工程建设，促进宏观调控、产业发展、区域经济、社会发展、生态环保等领域协同治理，加强宏观、中观、微观政策衔接配套，做好战略、规划、产业和区域政策、资源环境约束的承接落实，显著提升经济发展综合调控治理能力。

建设内容：建立综合调控信息资源目录体系，建设宏观调控管理信息平台，依托平台推进综合调控协同治理和信息共享；围绕稳增长、促改革、调结构、转方式任务及"一带一路"、长江经济带、京津冀一体化、中国制造"2025"等重大战略，完善监测统计指标体系，加强专题信息资源建设和大数据应用。建设和完善生态安全、环境保护、三农发展、能源安全、科技创新、粮食安全、节能降耗、自然资源管理、城乡规划等专项系统，加强审批监管、价格监管、国资监管、金税、金财、金土、金水、金审等业务领域的深化应用和数据共享。

4. 市场监管信息化工程

建设目标：建成跨部门、跨层级市场监管与服务体系工程，实现工商、税务、质检、商务等部门监管与服务政务行为的协同联动，提高商事服务便捷化程度，促进更加健全有效的市场机制的形成。

建设内容：立足健全市场机制、推进商事制度改革，建立市场监管与服务信息资源目录体系，建设完善全国信用信息共享平台，逐步与各部门、各地区信用信息系统及平台实现互联互通，整合金融、工商、税收缴纳、交通管理、安全生产、质量提升、环境保护、商务流通、文化市场、科研、统计等领域的信用信息；围绕推进"双随机、一公开"监管、国际贸易"单一窗口"、"双创"行动计划、产品质量追溯、通关一体化、科研成果转化等重点工作，建设和完善国家企业信用信息公示、"信用中国"网站公示、公共资源交易服务、重要产品安全监管与追溯、交通物流公共信息服务等专业系统，推进金税、金关、金质等重大工程的深化应用和数据共享，提高放管并重、宽进严管、事中事后监管能力，释放企业创新与市场竞争活力。

5. 公共服务信息化工程

建设目标：紧密围绕社会公众办事创业切身需求，构建形成公开透明、高效便捷、城乡统筹、公平可及的公共服务体系，有效化解"办证多、办事难"等突出问题，实现"让信息多跑路，让居民和企业少跑腿、好办事、不添堵"的目标，增强社会公众获得感、提高社会公众满意度。

建设内容：立足服务型政府建设，优化直接面向企业和群众服务项目的办事流程和服务标准，梳理形成统一规范的政务服务信息资源目录清单、政府权力清单和责任清单；全面推广"互联网+政务服务",建设统一的国家政务服务平台,实现跨地区、跨部门、跨层级政务服务事项的统一汇聚、关联互通、数据交换、身份认证、共性基础服务支撑等功能,推动基于公民身份号码、法人和其他组织统一社会信用代码的电子证照信息实现跨部门、跨区域、跨行业共享互认,支撑公民和企业办事的"一号"申请、"一窗"受理和"一网"通办,解决政务服务信息难以共享、业务难以协同、基础支撑不足等全局性问题;深化现有政务服务系统应用,着力强化精准扶贫、医疗健康、社会保障、社会救助、创新创业、公共文化服务、法律服务等工作的信息化水平,推进政务服务向街道社区和村镇延伸,满足守住底线、保障基本民生的需求;推进网上信访建设,促进矛盾纠纷排查化解;依托国家政务服务平台,整合汇聚各地区、各部门政务服务事项与服务资源,推动政府权力全流程网上运行和监督,逐步形成一站式服务能力。

6. 公共安全信息化工程

建设目标:通过对自然灾害、事故灾难、公共卫生、社会安全等重点安全领域的源头性、基础性信息资源的优化整合和业务关联共治,提高常态下安全管理创新、风险隐患预防化解和非常态下的快速应急处置能力。

建设内容:立足建设"平安中国",建立健全社会公共安全治理信息资源目录体系和应急预案体系,进一步建设完善国家应急平台体系;充分利用云计算、大数据、物联网、移动互联、遥感遥测、视频监控、导航定位、社交媒体等技术,建设完善安全生产监管、公共安全基础综合服务管理、自然灾害监测预警、环境事故应急处置、公共卫生与传染病防控、应急物资保障等系统;以国家应急平台体系为数据汇聚和业务协同节点,按照平战结合思路,加强部门间的协调联动和信息共享,提高严格执法、预防为主、快速响应、有效处置的能力,加强舆情引导,切实增强社会公共安全保障水平,实现全程管理、跨区协同和社会共治。

四、保障措施

(一)统筹政务信息化工程建设

充分依托国家电子政务统筹协调机制、促进大数据发展部际联席会议制度等工作机制,强化政务信息化工程建设的统筹管理。落实《政务信息资源共享管理暂行办法》(国发〔2016〕51号),制定政务信息资源目录清单,开展政务信息资源大普查,加强政务信息资源的国家统筹管理,推动部门间信息共享和公共数据开放。加强牵头部门对跨部门工程建设的组织协调,提出协同共享关键指标。落实部门一把手责任制,建立健全部门内部工程统筹、业务衔接、资源共享、运行保障的一体化工作机制。形成国家统筹、部际协调、部门统一的政务信息化工作局面。

（二）强化工程全生命周期管理

修订完善《国家电子政务工程建设项目管理办法》，加强规划约束，简化审批流程。建立工程项目全口径备案制度，统一政务信息化工程审批原则，加强建设和运维资金管理的衔接。对于列入本规划的小规模工程项目，直接审批建设方案。落实工程项目全过程监管和考核评估工作，严格绩效管理。工程建设部门要加强资金管理和项目管理，自觉接受财政、审计、纪检监察等部门的监督，提高财政资金使用效益，促进廉政建设。严格工程项目验收及后评价，加强责任追究。推进信息惠民、新型智慧城市、各地政务信息化建设与本规划的衔接。

（三）推进公共基础设施统筹

全面加快统一的国家电子政务网络、国家政务数据中心、国家数据共享交换枢纽及国家公共数据开放网站等国家关键基础设施建设，尽快形成专业化服务交付能力，满足系统部署、互联互通、容灾备份及部门私有云部署等需求。原则上不再审批各部门分散独立、运行低效的基础设施项目。各相关管理部门加快研究制定政务云服务平台外包服务要求、服务标准、服务提供商名录及相关管理制度。各部门重点深化业务应用、强化数据分析，做好对自身计算、存储、机房等存量资源的整合利用。

（四）完善政务信息化发展环境

充分发挥市场主体的资金、技术、人才优势，提高工程咨询设计、项目建设、新技术利用、运维服务等工作的专业化水平。建立政务信息化领域企业的诚信档案，强化信用约束，形成充分竞争、优胜劣汰的市场机制，以政务信息化建设促进网络信息技术自主创新，全面推进党政机关电子公文系统安全可靠应用。开展政务信息化标准规范体系建设和实施，以标准先行促进技术融合、业务融合、数据融合，推动系统互联、业务协同、信息共享、集约建设等工作。推动政务信息共享等相关立法工作。加强政务信息化人才队伍培养。依托专业研究机构，开展新技术应用、新模式创新等重大问题前瞻研究。探索公众参与重大工程需求征集、重大公共服务工程实际运行成效公众监督和满意度调查等。

（五）筑牢网络信息安全防线

认真贯彻落实党中央、国务院关于构建网络强国的工作部署，坚持底线思维，严格落实等级保护和分级保护制度。建立健全政务信息化工程全过程信息安全监督机制，明确安全责任边界，落实网络安全工作责任制，形成跨部门、跨地区条块融合的安全保障工作联动机制。加强关键软硬件产品自主研制与安全审查，建立健全云计算服务、数据中心托管、大数据分析与存储等方面的企业准入制度。全面推进安全可靠产品及国产密码应用，提高自主保障能力，切实保障政务信息系统的安全可靠运行。

2017年 《政务信息系统整合共享实施方案》

国办发〔2017〕39号

"十二五"以来，通过统筹国家政务信息化工程建设，实施信息惠民工程等一系列举措，政务信息系统整合共享在局部取得了积极成效，但未能从全局上和根本上解决长期以来困扰我国政务信息化建设的"各自为政、条块分割、烟囱林立、信息孤岛"问题。为更好推动政务信息系统整合共享，根据《国务院关于印发政务信息资源共享管理暂行办法的通知》（国发〔2016〕51号）、《国务院关于印发"十三五"国家信息化规划的通知》（国发〔2016〕73号）等有关要求，制定本实施方案。

一、总体要求

（一）指导思想。

全面贯彻党的十八大和十八届三中、四中、五中、六中全会精神，深入贯彻习近平总书记系列重要讲话精神和治国理政新理念新思想新战略，认真落实党中央、国务院决策部署，紧紧围绕统筹推进"五位一体"总体布局和协调推进"四个全面"战略布局，牢固树立和贯彻落实创新、协调、绿色、开放、共享的发展理念，以人民为中心，紧紧围绕政府治理和公共服务的改革需要，以最大程度利企便民，让企业和群众少跑腿、好办事、不添堵为目标，加快推进政务信息系统整合共享，按照"内外联动、点面结合、上下协同"的工作思路，一方面着眼长远，做好顶层设计，促进"五个统一"，统筹谋划，锐意改革；另一方面立足当前，聚焦现实问题，抓好"十件大事"，重点突破，尽快见效。

（二）基本原则。

按照"五个统一"的总体原则，有效推进政务信息系统整合共享，切实避免各自为政、自成体系、重复投资、重复建设。

1. 统一工程规划。围绕落实国家政务信息化工程相关规划，建设"大平台、大数据、大系统"，形成覆盖全国、统筹利用、统一接入的数据共享大平台，建立物理分散、逻辑集中、资源共享、政企互联的政务信息资源大数据，构建深度应用、上下联动、纵横协管的协同治

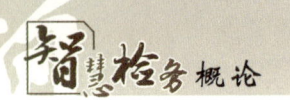

理大系统。

2. 统一标准规范。注重数据和通用业务标准的统一，开展国家政务信息化总体标准研制与应用，促进跨地区、跨部门、跨层级数据互认共享。建立动态更新的政务信息资源目录体系，确保政务信息有序开放、共享、使用。

3. 统一备案管理。实施政务信息系统建设和运维备案制，推动政务信息化建设和运维经费审批在同级政府政务信息共享主管部门的全口径备案。

4. 统一审计监督。开展常态化的政务信息系统和政务信息共享审计，加强对政务信息系统整合共享成效的监督检查。

5. 统一评价体系。研究提出政务信息共享评价指标体系，建立政务信息共享评价与行政问责、部门职能、建设经费、运维经费约束联动的管理机制。

（三）工作目标。

2017年12月底前，整合一批、清理一批、规范一批，基本完成国务院部门内部政务信息系统整合清理工作，初步建立全国政务信息资源目录体系，政务信息系统整合共享在一些重要领域取得显著成效，一些涉及面宽、应用广泛、有关联需求的重要政务信息系统实现互联互通。2018年6月底前，实现国务院各部门整合后的政务信息系统接入国家数据共享交换平台，各地区结合实际统筹推进本地区政务信息系统整合共享工作，初步实现国务院部门和地方政府信息系统互联互通。完善项目建设运维统一备案制度，加强信息共享审计、监督和评价，推动政务信息化建设模式优化，政务数据共享和开放在重点领域取得突破性进展。

纳入整合共享范畴的政务信息系统包括由政府投资建设、政府与社会企业联合建设、政府向社会购买服务或需要政府资金运行维护的，用于支撑政府业务应用的各类信息系统。

二、加快推进政务信息系统整合共享的"十件大事"

（一）"审""清"结合，加快消除"僵尸"信息系统。 结合2016年国务院第三次大督查、2015年审计署专项审计的工作成果，组织开展政务信息系统整合共享专项督查，全面摸清各部门政务信息系统情况。2017年6月底前，通过信息系统审计，掌握各部门信息系统数量、名称、功能、使用范围、使用频度、审批部门、审批时间、经费来源等（审计署牵头，国务院各有关部门配合）。2017年10月底前，基本完成对系统使用与实际业务流程长期脱节、功能可被其他系统替代、所占用资源长期处于空闲状态、运行维护停止更新服务，以及使用范围小、频度低的"僵尸"信息系统的清理工作（国务院各有关部门负责）。

（二）推进整合，加快部门内部信息系统整合共享。 推动分散隔离的政务信息系统加快进行整合。整合后按要求分别接入国家电子政务内网或国家电子政务外网的数据共享交换平台。2017年6月底前，国务院各部门根据自身信息化建设实际情况，制定本部门政务信息系统整合共享清单。2017年12月底前，各部门原则上将分散的、独立的信息系统整合为一个互联互通、业务协同、信息共享的"大系统"，对以司局和处室名义存在的独立政务信息系统原则上必须整合（国务院各有关部门负责）。

（三）设施共建，提升国家统一电子政务网络支撑能力。加快推进国家电子政务内网政府系统建设任务落实（国务院办公厅牵头，各地区、各部门负责）。完善国家电子政务外网，健全管理体制机制，继续推进国家电子政务外网二期建设，拓展网络覆盖范围，逐步满足业务量大、实时性高的网络应用需求。2018年6月底前，基本具备跨层级、跨地域、跨系统、跨部门、跨业务的支撑服务能力（国务院办公厅、国家电子政务外网管理中心负责）。除极少数特殊情况外，目前政府各类业务专网都要向国家电子政务内网或外网整合（国务院办公厅牵头，各地区、各部门负责）。

（四）促进共享，推进接入统一数据共享交换平台。加快建设国家电子政务内网数据共享交换平台，完善国家电子政务外网数据共享交换平台，开展政务信息共享试点示范，研究构建多级互联的数据共享交换平台体系，促进重点领域信息向各级政府部门共享（国务院办公厅、国家电子政务外网管理中心、各级数据共享交换平台建设管理单位负责）。2017年9月底前，依托国家电子政务外网数据共享交换平台，初步提供公民、社会组织、企业、事业单位的相关基本信息，同时逐步扩大信息共享内容，完善基础信息资源库的覆盖范围和相关数据标准，优化便捷共享查询方式（国家发展改革委、公安部、民政部、工商总局、中央编办等负责）。2018年6月底前，各部门推进本部门政务信息系统向国家电子政务内网或外网迁移，对整合后的政务信息系统和数据资源按必要程序审核或评测审批后，统一接入国家数据共享交换平台（国务院办公厅会同国家发展改革委牵头组织，各有关部门负责）。

（五）推动开放，加快公共数据开放网站建设。依托国家电子政务外网和中央政府门户网站，建设统一规范、互联互通、安全可控的数据开放网站（www.data.gov.cn）。基于政务信息资源目录体系，构建公共信息资源开放目录，按照公共数据开放有关要求，推动政府部门和公共企事业单位的原始性、可机器读取、可供社会化再利用的数据集向社会开放，开展中国数据创新系列活动，鼓励和引导社会化开发利用（国家发展改革委、国家网信办、国务院办公厅等按职责分工负责）。

（六）强化协同，推进全国政务信息共享网站建设。依托国家电子政务外网，建设完善全国政务信息共享网站（data.cegn.cn），将其作为国家电子政务外网数据共享交换平台的门户，支撑政府部门间跨地区、跨层级的信息共享与业务协同应用。2017年7月底前，全国政务信息共享网站正式开通上线，按照"以试点促建设、以普查促普及、以应用促发展"的工作思路，加强共享网站推广（国家发展改革委、国家电子政务外网管理中心负责）。

2017年12月底前，实现信用体系、公共资源交易、投资、价格、自然人（基础数据以及社保、民政、教育等业务数据）、法人（基础数据及业务数据）、能源（电力等）、空间地理、交通、旅游等重点领域数据基于全国政务信息共享网站的共享服务（国家发展改革委牵头组织，各有关部门按职责分工负责）。2018年6月底前，实现各部门政务数据基于全国政务信息共享网站的共享服务（国务院各有关部门负责）。

（七）构建目录，开展政务信息资源目录编制和全国大普查。落实《政务信息资源共享管理暂行办法》有关要求，加快建立政务信息资源目录体系。2017年6月底前，出台《政务信息资源目录编制指南》（国家发展改革委、国家网信办负责）。组织完成面向各地区、各部门的政务信息资源目录体系建设试点和信息共享专题培训工作（国家发展改革委牵头，各有关地区、部门配合）。2017年12月底前，开展对政务信息系统数据资源的全国大普查（国务院办公厅、国家发展改革委牵头，各有关地区、部门配合）。逐步构建全国统一、动态更新、共享校核、权威发布的政务信息资源目录体系。

（八）完善标准，加快构建政务信息共享标准体系。建立健全政务信息资源数据采集、数据质量、目录分类与管理、共享交换接口、共享交换服务、多级共享平台对接、平台运行管理、网络安全保障等方面的标准，推动标准试点应用工作。2017年10月底前，完成人口、法人、电子证照等急需的国家标准的组织申报和立项（国家标准委牵头，国家数据共享交换平台建设管理单位等配合）。

（九）一体化服务，规范网上政务服务平台体系建设。加快推动形成全国统一政务服务平台，统筹推进统一、规范、多级联动的"互联网+政务服务"技术和服务体系建设。加快推动国家政务服务平台建设，着力解决跨地区、跨部门、跨层级政务服务信息难以共享、业务难以协同、基础支撑不足等突出问题（国务院办公厅牵头）。各地区、各部门要整合分散的政务服务系统和资源，2017年12月底前普遍建成一体化网上政务服务平台。按照统一部署，各地区、各部门政务服务平台要主动做好与中央政府门户网站的对接，实现与国家政务服务平台的数据共享和资源接入（各地区、各部门负责）。

（十）上下联动，开展"互联网+政务服务"试点。围绕"互联网+政务服务"的主要内容和关键环节，组织开展培训交流和试点示范（国务院办公厅、国家发展改革委牵头）。加快实施信息惠民工程，在80个城市大力推进"一号一窗一网"试点。2017年7月底前，完成试点城市2016年工作评价（国家发展改革委牵头）。2017年12月底前，试点城市初步实现跨地区、跨部门、跨层级的政务服务（各有关省级政府、试点城市政府负责）。

三、加大机制体制保障和监督落实力度

（一）加强组织领导。各级政府要建立健全政务信息系统统筹整合和政务信息资源共

享开放管理制度,加强统筹协调,明确目标、责任、牵头单位和实施机构。强化各级政府及部门主要负责人对政务信息系统统筹整合和政务信息资源共享工作的责任,原则上部门主要负责人为第一责任人。对责任不落实、违反《政务信息资源共享管理暂行办法》规定的地方和部门,要予以通报并责令整改(各地区、各部门负责,国务院办公厅会同国家发展改革委督查落实)。

（二）加快推进落实。各地区、各部门要按照《政务信息资源共享管理暂行办法》有关要求,把信息共享有关工作列入重要日程,按照本方案要求统筹推动本地区、本部门政务信息系统整合共享工作,抓紧制定推进落实的时间表、路线图,加强台账和清单式管理,精心组织实施,每年2月底前向促进大数据发展部际联席会议报告上一年度政务信息资源共享情况(包括政务信息资源目录编制情况、政务信息系统接入统一共享平台进展、数据对接共享和支撑协同应用情况等,报告请径送联席会议办公室〔国家发展改革委〕),切实保障工作进度(各地区、各部门负责),经汇总后向国务院提交政务信息资源共享情况年度报告(促进大数据发展部际联席会议负责)。加强经费保障,政务信息资源整合共享相关项目建设资金纳入政府固定资产投资(各级发展改革部门牵头),政务信息资源整合共享相关工作经费纳入部门预算统筹安排(各级财政部门牵头)。

（三）强化评价考核。充分发挥国家电子政务工作统筹协调机制作用,建立政务信息共享工作评价常态化机制,督促检查政务服务平台体系建设、政务信息系统统筹整合和政务信息资源共享工作落实情况。2017年12月底前,组织制定政务信息共享工作评价办法,每年对各部门提供和使用共享信息情况进行评估,并公布评估报告和改进意见(国务院办公厅、国家发展改革委、国家网信办、中央编办、财政部等负责)。

（四）加强审计监督。审计机关要依法履行职责,加强对政务信息系统的审计,保障专项资金使用的真实性、合法性和效益性,推动完善相关政策制度,审计结果及时报国务院(审计署牵头)。探索政务信息系统审计的方式方法,2017年12月底前形成具体工作方案(审计署牵头,国家发展改革委、国家网信办配合)。

（五）优化建设模式。推动政务信息化建设投资、运维和项目建设模式改革,鼓励推广云计算、大数据等新技术新模式的应用与服务,提升集约化建设水平(国家发展改革委、财政部牵头)。2017年9月底前,修订《国家电子政务工程建设项目管理暂行办法》,进一步简化审批流程,完善社会投资参与的相关规定(国家发展改革委牵头)。2017年12月底前,制定电子政务服务采购管理相关办法,完善政府购买信息系统、数据中心、数据资源等信息化服务的相关政策(财政部牵头)。

（六）建立备案制度。相关部门申请政务信息化项目建设和运维经费时,应及时向同级政府政务信息共享主管部门全口径备案。加强项目立项建设和运行维护信息采集,掌握项

目名称、建设单位、投资额度、运维费用、经费渠道、数据资源、应用系统、等级保护和分级保护备案情况等内容，在摸清底数的前提下，加大管理力度。对不符合共建共享要求的项目，相关部门不予审批，不拨付运维经费。加大对国家统一电子政务网络、数据共享交换平台等公共性基础性平台的运维经费保障力度，逐步减少直至取消信息孤岛系统和利用程度低的专网的运维经费。2017年12月底前，研究建立政务信息化项目建设投资审批和运维经费审批的跨部门联动机制（国务院办公厅、国家发展改革委、财政部、中央编办等负责）。

（七）加强安全保障。强化政务信息资源共享网络安全管理，推进政务信息资源共享风险评估，推动制定完善个人隐私信息保护的法律法规，切实按照相关法律法规要求，保障政务信息资源使用过程中的个人隐私（国家网信办牵头）。加强政务信息资源采集、共享、使用的安全保障工作，凡涉及国家秘密的，应当遵守有关保密法律法规的规定（各地区、各部门负责）。加强统一数据共享交换平台安全防护，切实保障政务信息资源共享交换的数据安全（各级数据共享交换平台建设管理单位负责）。

2018年

4 《全国检察机关智慧检务行动指南（2018—2020年）》

高检发技字〔2018〕16号

党的十九大作出中国特色社会主义进入新时代的重大政治判断，为做好新时代检察工作提供了时代坐标和科学依据。以信息化推进检察工作创新发展，必须适应新形势，落实新要求，实现新突破。习近平总书记在全国网络安全和信息化工作会议上指出，要敏锐抓住信息化发展的历史机遇，自主创新推进网络强国建设。中央政法委郭声琨书记强调，要坚持把智能化建设作为重要支撑，提高政法工作现代化水平。新一届高检院党组明确提出"讲政治、顾大局、谋发展、重自强"的新时代检察工作要求，张军检察长强调要把司法改革和现代科技应用深度结合，统筹研发运用智能辅助办案系统，积极参与和推进跨部门大数据办案平台建设，推动新时代检察工作质量效率有新的提高。为做好检察信息化工作指明了发展方向，明确了工作重点。

为贯彻党中央、中央政法委和高检院关于信息化工作有关要求，进一步落实《国家信息化发展战略纲要》、《国家电子政务总体方案》、《"十三五"国家政务信息化工程建设规划》要求，细化《最高人民检察院关于深化智慧检务建设的意见》2018年至2020年第二阶段工作任务，推动《"十三五"时期科技强检规划纲要》、《检察大数据行动指南（2017—2020年）》落地实施，全面加强检察机关智慧检务建设，特制定本文件。

一、总体要求

（一）指导思想

全面贯彻党的十九大和十九届一中、二中、三中全会精神，深入贯彻习近平新时代中国特色社会主义思想特别是网络强国战略思想，落实高检院党组"加快全国检察信息化建设顶层设计，推动智慧检务再上新层次，提升检察机关法律监督能力"的要求，按照"创新、协调、绿色、开放、共享"的发展理念和"高起点规划、高水平建设、高共享发展"的政法智能化建设思路，紧密围绕服务检察办案和满足新时代人民群众新需求，为新时代检察工作创新发

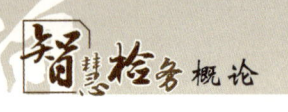

展提供有力支撑和强大动力。

（二）基本原则

科学化原则。坚持"有所为、有所不为"，加强统筹规划，防止重复建设、资源浪费。统筹管理智慧检务创新，注重地方典型经验和成熟软件推广。坚持标准先行，加强标准应用刚性。强化检察网络安全保护体系，稳妥有序推进检察机关自主安全建设。

智能化原则。坚持把科技作为检察工作的创新发展动力，加快推进检察机关智能化建设，促进云计算、大数据、人工智能、物联网、区块链、虚拟现实等新兴科技与检察工作的深度融合。牢固树立前瞻性设计理念，加大信息系统开放共享力度。推进检察机关数据资源体系建设，加强与公安、法院、司法行政等其他部门的互联互通和数据共享。

人性化原则。树立"寓监督于办案、寓办案于服务"理念，坚持以办案为中心和以需求为导向，建用并举、以用促建，打造优质、实用、好用的智慧检务产品，提升一线检察官办案质量、效率和能力，提升人民群众和检察人员对智慧检务产品的满意度。

（三）建设目标

到2020年底，全面构建应用层、支撑层、数据层有机结合的新时代智慧检务生态，助力提升检察机关司法办案的法律效果、政治效果和社会效果。智慧检务应用生态进一步完善，智能辅助办案系统更好应用于检察工作实战，跨部门大数据办案平台正式投入运行，各类检察应用全面整合升级；智慧检务支撑生态进一步强化，检察工作网全面建成，标准规范体系基本健全，自主安全可控程度大幅提升；智慧检务数据生态进一步优化，国家检察大数据中心（分中心）全面建成，检务大数据资源库基本成型，检察机关内外部信息资源共享机制和数据资源管理机制初步建立。

二、主要任务

（一）全面构建以办案为中心的智慧检务应用层生态

1. 推进智能辅助办案系统建设。以需求为导向，统筹研发智能辅助办案系统，推进大数据、人工智能等前沿科技在刑事、民事、行政、公益诉讼等检察工作中的应用，持续提升检察办案质效。

统筹研发智能辅助办案系统。高检院在深度调研各地智能辅助办案系统建设应用情况基础上，确定一批试点单位开展深入应用和优化完善，并组织专家进行评估论证、统一评审。高检院根据评估情况优中选优，统筹建设推广智能辅助办案系统，实现功能整合和集成优化，最大程度节约建设资金。切实加强工具辅助、指引辅助、知识辅助、共享辅助等方面应用，初步实现为检察办案提供辅助阅卷、辅助文书生成、辅助出庭、辅助填写案卡信息、文书纠错等功能。统一建设检察技术智能辅助平台，加强司法鉴定与技术性证据审查等工作协同配合、资源共享。各地可根据自身实际对高检院统筹研发的智能辅助办案系统进行拓展和迭代开发，合力推进系统优化，不断提高系统可用性、便捷性；具备条件的地区经高检院批准可试点探索研发尚未统筹建设的智能辅助办案功能，为将来在全国检察机关推广应用积累经验。（完成时间：2019年底前主体功能全面应用；责任部门：高检院网络安全和信息化领导小组、高检院各业务部门、技术信息中心）

研发应用检察业务咨询平台。深度利用统一业务应用系统案件数据，整合各类数据资源，构建权威的案例知识库，搭建知识服务平台，提供知识查询、在线问答等服务，为检察官办理案件提供智库支撑。（完成时间：已启动建设，2018年7月上线；责任部门：高检院各业务部门、学院、理论所、技术信息中心）

2. 推进跨部门数据共享和业务协同。按照中央政法委部署要求，高检院认真指导相关省份检察机关抓好试点应用工作，及时总结经验，适时全面推广，共同推进跨部门大数据办案平台建设，实现与审判机关、公安机关、司法行政机关等政法部门案件信息网上流转和业务协同办理。加强与政法机关和行政执法部门资源共享，逐步建立行政执法和刑事司法衔接、行政执法与行政检察衔接、侦查和侦查监督信息共享、刑事审判和刑事审判监督信息共享等平台，共享普通刑事案件信息、民事案件信息、行政执法和行政案件信息、减刑假释信息等数据。探索与监察机关的协同办案和数据交换。（完成时间：2020年底前；责任部门：高检院各业务部门、技术信息中心）

3. 升级优化统一业务应用系统。2018年底前，完成统一业务应用系统检察工作网版本研发工作。2018年底同步启动工作网统一业务应用系统（二期）建设，2019年底前研发完成。高检院统一研发统一业务应用系统的数据和功能接口，提供各地使用，推动系统对外数据共享。（完成时间：2019年底前；责任部门：高检院网络安全和信息化领导小组、办公厅、案管办、技术信息中心）

4. 构建便民智慧服务平台。整合各级检察院现有对外服务窗口和外网平台，做优、做精检察网站，推进功能转型升级，形成融检察服务、检务公开、检察宣传、监督评议等于一体的12309检察服务中心网络平台。推进检察宣传类的互联网门户建设，由各省级院统筹建设门户网站集群。加强集门户网站、微博、微信、微视频、客户端等于一体的运行管理工作。（完成时间：2019年底前；责任部门：办公厅、控告厅、案管办、新闻办、技术信息中心）

5. 优化高效智慧管理平台。各级院进一步完善检察办公管理系统，加强移动办公应用，建设涉密文件和设备管理、档案信息化、智能会议等平台。（完成时间：2020年底前；责任部门：办公厅、技术信息中心）优化队伍管理平台，结合检察人员分类管理，利用科技手段设置合理的绩效考核指标，构建科学考核体系，完善检察网络教育基础培训平台，推进"智慧队伍管理"建设，与相关外部平台实现接口对接。（完成时间：2020年底前；责任部门：政治部、技术信息中心）优化检务保障平台，对接财政部门、社会化服务等外部平台系统，组织开展检务保障智能辅助试点应用。（完成时间：2020年底前；责任部门：计财局、技术信息中心）统一建设监督综合管理系统和廉政风险防控信息系统，将"智慧监督"贯穿始终。（完成时间：2020年底前；责任部门：监察局、技术信息中心）

（二）全面构建以安全可靠为基础的智慧检务支撑层生态

1. 大力推进检察工作网建设。建成覆盖全国四级检察机关的检察工作网，建设完善本地局域网，各省级院逐步开通分支网。同步建设检察工作网身份认证、电子印章等配套系统。各省级院完成检察工作网IP地址规范设置和迁移、域名解析系统建设等工作，并按照政法委部署安排，完成省级层面与政法网的互联互通。（完成时间：2018年底前；责任部门：办公厅、技术信息中心）

2. 全面加强音视频技术应用。2018年底前各省级院建成高仿真远程视频会议系统，实现与高检院互联互通。建设各级检察机关音视频资源整合调度中心，实现四级检察机关视频联网调度，逐步接入外部单位视频资源，整合各类音视频资源，开展视频数据分析利用。加强讯（询）问、远程接访、远程提讯、远程出庭、远程送达、远程指挥、远程汇报、警务安防等音视频基础设施建设，拓展覆盖范围。建设高检院和省级院实时互联的智能语音云平台。（完成时间：2020年底前；责任部门：办公厅、侦监厅、公诉厅、执检厅、控告厅、公诉二厅、未检办、技术信息中心）

3. 加强信息网络安全体系建设。将信息安全贯穿智慧检务建设始终，升级检察涉密网安全防护设备，完善检察工作网物理安全、通信保障、入侵防御、边界防护等基础安全防护措施，提升检察网络信息基础设施安全防护能力。加强检察机关互联网门户网站和"三微一端"的安全防护和监测。升级完善检察网络安全管理平台，加快建设网络安全接入和交换平台，建设完善检察网络信任服务体系。探索建设移动接入平台，实现移动办公终端的安全接入。（完成时间：2020年底前；责任部门：办公厅、计财局、技术信息中心）

4. 大力开展标准体系建设。在电子检务工程系列标准规范的基础上，高检院结合智慧检务建设要求，不断完善标准规范体系，加快制定检察机关数据治理、音视频处理、数据和服务运营、智慧检务业务应用等标准规范。省级院做好标准规范的贯彻落实，及时反馈标准应用过程中发现的问题。（完成时间：2020年底前；责任部门：高检院各内设机构、技术信息中心）

5. 完善国家检察大数据中心基础设施。建立国家检察大数据中心（分中心），统筹规划检务云平台建设，推广云服务模式，实现计算和存储资源集约共享，完善基于云环境的涉密数据中心和非涉密数据中心机房建设，推动标准化机房升级扩容改造。有序建设容灾备份系统，

有条件的省级院可建设同城双活和异地应用级灾备系统。（完成时间：2020年底前；责任部门：技术信息中心）

（三）全面构建以开放共享为导向的智慧检务数据层生态

加快建立数据资源体系。建设检务大数据资源库，包括检察人员库、组织机构库、法律文书库、数字图书馆、案例库、检务知识库、检务语音资源库、视频图像资源库、涉检全国信访数据库等基础资源库，涵盖各检察业务、各诉讼阶段。加强与法院、律师协会等的合作，收集相关资料，汇总庭审辩论记录，不断提高检察人员司法办案能力。（完成时间：2020年底前；责任部门：中国检察出版社，技术信息中心）

切实加强数据资源管理。加快建设检察大数据资源管理平台，具备数据采集、存储、加工、挖掘与分析等功能。坚持开放共享可持续的发展模式，建设数据资源共享交换体系，推动全国检察机关数据资源的综合利用。编制检察信息资源目录，明确数据资源的共享范围、责任部门和使用方式。（完成时间：2020年底前；责任部门：技术信息中心）

科学开展大数据分析应用。升级完善智慧检务决策支持平台，信息化部门牵头开展大数据深度分析，建立检察信息全景视图，多维度展示检察机关工作成效和发展趋势，为司法办案、管理决策、为民服务提供数据支持，充分释放数据红利。（完成时间：2020年底前；责任部门：技术信息中心）

三、保障措施

（一）完善智慧检务统筹管理机制

强化网络安全和信息化工作领导小组"牵头抓总、统筹协调"的职能作用，健全运行机制，完善管理制度，借鉴江苏、上海等地经验，努力推动各级检察院成立网络安全和信息化领导小组办公室实体化机构。（责任部门：办公厅、政治部、技术信息中心）探索建立全国检察机关信息化项目建设管理平台，畅通检察机关上、下级之间信息化工作沟通交流渠道，规范信息化项目报备审核程序。加强对下指导，运用"试点建设—统筹研发—应用推广"的迭代升级模式，推动系统持续优化。建立健全信息化系统运行管理制度。（责任部门：技术信息中心）坚持"谁使用、谁负责"原则，以业务需求为主线，将信息化工作情况纳入领导干部考核评价体系，压实检察机关各业务条线信息化建设主体责任。（责任部门：政治部、高检院相关内设机构、技术信息中心）

（二）完善智慧检务综合保障机制

加大智慧检务建设的人财物保障力度，健全综合保障机制。在人才队伍建设方面，结合检察人员分类管理改革和国家专业技术类公务员管理办法，构建与专业技术人员发展相适应的管理机制；加强与高校、科研机构、科技企业合作，创新检察机关信息化人才引入机制；加强业务部门和信息化部门人员横向交流，探索建立跟班学习制度，培养既懂信息化又懂业务的复合型人才；探索建立智慧检务参与度评价体系，提高参与积极性。（责任部门：政治部、司改办、技术信息中心）在资金保障方面，加大沟通协调力度，争取地方党委、政府支持，推动智慧检务工程立项和实施；探索运用政府购买服务方式进行数据分析等创新工作；加强资金使用监督管理，建立资金台账，引入审计单位，强化信息化建设各个环节资金使用情况监督，打造优质工程、廉洁工程。（责任部门：监察局、计财局、司改办、技术信息中心）

（三）完善智慧检务创新发展机制

基于智慧检务创新研究院现有架构，建立实体化的国家智慧检务研究院。加强智慧检务理论、规划、应用研究，积极申报国家、省级科技研究专项，探索设立高检院科技研究课题。加强智慧检务联合实验室建设，在知名高校、科研院所探索设立国家智慧检务研究院分中心。加强智慧检务培训，编制系列教材，按照缺什么补什么原则，培养符合新时代需要的复合型高精尖人才。定期开展智慧检务沙龙，鼓励和引导各地检察机关展示创新成果，交流建设经验，凝聚发展共识。（责任部门：高检院各内设机构、服务中心、学院、理论所、技术信息中心）

5 2018年《智慧检务工程建设指导方案（2018—2020年）》

高检技〔2018〕59号

党的十八大以来，全国检察机关认真贯彻落实中央关于网络安全和信息化工作的决策部署，实施科技强检战略，坚持科技引领、技术支撑，大力实施电子检务工程，建成覆盖四级检察机关的司法办案、检察办公、队伍管理、检务保障、检察决策支持、检务公开和服务"六大平台"。积极探索大数据、人工智能等现代科技与检察工作的深度融合，试点应用智能辅助办案系统，智慧检务迈出重大步伐。为贯彻党的十九大关于网络强国、数字中国、大数据战略部署和中央政法委关于推进智能化建设要求，按照高检院党组和张军检察长提出的"智慧检务建设要聚焦科学化、智能化、人性化"的重要指示，进一步落实《国家信息化发展战略纲要》《最高人民检察院关于深化智慧检务建设的意见》，结合《国家电子政务总体方案》《"十三五"国家政务信息化工程建设规划》《"十三五"时期科技强检规划纲要》《检察大数据行动指南（2017—2020年）》《全国检察机关智慧检务行动指南（2018—2020年）》等文件要求，指导各地开展智慧检务工程立项实施，特制定本方案。

一、建设目标

到2020年，紧紧围绕以办案为中心，充分运用政治智慧、法律智慧、监督智慧，强化检察工作与信息化深度融合，以深化电子检务工程"六大平台"应用为基础，以智能辅助办案应用为重点，以统一业务应用系统为核心，连接运用政法业务协同办案和信息资源共享，整合完善智慧检务综合应用系统，建设完善国家检察大数据中心和智慧检务支撑平台，构建"全业务智慧办案、全要素智慧管理、全方位智慧服务、全领域智慧支撑"的智慧检务总体架构，实现检察系统设施联通、网络畅通、平台贯通、数据融通，提升检察工作智能化水平，为全面履行检察职责、全面深化检察改革和全面推进依法治国提供有力支撑。

二、基本原则

按照"十三五"国家政务信息化工程建设"大系统、大数据、大平台"总体思路，坚持高起点规划、高水平建设、高共享发展的政法智能化建设理念，将"创新、协调、绿色、开放、共享"发展理念和张军检察长提出的"讲政治、顾大局、谋发展、重自强"工作思路紧密结合，围绕强化法律监督职能，发挥现代科技在检察工作创新发展中的引领作用，推动智慧检务快速发展。

顶层设计，统筹规划。加强智慧检务顶层设计，立足电子检务工程建设成果，着眼智慧检务长远发展，打造可管理、可持续推进的智慧检务信息化架构；科学统筹规划，统筹规划检察网络，加强数据资源管理，统筹研发智能辅助创新应用，制定智慧检务建设标准，强化网络信息安全保障等，推进智慧检务有序发展。

互联互通，开放共享。打破信息孤岛，加强检察机关内部系统之间、检察机关和监察委、法院、公安、司法行政等部门之间网络互联互通、数据开放共享、业务协同合作，满足跨部门、跨层级、跨区域的智慧办案、智慧管理和智慧服务需求，打造更加高效、便捷、协同的智慧检务系统。

科学运筹，持续发展。遵循检察机关办案规律，坚持以人民为中心，充分运用政治智慧、法律智慧，科学运筹检察技术应用，坚持检察业务工作与检察信息化融合发展"双轮驱动"，促进一线检察官办案质量、效率、能力提升；树立"寓监督于办案、寓办案于服务"理念，打造优质、实用、好用的智慧检务应用，开放接口，注重发挥地方检察院的持续创新能力，促进应用的迭代升级，保持应用的可持续发展。

创新驱动，安全可控。推动云计算、大数据、人工智能、物联网、区块链等新一代信息技术在智慧检务建设中的应用，突破传统工程项目建设管理的惯性思维，打造智慧检务能力开放生态体系，实现检察数据资源、业务能力的开放和复用，实现各类业务的融合对接，支撑智慧检务业务模式多样化创新应用。提升智慧检务系统安全防护能力，实现网络安全由边界防护、被动防御向全域联动、主动防御转变，推进检察机关涉密领域国产化替代工作。

三、建设任务

智慧检务工程主要任务是建设完善"一个大系统、一个大数据、一个大平台和两个体系"。即：整合一个智慧检务综合应用系统，实现智慧检务应用全面融合；建成一个国家检察大数据中心，实现内外数据的汇聚、共享、分析和利用；打造一个智慧支撑平台，实现集约统一的基础保障支撑；完善网络安全保障体系和标准规范体系，实现"大系统、大数据、大平台"安全、规范、有序运行。

（一）智慧检务综合应用系统（大系统）

在电子检务工程"六大平台"深化应用的基础上，整合各类应用系统，形成集"智慧办案""智慧管理""智慧服务"于一体的智慧检务综合应用系统，并按照统一的角色、权限为检察人员提供个人门户。

1. 全业务智慧办案

推进智能辅助办案系统建设。应用大数据、人工智能和可视化技术，对接统一业务应用系统、电子卷宗、法律文书、音视频系统等，充分提取有效信息要素，统筹研发在刑事、民事、行政、公益诉讼等检察工作中的智能辅助办案应用，持续提升检察办案质效。高检院充分调研各地智能辅助办案系统建设，选取优秀、典型、成熟经验进行多地试点推广及应用，并组织专家评估论证、统一评审。高检院根据评估结果优中选优，统筹建设推广智能辅助办案系统。切实加强工具辅助、指引辅助、知识辅助、共享辅助等方面应用，初步实现为检察办案提供辅助阅卷、文书自动生成、文书纠错、辅助出庭、量刑建议、类案推送、线索发现、视频行为分析、自动填写案卡信息等功能。统一建设检察技术智能辅助平台，加强司法鉴定与技术性证据审查等工作协同配合、资源共享。下级院可根据自身实际对高检院统筹研发的智能辅助办案系统进行功能拓展和迭代开发。具备条件的地区经高检院批准可试点探索研发尚未统筹建设的智能辅助办案功能。

推进跨部门大数据办案平台建设。按照中央政法委的部署，全面推进跨部门大数据办案平台建设，建立与审判机关、公安机关、司法行政机关等政法部门的办案业务协同。实现与政法部门、其他行政执法部门间的资源共享，逐步形成侦查和侦查监督信息共享、刑事审判和刑事审判监督信息共享、减刑假释信息化办案、普通刑事案件信息共享、民行信息共享、行政执法和行政检察信息共享、行政执法与刑事司法衔接等平台应用。探索与监察机关的协同办案和数据交换。

升级完善统一业务应用系统。高检院以适应司法体制改革和检察改革、加强刑事诉讼监督、民事行政检察工作和公益诉讼工作为重点，升级完善统一业务应用系统。依据各业务部门的主要职责，在原有业务子系统的基础上，拓展优化侦查活动监督、行政执法活动监督、刑事审判监督、民事审判及执行监督、刑事执行监督、公益诉讼等功能，完善系统流程，开放数据接口。2018年底前，完成统一业务应用系统检察工作网版本研发工作。同步启动工作网统一业务应用系统（二期）建设，2019年底前研发完成。高检院统一研发统一业务应用系统的数据和功能接口，提供各地使用，推动系统对外数据共享。

2. 全要素智慧管理

升级完善检察办公平台。推进"智慧检察办公"建设，结合自身业务实际，增加智能拟稿、智能校对、智能检索、智能提醒等功能，形成检察机关办文、办事的智能应用；完善智能会议系统建设，提高会议效率；加强移动办公应用，实现智能化、便捷化的办公流程管理；建设智能化涉密文件和设备管理系统，加强涉密载体管控。

升级完善队伍管理平台。高检院优化完善队伍管理信息系统基础功能，推进"智慧队伍管理"建设；高检院进一步完善检察网络教育基础培训平台（中国检察教育培训网络学院），推进智慧教育培训。省级院组织开展队伍管理智能辅助应用，对接队伍管理信息系统；开展检察人员绩效评估相关系统建设，为检察机关各类人员的考核、任免、调配、奖励等工作提供智能辅助支持。利用检察大数据，提升检察官员额动态调整机制的信息化、科学化水平。

升级完善检务保障平台。高检院优化完善检务保障信息系统基础应用，积极对接财政部门、社会化服务等外部平台系统，实现与其他应用系统融合。省级院组织开展检务保障智能辅助试点应用，推进"智慧检务保障"建设。

升级完善检察决策支持平台。推进"智慧决策支持"建设，进一步打破信息孤岛，打通数据壁垒，构建智慧办案、智慧管理、智慧服务全业务数据仓库。加强大数据分析，发掘利用大数据增值效能，把办案情况与国家政策、经济社会发展结合分析，揭示司法活动与国家政策、经济社会发展的内在联系和规律。提供检察信息全景视图，在高检院、省级院分别形成全国和全省检察机关人员、案件、事务、财务、资产、决策的全景态势，全方位、多维度呈现检察工作状态和变化趋势，提供宏观态势把握能力。通过大数据服务为检察办案人员提供智能辅助、统计分析、态势预测、风险评估服务，为领导决策提供客观科学的依据，促进检察工作质效提升。

推进内部监督制约平台建设。高检院统一建设监督综合管理系统和廉政风险防控信息系统，推进"智慧监督制约"建设。收集各类业务系统风险防控信息，加强监督综合管理，通过检察人员违纪违法数据分析，进一步完善机制，增强检务督查、检察系统内巡视巡察等检察机关内部监督工作的科技支撑。

3. 全方位智慧服务

升级完善检务公开和服务平台。加强检察互联网站统筹建设管理，积极构建更加便利的网上服务平台，进一步整合检察互联网平台，做优、做强、做精检察网站。高检院统一整合优化本级和地方各级检察院现有对外服务窗口，推进功能转型升级，形成融检察服务、检务公开、检察宣传、监督评议等于一体的12309检察服务中心网络平台。检察宣传类的互联网门户建设，由各省级院统筹建设门户网站集群。加强集门户网站、微博、微信、微视频、客户端等"五位一体"的智慧服务体系建设。

（二）国家检察大数据中心（大数据）

依托智慧支撑平台，高检院、省级院分别建设国家检察大数据中心、国家检察大数据分中心。汇集各级院信息进行大数据分析和服务，完成涵盖检务大数据资源库、检察信息资源目录系统、音视频资源融合平台的内容建设。

建设检务大数据资源库。进一步完善数据资源采集渠道和方式，构建检务大数据资源库，包含案例库、检察干警库、组织机构库、检察法律文书库、涉检信访人员库等基础资源库，面向司法办案、检察办公、队伍管理、检务保障等方面的主题库，涵盖检务语音资源库、视图资源库的音视频库，以及采集庭审辩论记录等检察机关外部数据形成的外部资源库，同时构建数字图书馆、检务知识库。配套完成数据标准、数据质量、数据安全管理等大数据治理建设。

建设检察信息资源目录系统。高检院统筹建设国家级的检察信息资源目录系统，各省级院和有条件的地市级院按照统一标准，组织建设本级的检察信息资源目录系统。实现各级检察信息资源目录编制，明确数据资源的共享范围和使用方式，厘清数据管理共享权责。

建设音视频资源融合平台。推进音视频数据的分析利用，建设音视频分析模型服务，开发音视频辅助支持系统，应用语音识别、视频智能分析、视频检索、虚拟现实、增强现实等智能化新技术为各类检察业务应用提供自动化的辅助分析、智能化的推荐提示。

（三）智慧支撑平台（大平台）

结合检察机关现有硬件和软件建设的实际情况，构建网络互联互通、基础设施集约统一、数据共享交换、服务开放复用的智慧支撑平台。

1. 能力开放平台

围绕检察工作职能及政法业务协同，打破平台、数据、接口壁垒，构建将储算资源、数据资源、人工智能等能力融合共享的能力开放平台。能力开放平台包含人工智能服务平台、应用支撑平台。

建设人工智能服务。构建涵盖智能语音、人脸识别、视频行为识别、OCR、自然语言处理、图片识别、智能检索、智能推荐、虚拟/增强现实等人工智能服务，为司法办案、检察办公、队伍管理、检务保障等上层业务应用提供开放的人工智能能力，实现各级检察机关数据资源和业务能力工具化、共享化。

完善应用支撑平台。建设身份认证、电子印章等通用服务。完善数据服务，对外提供数据查询、数据推送等能力。加强应用托管、应用构建、开发运营一体化等应用部署能力建设。完善数据采集、数据存储、数据加工、数据挖掘与分析的检察大数据储算平台建设，支撑检察机关开展内、外部数据资源的融合和处理。结合检察信息资源目录系统，建设数据资源共享交换体系。强化业务协同和业务能力服务化，将检察数据、业务能力以开放服务应用接口的方式进行封装，构建微服务管理体系，实现服务接入控制、查询、订阅分发等服务管理、服务监控、平台配置管理等功能。

2. 基础设施

围绕国家检察大数据中心建设以及智慧检务创新应用，升级建设完善智慧检务工程相关配套基础设施。基础设施包括检务云平台、容灾备份系统以及音视频基础系统等内容。

建设检务云平台。高检院、省级院分别统筹建设两级部署的检务云平台，在现有数据中心基础上，完善涉密数据中心和非涉密数据中心的机房建设，实现标准化机房升级改造和建设，对高能耗、老旧设备进行淘汰或扩容升级。运用虚拟化等技术，构建检务云平台，包括检察涉密云平台（虚拟化）和检察非涉密云平台，推广云服务模式，实现计算资源、存储资源等共性资源集约共享。经批准，有条件的市级院可按照省级院规划要求建设本地区检务云平台。

建设容灾备份系统。建设容灾备份系统，实现生产数据和生产系统的容灾。高检院和有条件的省级院建设同城双活和异地应用级灾备系统。

升级完善各类音视频基础系统。在高检院和省级院建设检察机关智能语音云平台，实现两级平台对接，深化智能语音应用；建设完善讯（询）问、远程接访、远程提讯、远程出庭、远程送达、远程指挥、警务安防等音视频基础设施，拓展覆盖范围；全面建成全国检察机关高清视频会议系统；2018年底各省级院建成高仿真远程视频会商系统；基于远程指挥系统建设全国检察机关信访指挥体系。建设各级检察机关音视频资源整合调度中心，整合各类音视频资源，实现四级检察院视频联网调度，实现与其他外部单位的视频接入，开展视频数据分析利用。

3. 检察网

进一步优化检察涉密网。顺应涉密业务应用需求，升级网络设备和链路。网络设备逐步实现国产化替代。

建设完成检察工作网。在现有检察工作网建设基础上，扩容各级网络带宽，核心网络设备逐步实现双设备冗余备份，网络双链路连接；全面建成高检院、省级院、地市级院、县级院四级检察工作网，建设完善本地局域网，各省级院逐步开通分支网。高检院、省级院建设完善能力开放平台，同步建设身份认证、电子印章等配套系统。各省级院加强推进检察工作网应用系统建设，逐步将目前在涉密网运行的非涉密应用迁移或改造部署到检察工作网，完成检察工作网IP地址规范设置和迁移、域名解析系统建设等工作，并按照政法委部署安排，完成省级层面与政法网的互联互通。

推进检察工作网应用系统建设，涉及国家秘密的应用系统应运行在检察涉密网，非涉密的应用系统可运行在检察工作网。

探索建设检察移动接入平台。结合检察工作实际需要，满足移动办公等检察业务需求，高检院和省级院建设和完善网络安全接入和交换平台，实现各级检察院移动应用的安全接入。

4. 运维管理

加强检察机关的统一运维监控。高检院、省级院建设涵盖基础设施、业务运维、数据运维和安全运维的两级运维平台。实现运维管理从状态监控到运维数据分析，增强应对各类突发事件和信息系统、通信网络等故障和隐患的智能辅助运维管理能力。实现运维数据逐级上报对接。

（四）网络安全保障体系

坚持网络安全与智慧检务工程同步规划、同步建设、同步运行。依据等级保护、分级保护系列标准、规范和管理要求，开展云计算、大数据、人工智能、物联网、区块链等新一代信息技术应用配套安全建设。从安全技术、安全管理、安全服务等方面系统性规划和设计智慧检务网络安全保障体系。

进一步提升检察网络关键信息基础设施安全防护能力。升级检察涉密网安全防护设备，完善安全防护手段。加快推进检察机关涉密领域国产化替代工程，全力推进党政机关电子公文系统安全可靠应用试点，加快推进检察机关软件正版化。按照国家信息系统等级保护三级安全要求建设完善检察工作网物理安全、通信保障、入侵防御、边界防护、访问控制等基础安全防护措施。加强检察机关互联网门户网站和"三微一端"的安全防护和监测。

建设完善检察网络信任服务体系。实现检察机关内部统一身份认证和电子印章服务管理，实现网间信息安全交换、资源授权共享、业务按需协同的可信支撑和安全保障。

升级完善检察网络安全管理平台。按照统一规范，在高检院和省级院分别升级完善网络安全管理平台，对入网设备、安全策略、安全日志、安全事件等进行有效安全监控和管理。省级监控数据上报高检院，形成统一的动态安全监管体系。

建立网络安全大数据分析和态势感知平台。通过有效采集分析网络运行状态信息，网络安全防护和监测信息，威胁情报信息，信任服务、运维管理等系统所产生的静态和动态安全等全要素安全数据信息，进行风险评估和态势感知，帮助实现检察网络安全事件的辅助决策和应急处置。

加快建设网络安全接入和交换平台。高检院和省级院根据接入对象、接入链路、业务交换需求和应用场景，结合相关保密和安全要求，制定针对性的安全接入和交换方案，建设本级网络安全接入和交换平台。

（五）完善标准规范体系

在电子检务工程系列标准规范推广应用的基础上，高检院将结合智慧检务建设内容要求不断完善标准规范体系。兼容现有的网络建设规范、数据元与信息分类规范、运维管理规范、信息安全规范等，加强数据治理、音视频处理、数据和服务运营、智慧检务业务应用等标准规范制定。省级院做好标准规范的贯彻落实，及时反馈标准应用过程中发现的问题。

2018年
⑥《最高人民检察院业务数据分析研判会商工作办法》

高检办发〔2018〕20号

第一条 为充分发挥各业务部门和下级人民检察院的专业优势，进一步提高最高人民检察院业务数据分析研判工作质量与效果，为检察决策和业务开展提供高质量有价值的参考依据，更好地服务经济社会发展全局和检察工作大局，制定本办法。

第二条 最高人民检察院建立业务数据分析研判会商工作机制，相关业务部门以及受邀的下级人民检察院或者专业研究机构围绕业务数据进行会商，共同分析研究检察业务数据反映的问题、原因或者值得关注的特点、规律、趋势、影响等。

会商工作应当注重体现和运用大数据分析的理念与方法。

第三条 业务数据分析研判会商工作应当坚持实事求是、客观准确、问题导向、突出重点、及时有效的原则。

第四条 最高人民检察院成立业务数据分析研判会商工作小组，依照本规定开展会商工作。

会商工作小组由分管案件管理办公室的副检察长任组长，案件管理办公室主要负责人任副组长，成员由侦查监督厅、公诉厅、刑事执行检察厅、民事行政检察厅、控告检察厅、刑事申诉检察厅、铁路运输检察厅、法律政策研究室、案件管理办公室、公诉二厅、监察局、未成年人检察工作办公室等部门负责人组成。

案件管理办公室负责会商工作小组日常协调联络、会议组织、数据提供、报告撰写等事宜。

第五条 会商工作小组应当每季度举行一次会商会议。根据院领导指示或者会商工作小组成员提议，可以临时举行针对专门问题的会商会议。

会商会议由会商工作小组组长召集，也可以由组长指派副组长召集。

第六条 会商工作小组成员应当参加每次会商会议，并可以指定本部门相关人员随同参加。其他部门根据检察长或者会商工作小组组长的决定或者批准，派员参加会商会议。

检察长出席会商会议的，业务部门主要负责人应当参加。会商工作小组成员或者部门主要负责人确因工作需要不能参加的，应当向会商工作小组组长请假，经批准可以指派人员代为参加。

　　根据需要，除会商工作小组成员外，经会商工作小组组长决定或者批准，可以选定其他业务分析研判能力强的同志参加会商会议，并可以邀请下级人民检察院的负责人、检察业务专家、业务骨干或者专业司法数据分析研究机构人员参加会商会议。

　　第七条　业务数据分析研判会商的对象是季度、半年度、年度检察业务数据报告，重点围绕业务数据反映的规律、趋势、特点、影响、问题以及需要预警、提出对策的事项等进行。

　　检察业务数据报告可以是综合性的，也可以是专题性的。

　　第八条　案件管理办公室应当在会商会议举行二日前将相关材料分送参加会商的人员。业务部门提议举行临时会商的，应当提前将相关材料送至案件管理办公室。

　　会商材料应当提前报送检察长和相关业务部门分管副检察长，检察长、副检察长根据情况决定是否参加会商。

　　第九条　举行会商时，一般先由案件管理办公室汇报本季度（或半年度、年度）业务工作总体情况，提出需要关注和讨论的问题。举行临时会商的，也可以由提议会商的部门负责汇报。参加会商的人员围绕问题发表意见，展开讨论，分析原因、态势、可能产生的影响，提出对策意见建议等。院领导参加会商时，除发表具体意见外，可以在会商结束时进行总结点评，对相关工作作出具体指示。

　　第十条　案件管理办公室应当根据会商情况，形成有事实有数据、有比较有分析、有建议有对策的检察业务数据报告，并区别情况分送院领导、相关业务部门和有关地方检察机关参阅。

　　业务数据报告内容涉及其他党政部门工作或者党和国家工作全局的，应当按照院领导要求报送相关领导机关和部门。

　　经院领导批准，业务数据报告内容可以部分或者全部向社会公开。

　　第十一条　案件管理办公室应当定期向会商工作小组报告上一季度检察业务数据报告的具体运用情况。

　　第十二条　对依照规定不得对外披露的业务数据以及相关材料，参加会商的人员应当严格按照要求做好保密工作。

　　第十三条　本办法自印发之日起施行。

7 《最高人民检察院关于12309检察服务中心建设的指导意见》

2018年

高检办发〔2018〕9号

为贯彻落实党的十九大精神，拓展司法为民渠道，丰富检务公开形式，建设"一站式"检察服务平台，根据《最高人民检察院关于全面推进检务公开工作的意见》，现就12309检察服务中心建设提出以下意见。

一、名称

12309检察服务中心包括网络平台和实体大厅两部分。网络平台和实体大厅名称统一为12309检察服务中心，网站域名为"www.12309.gov.cn"。

二、主要功能

12309检察服务中心的主要功能是公开重要案件信息、法律文书，受理人民群众控告、申诉事项，受理案件程序性信息查询、辩护与代理预约、国家赔偿、国家司法救助等事项，收集、反馈人民群众意见建议，提供法律咨询服务。

三、实体大厅建设

（一）工作区域

12309检察服务中心实体大厅包括业务咨询、控告申诉、国家赔偿与国家司法救助、案件管理等四类工作区域，具体如下：

1. 业务咨询工作区：引导人民群众到相应窗口或者职能部门办理相关事项，提供法律咨询，宣传检察职能，承担综合协调工作等。

2. 控告申诉工作区：受理控告、申诉等事项。

3. 国家赔偿与国家司法救助工作区：受理国家赔偿及国家司法救助申请。

4. 案件管理工作区：接待辩护人、诉讼代理人，提供案件信息公开服务，受理、审核案件等。

根据工作需要，实体大厅中各工作区域可以相对独立和隔离，确保工作安全有序。

（二）功能区域

根据工作需要设置接待区、等候区、安检区、配套区等功能区域。

1. 接待区：具体办理相关业务。
2. 等候区：供办事群众等候、休息。
3. 安检区：对人员进行必要的安全检查，保障实体大厅场所安全。
4. 配套区：参照《人民检察院办案用房和专业技术用房建设标准》《人民检察院文明接待室评比标准》等规定，设立检察长接待室、远程视频接访室、集体访接待室、律师接待室、案件讨论室、公开审查（宣告）室、咨询室、情绪疏导（或心理咨询）室等配套场所。

（三）配套设施

12309 检察服务中心实体大厅一般配备以下设施：

1. 大厅内外安装全视角监控系统和安检系统。大厅配备防爆桶、防爆毯、警械具、执法仪、手持金属探测器、警戒线等。安装或者开通电子显示屏、电子触摸屏、查询一体机、视频接访系统、接访登记处理系统等。
2. 配备接访桌椅、接访电脑、身份证读卡器、高拍仪、档案资料柜等。
3. 配备饮水设备、防寒降温设施、应急药品、物品寄存、书写台及残疾人绿色通道等便民服务设施。
4. 开设检务公开宣传栏，放置检务公开手册、来访须知、文明接待公约、受案范围、受理标准、投诉指南、检察人员纪律等宣传资料供群众取阅，基层检察院公开检察长接待安排。

四、网络平台建设

12309 检察服务中心网络平台包括 12309 网站、12309 移动客户端（手机 APP）、12309 微信公众号和 12309 检察服务热线，具体承担检察服务、案件信息公开和接受外部监督等服务功能。网络平台由最高人民检察院统一研发、统一管理、统一部署，各地按要求分级使用、分级维护。

（一）检察服务

1. 控告、刑事申诉、国家赔偿、国家司法救助、民事行政案件申诉和其他信访事项。人民群众可在线提交或者通过视频反映相应诉求，人民检察院在线反馈处理情况，实现网上受理、网上流转、网上反馈。
2. 法律咨询。提供与检察工作有关的法律法规理解适用、办案标准、程序性规定等方面咨询，提供中国法律法规数据库互联网查询服务。

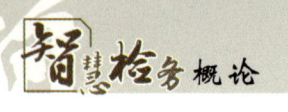

（二）案件信息公开

1. 案件程序性信息查询。为当事人及其法定代理人、近亲属、辩护人、诉讼代理人提供案件程序性信息在线查询服务。

2. 辩护与代理网上预约。在线办理律师申请阅卷或者会见、申请收集（调取）证据材料、提供证据材料、申请自行收集证据材料、要求听取意见、申请变更（解除）强制措施等事项。

3. 重要案件信息公开。及时在网络公开重要案件信息。

4. 法律文书公开。及时在网络公开法律文书。

（三）接受外部监督

1. 接受代表委员意见建议。人大代表、政协委员通过网络平台提出检察工作的意见、建议后，检察人员在线上或线下进行答复。

2. 接受人民监督员监督诉求。人民监督员根据《最高人民检察院关于人民监督员监督工作的规定》在线向人民检察院提交案件监督诉求，人民检察院依照规定程序在线办理，适时答复。

3. 接受人民群众意见建议。通过设置意见箱受理人民群众关于检察工作的意见建议。人民群众可以在网上查询处理情况。

五、工作要求

（一）统一思想认识。推进12309检察服务中心建设，既是贯彻落实党的十九大精神、践行司法为民宗旨的重要举措，又是落实中央司法体制改革任务、构建开放动态透明便民阳光司法机制的重要内容。各级检察院一定要高度重视，按照高检院部署和要求，把12309检察服务中心建设纳入重要议事日程，扎实有序推进，最大限度方便群众、服务群众。

（二）加强协调配合。各级检察院要加强组织领导，结合本院实际搞好统筹规划，注重协调推进，切实抓好12309检察服务中心实体大厅建设。要明确牵头部门和责任部门，办公室（人民监督工作机构）、控申、案管、法警等相关部门按照各自职能分工负责，密切配合。要明确相关部门和专门人员负责上线后12309检察服务中心网络平台相关信息的上传和后台维护，确保相关检察数据、工作动态与12309检察服务中心互通互联、同步更新。

（三）务实稳妥推进。各级检察院既要切实按照要求改造建设12309检察服务中心实体大厅，又要注重实效，结合实际，因地制宜，严格按照有关基础设施建设规定要求，务实稳妥推进。检察服务中心实体大厅原则上利用现有控申接待大厅进行改建。实体大厅建设已纳入检察机关"两房"建设规划的，按照本指导意见要求推进建设；虽未纳入检察机关"两房"建设规划，但已完成控申接待大厅和案件管理大厅建设的，可保持现有场所功能不变，通过增加服务窗口、设置提示牌等方式，引导人民群众到相应工作区域办理相关事项，有效实现检察服务功能。各级检察院可以根据实体大厅面积、各窗口业务量的大小等情况，合理设置工作区域、功能区域和必要设施，做到既方便群众，又保证相关工作安全有序，提升整体服务效果。本着亲民、服务宗旨，高检院统一设计12309检察服务中心实体大厅名称、标识、字体、颜色等，各级检察院要按统一要求进行建设。

（四）完善制度机制。各级检察院要结合本地实际，建立健全相关制度机制，确保12309检察服务中心工作扎实有序推进。各级检察院控申部门负责12309检察服务中心运行管理，及时制定相关管理规则，建立健全突发事件应急处置机制，加强安全管理，维护工作秩序。办公室（人民监督工作机构）、案管、法警等职能部门要加强协作配合，确保12309检察服务中心科学规范运行，为人民群众提供更加高效、便捷、优质的检察服务。

2015年 《人民检察院制作使用电子卷宗工作规定（试行）》

高检发案管字〔2015〕10号

第一章 总 则

第一条 为了规范人民检察院制作、使用电子卷宗工作，有效利用电子卷宗提高办案效率，加强办案监督管理，保障律师依法执业，依照法律和其他相关规定，制定本规定。

第二条 本规定所称电子卷宗，是指在案件受理前或者案件受理过程中，将装订成卷的纸质案卷材料，依托数字影像技术、文字识别技术、数据库技术等媒介技术制作而成的具有特定格式的电子文档和相关电子数据。

案件办理过程中产生的材料所形成的诉讼档案，需要进行电子化处理的，依照档案管理的有关规定办理。

第三条 人民检察院应当使用统一业务应用系统电子卷宗管理子系统制作、存储、交换、使用电子卷宗。

人民检察院应当创造条件，积极推动统一业务应用系统与诉讼档案管理系统对接工作，有效发挥统一业务应用系统中的电子卷宗、文书在生成诉讼档案电子版中的作用。

第四条 人民检察院制作、使用电子卷宗，应当坚持以下原则：

（一）客观真实。制作、提供使用的电子卷宗，应当与纸质卷宗的内容、形式、顺序等保持一致。

（二）规范高效。相关人员应当依照规定及时制作、规范使用电子卷宗，确保各环节顺畅衔接、高效运行。

（三）安全保密。相关人员应当严格遵守保密规定，做好电子卷宗的安全保密工作，严防失密、泄密事件发生。

第五条 人民检察院办案部门负责监督、管理、指导本部门工作人员和下级人民检察院对口部门依照规定开展电子卷宗相关工作；案件管理部门负责将统一受理的案件材料制作成电子卷宗并上传到统一业务应用系统，接收、上传随案同步移送的电子卷宗，并对电子卷宗应用情况进行监督、管理；技术信息部门负责技术保障；保密部门负责保密检查管理。相关部门应当分工负责，相互配合。

第二章　电子卷宗的制作

第六条　下列案件应当制作电子卷宗：

（一）侦查机关移送的审查起诉、申请强制医疗、申请没收违法所得案件；

（二）人民检察院侦查部门移送审查起诉、不起诉的案件；

（三）报请上级人民检察院决定逮捕的案件；

（四）提请上级人民检察院批准延长羁押期限的案件；

（五）提请上级人民检察院提出抗诉的案件；

（六）报请最高人民检察院核准追诉的案件。

审查起诉案件退查后补充形成的卷宗材料，应当扫描、摄制并上传到相应案件电子卷宗区。

人民检察院根据工作需要和实际条件，经检察长批准，可以扩大本院或者下级人民检察院制作电子卷宗的案件范围。

人民检察院收到人民法院送达的判决书、裁定书以及侦查机关送达的执行回执等材料后，应当参照电子卷宗的制作要求，扫描、摄制并上传到相应案件文书卷宗区。

第七条　在统一业务应用系统以外流转的绝密级案件，不得制作电子卷宗。

第八条　电子卷宗应当通过以下方式生成：

（一）对纸质原始卷宗进行扫描、摄制；

（二）上传侦查机关、人民法院移送的符合要求的电子文档；

（三）其他可以生成符合要求的电子卷宗的方式。

第九条　案件管理部门应当在决定受理后的一个工作日内完成电子卷宗的制作、上传；案件材料特别多的，应当在两个工作日内完成电子卷宗的制作、上传。在规定时间内不能完成制作、上传的，应当将案件先移送办案部门，并在不影响办案的情况下继续完成电子卷宗的制作、上传。

第十条　制作电子卷宗应当由专门人员承担，并在安装有监控设施的场所进行。

制作电子卷宗的具体标准和程序，依照《人民检察院电子卷宗制作规程》执行。

第三章　电子卷宗的使用

第十一条　办案人员和检察长、副检察长、检察委员会委员以及从事案件监督管理工作的其他人员，在履行案件办理、审核、审批、监督、管理等职责时，可以依照权限设置，在统一业务应用系统查阅、使用电子卷宗。

电子卷宗的查阅、使用权限设置，依照《全国检察机关统一业务应用系统使用管理办法（试行）》关于查阅、使用个案内容的有关规定执行。

第十二条 办案人员在办理案件时，可以在统一业务应用系统上复制、摘录或者以其他方式使用电子卷宗。

因出庭支持公诉等工作需要，办案人员可以将本人承办案件的电子卷宗从统一业务应用系统中导入到符合保密要求的设备中使用，并记录存档，使用后应当删除导入设备中的电子卷宗。

因开展其他工作，需要从统一业务应用系统中导出电子卷宗的，应当经办案部门审核同意，报分管院领导批准后，由案件管理部门将电子卷宗从统一业务应用系统中导入到符合保密要求的设备中使用，并记录存档，使用后应当删除导入设备中的电子卷宗。

第十三条 律师和经过许可的其他辩护人、诉讼代理人申请查阅电子卷宗的，案件管理部门应当在审核认证后，将电子卷宗从统一业务应用系统中导入到独立的阅卷终端，供其查阅。

案件管理部门依照法律规定向律师和经过许可的其他辩护人、诉讼代理人提供电子卷宗的，应当使用光盘方式复制，并加载防护措施。

第十四条 人民法院、侦查机关以及不具有隶属关系的人民检察院因办案需要使用人民检察院制作的电子卷宗的，应当经办案部门审核同意，报分管院领导批准后，由办案部门使用光盘方式复制、提供，并记录存档。

人民检察院与人民法院、侦查机关、刑事执行机关之间拟建立协同办案平台共享电子卷宗的，应当将实施方案报省级人民检察院审核批准。

第四章 责任追究

第十五条 人民检察院应当对电子卷宗的制作、使用工作建立健全严格的安全保密机制，责任落实到具体部门和具体人员。发生失密、泄密情况的，应当立即采取补救措施并报告本院保密部门。保密部门应当及时处理，依照规定报告。

第十六条 在制作、使用电子卷宗过程中，具有下列情形之一的，应当依照有关规定，给予警示、通报；情节严重的，对单位给予通报批评，对负有直接责任的主管人员和其他直接责任人员给予纪律处分；构成犯罪的，依法追究刑事责任：

（一）不依照规定制作电子卷宗的；

（二）因故意或者重大过失造成卷宗损毁、灭失的；

（三）违反规定查阅、复制、导出、存储、使用电子卷宗的；

（四）将存储电子卷宗的系统、设备与互联网连接的；

（五）丢失电子卷宗设施、设备的；

（六）泄露在制作、使用过程中了解的电子卷宗信息的；

（七）其他违反本规定的行为。

第五章 附 则

第十七条 地方各级人民检察院可以根据本规定，结合本地实际情况，制定具体实施细则。

第十八条 本规定由最高人民检察院负责解释。

第十九条 本规定自 2016 年 1 月 1 日起试行。

附件：
人民检察院电子卷宗制作规程

根据《人民检察院制作使用电子卷宗工作规定（试行）》，参考中华人民共和国行业标准 DA/T 31-2005《纸质档案数字化技术规范》，结合检察工作实际，制定本规程。

一、电子卷宗制作设备要求

电子卷宗制作设备由高速扫描仪、扫描工作站（计算机）、案卷装订机、律师阅卷终端和其他设备组成，并应当满足下列标准：

（一）高速扫描仪

1. 人民检察院应当配备扫描速度 60 页 / 分钟以上，支持 A3 幅面扫描的扫描仪；

2. 扫描仪应当支持 24 位彩色扫描模式，支持单、双面扫描，支持 TWAIN 和 ISIS 协议。扫描软纸、照片等材料，可以选择支持 ADF（自动文档送纸器）和平板扫描方式的高速扫描仪或非接触式扫描设备。

（二）扫描工作站

1. 配置参数：CPU 不低于酷睿 i5，内存不低于 8G，硬盘容量不低于 2T，显示器不低于 22 寸，独立显卡，显存不低于 2G，配置光盘刻录设备。

2. 使用要求：扫描工作站为涉密计算机，应当专机专用，定期更换扫描工作站密码，非案件卷宗数字化工作人员严禁使用。

（三）律师阅卷终端

律师阅卷专用计算机应当配置 DVD-ROW 光驱，禁止 U 盘接入，与检察专网、互联网保持物理隔离。

（四）案卷装订机等其他设备

配置参数：订卷厚度 1-50 毫米之间任意厚度，孔中心距边缘尺寸 10-220 毫米之内任意位置可调（使用非接触式扫描设备的不需配置）。高拍仪、照相机等设备，可视情况自选。

二、电子卷宗制作场所要求

（一）非工作人员严禁进入电子卷宗制作场所。

（二）电子卷宗制作场所禁止吸烟，禁止存放易燃、易爆杂物和食品等物品，保持制作场所清洁、干燥，做好防盗、防火、防潮等工作。

（三）不得携带与工作无关的存储介质进入制作场所，离开制作场所时应当切断电源，锁好门窗。

（四）严格遵守保密制度，未经批准，任何人不得将纸质卷宗、电子卷宗带出制作场所，不准私自摘抄、外传案卷内容。

（五）制作场所应当加装智能监控设备，工作人员在制作场所开展工作时，应当全过程、全方位摄像监控。

三、电子卷宗制作流程要求

对纸质卷宗的拆卷、扫描和重新装卷工作，应当连续完成，不得间断。

（一）案件卷宗检查

案件管理部门制作电子卷宗前应当仔细查看纸质卷宗是否存在以下异常情况：

1. 案卷目录与案卷页码、案卷材料不一致；
2. 案卷页码的编制不连号，存在页码重复、缺失或未编写页码等情况；
3. 案卷材料有缺损；
4. 其他异常情况。

发现有前款情况的，应当立即与移送案件的侦查机关（部门）联系，由其补正后，再制作电子卷宗。

（二）案件卷宗拆卷及整理

将案件卷宗逐一拆开并整理，发现异物及时剔除。

（三）案件卷宗扫描

1. 扫描方式：使用高速扫描仪或平板式扫描仪进行扫描，送纸时要确保各页不粘连；纸张状况较差，过薄、过软或超厚的材料，应当使用平板扫描方式；平板扫描仍无法处理的，应当采取拍摄等方式制作，同时在电子卷宗对应的页码处予以说明。使用非接触式扫描设备进行扫描，应当防止出现漏页、重复、歪斜等问题。

2．扫描分辨率：设为300DPI以上。

3．扫描模式：

（1）一般采用黑白二值图像，格式为TIFF CCITT G4压缩格式；

（2）卷宗清晰度较差、带有黑白照片等卷宗，可以采用灰度扫描，格式为16级LZW不压缩格式；

（3）带有彩色照片、红色印章、手印等卷宗，应当采用彩色扫描，格式为JPEG。

在扫描仪不能自动识别情况下，可以默认选择为对所有页面采用24位彩色扫描，格式为JPEG。

（四）图像数据质量检验及文件编号

工作人员应当将所有图像整理到统一的图像目录中，通过对卷宗原件与扫描图像的比较，对扫描图像的清晰度、位置、格式、完整性、次序等做出判断，对扫描过程中出现歪斜、黑边、模糊等不合格的图像进行图像处理或重新扫描；扫描后的图像编号应当与纸质卷宗编号保持一致，对扫描格式错误、多扫、漏扫等问题应当及时改正。

完成图像处理的文件，应当按照文件存放和命名规则手工复制或自动上传到图像存储文件夹中。

（五）案件卷宗装订

扫描工作完成后恢复装订，应当保持案件卷宗的排列顺序不变，做到安全、准确、无遗漏。

（六）编目、组卷和上传

扫描生成的图像整理完成后，应当在制作端软件辅助下完成编页、编目、组卷等工作，并上传至统一业务应用系统。

2017年 ⑨《智慧检务创新研究院章程（试行）》

研究院〔2017〕1号

第一章 总则

第一条 为落实中央关于推进科技强国战略、加强科技合作的有关精神，进一步深化智慧检务，提升法律监督体系现代化和法律监督能力现代化，经最高人民检察院党组批准，战略合作单位共同发起，成立智慧检务创新研究院（以下简称研究院）。

第二条 研究院实行理事会领导下的院长负责制，理事会是研究院的最高决策机构，院长办公会是理事会的决策执行机构，负责日常事务管理。

第三条 理事会接受主管单位最高人民检察院的业务指导和监督管理，严格遵守宪法、法律、法规和国家政策。

第二章 组织机构与职责

一、理事会

第四条 理事会由理事长单位和理事单位组成，对理事长单位和理事单位负责。

理事会秉持开放合作原则，经理事会同意，可以增加理事长单位和理事单位。

第五条 理事长、副理事长人选由理事长单位提名，理事人选由理事长单位和理事单位提名，经理事会讨论通过后产生。

理事长一般应由理事长单位负责人或分管领导兼任。理事人数为奇数。

第六条 理事长、副理事长、理事一届任期为三年。为保证连续性，除因调离理事长单位或理事单位外，原则上任期内不予更换。

第七条 理事会的主要职责：

（一）审定研究院的名称、标志

（二）审议批准章程

（三）确定或更改理事长单位、理事单位

（四）确定理事长、副理事长、理事人选，负责确定院长人选

（五）审议批准研究院的发展方向、建设思路、目标任务和重点研究领域，审议研究院的工作计划和年度预算及工作报告

（六）对研究院建设进行宏观指导，解决研究院运行和发展中遇到的重大问题

（七）决定其他须由理事会决定的研究院重大事项

第八条 在无法召开理事会的特殊情况下，经各理事长单位同意，理事长代行理事会职责，可以协商决定第七条第（三）项、第（四）项、第（七）项内容。

第九条 理事会依托研究院内设机构，负责日常联络、管理及其他具体事务，协调召开理事会会议。

二、院长办公会和管理部门

第十条 院长由理事长单位提名，经理事会讨论后产生。院长一般应由理事长单位内设机构或直属单位的负责人兼任。

第十一条 副院长由院长提名，经院长办公会讨论后产生，报理事会备案。

第十二条 院长、副院长一届任期为三年。除因调离理事长单位和理事单位外，原则上任期内不予更换。

第十三条 根据工作需要，由院长提名，各理事长单位推荐，可以设置院长助理若干名。

第十四条 院长办公会的主要职责：

（一）审定《智慧检务创新研究院管理规定》和具体管理细则

（二）审定设立和管理研究院内设部门、区域分中心

（三）审定设立和管理联合实验室

（四）制定年度规划、工作任务

（五）任命副院长、院长助理；任命内设部门、区域分中心、联合实验室负责人

（六）决定财务管理重大事宜

（七）决定和协调重大科研项目管理的相关管理事项

（八）组织专家委员会开展工作并提供服务

（九）完成理事会和理事长单位交办的其他工作

三、专家委员会

第十五条 专家委员会由相关领域知名专家组成，依托研究院内设机构，负责日常联络、管理及其他具体事务。

第十六条 专家委员会委员人选由院长办公会确认，每届任期五年，可以连任。

第十七条　专家委员会的主要职责：

（一）就智慧检务创新研究院承办的重要文件进行会前咨询评议

（二）接受智慧检务创新研究院及其主管单位的咨询，就智慧检务发展中的重大问题提出建议

（三）对科技强检战略、政策和规划提出专家意见和建议

（四）对智慧检务的有关理论问题进行跟踪和超前性研究

（五）积极促进中外专家和咨询机构间的交流，开展检察技术信息化国际合作研究

（六）完成理事会和院长办公会交办的其他工作

第三章　议事规则

第十八条　研究院重大事项决策采取理事会议制度，理事会每年至少召开一次全体会议，会议由理事长主持；理事长因故不能出席理事会，应委托一位副理事长主持会议。

召开理事会应提前五个工作日通知全体理事。

第十九条　理事会议须有三分之二及以上理事出席方能召开，其决议须经到会理事三分之二以上表决通过方能生效。

第二十条　理事应亲自出席理事会议，因故无法出席会议的可以书面形式委托其他理事代为行使表决权；或直接向综合管理中心提交本人签署的书面意见及表决意向，否则视为弃权。

第二十一条　研究院应对理事会所议事项做出会议记录，并形成会议纪要，出席会议的理事签字确认。

第二十二条　院长办公会实行协商一致原则，一般在每个季度第一个月（1月、4月、7月、10月）召开，由综合管理中心组织。

第二十三条　专家委员会会议不定期召开，每年至少召开一次，由科研管理中心组织。

第四章　附　则

第二十四条　本章程的补充或修改由理事会讨论决定。

第二十五条　本章程由第一届理事会第一次全体会议通过后执行。

第二十六条　本章程由理事会负责解释。

2017年
10 《智慧检务创新研究院管理规定（试行）》

研究院〔2017〕2号

第一章 总 则

第一条 为深化智慧检务，推进现代科技与检察工作的深度融合，加强"产、学、研、用"紧密合作，经最高人民检察院批准，由合作单位共同发起，设立智慧检务创新研究院。

第二条 根据智慧检务创新研究院章程，制定本管理规定，对智慧检务创新研究院（以下简称"研究院"）的组织机构管理、行政管理、科研培训管理、实验室管理等方面的管理工作进行规范。

第二章 组织机构管理

一、理事会与院长办公会

第三条 研究院实行理事会领导下的院长负责制。

第四条 理事会是研究院的最高决策机构，由理事长单位和理事单位组成，理事长、副理事长、理事一届任期为三年，经理事会讨论通过后产生。

第五条 院长办公会是理事会的决策执行机构，院长、副院长、院长助理一届任期为三年，副院长、院长助理协助院长分管相关工作。院长办公会每年指定一名副院长或院长助理负责日常事务管理和联络协调。

第六条 理事会、院长办公会议事规则遵循智慧检务创新研究院章程的相关规定。

二、专家委员会

第七条 专家委员会是研究院的咨询评议机构，由主任及委员组成，每届任期五年，可以连任。

第八条 专家委员会主任应由中国科学院院士、中国工程院院士或中国社科院学部委员担任。专家委员会副主任、委员应具有正高职称或正处级以上职务，在智慧检务相关的法学、管理学、计算机科学等领域具有较高的学术造诣和知名度。

第九条 专家委员会主任、副主任、委员由理事长单位、理事单位提名，经院长办公会确认，报理事会备案后，由院长颁发聘书。

第十条 专家委员会主任、副主任、委员在聘期内，应严格遵守法律法规和研究院相关规定。如发现违法违规现象，研究院有权单方面解除聘书并通报批评。

第十一条 研究院要为专家委员会委员做好日常服务工作，加强沟通联络和意见征求，定期召开专家委员会会议，议事规则遵循智慧检务创新研究院章程的相关规定。

三、内设机构

第十二条 研究院下设若干内设机构，承担具体工作职能。初设阶段设立综合管理中心、科研管理中心、培训管理中心、实验管理中心等内设机构。内设机构的设立、变更、撤销由院长办公会确定。

第十三条 内设机构实行主任负责制，主任人选应具有正高职称或正处级以上职务，由院长提名，院长办公会确定，聘期为三年，接受研究院院长和分管副院长的领导。

第十四条 内设机构可由各理事单位派驻联络人，统筹协调各单位工作。

第十五条 综合管理中心与理事会秘书组合署办公，负责协助研究院领导处理日常工作，组织安排重要会议和重大活动，负责文件起草、人员管理、财务管理、对外合作等工作。

第十六条 科研管理中心与专家委员会办公室合署办公，负责科研项目管理、学术交流、专家联络、调查研究、知识产权管理、对外宣传等工作。

第十七条 培训管理中心负责队伍培训、教材编写、素能标准研制、师资管理、实训演练等工作。

第十八条 实验管理中心负责实验室日常管理、考核、协调和实验室相关制度的拟定工作。

四、区域分中心管理

第十九条 智慧检务创新研究院区域分中心（以下简称"分中心"）是研究院的分支机构，对外统称"智慧检务创新研究院第 X 分中心"（如第一分中心）。分中心应依托区域内科技条件较好，有代表性的省级检察机关设立。

第二十条 分中心的遴选工作由研究院综合管理中心负责，有意愿的省级检察机关自主报名，经专家评审后，由院长办公会确定，报理事会备案。分中心名称变更、依托单位或者研究方向等发生重大变化的，须报研究院审核批准。

第二十一条 分中心实行主任负责制，由所在省级检察机关分管领导或部门负责人兼任，报研究院备案，聘期为三年。

第二十二条 分中心需承担研究院交办的科研项目预研、需求分析、技术孵化、产品试用等任务；在研究院的指导下，开展符合区域内需求的创新性理论研究、技术研发、科技培训等工作。

第二十三条 分中心实行年度工作报告制。年底进行全年工作总结，制定下一年度工作计划，于每年12月15日前正式报送研究院。

第二十四条 研究院定期对分中心进行考评，对表现突出的分中心进行通报表扬，对未完成交办任务及创新工作的分中心进行通报批评，通报批评2次取消资格。

第三章 行政管理

第二十五条 研究院实行开放协作的人才管理制度，鼓励合作单位之间互挂、互聘，加强人才队伍的交流。研究院工作人员在开展工作期间，需严格遵守法律法规和所在单位人事管理制度，工资福利、绩效管理等由原单位人事部门负责。

第二十六条 研究院应为工作人员提供必要的办公科研场地、设备和政策支持，鼓励培养技术骨干和科研团队，对于表现突出的个人和集体进行通报表扬。

第二十七条 各合作单位分别执行本单位财务管理制度，严格遵守财务规范，各单位研究院事项的专项支出情况于每年12月15日前汇总至研究院综合管理中心。对联合支出的重大开支，应经院长办公会讨论确认。

第二十八条 研究院的固定资产归出资方所有，固定资产的维护修缮费用和自然孳息归所有权人所有。

第二十九条 研究院工作人员在工作期间需严格遵循安全生产规定，提高安全管理意识，消除安全风险隐患。

第三十条 研究院工作人员对于在工作期间接触到的国家秘密、商业秘密和个人隐私应遵守相关法律法规，严格履行所在单位保密规范，做到严格管理、责任到人、严密防范。

第四章 科研培训管理

第三十一条 研究院科研管理中心应组织合作单位重点对国家级科研项目开展联合申报；区域分中心应统筹辖区资源，申报所在省、自治区、直辖市等各类科技项目。

第三十二条 研究院应配合高检院完成检察机关内部基础科研课题的论证、评审、执行、验收、成果应用等管理工作，加强对分中心和实验室的科研指导。

第三十三条 研究院应组织专家，围绕检察工作的重要领域和重大决策需求，开展调查研究、学术研讨等工作，形成调查报告，报检察机关主要领导参考。

第三十四条 研究院工作人员在工作期间的科技创新成果，符合专利申报条件的，研究院应积极支持和协助专利申报工作。

第三十五条 研究院工作人员在工作期间出版的专著、论文和研发的软件、数据库等研究成果均应在显著位置标明研究院名称。

第三十六条 研究院培训管理中心应结合高检院队伍教育培训计划，制定检察科技领域的配套培训方案，优化课程设置，创新培训形式，满足培训需求。

第三十七条 研究院应面向不同类型学员，开展定制化的综合型、应用型、技术型培训，结合相关学术资源，开展高端人才培养工作。

第五章　实验室管理

第三十八条 智慧检务创新研究院联合实验室（以下简称"实验室"）是研究院的实验研究机构，对外统称"智慧检务创新研究院XX联合实验室"（如人工智能联合实验室）。实验室应与行业内领先的知名科研院所和国家级高新技术企业联合成立。

第三十九条 实验室的设立、变更、撤销等管理工作由研究院实验管理中心负责，报院长办公会确定。实验室名称调整、联合单位变更或者研究方向等发生重大变化的，须报研究院审核批准。

第四十条 实验室实行主任负责制，主任应由检察机关正处级或正高职称以上干部兼任，副主任由副处级或副高职称以上人员担任，报研究院备案，聘期为三年。

第四十一条 实验室需结合检察业务实际，开展前沿技术在检察工作中的应用研究，包括原型研发、产品预研、测试评估等科技孵化任务，以及新技术的数据标准、应用规范拟定工作。

第四十二条 实验室实行年度工作报告制。年底进行全年工作总结，制定下一年度工作计划，细化分解任务，于每年12月15日前正式报送研究院实验管理中心。

第四十三条 研究院定期对实验室进行考评，考评分为"优秀""合格""不合格"，对评为"不合格"的实验室要求整改，对整改后仍不合格的实验室取消资格。

第四十四条 实验室未经允许不得私刻印章和自行对外签订文件，不得设立分支机构和派出机构，不得以实验室名义从事商业性宣传或营利性活动。如发现违规现象，研究院可立即撤销实验室资格并追究法律责任。

第四十五条 实验室研究成果的知识产权无专门约定的为联合参与方共同所有，有约定的从其约定。

第六章 附 则

第四十六条 各内设机构、区域分中心、联合实验室可以根据本管理制度制定管理细则。

第四十七条 本管理制度的修改应经院长办公会讨论确定，报理事会备案。

第四十八条 本管理制度自发布之日起实行，由研究院负责解释。

后记
POSTSCRIPT

《大学》曰：知止而后有定，定而后能静，静而后能安，安而后能虑，虑而后能得。

时光匆匆。五年前的2013年6月，本书的两位作者一位调至最高人民检察院技术信息研究中心工作，开始负责全国检察科技管理；另一位刚刚到检察机关报到参加工作。

2015年2月，两位作者第一次合作，起笔撰写《电子检务的发展回顾和现状评估研究报告》，开始探索智慧检务的理论研究。基于这篇研究报告，不断扩充，由最初的6万字充实成59万字的检察信息化首部专著《智慧检务初论》，于2017年5月在中国检察出版社出版。

2017年，两位作者在最高人民检察院《人民检察》、最高人民法院《中国应用法学》、中国科学院《电子政务》等期刊合作发表多篇学术论文，提出了智慧检务的理论体系、规划体系、应用体系"三大体系"和"全业务智慧办案、全要素智慧管理、全方位智慧服务、全领域智慧支撑"的智慧检务总体架构，梳理了检察信息化"数字检务""网络检务""应用检务""智慧检务"四个阶段划分。上述这些观点，在作者主持起草《最高人民检察院关于深化智慧检务建设的意见》（高检发〔2017〕15号）时被充分吸收，已成为当前全国检察机关推进智慧检务工作的理论共识。

近年来，在最高人民检察院党组的领导下，全国检察机关牢固树立科技强检理念，贯彻智慧检务思想，大力推进电子检务工程建设和智能化应用探索，信息化基础设施建设显著加强，信息化运用能力和运维保障水平明显提高，各项工作取得了很大成效。但是，各地在智慧检务建设推进过程中，也不同程度遇到统筹管理不足、供需结合不紧、共享开放不够、人才队伍不强等问题。

2017年9月，作者在参加完全国检察机关智慧检务工作会议后，萌生了写作《智慧检务概论》的想法。2018年3月，参加完全国两会工作后，按照新一届最高人民检察院党组对于智慧检务的要求，加快了《智慧检务概论》的撰写进度。

如果说《智慧检务初论》是智慧检务研究的理论篇，探索了检察信息化建设的历史思维、理论思维、系统思维、管理思维、创新思维、发展思维，那么《智慧检务概论》就是智慧检务研究的应用篇，全面梳理全国检察机关在智慧办案、智慧管理、智

POSTSCRIPT 后记

慧服务、智慧支撑方面的有益经验和先进做法，以供最高人民检察院和有志于推进智慧检务建设的各级检察机关"按图索骥""优中选优"，防止重复建设、重复投资。

不耕砚田无乐事，不撑铁骨莫支贫。知易行难，著书论著的过程是辛苦却又快乐的。因为日常工作十分繁重，从2017年9月底到2018年10月初，两位作者几乎放弃了大多数的周六周日、五一、中秋、国庆休息时间，以及许多下班后的休闲时间。一年间，两位作者都瘦了十余斤，并不同程度患有肠胃炎等慢性疾病，勉力完成了这部五十余万字的著作。但在撰写过程中，笔者也理清了许多智慧检务建设的思路，学习借鉴了地方创新的经验，结交了一批智慧检务研究、建设的挚友。

本书也是最高人民检察院理论课题"智慧检务战略和检察科技创新应用研究"（项目编号：J2018D55）、最高人民检察院检察技术信息研究中心课题"智慧检务理论体系研究"（项目编号：JBKY20180501）的研究成果，再次感谢课题评审专家和管理部门对作者的信任和支持。

在本书撰写过程中，课题组成员最高人民检察院检察技术信息研究中心三处处长缪存孟、山东省检察院信息中心副主任韩瑞民、上海市闵行区检察院研究室副主任林竹静、黑龙江省大庆市让胡路区检察院纪检组组长唐万辉、浙江省宁波市海曙区监察委信息中心副主任童庆庆等同志多次提出宝贵参考建议，并从各自的业务领域协助审定修改了本书的部分内容。课题组实习人员中国人民大学法学院硕士研究生胡丹、刘思敏、杨展、陈忠源、刘硕、武淳超、李凌等同学协助搜集了相关公开资料并参与校对工作。最高人民检察院办公厅机要处尽心尽责完成了本书的保密审查工作。中国检察出版社领导、编辑在书籍排版、内容校对、封面设计等方面做了大量扎实的基础工作。感谢他们的帮助和提出的许多真知灼见，没有他们，本书不会如期出版。

诚然，受限于笔者能力素养、写作时间较短、现代科技突飞猛进等内外因素，本书还有许多不足，也欢迎各位专家、领导、读者批评指正，您的建议意见可以反馈至zhihuijianwu@163.com，我们将在再版时进行修正。

作者

2018年10月7日